CASTELLO

LIRA NETO

Castello

A marcha para a ditadura

2ª reimpressão

Copyright © 2004 by Lira Neto

*Grafia atualizada segundo o Acordo Ortográfico da Língua Portuguesa de 1990,
que entrou em vigor no Brasil em 2009.*

Capa
Alceu Chiesorin Nunes

Foto de capa
Domício Pinheĩro/ Estadão Conteúdo

Índice remissivo
Luciano Marchiori

Revisão
Carmen T. S. Costa
Jane Pessoa

Dados Internacionais de Catalogação na Publicação (CIP)
(Câmara Brasileira do Livro, SP, Brasil)

Lira Neto
    Castello : A marcha para a ditadura / Lira Neto. — Iª ed. — São
Paulo : Companhia das Letras, 2019.

    Bibliografia
    ISBN 978-85-359-3273-7

    I. Brasil – Política e governo – 1964-1967 2. Brasil – Presidentes
– Biografia 3. Castello Branco, Humberto de Alencar, 1900-1967 4.
Generais – Brasil – Biografia I Título.

19-28605   CDD-923.I

Índice para catálogo sistemático:
I. Brasil : Presidentes : Biografia 923.I

Maria Paula C. Riyuzo – Bibliotecária – CRB-8/7639

[2021]
Todos os direitos desta edição reservados à
EDITORA SCHWARCZ S.A.
Rua Bandeira Paulista, 702, cj. 32
04532-002 — São Paulo — SP
Telefone: (11) 3707-3500
www.companhiadasletras.com.br
www.blogdacompanhia.com.br
facebook.com/companhiadasletras
instagram.com/companhiadasletras
twitter.com/cialetras

Para Adriana,
Emília e
Alice;

para Ícaro
e
Nara.

Sumário

Prefácio: A marca do biógrafo — Heloisa Murgel Starling 13

Nota a esta edição...21

Prólogo: O 1º de abril 23

"AS MARGENS PLÁCIDAS"
INFÂNCIA E JUVENTUDE — 1897-1922

    Pólvora nas veias 37

    Cabeça de papel 50

    As cartas de amor e as cartas do ódio 62

"UM POVO HEROICO"
A REBELDIA NOS QUARTÉIS — 1922-38

    Um tenente contra os tenentistas 75

    Batismo de fogo 87

    Um certo Coronel Y 100

"FILHO TEU NÃO FOGE À LUTA"
O BRASIL E A SEGUNDA GUERRA MUNDIAL — 1939-45

    A cobra vai fumar 117

O Anjo da Morte. 131

Foi só pena que voou 144

"O SOL DA LIBERDADE"
O FRÁGIL INTERLÚDIO DEMOCRÁTICO — 1945-63

Um tiro no pé, outro no coração. 161

A Espada de Ouro. 180

Inferno verde. 196

Recife, quarenta graus 205

"A TERRA DESCE"
O GOLPE CONTRA A DEMOCRACIA — 1963-64

Toque de reunir 225

Sexta-feira, 13 239

Na boca do lobo 253

"Temos o homem". 266

"A CLAVA FORTE"
OS MILITARES NO PODER — 1964-65

O parafuso e a rosca. 283

O crime perfeito 298

A Medusa decepada 311

"ÉS TU, BRASIL"
À SOMBRA DA LINHA DURA — 1965

Nos tempos do Febeapá. 331

"Eles não voltarão". 344

O casaco do general 359

"ENTRE OUTROS MIL"
A BATALHA DA SUCESSÃO — 1966-67

Inimigos íntimos. 375

"Pau neles, tio!" 387

Se correr o bicho pega, se ficar o bicho come 400

"À LUZ DO CÉU PROFUNDO"
A MORTE VEIO DO AR — 1967

Fazenda Não-Me-Deixes 417

Epílogo: Filhos deste solo..427

Agradecimentos..429
Referências bibliográficas 431
Créditos das imagens...437
Índice remissivo...439

São teus inimigos todos aqueles que se sentem ofendidos pelo fato de ocupares o principado; e também não podes conservar como amigos aqueles que te puseram ali, pois estes não podem ser satisfeitos como pensavam.

Nicolau Maquiavel, *O príncipe*, capítulo III

Prefácio

A marca do biógrafo

Heloisa Murgel Starling

Não é preciso exagerar na fantasia para imaginar o êxtase do biógrafo. Os nove volumes caprichosamente encadernados que Lira Neto recebeu pelo correio, em Fortaleza, continham a transcrição datilografada de cerca de trezentas entrevistas realizadas no início da década de 1970 com personagens que circularam em torno dos acontecimentos históricos e da trajetória de vida do marechal Humberto de Alencar Castello Branco. O remetente, o historiador norte-americano John Walter Foster Dulles, gravou os depoimentos para redigir sua própria biografia de Castello. Mas ele pretendia escrever um livro autorizado, o que teve consequências de duas ordens. Por um lado, isso facilitou sua vida, pois lhe garantiu o aval da família do biografado para que acessasse documentos pessoais, bem como a boa vontade no agendamento de entrevistas. Por outro, contudo, exigiu que Dulles submetesse o resultado final do trabalho aos filhos do marechal, e Paulo Castello Branco vetou muita coisa. Boa parte das entrevistas continuava assim inédita quando Dulles soube que havia alguém, no Brasil, disposto a encarar uma nova biografia de Castello. Ele não teve a menor dúvida: empacotou tudo e enviou a Lira Neto.

Entrevistas permitem esquadrinhar a intimidade do biografado, mas são feitas de lembranças, e seu uso na construção de biografias revela uma contradição aparentemente insolúvel. Por certo não há maneira de concentrar a história em uma vida única, uma *bios*, sem reunir um bom lote de lembranças — e o material enviado por Dulles era valioso, em especial os depoimentos concedidos por Juscelino Kubitschek e João Goulart, ex-presidentes da República atingidos pessoalmente pelos Atos Institucionais do governo Castello Branco, e que Lira Neto já não conseguiria mais entrevistar. Todo relato de memória, porém, deve ser confrontado. As lembranças não contêm nenhuma verdade em si mesmas, nem sempre trazem a comprovação de sua veracidade. São uma espécie de passado possível, e fornecem ao pesquisador uma infinidade de pistas; as provas, porém, precisam vir de fora.

Lira Neto sabia bem que precisava escorar os andaimes de um projeto biográfico em material documental de outra natureza, e cravou a base de seu livro no exame meticuloso de cerca de 3 mil documentos que formam o arquivo pessoal de Castello Branco. Revirou cartas, correspondência oficial, memorandos secretos, bilhetes, diários, pareceres, além de uma cadernetinha prosaica de capa azul em que a esposa de Castello, Argentina, registrava as anotações mais íntimas. E precisou contornar um obstáculo inesperado. O arquivo de Castello Branco está sob a guarda da Escola de Comando e Estado-Maior do Exército (ECEME), no Rio de Janeiro, e os militares, desconfiados, proibiram o acesso de pesquisadores civis a parte do acervo — algumas prateleiras abarrotadas de pastas. Até então, o sistema de admissão restrita vinha funcionando sem muita reclamação. Só não suspeitavam com quem estavam tratando daquela vez. No final de cada tarde, Lira Neto encerrava o trabalho do dia, espiava a paisagem da Praia Vermelha enquadrada nos janelões do prédio da ECEME, saía da biblioteca e batia na porta do comandante da Escola: ia argumentar com os militares — eles provavelmente cederam por exaustão.

Era só o começo. Depois de conseguir liberar o arquivo de Castello em sua integralidade, Lira Neto foi em frente. Confrontou as informações dos registros particulares com a bibliografia disponível, checou os relatos, mirou as notícias e análises dos fatos em jornais de época, garimpou charges, panfletos, inquéritos policiais, fotografias. E convenhamos: para quem conseguiu dobrar os oficiais da ECEME na base da conversa, não deve ter sido difícil abrir o baú de documentos da família de Argentina, em Belo Horizonte. Para arrematar a pesquisa, realizou uma última rodada de entrevistas.

Castello: A marcha para a ditadura não foi a estreia de Lira Neto no gênero biografia. No final da década de 1990, as escavações feitas para executar obras de saneamento em Fortaleza revelaram centenas de esqueletos enterrados em valas comuns. Todo mundo, ou quase, ignorava a origem daquele cemitério clandestino e, quando a história veio à tona, o espanto foi geral. Os esqueletos eram das vítimas de uma epidemia de varíola que matou um quinto dos moradores da cidade cerca de cem anos antes, e ninguém se lembrava mais do episódio. Impressionado com o poder do esquecimento, Lira Neto decidiu escrever a biografia do sanitarista que enfrentou praticamente sozinho a epidemia, e o resultado da pesquisa, intitulado *O poder e a peste: A vida de Rodolfo Teófilo*, virou livro em 1999.

Foi a primeira vez que Lira Neto enfrentou os silêncios da documentação, um problema que tira o sono de qualquer biógrafo. Ele se saiu bem do apuro: recorreu ao que os historiadores chamam de "a imaginação do possível". O uso desse expediente permite ao biógrafo contornar a ausência de documentos com uma abordagem indireta: utilizar as fontes de época para acessar algo do mundo que seu personagem deve ter visto e tentar compreender a trajetória do biografado no tempo que lhe foi dado viver, bem como as intervenções que protagonizou no mundo público com os meios de que dispunha. Transitar entre realidade e possibilidade é uma alternativa quando se trata de enfrentar as lacunas do documento, a exemplo do que a historiadora canadense Natalie Zemon Davis fez em *O retorno de Martin Guerre*, um dos livros que trouxe de volta os estudos biográficos para o campo da historiografia contemporânea.

No caso de *O poder e a peste: A vida de Rodolfo Teófilo*, porém, não teve jeito. Lira Neto embirrou com o resultado. Cismou que aquilo era biografia romanceada, torceu o nariz para o expediente que os historiadores usam e nunca mais aceitou se submeter às incertezas da documentação. A partir de então, ninguém, nem mesmo ele, suspeita até onde vai sua busca meticulosa nas profundezas dos arquivos. A sequência de biografias aberta com a publicação, em 2004, da primeira edição de *Castello: A marcha para a ditadura* traz esse selo. Atrás de cada livro da série está uma das marcas de Lira Neto: o pesquisador rigoroso capaz de tirar o máximo proveito da fonte escassa, fazer uso de uma bateria de recursos documentais, executar o levantamento exaustivo dos fatos e só utilizar informações depois de obsessivamente checadas.

Pode não dar certo. Um biógrafo é capaz de produzir pesquisa de fôlego, e o resultado ainda assim chegar ao leitor embrulhado em um relato tedioso ou fútil, encadeado numa cronologia bem-ordenada e pouco problematizado sobre uma personalidade que surge anacrônica e limitada. Acima do nível dos celebrados arquivos entulhados de documentos, é preciso erguer uma poderosa base narrativa — a outra marca de Lira Neto, que leva o leitor ao próximo parágrafo eletrizado e hipnotizado pelo ritmo das palavras. Mas Lira Neto também sabe que a narrativa é bem mais do que um jeito de reconstruir os eventos do passado e explicá-los aos leitores do presente sem incorrer em anacronismo e tornando a leitura agradável.

Narrar é uma das maneiras mais difíceis de fazer História — é a tentativa de capturar a velocidade dos anos com a ferramenta da linguagem. O gênero funciona como uma espécie de dobradura no tempo, e retém do passado algo de perturbador: a repetição do que propriamente falando nunca aconteceu, o retorno das possibilidades perdidas. É precisamente esse artifício perturbador a evocar a presença dos mortos que faz da narrativa também uma reflexão sobre o que nos separa do passado. Ela flexiona e atrai quase magicamente duas pontas extremas: a trajetória pessoal de um indivíduo e o sentimento do tempo vivido pelos homens. Foi isso que Lira Neto fez em *Castello: A marcha para a ditadura*, e tratou de repetir nas demais biografias que escreveu: moldou na narrativa o caminho que começa entre o presente em que se rememora e o passado que se recupera. Não é um caminho fácil, decerto; contudo, ainda é a melhor maneira de um autor equilibrar as descobertas da pesquisa com a compreensão do tempo — a força que nenhum biógrafo consegue controlar e que sustenta uma trajetória de vida.

É, para dizer o mínimo, um bom palpite, mas na sequência de biografias que Lira Neto iniciou com a publicação de *Castello* existe um ponto inteligível, uma espécie de denominador comum entre os biografados. São trajetórias estranhas umas às outras, carregam consigo o peso de um destino individual e vivem temporalidades diferentes. Todos esses personagens, porém, atuam num cenário em que se disputa o poder, e passam boa parte da vida batalhando deliberadamente os meios e as ferramentas para saírem vencedores nessa disputa.

Isso é fácil de perceber em *Castello*. O sentido da disputa pelo poder está visível no viés intervencionista das Forças Armadas que faz subir a temperatura política do país em seu momento extremo — o golpe militar de 1964. Na publicação seguinte, *O inimigo do rei: Uma biografia de José de Alencar* (2006), o embate foi deslocado para o ambiente do Segundo Reinado: o livro retrata um José de Alencar polemista e cheio de ideias conservadoras, disposto, ao mesmo tempo, a inventar uma literatura nacional e a combater sem trégua o imperador Pedro II. Já em *Maysa: Só numa multidão de amores* (2007), as cores estão embaralhadas: a imprensa usa o poder como linguagem, revela a celebridade, sustenta o escândalo; a cantora manipula a notícia, exacerba o espetáculo e se retroalimenta desse processo. Em 2009, Lira Neto decidiu finalmente escancarar o assunto na capa do livro *Padre Cícero: Poder, fé e guerra no sertão*, mas só tomou coragem para problematizar a gramática do poder a partir de 2012, na trilogia *Getúlio*, quando enfrentou a trajetória do líder político mais importante na história do Brasil republicano.

As biografias se concentram em uma vida única. Essa vida, contudo, está dobrada dentro de uma história maior. O biógrafo anda sempre às voltas com a linha difusa entre resgatar a experiência daqueles que viveram os fatos, reconhecer nessa experiência seu caráter quebradiço e inconcluso e interpelar sua significação histórica geral. A vitalidade biográfica de *Castello: A marcha para a ditadura* é resultado dessa dobra temporal que só a narrativa consegue realizar. Na verdade, é o pulo do gato de Lira Neto: ele executa a dobra com tamanha perícia que o leitor sequer percebe o engate que articula o tempo da história e a trajetória de uma vida. Com um detalhe: no caso da biografia de Castello Branco, um entre os dois protagonistas mais citados e menos conhecidos no processo de construção da ditadura militar brasileira — o outro é o general Golbery do Couto e Silva —, o leitor vai perceber depressa que os episódios de um destino pessoal são também a via de acesso a um longo período de confrontos entre as Forças Armadas e o governo.

Em *Castello: A marcha para a ditadura* chama a atenção do leitor a estabilidade de certas formas de violência política que atravessam a história do Brasil sem envelhecer. A biografia se inicia para valer nos anos 1920, quando as rebeliões tenentistas passaram a percorrer o país de ponta a ponta e o tenente Castello Branco irá fracassar na missão de interceptar, em 1925, a marcha da Coluna Miguel Costa-Prestes entre Mato Grosso e Goiás — os rebeldes sumiam feito fantasmas no meio do mato. Na conjuntura seguinte, entre os anos 1930 e 1945, o país viu expandir os extremismos ideológicos, assistiu a golpes e tentativas de golpes de Estado e lidou com uma proliferação de complôs. O protagonismo político nas Forças Armadas se deslocou da Marinha para o Exército, surgiram militares dispostos a puxar a direção do Estado à esquerda e à direita do espectro político, e havia um punhado deles que, em contraste, ora se colou de um lado, ora de outro.

O Exército emergiu, na cena política, em 1945, disposto a ser visto como a encarnação das aspirações nacionais. Suas lideranças consideravam estar acima dos interesses regionais ou partidários, e a geração de oficiais da qual Castello Branco fez parte transformou a instituição militar em algo qualitativamente diferente e, politicamente falando, bem mais perigoso: uma força de viés intervencionista, preparada para atuar na cena pública com legitimidade própria. Disputavam nada menos que a direção do país. Essa geração tentou três golpes de Estado — em 1945, 1954 e 1961 — e promoveu duas sublevações armadas — em 1956 e 1959. Em março de 1964, conseguiram montar uma armadilha, na qual caiu João Goulart: os generais assumiram o governo de forma inconstitucional, conferiram a si próprios poderes de exceção, e Castello Branco alcançou a presidência da República.

Ninguém passa a vida tomando decisões sem incertezas ou vestido com uma personalidade inabalável, coerente e estável. Em uma biografia, a pesquisa precisa fornecer informações suficientes para o biógrafo se esquivar do julgamento e o biografado fugir do maniqueísmo, escapar do exagero e do estereótipo. Numa tacada corajosa, sobretudo no caso de uma figura polêmica como Castello Branco, até hoje rodeado de apologistas e detratores, o resultado é um personagem de corpo inteiro — e muito ambíguo. Lira Neto acertou no alvo com o título que escolheu para seu livro: a maior de todas as ambiguidades de Castello diz respeito aos rumos da ditadura. A despeito do que o biógrafo encontrou em sua correspondência pessoal — a afirmativa reiterada do marechal de que iria convocar eleições, devolver o poder aos civis e recolher as Forças Armadas aos quartéis —, a posse de Castello Branco na presidência da República foi o prelúdio de uma completa mudança no sistema político, sustentada, desde o início, por um formato abertamente ditatorial — vale dizer, por um governo que não é limitado constitucionalmente. Seu governo não tinha nada de moderado, serviu para institucionalizar as soluções discricionárias que limitaram de modo drástico as competências dos demais poderes e lançou as bases do sistema de repressão que garantiram longevidade à ditadura.

Ao terminar a leitura, o leitor há de pensar: e hoje? Escrever sobre uma vida implica interrogar o que os episódios de um destino pessoal têm a dizer sobre as coisas públicas e sobre o mundo em que vivemos. São fortes os sinais que indicam o ressurgimento da interferência dos militares na cena pública do país. Contudo, as Forças Armadas não são mais as mesmas de cinquenta anos atrás. Sua composição social foi alterada, o treinamento mudou, os valores se modificaram. *Castello: A marcha para a ditadura* não fornece nenhum instrumento capaz de prever os acontecimentos políticos do nosso tempo e, convém anotar, nem esse é o objetivo de Lira Neto. Mas o livro oferece perspectiva. Especialmente em situações de crise, quando a democracia parece cada vez mais instável e a sociedade brasileira se manifesta politicamente fraturada pela intolerância e pela desconfiança. Quando a crise se instala, é hora de recorrer ao passado. Para pensarmos sobre o que estamos fazendo. E procurar pelas respostas apropriadas. Até mesmo porque a História é sempre pior — e melhor — do que conseguimos imaginar. É o caso de conferir. O livro que o leitor tem em mãos ajuda a dar forma ao que vemos e ouvimos hoje.

Nota a esta edição

Publicado pela primeira vez em 2004, quando o golpe civil-militar de 1964 completava então quarenta anos, este livro ganha uma reedição, quinze anos depois, revestida de incômoda atualidade. No instante em que a sombra do revisionismo histórico e o negacionismo dos horrores da ditadura tentam se impor como discurso oficial, lastreado em uma crescente política de apagamento do passado e de institucionalização da intolerância e do ódio, cabe-nos revisitar o pano de fundo que conduziu o país ao regime autoritário inaugurado pelo marechal Humberto de Alencar Castello Branco.

Afinal, uma narrativa biográfica não tem o objetivo de reconstituir a trajetória de um indivíduo por si mesma. Uma biografia sempre tentará descortinar não só os aspectos e as intenções que singularizam o biografado, mas também — e principalmente — o contexto histórico em que ele se move e no qual foi enredado. No caso de Castello Branco, parece-me pertinente compreender, entre outras questões, a construção do modo de pensar que se tornou hegemônico na caserna ao longo do século XX. Da mesma forma, desnudar a recorrência de velhos discursos sempre postos em ação sob o pretexto de exorcizar certos fantasmas, os mesmos que voltam a aterrorizar a vida política nacional: a luta contra o suposto "perigo vermelho", a indignação seletiva contra a corrupção, o apelo a um patriotismo ingênuo, a defesa da família, da moral e dos bons costumes.

Castello: A marcha para a ditadura foi meu primeiro trabalho no gênero biográfico a ser lançado em circuito nacional. Antes dele, eu havia publicado apenas *O poder e a peste: A vida de Rodolfo Teófilo* (Edições Demócrito Rocha, 1998), título que teve circulação praticamente restrita a Fortaleza, cidade onde então atuava como jornalista. De lá para cá, creio ter aperfeiçoado minha própria compreensão do ofício que o historiador e sociólogo francês François Dosse tão bem definiu como "o desafio biográfico", ou seja, "escrever uma vida": em vez de contrapor, como inconciliáveis, os territórios da análise e da narrativa, explorar a fusão, os contágios e as tensões existentes nas zonas de fronteira entre a história e o chamado jornalismo literário.

É natural que, após uma década e meia, possa ter havido a tentação de aprimorar a obra e introduzir novas informações a ela, à luz de pesquisas, estudos e leituras mais recentes. Entretanto, pouco ou quase nada foi alterado e acrescido ao texto original. Quando muito, foram identificados e eliminados alguns cacoetes de linguagem, a repetição de certas construções frasais, as inevitáveis gralhas da primeira edição. Fio-me no exemplo de Clifford Geertz, que, ao republicar os ensaios do extraordinário *A interpretação das culturas*, após idêntico intervalo de quinze anos, ajuizou: "De forma geral, tenho a opinião *stare decisis* sobre as coisas publicadas: se necessitam de muita revisão, provavelmente não deveriam ser reimpressas e sim substituídas por algo inteiramente novo".

Esta edição de *Castello*, portanto, torna possível a volta às livrarias de um texto que, tendo sido lançado em uma modesta tiragem em 2004, com o tempo havia se tornado raridade bibliográfica. Os rumos do país, infelizmente, encarregaram-se de torná-lo, talvez, novamente necessário. Por isso, a decisão de republicá-lo.

Prólogo

O 1º de abril

"Maria das Graças vai mal..."

Era uma hora da manhã e, pela segunda vez desde a meia-noite, o locutor da Rádio Mayrink Veiga, no Rio de Janeiro, interrompia a programação normal para, com voz grave, transmitir a notícia, tão lacônica quanto enigmática.

Os ouvintes que, insones, sintonizaram ao acaso seus aparelhos na emissora àquela hora, por certo, ficaram intrigados. Afinal de contas, quem era a tal Maria das Graças, ilustre desconhecida que padecia assim, em chuvosa madrugada de fim de verão carioca? Os sindicalistas, já de sobreaviso e ouvido colado ao rádio, haviam entendido bem o recado. Tratava-se da senha para a deflagração de uma greve de ônibus, bondes, barcas e trens na cidade. A ordem cifrada era para amanhecerem aquele 1º de abril, uma quarta-feira que se anunciava agitada, de braços cruzados. O movimento paredista seria uma demonstração de força e uma resposta dos trabalhadores aos empresários, políticos e militares que, nos últimos tempos, conspiravam para derrubar o presidente da República, João Goulart, o Jango.

Alta madrugada, a chuva prosseguia e as luzes do Palácio Laranjeiras, sede do governo federal no Rio de Janeiro, permaneciam acesas. Brasília, fundada quatro anos antes, ainda era uma espécie de inacabado canteiro de obras, que dividia o centro do poder político com a antiga capital da República. No gabinete principal do palácio, por volta da meia-noite, o som estridente do telefone interrompera a tensa reunião do presidente com assessores imediatos. Do outro lado da linha estava o general Amaury Kruel, comandante do II Exército, sediado em São Paulo. Naquela noite de reuniões intermináveis, Jango e Kruel já haviam se falado ao telefone pelo menos duas outras vezes. A conversa, novamente, foi áspera.

"Presidente, o senhor é capaz de prometer que vai se desligar dos comunistas e decretar medidas concretas a esse respeito?", indagou Kruel, à queima-roupa.

"General, procure compreender, sou um homem político. Não posso deixar de lado as forças populares que me apoiam", respondeu Jango, repetindo a mesma argumentação que usara nos dois telefonemas anteriores.

"Então, presidente, lamento. Mas não posso fazer mais nada", disse Kruel, categórico, desligando o telefone. Havia sido a última tentativa.

Poucos minutos depois, as emissoras de rádio e as redações dos jornais do Rio de Janeiro receberam cópias de dura proclamação assinada pelo general Kruel. "O II Exército, sob o meu comando, coeso e disciplinado, unido em torno de seu chefe, acaba de assumir atitude de grave responsabilidade, com o objetivo de salvar a Pátria em perigo, livrando-a do jugo vermelho", dizia a nota. Em outro trecho, afirmava: "O objetivo será o de romper o cerco do comunismo, que ora compromete e dissolve a autoridade do Governo da República".

A posição de Kruel, amigo e compadre de Jango, era considerada até então uma incógnita pelos demais comandos militares. A proclamação logo foi comemorada como o lance decisivo para pôr o governo a pique. O cerco contra o presidente começava a se fechar. Desde o dia anterior, 31 de março, tropas do Exército haviam deixado os quartéis de Minas Gerais e marchado em direção ao Rio de Janeiro. Era a Operação Popeye, planejada e executada pelo general Olympio Mourão Filho, comandante da IV Região Militar, sediada em Juiz de Fora. O prosaico nome escolhido para batizar a operação era uma referência de Mourão ao próprio cachimbo, vício e marca registrada que, somados à proeminente careca e à carantonha enfezada, conferiam-lhe certa semelhança com o célebre personagem da história em quadrinhos.

Tido como um homem bronco e intempestivo pelos próprios colegas de farda e de patente, Mourão antecipou-se ao colocar as tropas na rua, fazendo-o muito antes do previsto, o que surpreendeu os próprios líderes da conspiração contra Goulart. Ainda tentaram persuadi-lo a recuar e aguardar momento mais propício. Mas já era tarde. O golpe havia começado. "Minas vem aí" — foi a frase que correu entre os comandos militares no Rio de Janeiro.

De casa, vestido de pijama e roupão de seda vermelho, Mourão passara a madrugada anterior dando ordens e instruções aos comandados pelo telefone. "Posso dizer com orgulho de originalidade: creio ter sido o único homem do mundo que desencadeou uma revolução de pijama", registraria Mourão em seu diário, publicado em forma de livro catorze anos depois.

No Palácio Guanabara, sede do executivo estadual, o governador Carlos Lacerda, o mais furibundo dos adversários de Jango, havia se preparado para possível reação dos fuzileiros navais, que permaneciam fiéis ao presidente. Metralhadora em punho, pistola à cintura, Lacerda varara a noite em teatral estado de alerta, distribuindo lenços azuis e brancos — as cores do estado — aos oficiais que se apresentaram para defendê-lo. Em torno do Palácio Guanabara, que tivera a luz cortada por volta das duas e meia da manhã daquela quarta-feira, sacos de areia e tonéis vazios foram colocados para fazer as vezes de barricada. Os caminhões de lixo, solicitados junto ao serviço de limpeza pública, bloqueavam as ruas que circundavam o prédio com suas caçambas cor de cinza e laranja.

Com a ajuda de um gerador, Lacerda mandava mensagens ao país por meio de uma rede de radioamadores. Mais tarde, na única linha telefônica do palácio que por acaso ainda não havia sido cortada, o governador da Guanabara, acuado, mas com a oratória inflamada de sempre, conseguiria falar para uma cadeia de emissoras de rádio de Minas Gerais:

"O Brasil não quer Caim na presidência da República! Caim, que fizeste de teus irmãos? De teus irmãos que iam ser mortos por teus cúmplices comunistas, de teus irmãos que eram roubados enquanto tu te transformaste no maior latifundiário e ladrão do Brasil? Abaixo João Goulart!"

Às três da manhã, Jango ligou para o QG do IV Exército, sediado no Recife, centro de operações das guarnições de todo o Nordeste. A ligação interurbana era ruim, os chiados dificultavam a conversa, que seguiu entrecortada. Naquele 1º de abril, considerado o "Dia Internacional da Mentira", o presidente blefava para sondar o espírito do general Justino Alves Bastos:

"General, quero lhe informar que já dominei a situação no centro e no sul do país. E o IV Exército, como está?"

"O IV Exército está bem, presidente...", desconversou Justino, reticente.

"Sim, mas 'bem' em qual situação?", insistiu Jango, preocupado.

"O IV Exército está em rigorosa prontidão, presidente", dissimulou, mais uma vez, o general.

"Mas, me diga, homem: está em prontidão contra ou a favor do governo?", perguntou Jango, impaciente.

"Os oficiais do IV Exército estão a favor da legalidade", disse Justino, antes de a ligação cair.

Mas o recado era claro. Para os sublevados, o presidente da República, eleito constitucionalmente, não representava mais a legalidade. Mal desligou o telefone, o general Justino também lançou proclamação aos comandados e à imprensa, pregando a derrubada de Goulart. Naquele mesmo momento, os generais Cordeiro de Farias e Nelson de Melo, dois dos principais articuladores do movimento militar, seguiam de automóvel, de São Paulo para Curitiba, para articular as ações em toda a região Sul, área correspondente ao III Exército. O Rio Grande, terra de Jango, anunciava-se como um dos únicos flancos de resistência a favor do presidente. Por recomendação do cunhado, o deputado federal Leonel Brizola, era para lá que João Goulart planejava fugir, caso se convencesse de que não restavam mais chances de vitória.

Quando o dia enfim amanheceu, o sol encabulado, entre nuvens pesadas, encontrou o Rio de Janeiro respirando certo ar de cidade-fantasma. A greve, o tempo ruim e as notícias matutinas passadas pelo rádio e pelos jornais não animaram muita gente a sair de casa. O movimento dos sindicalistas, que tencionava parar a cidade em sinal de protesto, na verdade fez das ruas vazias o cenário sob medida para tanques e comboios militares, que se movimentaram à vontade, sem obstáculos à vista.

À mesa do café, os cariocas liam o *Correio da Manhã*, que trazia no alto da primeira página um editorial contundente, intitulado "Fora!". A leitura das primeiras linhas era suficiente para apreender o teor da mensagem: "A nação não suporta a permanência do sr. João Goulart à frente do governo. Chegou ao limite a capacidade de tolerá-lo por mais tempo. Só há uma coisa a dizer ao sr. João Goulart: saia".

Perto de dez e meia da manhã, as tropas que partiram de Minas Gerais por ordem do general Mourão ocuparam a cidade de Três Rios, já no interior fluminense. Os soldados enviados do Rio de Janeiro e de Petrópolis para combatê-las não chegaram a oferecer resistência. Pelo contrário, os dois lados se confraternizaram. Antes dividido, o I Exército — com a reunião das tropas do Rio de Janeiro e de Minas Gerais — seguiu recomposto com canhões, caminhões pesados, metralhadoras, tanques, viaturas, obuses e fuzis, todos em direção à Guanabara, para depor João Goulart.

O presidente sabia que tinha as horas contadas. Por volta do meio-dia, Jango ligou para o ministro da Guerra, general Jair Dantas Ribeiro. Enquanto o governo desmoronava, Dantas Ribeiro estava preso a um leito do Hospital dos Servidores do Estado, onde havia sido submetido a uma cirurgia de próstata. Atualizado dos acontecimentos pelo rádio ligado sobre a cabeceira da cama, o ministro deu garantias ao presidente de que, com alguns telefonemas, teria totais condições de reverter a situação. Mas, antes, exigia que Goulart fechasse o Comando Geral dos Trabalhadores, o CGT, foco das reivindicações comunistas. Diante da recusa de Jango, o general pediu exoneração do cargo.

"O senhor está me abandonando, general?", perguntou o presidente, contrafeito.

"Não, não estou. O senhor é que está fazendo sua opção", respondeu o ministro demissionário.

Não havia mais saídas. Jango desligou o telefone e desceu à garagem do palácio.

"Vou sair daqui. Vou para Brasília. Isto aqui está se transformando numa armadilha", avisou o presidente a Raul Ryff, o assessor de imprensa.

No porta-malas de um Aero-Willys preto, sem chapa oficial, Jango acomodou uma mala para ternos, duas valises e uma pilha de pastas e caixas com documentos. Ordenou depois ao motorista que seguisse para o aeroporto Santos Dumont. De lá, embarcou em um Avro em direção a Brasília. A notícia de que o presidente saíra da Guanabara foi comemorada pelos militares.

A população, enfim, saiu às ruas. A sede dos principais sindicatos e a redação do *Última Hora*, jornal janguista, foram depredadas por bandos em fúria. A Rádio Nacional e a Mayrink Veiga, até então controladas por partidários de Jango, retiradas do ar. O escritório do Instituto Superior de Estudos Brasileiros, ISEB, considerado "antro de comunistas", seria destruído: móveis quebrados, quadros partidos, poltronas retalhadas à faca, livros rasgados, o conteúdo das gavetas esparramado pelo chão. O prédio da União Nacional do Estudantes, a UNE, na praia do Flamengo, ardia em chamas. Faixas, bandeiras, panfletos, cartazes, pôsteres, livros, documentos estudantis, tudo virou cinzas.

Enquanto isso, uma chuva de papel picado caía dos edifícios ao longo da avenida Atlântica. Lençóis brancos eram estendidos nas janelas. Dezenas de carros seguiam em fila, buzinando e conduzindo bandeiras verde-amarelas. O escritor e jornalista Carlos Heitor Cony, que convalescia de uma operação cirúrgica em casa, no Posto Seis, em Copacabana, era interrogado pela filha, que queria uma explicação para tudo aquilo:

"É Carnaval, papai?"

"Não."

"É Copa do Mundo?"

"Também não."

O diálogo seria reproduzido no dia seguinte, na edição do *Correio da Manhã*, ao final de uma crônica em que Cony também escreveria: "Ela — a filha — fica sem saber o que é. E eu também fico. Recolho-me ao sossego e sinto na boca um gosto azedo de covardia".

Uma série de prisões começava a ser efetuada em todo o país. No Recife, após ser capturado, o militante comunista Gregório Bezerra seria amarrado à traseira de um jipe, arrastado pelas ruas da cidade e depois espancado, em praça pública, por um militar armado com barra de ferro. Em todos os estados, domicílios eram invadidos, entidades de classes, ocupadas por soldados. Estudantes munidos de paus e pedras entravam em confronto com a polícia e o Exército. Ao final do dia, seriam sete os mortos. Todos civis. Três no Rio, dois em Minas e dois — pai e filho — no Recife.

Em entrevista à imprensa brasileira, a atriz Brigitte Bardot, símbolo sexual do cinema francês, em férias no Rio de Janeiro, comentaria à imprensa carioca os acontecimentos a que assistira da janela de um apartamento em Copacabana:

"Adorei a revolução de vocês!"

Jango não se demoraria mais do que algumas horas em Brasília. Concluíra que era inútil qualquer tentativa de reação. Os assessores notaram que o presidente estava abatido. Parecia mais calvo do que nunca. A Carbonina, remédio de que lançara mão para combater a calvície progressiva, não parecia estar fazendo efeito naqueles dias. O presidente perdia os cabelos, mas tentava não perder o controle dos nervos. Na Granja do Torto, solicitou que seu líder na Câmara, o deputado Tancredo Neves, redigisse uma declaração ao povo. "Não recuarei, não me intimidarão", diria a mensagem, escrita à mão, por falta de datilógrafo.

Enquanto os funcionários esvaziavam gavetas, Jango seguiu de novo para o aeroporto, disposto a tomar um Coronado, da Varig, para Porto Alegre. Tencionara viajar em voo comercial, prevenção contra rumores de que o avião presidencial seria abatido, pelos militares, tão logo levantasse voo. O receio não era de todo infundado. No ano anterior, o tenente-coronel aviador Roberto Hipólito da Costa, comandante da Base Aérea de Fortaleza, procurara o então deputado Armando Falcão, futuro ministro da Justiça do governo Geisel, e apresentara-lhe um plano radical para assassinar Goulart:

"Não acredito mais em paliativos. Dentro de poucos dias, o Jango virá ao Nordeste, para uma visita à Paraíba, participar de uma reunião com a Liga Camponesa de João Pessoa. Estamos preparando uma manobra para derrubar o avião dele. Levantaremos voo em Fortaleza no momento oportuno e, com facilidade, poremos abaixo o Viscount da presidência da República, quando ele estiver se aproximando de João Pessoa", disse Hipólito da Costa a Armando Falcão.

O diálogo teve por testemunhas o tenente-coronel Adolfo Roca Dieguez, à época comandante do 23º Batalhão de Caçadores, e o tenente-coronel Hélio Lemos, então comandante do 10º Grupo de Obuses, ambos sediados em Fortaleza. Segundo Falcão, os três foram unânimes em repudiar os planos de Costa, que saíra constrangido do encontro.

A mesma sombra ameaçadora voltara a se anunciar naquele 1º de abril, quando Jango tentava embarcar de Brasília à capital gaúcha. O nervosismo aumentou quando a aeronave da Varig apresentou "defeito técnico" e não houve quem conseguisse tirá-la do chão. Após minutos de angústia e espera, foi preciso embarcar em um avião menor, da FAB, a despeito dos crescentes boatos sobre o possível atentado. Ao sobrevoar a Esplanada dos Ministérios, Jango olhou para baixo. Viu caminhões, tanques e soldados do Exército que tomavam conta das largas avenidas de Brasília.

Os militares tornaram-se senhores da situação sem disparar praticamente um único tiro em combate. Mas estavam preparados para o pior. Após contatos estratégicos mantidos pelo comando revolucionário com a embaixada norte-americana, os Estados Unidos haviam preparado uma operação ultrassecreta, denominada Brother Sam, que previa apoio militar ao Exército brasileiro em caso de os acontecimentos tomarem outro rumo. Uma esquadra de guerra, liderada pelo porta-aviões *Forrestal* e secundada por destróieres e petroleiros — além de um submarino sem marcas de identificação —, estava pronta para entrar em ação. Além disso, sete aviões de transporte, oito caças aéreos e oito aviões-tanque americanos abasteceriam o país com 110 toneladas de armamento e munição.

Mas, apesar da força das armas, ainda era preciso manter as aparências de normalidade constitucional. Às duas horas da manhã do dia 2, o Congresso Nacional reuniu-se em tumultuada sessão extraordinária. Em meio a palmas e protestos, o senador Auro de Moura Andrade, presidente do Congresso, comunicou que Jango deixara Brasília e, portanto, para todos os efeitos, abandonara o governo — o que contrariava a letra da Constituição, já que o presidente ainda se encontrava em território nacional:

"Declaro vaga a presidência da República", sentenciou Moura Andrade, que tratou logo de investir no cargo o próximo na linha sucessória, o presidente da Câmara dos Deputados, o paulista Paschoal Ranieri Mazzilli. Em menos de três anos, era a sexta vez que Mazzilli assumia o poder interino. Homem de saúde frágil, vítima de anorexia, sofrendo de problemas renais e das sequelas de uma bronquite mal curada, passou a ser apelidado pelas más línguas de Modess — a marca do famoso absorvente feminino. Descartável, estava sempre na hora certa — e no lugar certo — para evitar derramamento de sangue.

Como era noite — já passava das 23 horas do dia 5 de abril —, o general Arthur da Costa e Silva dispensou daquela vez seus indefectíveis óculos Ray-Ban escuros. O cenho fechado ressaltava ainda mais as sobrancelhas grossas e negras, que contrastavam com o bigodinho fino, aparado rente ao lábio. Com cara de poucos amigos, ocupou uma das cabeceiras da longa mesa, numa das salas reservadas do sétimo andar do prédio do Ministério da Guerra. Convidou o marechal Juarez Távora, velho e grisalho revolucionário das décadas de 1920 e 1930, para sentar na cabeceira oposta. Só então ordenou ao chefe de gabinete, general Sizeno Sarmento, que fizesse entrar os sete governadores — dos estados da Guanabara, Minas Gerais, São Paulo, Goiás, Rio Grande do Sul, Mato Grosso e Paraná — que havia muito o aguardavam para audiência coletiva.

Apesar da cara amarrada, o general Costa e Silva deliciava-se com a nova situação. Tão logo o movimento de 1º de abril se mostrara vitorioso, autonomeara-se ministro da Guerra e, não satisfeito, proclamara-se comandante em chefe dos Exércitos. Reivindicara o posto na condição de oficial da ativa mais graduado no Rio de Janeiro naquela ocasião. Mazzilli, temporariamente na presidência, fazia o papel de mero figurante. Quem dava as cartas, na verdade, era Costa e Silva, inveterado jogador de baralho, frequentador assíduo de corridas de cavalos e consumidor de palavras cruzadas.

Os governadores em comitiva tinham dois assuntos delicados, mas considerados urgentes, a tratar com o general. O primeiro era a sugestão para se abreviar ao máximo a interinidade de Mazzilli. Entre eles, pelo menos três — Carlos Lacerda, da Guanabara; Magalhães Pinto, de Minas Gerais; e Adhemar de Barros, de São Paulo — estavam de olho nas eleições presidenciais previstas para o ano seguinte. Por isso, temiam que Costa e Silva prolongasse a situação para ganhar tempo, até encontrar uma forma de se firmar no poder.

O segundo assunto, imaginavam, era uma espécie de antídoto contra as supostas pretensões ditatoriais de Costa e Silva: traziam no bolso do paletó um nome de consenso, escolhido após reuniões preliminares. Seria alguém a quem caberia esquentar a cadeira presidencial até o ano seguinte, cumprindo no cargo apenas o tempo equivalente ao que ainda restava do mandato interrompido de Goulart. Um presidente-tampão, em suma.

O governador Carlos Lacerda, cheio de salamaleques, foi um dos primeiros a falar, em diálogo que mais tarde seria reproduzido, com pequenas variações, em livros de memórias escritos pela maioria dos participantes da reunião:

"Ministro, viemos aqui porque entendemos que é necessário normalizar rapidamente a situação. Por unanimidade, trouxemos o nome de um camarada seu, um militar, para ocupar a presidência da República…"

Antes que Lacerda terminasse a frase, Costa e Silva o interrompeu, brusco, com a nítida intenção de mostrar a todos quem estava no comando:

"Um momento! Não sou ministro. Sou o comandante em chefe da revolução. E, por enquanto, o presidente é o sr. Mazzilli. Segundo a Constituição, ele tem pelo menos trinta dias para exercer o cargo. É o tempo necessário para fazer a limpeza da área", disse o general, referindo-se com eufemismo à lista de cassações que estava sendo elaborada pela cúpula dos comandos militares.

O constrangimento foi evidente. Mesmo assim, Lacerda tentou prosseguir:

"Perfeito, senhor comandante. Mas permita-me dizer que estou falando em nome dos governadores que colaboraram com a revolução. Consideramos que, para o bem do país, este prazo de interinidade deve ser abreviado. E também viemos para transmitir ao senhor o nome do general Humber…"

"Alto lá! Ainda não cheguei a esse ponto!", urrou Costa e Silva.

"Mas nós já chegamos, comandante…", replicou o governador da Guanabara.

"Acho muito cedo para falar dessas coisas, além do que o nome de um militar, nessas condições, poderia dividir o Exército. Aconteceria o mesmo que no início da República, com as escaramuças entre Deodoro e Floriano. É cedo", insistiu o general.

"Mas nós achamos que já está ficando é muito tarde...", disse Lacerda, com movimento largo de mãos, que foi interpretado pelo general como um gesto de dedo em riste. Isso de levantar a mão e balançar o dedo na cara dos outros ele também sabia fazer, rugiu Costa e Silva. A conversa descambara para o bate-boca.

O governador de Minas Gerais, Magalhães Pinto, esforçou-se para imprimir um tom conciliador à reunião:

"Como o entendimento se apresenta difícil, é melhor serenarmos os ânimos. De qualquer modo, preciso voltar a Minas. Aguardarei lá por uma decisão, com as tropas devidamente mobilizadas."

Desconfiado, Costa e Silva detectou supostas segundas intenções na frase final de Magalhães Pinto:

"O senhor pode voltar a Minas... As minhas forças são maiores do que as suas. Fique sabendo que isso não me intimida."

O governador de Goiás, Mauro Borges, cochichou algo no ouvido de Adhemar de Barros, que em seguida ponderou ser melhor interromperem a reunião naquele ponto e, talvez, prosseguir no dia seguinte. Já era madrugada e todos estavam exaustos.

Até então calado, o general Juarez Távora deu um soco na mesa, que provocou o susto geral e chamou a atenção de todos:

"Costa, deixa o Lacerda falar!"

Lacerda, que estava de cabeça baixa, agastado, rabiscando garatujas em uma folha de papel, apenas levantou os olhos, arregalados por trás das grossas lentes de míope. O general Costa e Silva, contudo, soltou um muxoxo e um sorriso irônico:

"Juarez, você continua o mesmo tenente idealista e desprevenido de 1930..."

"Não é bem assim, Costa. Na Revolução de 1930, nós tivemos cerimônia e constrangimento em não querer assumir o governo. Pensávamos em colocar os civis na frente e manobrá-los de perto. Que ilusão! Em pouco tempo, fomos passados para trás, desarticulados, sem poder fazer nada do que planejávamos. Concordo com a imediata indicação de um militar para a presidência. Não entendo como governadores de diferentes partidos, todos civis, tenham chegado a esse consenso e nós próprios, militares, não possamos fazer o mesmo."

Lacerda se animou:

"General, por unanimidade, indicamos o nome de um camarada seu. Trata-se do general Humberto de Alencar Castello Branco."

Foi a vez de Costa e Silva dar um murro na mesa.

Só no dia seguinte, Costa e Silva iria engolir a indicação feita pelos governadores, quando ficara claro que os demais comandantes militares também apoiavam o nome do general Castello Branco. As entidades empresariais que financiaram a conspiração faziam coro. Queriam o tal general Castello na presidência. Para o grande público, tratava-se de um completo desconhecido. Castello atuara sempre em silêncio, nos bastidores, movendo-se pelas sombras. Construíra, entre os pares, a imagem de gênio militar, exímio estrategista, um tanto quanto teimoso, mas empedernido legalista. No jargão militar, era um "soldado-profissional", ou seja, avesso à política e — ainda que vaidoso — à exposição pública. Agora iria ocupar o posto político mais importante e de maior visibilidade da República.

Mas, afinal, quem era o tal Castello Branco? Na redação do *Jornal do Brasil*, contava o jornalista Alberto Dines, demorou-se a encontrar uma imagem de arquivo que revelasse aos próprios jornalistas a cara do futuro presidente. A mesma cena se repetiu por centenas de redações país afora. Quando, enfim, por sorte alguém conseguia a tão esperada fotografia daquele que seria o novo chefe da nação, a reação era a mesma: rodinhas se formavam em torno da mesa do editor, logo dispersadas em meio a sorrisos e comentários carregados de malícia. Quem esperava a imagem de um militar de porte marcial e atlético dava de cara com a foto de um sujeitinho miúdo, cara redonda, meio desengonçado dentro da farda.

Assim que o nome de Castello Branco começou a circular pela imprensa, os curiosos e bajuladores de plantão afluíram em procissão até a residência do general, um modesto sobrado, o número 394 da rua Nascimento Silva, em Ipanema, Rio de Janeiro. Conta-se que o deputado Jorge Curi, um dos que acorreram até lá, conseguiu acotovelar-se em meio à multidão e chegar à porta principal. Deparou-se com o homenzinho baixo e cabeçudo, que julgou ser um dos serviçais do futuro presidente.

"Onde está o dono da casa? Onde está o general?"

Muito prazer. Era o próprio.

"Só isso?", foi o comentário que o deputado conseguiu articular para o amigo ao lado.

Quando o general Castello Branco apareceu pela primeira vez diante das câmeras, a turma da bossa nova, ali na rua Nascimento Silva, quedou perplexa diante da tevê. Era ele, o milico que morava ali pertinho, um quase vizinho. Um sujeito calado, de protocolares bons-dias e cerimoniosas boas-noites. Um sujeito completamente anti-bossa-nova. Era ele o novo presidente da República. Por todos os barquinhos, banquinhos, chopes, luares e violões. Como isso era possível?

Era o mistério profundo. Era o queira ou não queira.

"AS MARGENS PLÁCIDAS"
Infância e juventude — 1897-1922

Pólvora nas veias

Magricela, baixinho, cabeçudo, com desvio de coluna e quase sem pescoço. Na classe composta na maioria por gaúchos corpulentos, o pequenino cearense era motivo de chacota, diversão cruel e garantida para os colegas de sala de aula. Ali, no Colégio Militar de Porto Alegre, começaria a ganhar apelidos maliciosos. Aprenderia a colecioná-los, constrangido, pelo resto da vida. Monstrengo, Torto, Encolhido, Tamanco, Nanico, Aborto da Natureza. Mas um, em especial, o tiraria do sério: Quasímodo — o anti-herói corcunda do romance *Notre-Dame de Paris*, do francês Victor Hugo.

Apesar da pequena estatura e da aparência franzina, o jovem Humberto de Alencar Castello Branco era um dos mais velhos da turma. Criado pela mãe à base de papas de farinha de mandioca e ralos mingaus de goma, nunca ganhara corpo. Já beirava os quinze anos, embora a caderneta de estudante alegasse que não passava dos doze — o pai, sem maiores cerimônias, adulterara a data de nascimento do rapaz para fazê-lo ingressar na categoria de "aluno gratuito" no colégio, pois a instituição exigia essa idade como teto para a providencial dispensa das taxas.

Ninguém na direção da escola dera pelo artifício, praxe à época entre os candidatos que já haviam estourado a idade máxima regulamentar para usufruir da benesse. Ou, o mais provável, a secretaria fizera vistas grossas para a artimanha do capitão Cândido Borges Castello Branco, respeitado oficial que ostentava no peito lustrosa medalha de ouro, recebida em 1908 por "bons serviços prestados ao Exército brasileiro".

Pouco depois dos exames, o pequeno e desengonçado Castello receberia a notícia de que seria matriculado sob o número 105, um dos 275 privilegiados rapazes a fazer parte da turma inaugural do colégio, fundado naquele mesmo ano, 1912, por decreto do então presidente da República, marechal Hermes da Fonseca — que chegara à presidência da República após enfrentar o jurista Rui Barbosa nas acirradas eleições presidenciais de 1910. Na "luta da pena contra a espada", como seria apelidada a disputa, Hermes levara a melhor. E tornara-se um ídolo de parcela significativa dos quartéis e escolas militares.

O Colégio Militar de Porto Alegre estava instalado no Casarão do Campo da Várzea, prédio suntuoso, quadrilátero de dois andares e quase 15 mil metros quadrados. Estudar ali equivalia a uma espécie de passaporte para o início de promissora carreira de oficial. Após sete anos — três do Curso de Adaptação e quatro do Curso Geral — o aluno saía com o diploma do colegial na mão, apto a ingressar e sentar praça como cadete na Escola Militar de Realengo, fundada em 1911, no Rio de Janeiro, principal berço da elite fardada brasileira no século xx.

Ao transpor o imponente torreão central do Colégio Militar, Beto — o apelido familiar que nunca pegou fora de casa — realizava antigo desejo paterno. O capitão Cândido Castello Branco sonhava em ver pelo menos um dos três filhos varões seguindo-lhe os passos, batendo continência e envergando a farda de brim cáqui, quem sabe pontilhada de medalhas e distinções. Além do mais, o filho contrariava a velha previsão das antigas professoras do primário, que o consideraram condenado ao fracasso nos estudos. Elas haviam até mesmo diagnosticado uma "completa incapacidade intelectual" naquele garoto raquítico e encabulado, a cabeça chata e muito grande, desproporcional ao resto do corpo.

As antigas professoras tinham lá seus motivos para não apostar no futuro de Castello. O início da vida escolar do menino havia sido pouco digno de nota. Aprendera a ler com sacrifício. Embaralhava as sílabas, confundia as letras, tinha dificuldade em formar frases e mesmo palavras inteiras. Por mais que se esforçasse, não conseguia acompanhar o ritmo da turma. Sempre ficava para trás nas lições do bê-á-bá. Por isso, era ridicularizado em sala de aula, apontado como exemplo negativo aos demais alunos. A família chegara a ser advertida, por escrito, sobre as "deficiências de inteligência" do menino.

O garoto tímido e amedrontado na sala de aula transformava-se quando corria, livre e solto, pés descalços, pelo sítio Cambeba, pertencente ao bisavô materno. O velho coronel Tristão Antunes de Alencar era um antigo membro da Guarda Nacional, morador de Messejana, pequeno e verdejante distrito distante pouco mais de duas léguas do centro de Fortaleza. Longe da censura das professoras carrancudas, Castello não perdia tempo. Trepava nos pés de cajueiro, tomava banhos de açude, roubava mangas dos vizinhos, ordenhava vacas no curral e, mesmo sem muita destreza, montava no lombo das mulas e dos jumentos que pastavam à toa no terreiro. "O jumento compreende o cearense e este o tem como camarada", escreveria anos depois em carta à Lurdinha, a irmã mais velha.

Era dado também a travessuras, pequenas maldades típicas dos meninos de antigamente: amarrava latas no rabo do cachorro, estropiava os gatos que encontrava pelo caminho, preparava armadilhas e alçapões para pegar passarinho. Armado com uma espada de pau, travava duelos imaginários com bananeiras e coqueiros.

A vocação talvez estivesse no sangue. Havia pólvora correndo nas veias da família. Pelo lado do pai, descendia de longa linhagem de militares, iniciada ainda no século XIII, em Portugal. Reza a lenda familiar, sustentada ao longo dos séculos, que o sobrenome Castello Branco é herança de longínquo antepassado de origem lusitana, bravo combatente que teria vencido feroz batalha, tomando então de assalto uma fortificação construída pelo antigo Império Romano. O tal castelo, de cor branca, teria sido incorporado ao nome do comandante vencedor da disputa, sendo repassado aos descendentes.

A versão, narrada com as cores fortes de um heroísmo romântico, era a preferida pelo jovem Castello Branco. Mas há também registros históricos menos eloquentes a respeito. Os que dão conta, por exemplo, da existência de um certo Vasco Pires, alcaide-mor da vila de Covilhã no século XIV, proprietário de terras na localidade de Castellbranco, mais tarde Castello-Branco, na Beira Baixa, região oeste de Portugal — o que, portanto, resumiria a origem da família a uma circunstância geográfica.

Seja como for, o fato é que o primeiro Castello Branco de que se tem notícia no Brasil era, com efeito, um militar. Tratava-se de Francisco da Cunha e Silva Castello Branco, cuja vida está também cercada de mistérios e peripécias. Capitão de infantaria do Exército português, neto em nona geração do patriarca

Vasco Pires, dera com os costados no Brasil em 1693, com a tarefa de reforçar a guarnição militar da capitania de Pernambuco. Pouco depois, seria enviado ao Maranhão por ordens de Lisboa, quando durante a viagem, em trágico naufrágio, perderia a mulher e os pertences.

Viúvo, falido, com três filhas sobreviventes para criar, Francisco não viu alternativa senão embrenhar-se pelos sertões do Piauí para tentar recuperar, com a criação de gado, o patrimônio que vira ser tragado pelas ondas. Depois de expulsar e degolar centenas de índios, fez pequena fortuna como proprietário de terras e pecuarista na freguesia piauiense de Santo Antônio do Surubim de Campo Maior. As filhas — Ana, Maria e Clara — tratariam de dar continuidade à família Castello Branco no Brasil.

Cândido, o pai de Castello, já fazia parte da oitava geração iniciada pelo velho Francisco. Herdara-lhe o sobrenome, mas não as posses. Pertencia a uma das alas menos prósperas da família. Isso, porém, não lhe diminuía o orgulho de fazer parte de uma dinastia que incluía, entre os muitos homens de farda, o temido tenente-coronel João do Rego Castello Branco, que, no século XVIII, havia sido apelidado de "João, o Sanguinário", pela fama de impiedoso matador de tupis-guaranis.

Por parte da família da mãe, Antonieta, o jovem Castello também ouvira muitas lendas e histórias. Pertencia ao célebre clã dos Alencar, que teve seu principal tronco no Brasil na figura do tenente-coronel lusitano Leonel Pereira de Alencar Rego, bandeirante que, com bacamarte na mão, resolvera desbravar os rudes sertões nordestinos no século XVII. A partir daí, a família Alencar deitou raízes profundas no interior do Ceará. Poderosos, seus descendentes construíram fama em meio à caatinga e aos vales férteis do Cariri, região sul cearense, quase na fronteira com Pernambuco. Orgulhosos, cheios de si, advogariam para os seus domínios uma completa independência em relação aos poderes constituídos. Eram ricos e rebeldes.

Coube à neta de Leonel, Bárbara, iniciar a tradição de renhidos revolucionários entre os Alencar. Ela, conhecida à época como "o macho da família", havia erguido em torno de seu nome, na cidade do Crato, no extremo sul cearense, a 533 quilômetros de Fortaleza, uma espécie de matriarcado sertanejo, onde reinava absoluta. Não faltavam os que diziam, à boca miúda, ser a toda-poderosa

d. Bárbara amante do vigário da cidade, Miguel Carlos Saldanha, velho amigo da família. Comentava-se inclusive que um dos filhos de d. Bárbara, José Martiniano, era "filho de padre".

Foi esse filho, Martiniano, mais tarde também ordenado sacerdote, que iniciaria com a ajuda expressa da mãe, em 1817, no Crato, um movimento em apoio à revolução pernambucana, então recém-deflagrada no Recife. No patamar da igreja matriz da cidade, ao lado da mãe Bárbara e do irmão Tristão Gonçalves, debaixo do aplauso e dos vivas da multidão, Martiniano esbravejou contra os portugueses e proclamou, a um só tempo, a independência e a República no Crato.

Oito dias depois, as tropas legalistas tomaram o Cariri e prenderam os principais ativistas do movimento. O processo judicial contra os Alencar se arrastaria, lento, tempos a fio. Bárbara, Martiniano e Tristão mofaram na cadeia por três anos e tiveram os bens sequestrados. Mas não se dariam por vencidos. Os dois irmãos encabeçariam, sete anos depois, a participação cearense na Confederação do Equador, o movimento que, em 1824, pretendeu criar uma república independente no Nordeste, livre dos poderes absolutistas de d. Pedro I.

O imperador sufocaria o movimento, decretando pena de morte para a maioria dos confederados. Boa parte dos rebeldes foi fuzilada em praça pública. Tristão Gonçalves, perseguido pelas tropas imperiais, quedaria morto a tiros e pancadas. Seu nome, porém, seria homenageado pelos Alencar em sucessivas gerações, chegando inclusive ao bisavô de Castello, o coronel Tristão Antunes, por sua vez bisneto de Bárbara de Alencar. Com o fim da Confederação, outros membros da família seriam perseguidos, por toda a região do Cariri. Velhos desafetos políticos e inimigos pessoais aproveitaram a oportunidade para acertar antigas diferenças. Pelo menos treze integrantes da família foram mortos a bala ou executados com pauladas na cabeça.

Padre Martiniano, revolucionário de primeira hora, escaparia ileso. Preso pelas tropas do governo, escreveria uma súplica ao imperador. Negou qualquer envolvimento com a Confederação, pediu clemência e jurou fidelidade a d. Pedro. Absolvido, foi eleito deputado, depois presidente da província do Ceará e, por meio de uma série de conchavos, chegaria a senador do Império. Em 1831, seria um dos principais articuladores da queda de d. Pedro I e, em 1840, um dos cabeças do golpe da Maioridade, que conduziu d. Pedro II, aos catorze anos, ao trono brasileiro.

Sem largar de vez a batina, padre Martiniano manteria o que ele próprio considerava uma "união ilícita e particular" com a prima Josefina, a quem daria nada menos que doze filhos. Tudo por causa da "fragilidade humana", alegaria o sacerdote em sua defesa, no cartório, ao assumir a dúzia de rebentos. O primogênito, inclusive, recebera o mesmo nome de batismo do pai: José Martiniano de Alencar, que, mais tarde, o Brasil viria a conhecer como José de Alencar. Ele mesmo. O autor de *Iracema* e *O Guarani*. Que era, portanto, filho e neto de padre.

Mas o sobrenome ilustre por pouco não deixou de ser repassado ao pequeno Castello. O avô materno, Augusto Gurgel do Amaral, desaparecera de casa, deixando para trás mulher e filhos. As últimas notícias que correram a respeito dele é que teria ido a São Paulo, onde defendera a tese de formatura em direito. De lá, rumara para o Rio de Janeiro, onde montara escritório e nunca mais voltara, abandonando a família. O velho coronel Tristão Antunes, defensor intransigente dos valores ligados à estirpe dos Alencar, tratou de fazer com que não se perpetuasse na família o sobrenome do genro fujão, proibindo os netos de o utilizarem em qualquer circunstância.

A partir dali, todos os filhos de Augusto seriam simplesmente Alencar. Para todos os efeitos, o pai e o sobrenome Gurgel deixaram de existir. Sumiram. Evaporaram. Na sala principal do sítio Cambeba, uma mancha, mais clara que o restante da pintura na parede, denunciava a ausência do retrato de Augusto, recolhido e esquecido junto às tranqueiras que abarrotavam o quartinho dos fundos.

A união das famílias Alencar e Castello Branco aconteceria em 1891, quando Cândido Castello Branco fez a corte e pediu a mão de Antonieta Gurgel do Amaral, isto é, Antonieta Alencar, em casamento. Ele, gago, desajeitado e ranzinza. Ela, órfã de pai vivo, moça prendada, neta de senhores de engenho, a eterna protegida do coronel Tristão.

A exemplo de muitos jovens da época, Cândido entrara no Exército como forma de escapar à pobreza. A vida sempre apertada do pai, Francisco Borges Castello Branco, pequeno e obscuro rábula do interior do Piauí, não lhe prometia muita coisa de herança. Por isso, em 1876, aos dezesseis anos, o rapaz resolvera se alistar nas fileiras da infantaria piauiense. De lá chegara ao Ceará, onde ascendera a ajudante de ordens do coronel Luís Antônio Ferraz, primeiro presidente constitucional do Ceará. Foi com tais credenciais que se animara a arrastar a asa para a neta predileta do coronel Tristão, que autorizou o enlace.

Arranjado o matrimônio, os recém-casados não se demorariam muito na capital cearense, cidade que contava à época com pouco mais de 45 mil habitantes. A carreira militar de Cândido e as inevitáveis transferências forçariam o casal a constantes mudanças de cidade: Fortaleza, Recife, Teresina, São Luís, Rio de Janeiro, Porto Alegre. Não havia tempo sequer para tomar fôlego ou mesmo para se ambientar aos novos endereços. Os filhos iam nascendo em meio às viagens ou durante os escassos intervalos das tantas idas e vindas. Seriam seis, ao todo: Candinho, Lurdinha, Humberto, Nina, Beatriz e Lauro. Outros dois, Francisco e João, morreriam com poucos dias de vida.

O terceiro da fila entre os filhos que vingaram, Humberto de Alencar Castello Branco, quase viera ao mundo em uma cabine de passageiros de um navio do Loide Brasileiro. Era 1897, Cândido acabara de ser promovido a tenente, aos 37 anos, e voltara ao Ceará para prestar serviço em Fortaleza. Antonieta, então aos 26 anos, embarcara sustentando uma barriga de nove meses. O bebê esperou apenas o tempo suficiente para nascer em terra firme. E cearense, a exemplo dos revolucionários antepassados maternos.

O desembarque ocorreu na manhã de 20 de setembro, sob o sol da luminosa Fortaleza. Na noite daquele mesmo dia, em pequena casa alugada no centro da capital cearense, o número 38 da rua Sólon Pinheiro, nasceu Castello. Puxara ao pai. Do tenente Cândido, o pequeno herdara, por exemplo, a cabeça chata, a carranca e o mesmo jeitão desengonçado. O tempo só se encarregaria de confirmar e aprofundar a semelhança.

Não demorariam muito, porém, na nova morada. Um mês depois, a família mudaria para o sítio do avô de Antonieta, em Messejana. Ficariam por lá durante seis meses, até decidirem por mais uma mudança, quando o tenente Cândido conseguiu alugar uma casa na rua Sena Madureira, 103, centro de Fortaleza, próximo ao Palácio da Luz, então sede do governo cearense.

"Brincava eu quase todas as tardes à beira da praia, ouvindo a voz possante do mar, vendo a tristeza oceânica na vastidão dos verdes mares", escreveria Castello à esposa, no seu estilo típico e pretensiosamente literário, tempos mais tarde. No entanto, após outros seis meses, nova transferência militar levaria todos de volta a Pernambuco.

O cansativo arrumar e desarrumar de malas continuaria por muitos anos.

Feito um bando de ciganos errantes, Cândido, Antonieta e os filhos não perdiam as chances de passar férias em Messejana, bem próximo aos olhos, cuidados e bens do velho Tristão Antunes Alencar, que bancava todas as despesas da viagem. Afinal, a lida na caserna era dura — e as dívidas da família da neta eram muitas. A cada novo filho, as contas vencidas cresciam de tamanho. O novo rebento, Humberto, seria batizado na igrejinha do lugar, construção simpática e rústica, erguida pelos jesuítas ainda no século XVII. De Messejana ficariam as melhores lembranças de infância, como Castello deixaria registrado, de próprio punho, na carta a um tio, escrita quase meio século depois:

> Gosto imensamente daí, sentindo que sou, mais ou menos, como o pessoal de nossa terra. [...] Tenho saudade de tudo. Até do passo cadenciado dos jumentos e do cheiro bom da terra molhada quando chove ao amanhecer. [...] Nossa Messejana, como vai? Tenho nos olhos o cartão-postal da lagoa rodeada de areia branca e de mangueiras. Até o seu cemitério tem qualquer cousa de particular: a quietude do recanto de um mato e os cajueiros frondosos debruçados sobre o velho muro branco tomam conta dos melhores mortos de minha afeição e de minhas saudades.

Os futuros desafetos encontrariam a referência perfeita para mais um dos tantos apelidos pespegados a Castello: "Caboré de Messejana". Dupla e ferina alusão. A Messejana, o bucólico e idealizado cenário de infância. E a Caboré, pequena e achaparrada coruja, muito comum no Nordeste brasileiro.

No intervalo de cinco anos, de 1907 a 1912, o pequeno Castello passara por nada menos que quatro escolas, em quatro diferentes capitais nordestinas. Devido aos constantes deslocamentos da família, os filhos de Cândido e Antonieta eram obrigados a trocar de colégio a todo instante. Após as acidentadas e primeiras letras no Recife, Castello ingressaria no Externato São Rafael, anexo do Colégio da Imaculada Conceição, em Fortaleza, de onde pularia para o Colégio Aires Gama, de novo no Recife. Um ano depois, estaria matriculado no Liceu do Piauí, em Teresina. E, daí a alguns meses, no Liceu do Maranhão, em São Luís.

Mudanças tão repentinas de ambientes, professores, métodos e currículos poderiam ter embaralhado de vez a cabeça do menino, já atordoada pelo baixíssimo rendimento escolar. O vaivém, no entanto, só traria boas novas. O garoto, que antes tropeçava a cada sílaba, para surpresa de todos desatara a ler com fluência. Passara a devorar um livro atrás do outro.

Mais tarde, ele próprio atribuiria tal singular metamorfose a uma professora do Externato São Rafael, irmã Inês, que se compadecera de seus fracassos estudantis e lhe dedicara atenção especial. Castello seria o quindim de irmã Inês. Sentia-se protegido sob a aba de seu chapelão branco, típico da ordem das vicentinas. Fora ela inclusive quem lhe apresentara à literatura e, em especial, aos livros do parente célebre, José de Alencar. Em pouco tempo, o garoto leria a obra completa de Alencar com surpreendente sofreguidão para tão pouca idade. Parecia ter descoberto um mundo novo. Decorava trechos inteiros, página após página, que depois gostava de declamar a amigos e parentes em casa.

As notas no colégio eram as melhores possíveis. Destacava-se entre os primeiros da turma. Se antes chamara a atenção pela fama de burro e preguiçoso, agora despertaria os ciúmes dos companheiros de sala pela facilidade com que respondia às lições. Em 1910, no Liceu do Piauí, na pequena turma composta por dezessete garotos, seria o único a conseguir passar de ano. Os colegas reprovados não lhe perdoaram a façanha: perseguiram-no do portão do colégio até a calçada de casa, debaixo de vaia. Era a primeira das vaias que receberia na vida. Mal saberia que, bem mais tarde, viriam outras. Muito maiores.

Nunca se acostumaria a elas.

Talvez os apupos dos colegas piauienses ainda ecoassem no juízo de Castello quando o pai, Cândido, já promovido a capitão, recebeu poucos meses depois a notificação de nova transferência. Após a temporada na abrasadora Teresina, era convocado para trabalhar em meio ao frio da guarnição de Rio Pardo, a 144 quilômetros de Porto Alegre, Rio Grande do Sul. Seriam cansativos quinze dias de viagem, por mar, do Nordeste até a capital gaúcha. Mas, pelo menos para Castello, já decidido a seguir a carreira do pai, a notícia não podia ser melhor. Era por lá que estava sendo inaugurado um Colégio Militar, destinado a ser o melhor do país àquela época.

No Rio Grande do Sul, pelo bom desempenho nos exames de admissão, seria matriculado já no segundo período do Curso de Adaptação. A despeito dos remoques iniciais da maior parte da turma, acabaria fazendo poucos mas bons amigos. Na lista dos mais chegados, os irmãos Riograndino e Amaury Kruel, Nelson e Alcides Etchegoyen, além de Arthur da Costa e Silva. Meninotes na faixa entre onze e doze anos. Todos, futuros protagonistas do golpe militar de 1964.

Se o começo não fora fácil, Castello encontrara uma forma eficaz de neutralizar a própria timidez e as costumeiras provocações dos colegas. A defesa consistia em revelar um inesperado senso de humor. Fazia piadas de si próprio, antecipando-se às ofensas e desarmando até mesmo o mais cáustico dos agressores. Ao descobrir que a palavra francesa *cou*, em português, significava "pescoço", tratou de armar-se com infame e quase impublicável trocadilho:

"Antes ter um *petit cou* do que ter um *cou* imenso", pilheriava.

As amizades foram sendo conquistadas à proporção que o irreverente "105" — no Colégio Militar, os nomes de batismo eram trocados pelos números de matrícula — destacava-se também como um dos mais ativos participantes das reuniões da Sociedade Cívica e Literária, agremiação estudantil organizada pelos alunos. Nelas, como o próprio nome da entidade sugeria, discutiam-se literatura e política.

Os saraus eram recheados de leituras e declamações, em especial textos de Machado de Assis e Eça de Queirós, mas também, por influência de Castello, do romântico Alencar. O jovem aluno cearense, aliás, cujo sotaque carregado havia provocado gargalhadas dos colegas nos primeiros dias de convivência, acabou nomeado orador do grupo.

Os membros da Sociedade Cívica e Literária eram assíduos frequentadores do Theatro São Pedro, a principal casa de espetáculos gaúcha, que constava do roteiro das grandes companhias — em especial, alemãs e italianas —, quando seguiam das temporadas no Teatro Municipal, no Rio de Janeiro, em direção a Buenos Aires e Montevidéu. Havia ainda os shows musicais e as apresentações de teatro amador do Café Bella Firenze. E, é claro, a febre dos primeiros cinemas.

Mas Castello, ao contrário da maior parte da turma, nunca demonstrou grandes interesses pela novidade das imagens em celuloide. Preferiria, sempre, o teatro. Era admirador de operetas e começara a ler traduções de Shakespeare. No entanto, a pequena prateleira de estudante já revelava uma de suas maiores obsessões, que só se ampliaria ao longo da vida: colecionava, com singular entusiasmo, todos os textos, imagens e livros sobre Napoleão Bonaparte que lhe caíssem nas mãos — biografias, ensaios, artigos de jornal, romances históricos, aquarelas, fotografias.

Passaria a cultivar uma mania em relação a Napoleão, soldado imortalizado

46

nas páginas da historiografia oficial como "o mais audaz dos militares", "o gênio da estratégia", "o grande conquistador da Europa". Um general que, segundo garantiam os compêndios escolares, fizera da "astúcia uma arma mais poderosa do que o canhão". Os amigos de Colégio Militar contariam mais tarde que o jovem Castello, antes de dormir, colocava sob o travesseiro uma pequena reprodução da imagem clássica de Bonaparte: em vez da figura realística do general atarracado e baixinho, a efígie de um Napoleão em pose viril e heroica, empinando seu célebre e não menos altivo cavalo branco.

As sessões políticas da Sociedade Cívica e Literária rendiam discursos inflamados. Toda aquela eloquência juvenil era quase sempre disparada contra o autoritarismo de Borges de Medeiros, governante do Rio Grande do Sul, herdeiro político de Júlio de Castilhos. No total, os dois caudilhos mandaram e desmandaram no governo gaúcho por mais de três décadas. Castilhos inaugurara um formato singular de ditadura nos pampas, que depois viria a fazer escola no país, inclusive no futuro regime militar pós-64: havia eleições regulares, um parlamento funcionando e até mesmo uma Assembleia Constituinte. Mas o próprio Castilhos elaborara sozinho o projeto da Carta Magna e o empurrara goela abaixo de uma assembleia expurgada dos principais adversários políticos.

Naquela democracia de fachada, as leis não eram elaboradas pelo Legislativo, mas pelo próprio chefe do Executivo, que também nomeava o vice-presidente e podia ser reeleito quantas vezes desejasse. Tudo amparado pela violência política e pela fraude eleitoral, práticas comuns no Brasil à época. Em tal cenário, a face beletrista da Sociedade Cívica ia perdendo terreno. As questões políticas passariam a ser a pedra de toque das reuniões estudantis. A ponto de, em 1916, os alunos do Colégio Militar decidirem criar nova entidade, de vocação política mais explícita, o que ficava claro desde o nome escolhido para batizar a organização: República Liberal, sugestão de Castello acatada de imediato por todo o grupo.

Os discursos do civilista Rui Barbosa no Senado eram a inspiração e o credo político do jovem cearense. Castello chegara a assinar o *Diário Oficial* para se inspirar nos discursos do senador baiano. Neles, Rui condenava com insistência o estado de sítio — decretado várias vezes pelo presidente Hermes da Fonseca, ao longo de todo o governo, para tentar controlar as revoltas nos estados e conter a onda de greves, desencadeadas pelo nascente movimento operário.

Diria Rui, do alto da tribuna do Senado Federal, em 17 de maio de 1914:

"O estado de sítio é o cancro do regime republicano. Há de liquidá-lo. Ou esta instituição desaparece do seio das nossas instituições, ou teremos de voltar a outro regime, se não desaparecermos no seio da anarquia ou da ditadura."

O jovem Castello, à época, assinaria embaixo. Acreditava, como Rui, que "a nação governa, o Exército obedece". As posições políticas, aliás, estavam a cada dia mais nítidas. Repudiava a "ditadura constitucional" gaúcha. Nas raras folgas do colégio, costumava frequentar com o amigo Amaury Kruel as galerias da Assembleia Legislativa do Rio Grande do Sul. Em desobediência aberta ao regimento parlamentar, vaiavam os correligionários situacionistas de Borges de Medeiros e aplaudiam os parcos deputados oposicionistas.

Não perdiam também a oportunidade de participar, junto aos operários e estudantes de outras instituições, das manifestações de rua em protesto contra o governo local. Numa delas, foram dispersos a tiros pela temida cavalaria da Brigada Militar gaúcha. Na confusão, Amaury Kruel receberia um balaço na perna, cuja cicatriz conservaria para o resto da vida. Outro manifestante anônimo, depois identificado como aluno da Faculdade de Medicina de Porto Alegre, não tivera a mesma sorte: um tiro mortal atravessara-lhe o peito.

Castello, mais uma vez longe da família — o major Cândido havia sido enviado para prestar serviços de novo no Recife —, escaparia incólume a esses anos agitados do movimento estudantil. As preocupações políticas, ainda que intensas, também não retirariam a atenção prioritária que dedicava aos livros: "Entregava-me aos estudos com a vontade inabalável de vencer, atravessando as horas silenciosas das noites de inverno, com o frio cortante e com as saudades dos meus e do meu Ceará", escreveria dois anos depois da saída do Colégio Militar de Porto Alegre.

Ao final de seis anos de curso, era ele um dos melhores alunos da sala, colecionador de medalhas de bronze pelo bom comportamento. Ótimo em desenho e geometria, tinha boas notas também em história e geografia. Mas, em física, sempre escapava com a nota mínima necessária, um costumeiro e sacrificado cinco. Muito aquém do desempenho obtido pelo colega Arthur da Costa e Silva, então um jovem alinhado, atlético e mulherengo, e ainda por cima sempre o primeiro da turma. O campeão de notas dez, que também suprimira três anos à idade ao ingressar no Colégio, revelara-se dono de singelo talento: Costa e Silva era, então, exímio e delicado clarinetista.

Pelo regulamento do colégio, coube ao primeiro lugar, Costa e Silva, a nomeação simbólica de "comandante" da turma. Décio Palmeiro de Escobar, embora ainda cursasse o penúltimo ano, conseguiu obter tão boas notas que foi nomeado "subcomandante". E Castello, que ficara em terceiro, recebeu o título — igualmente simbólico — de "capitão adjunto". Sem pendores para a elegante arte da esgrima, moda nos colégios militares da época, Castello também não fizera bonito nas aulas de educação física, novidade trazida ao país pelas escolas de formação militar.

Nesse item, era, na verdade, um dos últimos da turma: o mais lento, o mais fraco, o mais exausto ao fim dos exercícios. Nos exames práticos finais do colégio, em 1917, tiraria uma melancólica nota seis em ginástica e natação, além de um burocrático oito nas lições de infantaria. Destacava-se mesmo por conta da pontaria certeira — era nota dez em tiro ao alvo —, pelas frequentes visitas à biblioteca e pela pilha de livros e jornais que lera durante o curso. Tanto que, em pouco tempo, a interminável lista de apelidos que sempre fora obrigado a suportar ficaria um pouco maior, com a inclusão de pelo menos outro, criado e incentivado pelo próprio Castello: Crânio.

Dessa vez, não se tratava de alguma alusão pouco lisonjeira à tão comentada cabeçorra; muito pelo contrário. Era, gabava-se Castello aos amigos, pelo tanto que conseguia arquivar dentro dela.

Cabeça de papel

A "Rampa da Morte" era o terror dos alunos da Escola Militar de Realengo, no Rio de Janeiro. O que depois viria a ser um exercício obrigatório nas aulas de instrução física nos quartéis era, à época, inovação encarada com pavor pelos cadetes. Consistia em escalar um obstáculo íngreme, seguido de um salto sobre um fosso profundo e, logo adiante, de uma cerca de arame farpado, que deveria ser ultrapassada rastejando-se pelo chão. Era preciso agilidade, força física e músculos bem treinados para superar as barreiras, sem hesitações, no menor tempo possível.

Sob o olhar severo dos instrutores — entre os quais se destacava Henrique Teixeira Lott, jovem tenente, lourinho e de voz fina, mas com fama de durão —, eram poucos os cadetes que conseguiam vencer a prova sem, antes, experimentarem alguns tombos feios e outros tantos arranhões ao longo do caminho. Castello, então com apenas cinquenta quilos, 1,67 metro de altura, quase nenhum músculo e as poucas carnes mal lhe cobrindo os ossos, seria uma das vítimas inevitáveis do treinamento.

Os exercícios na tal "Rampa da Morte" eram realizados, de costume, em uniforme de ginástica. Mas, na manhã de 23 de março de 1920, os cadetes foram surpreendidos com a ordem de que deveriam enfrentá-la com o fardamento de campanha completo, munidos de capacete e mochila. E, para complicar as coisas, armados com pesado mosquetão. Seria uma forma de simular movimento real de combate e, ao mesmo tempo, testar as "qualidades morais" dos alunos, argumentara o instrutor.

Um a um, a muito custo, os jovens cadetes foram vencendo o terrível obstáculo. Chegada a sua vez, Castello procurou dar o melhor de si. Já que se tratava de uma prova de coragem, ele, um Castello Branco, um Alencar, não demonstraria sinal de assombro. Ao atingir o topo da rampa, ensaiou o salto em direção ao final da barreira. Porém, calculou mal a distância e despencou lá de cima, esborrachando-se no chão e machucando a perna esquerda. Sairia de maca para a enfermaria da escola, humilhado sob os gritos de "frouxo", disparados pelo instrutor. Ficaria de molho por duas semanas, com a perna enfaixada e a humilhante baixa registrada na caderneta de oficial.

O rigor encontrado por Castello em Realengo era novidade nas escolas militares do país. Consequência direta da fase de profissionalização que vivia, àquela época, o Exército brasileiro. Até então, a formação dos oficiais era bem pouco pragmática. As Forças Armadas mostravam-se desaparelhadas e ineficientes, como inclusive ficara manifesto nos insucessos da campanha que, ao final, resultaria no genocídio de Canudos, em 1897, no interior baiano. As tropas governistas chegaram a mobilizar cerca de 10 mil soldados. Mas haviam amargado três fragorosas derrotas antes de conseguir arrasar Belo Monte, a cidadela de taipa defendida pelos seguidores do beato Antônio Conselheiro.

Na base da corporação, os bisonhos soldados, enviados a combate sem o mínimo preparo, eram arregimentados entre analfabetos e miseráveis, homens rudes, muitas vezes perseguidos e capturados a laço pela polícia, depois alistados à força. Por outro lado, os alunos da velha Escola Militar da Praia Vermelha, no Rio de Janeiro, instituição impregnada da filosofia positivista e fechada pelo governo após uma revolta em 1904, eram submetidos a currículo eclético e diletante, que ia da astronomia à literatura. Assim, na formação da cúpula dos quartéis, não se dedicavam maiores atenções às disciplinas ligadas à arte da guerra, vigorando uma espécie de bacharelismo de farda.

A falta de estrutura do Exército brasileiro se revelara durante a Primeira Guerra Mundial, então recém-travada nos campos de batalha europeus e acompanhada com fervor, pelos jornais, pelo capitão Cândido Castello Branco. Embora com discreta participação, as tropas brasileiras puderam constatar a defasagem em relação ao poderio bélico dos demais países envolvidos no conflito. Além do envio de uma missão médica, a colaboração brasileira se resumira ao deslocamen-

to de uma Divisão Naval, composta de oito barcos, que deveriam ser incorpora-
dos à imperial esquadra britânica no estreito de Gibraltar, ao sul da Espanha. Não
houve tempo para tanto. Um dia após chegar ao destino, os soldados brasileiros
enviados pelo presidente Venceslau Brás receberam, com um misto de desapontamento e alívio, a informação de que a guerra havia terminado.

Pouco antes, ainda em alto-mar, a frota que navegava sob a bandeira verde-
-amarela avistara estranha movimentação pouco abaixo da superfície. Os marinheiros brasileiros, sem pensar duas vezes, abriram fogo em direção ao "inimigo". Munição perdida. Tratava-se apenas de um cardume de toninhas, espécie de
pequenos golfinhos com menos de dois metros de comprimento. Os inocentes
cetáceos haviam sido confundidos com um periculoso submarino alemão.

Mesmo antes da Grande Guerra e da burlesca "Batalha das Toninhas", as
Forças Armadas já reconheciam o flagrante despreparo em suas fileiras. Tal situação começara a mudar a partir de 1908, com a Lei de Reorganização do Exército,
e de forma mais efetiva no ano em que Castello ingressara no Colégio Militar de
Porto Alegre, em 1912. Ao final daquele ano, retornara ao Brasil a primeira leva
de um grupo de pouco mais de trinta instrutores, destacados por Hermes da Fonseca para cursos de aperfeiçoamento na Alemanha — por ironia, país que seria
nosso futuro inimigo de guerra. Após dois anos de estágio, os rapazes voltavam
do outro lado do oceano cheios de ideias novas, familiarizados com as táticas e os
modernos equipamentos desenvolvidos pela poderosa indústria bélica do kaiser.

Apesar da resistência e dos vícios da velha guarda, aqueles jovens instrutores recém-chegados do exterior seriam os responsáveis pela reformulação completa nos quartéis e escolas militares brasileiros, divulgando seus conceitos por
meio da revista *A Defesa Nacional*, fundada em 1913. Impuseram novas disciplinas,
atualizaram regulamentos, traduziram para o português manuais militares alemães e copiaram à risca a rigidez da disciplina germânica.

À época, os novos instrutores foram apelidados de "jovens turcos", em ana-
logia aos homens de Mustafá Kemal — líder político que estava em evidência no
noticiário dos jornais de todo o mundo, pregando medidas revolucionárias no fechado sistema muçulmano da Turquia. A expressão, pejorativa, acabou virando
moda entre os próprios integrantes do grupo. Entre eles, o então tenente Bertoldo Klinger, que, muitos anos depois, octogenário, redigiria em março de 1964 um
manifesto assinado por outros oitenta oficiais da reserva contra a permanência
de João Goulart no poder.

Mas, naquele tempo, os "jovens turcos" pregavam a distância entre o Exército e a política. "Formar soldados rijos" — era o lema que Castello e sua turma encontrariam em Realengo. Em lugar dos "científicos" e "teóricos" da Praia Vermelha, o Exército queria agora homens de ação. Fortes e ágeis, adestrados em inflexível disciplina e submetidos à inabalável hierarquia. E que não tivessem "suas atenções de soldados distraídas por altas cogitações filosóficas", como escreveria o então ministro da Guerra, Caetano de Faria, nas páginas da *Defesa Nacional*. O bom soldado não pondera. E, para um dia vir a comandar, precisa aprender a obedecer.

Inspirada nas novidades introduzidas pelos "jovens turcos", a rotina com que Castello se deparou no interior dos muros altos da escola Militar de Realengo era espartana. Os alunos pulavam da cama às quatro e meia, com o céu ainda escuro, e, às cinco e meia, banhados, escanhoados e uniformizados, ouviam o toque do rancho, convocando-os para o desjejum. Meia hora depois, com uniformes, coturnos e fivelas de cintos impecáveis, já entravam em formação no grande pátio central, no qual era realizada a parada geral diária. De lá seguiam para a instrução no campo. Carregavam sacos de quase oitenta quilos nas costas, subiam em cordas com as mãos nuas, arremessavam granadas à distância, corriam quilômetros em terreno acidentado, sempre sob a vigilância cerrada do implacável cronômetro.

O almoço era cedo, logo às nove da manhã. Às dez, os cadetes iam para a sala de aula, onde recebiam uma bateria de lições técnicas. De lá saíam apenas às quinze horas, quando jantavam, com o sol da tarde ainda forte. Às dezesseis horas, Castello e os demais cadetes estavam livres para deixar a escola e flanar pelos arredores. Não podiam se demorar muito: às dezoito horas, ouvia-se o toque de revista, quando era feita a chamada para se conferir possíveis ausências, seguido da hora da ceia e de uma jornada de estudos individuais, prolongada até as 21 horas. Às 22h, o corneteiro fazia soar o toque de silêncio e as luzes dos alojamentos eram apagadas.

Se sobrava disciplina, faltava comida. O orçamento da instituição não permitia grandes luxos no cardápio dos cadetes. Não era à toa que muitos deles, após o toque de recolher, costumavam pular sorrateiros os muros da escola e invadir os galinheiros da vizinhança. Iam atrás de providencial complemento para compensar a frugalidade da ceia que lhes havia sido oferecida, pouco antes, no refeitório.

Castello ingressara na Escola de Realengo em 22 de abril de 1918, após concluir o curso do Colégio Militar gaúcho. Ficaria mais uma vez próximo à família — o pai, agora promovido a coronel, havia sido transferido para o Rio de Janeiro, onde serviria como arquivista do Estado-Maior do Exército. Ao contrário de Porto Alegre, o calouro Castello poderia, afinal, desfrutar da companhia de bom punhado de conterrâneos na Escola, a exemplo de Juarez Távora — então aluno do segundo ano e o futuro marechal que, em abril de 1964, logo após a queda de Jango, iria assistir à célebre reunião dos governadores com Costa e Silva.

Mas a principal amizade de juventude de Castello Branco continuava a ser mesmo com o gaúcho Amaury Kruel. Assim como a maior parte da antiga turma do Colégio Militar, o velho colega também prosseguiria os estudos militares em Realengo. Castello e Amaury tornaram-se, durante muitos anos, inseparáveis. Até porque os veteranos não se permitiam misturar-se aos novatos, fosse nas rodinhas de conversa ou nas demais atividades extracurriculares. Por pirraça, os alunos dos últimos anos da Escola Militar exigiam ser tratados de "senhor" pelos colegas mais novos. E divertiam-se inventando os mais variados trotes para aplicar aos calouros.

Um dos veteranos mais "criativos" nesses "rituais de iniciação" era o paulista Antônio de Siqueira Campos, assim como Távora, aluno do segundo ano. Os trotes criados por Siqueira Campos fugiam do tradicional figurino das brincadeiras do gênero — que, não raro, descambavam para a violência corporal. Campos era mais cerebral. Submetia os novatos, por exemplo, a intrincados problemas de matemática e física — as disciplinas em que Castello tivera maiores dificuldades no Colégio Militar de Porto Alegre. Ou, às vezes, aplicava provas originais de atenção e acuidade visual. Uma delas era furar, com a ponta de um alfinete, todas as letras "o" da primeira página do carioca *Jornal do Commercio*.

Entretanto, quando estava de mau humor, o atlético Siqueira Campos também recorria a trotes mais convencionais. Exigia dos calouros demonstrações explícitas de vigor físico: o neófito era obrigado a percorrer todo o dormitório, em determinado número de segundos, passando de forma alternada por baixo e por cima dos beliches enfileirados. Sair-se bem em qualquer um desses testes era a única forma de ser aceito pelo grupo já consolidado.

Não é de estranhar, portanto, a inexistência de notícias que deem conta de uma possível amizade entre Castello e Siqueira Campos. Também não há relatos de maiores proximidades do jovem cearense com os demais companheiros que privavam da intimidade do cadete paulista. Uma turma politizada, quase uma irmandade, na qual pontificavam as presenças do fluminense Eduardo Gomes e do próprio Juarez Távora. Juntos, Gomes, Távora e Siqueira Campos haviam alugado uma pequena casa nas proximidades de Realengo, para onde fugiam sempre que a vigilância noturna do dormitório baixava a guarda.

Iluminados pela energia clandestina puxada dos postes da Light, os três se reuniam para estudar e discutir assuntos da política brasileira e internacional, contrariando a doutrina dos "jovens turcos". Ali, organizaram uma pequena biblioteca, composta quase exclusivamente de livros de política e filosofia. No esconderijo batizado como Tugúrio de Marte, homenagem ao deus romano da guerra, também trocavam ideias sobre os discursos incendiários de um jovem tribuno, ligado às nascentes organizações operárias e aos movimentos grevistas de então: o deputado federal Maurício de Lacerda, que viria a ser pai do não menos inflamado Carlos Lacerda.

Castello, é certo, nunca foi convidado a participar de tais reuniões clandestinas. Vez ou outra, um aluno do terceiro ano, de ar sempre melancólico, muito chegado a Siqueira Campos, é quem aparecia no Tugúrio de Marte sem necessidade de aviso prévio. O visitante ocasional era um estudante exemplar, o melhor de todos os tempos em Realengo. Ao final do curso, ganharia até mesmo uma placa oferecida pelo exigente comando da Escola Militar, em recompensa pelo desempenho em sala de aula: tiraria grau dez — a nota máxima —, em todas as disciplinas, ano após ano. Seu nome, Luís Carlos Prestes.

Enquanto os colegas mais politizados reuniam-se para discutir os discursos eloquentes de Maurício de Lacerda, Castello continuava o mesmo entusiasta do velho Rui Barbosa, que, em 1919, septuagenário, lançava-se mais uma vez à presidência da República. O presidente em exercício, o mineiro Delfim Moreira, sucumbira a um estado irreversível de senilidade. Dizia-se que Rui Barbosa, ao ser recebido em audiência no palácio, flagrara Delfim Moreira escondido atrás de uma cortina. Rui teria dado meia-volta e saído comentando, em voz alta:

"Até maluco é presidente do Brasil, menos eu."

Castello, que acompanhara com entusiasmo a nova campanha do tribuno baiano pelas páginas do engajado *Correio da Manhã*, manifestaria em casa a completa desolação com o resultado do pleito. O "Águia de Haia", ao perder para o candidato oficial, o paraibano Epitácio Pessoa, acabara de ver naufragar a quarta tentativa de chegar à presidência da República. Pouco tempo depois, utilizando-

-se da influência de um amigo em comum, o general Cândido Castello Branco se prontificou a arranjar um encontro entre o filho predileto e o já quase mitológico Rui Barbosa. Castello, para espanto da família, declinou do convite. Confessou mais tarde aos irmãos que tivera o receio de, uma vez diante de Rui, perceber-lhe as fraquezas humanas. Reverente, preferia alimentar a lenda imaculada a conhecer o ídolo frente a frente, em carne e osso, pincenê e cartola.

Não eram apenas os ecos do ruidoso cenário nacional que excitavam os cadetes e ameaçavam a severa disciplina imposta pelos "jovens turcos". Além das reuniões secretas de cunho político, havia outras motivações para as longas escapadelas noturnas. Algumas, menos ideológicas. A longa permanência de centenas de rapazes em ambiente fechado, marcado por regras rígidas e pela exclusiva convivência masculina, produzia a emergência inevitável de clandestinas válvulas de escape.

Após o toque de recolher, não eram poucos os colegas que tentavam arrastar Castello para a aventura de escalar o muro alto do quartel e se refugiar nas "risonhas pensões" que pululavam ali perto. "Nina, a líder de todas, a mais bonita, tinha um romance com determinado sargento do batalhão; mas concedia-me alguns favores", lembraria saudoso em suas memórias o general Juracy Magalhães, também cadete a essa época em Realengo e, em 1964, um dos articuladores do nome de Castello Branco para a presidência da República.

Algumas frequentadoras assíduas das tais "casas de pecado" eram alvo de sérias arengas entre os cadetes. As rixas se resolviam no meio da rua, entre socos e pontapés. Havia até mesmo os que ameaçavam os rivais na base da bala e do gume da baioneta. Não consta, porém, que o magricela Castello tenha participado dessas aventuras bélico-amorosas. Na verdade, preferia continuar a colecionar medalhinhas de honra por bom comportamento.

Não é para menos que os colegas o tivessem na conta de incorrigível carola. Nos dias de folga em Realengo, Castello acompanhava até a igreja as irmãs mais novas, Nina e Beatriz, cuidando para que nenhum rapaz se aproximasse delas. De braços dados às duas, uma de cada lado, portava-se como severo cão de guarda: a cara feia impedia o assédio dos possíveis pretendentes a cunhado, em especial os assanhados colegas da Escola Militar.

Os instrutores, preocupados com o que consideravam um desperdício de virilidade por parte dos alunos, procuravam sublimar a explosão de hormônios, típicas da idade, à custa de uma bateria redobrada de exercícios físicos. Pelo mesmo motivo, os esportes passariam também a ser incentivados na Escola Militar: "mente sã, em corpo são". Enquanto os colegas utilizavam boa parte do tempo livre disputando partidas de bola ao cesto e futebol — ou modelando os músculos nas barras de ginástica —, Castello dava-se por satisfeito com, no máximo, eventuais partidas de pingue-pongue.

Não repetiria em Realengo os êxitos do Colégio Militar. Era agora, no máximo, um aluno mediano em relação à turma, embora continuasse aplicado e a queimar pestanas debruçado sobre os livros. Aliás, segundo um de seus próprios integrantes, Olympio Mourão Filho — aquele que viria a ser o idealizador da Operação Popeye, em 1964 —, a turma de Castello seria apelidada em Realengo de "pessoal do Curso da Alfafa". Isso porque, ao final do primeiro ano, mesmo os que haviam sido reprovados no exame final — o chamado "carro de fogo", na linguagem dos cadetes — foram matriculados no segundo período. A gripe espanhola, que em 1918 matara 17 mil pessoas no Rio de Janeiro em apenas dois meses, havia feito várias baixas também na Escola, e, assim, para preencher as vagas ociosas, o Ministério da Guerra aprovara a todos, de forma indistinta.

Mesmo no mal-afamado "Curso da Alfafa", o pequeno cearense cabeçudo seria apenas aquilo que, entre os professores, se costuma chamar de um estudante "esforçado". Despertaria mais atenção por causa do apego à disciplina prussiana do que pelo desempenho nas provas e nos boletins. Ainda assim, ao final do segundo ano, em 1919, conseguiu classificar-se entre o primeiro terço dos componentes da turma, a quem era reservado o direito de escolher a arma que abraçaria, dali para a frente, na carreira militar.

A engenharia, a artilharia e a cavalaria eram, nessa ordem, as armas mais disputadas entre os cadetes. A infantaria, quase sempre, ficava reservada àqueles alunos que não alcançavam as melhores notas durante os dois primeiros anos de curso. Os gaúchos, quase sem exceção, optavam pela cavalaria, o que confirmava — e perpetuava — a antiga tradição de bons montadores entre os homens dos pampas. Era no Rio Grande do Sul, inclusive, onde se localizava a maior parte das unidades e dos regimentos da arma. O estereótipo do gaúcho sempre a cavalo, versado no laço e na sela, possuía afinal seu fundo de verdade.

Por outro lado, os alunos que mais se destacavam — e que, sobretudo, haviam demonstrado notória habilidade em cálculo — procuravam, por afinidade, a engenharia. Caso de Luís Carlos Prestes e Juarez Távora. Na artilharia, em que se destacava Siqueira Campos, o cenário não era muito diferente: ali também exigiam-se sólidos conhecimentos matemáticos, já que para manusear o equipamento bélico mais pesado era necessário o domínio de operações complexas — que envolviam ângulos, distâncias, quantidade de pólvora, peso e calibre da munição, entre outras variáveis. Qualquer milímetro mal calculado resultaria em erros catastróficos nos tiros de longo alcance.

Não restava, portanto, outra opção a Castello. Além de péssimo no trato com os números, não escondia de ninguém que detestava montar. Desde os tempos de menino em Messejana, não levava qualquer jeito com selas, arreios e estribos. Montar mesmo, no máximo, só no lombo nu de jumento. E, segundo os colegas, se o rapaz já não era assim nenhum modelo de beleza, ficava ainda mais desengonçado quando se metia a enfrentar a sela de um cavalo.

"Castello em cima de um animal era uma coisa grotesca", diria mais tarde, em entrevista, um de seus futuros e mais sinceros admiradores, o general Octávio Costa.

Assim, por exclusão, Castello acabou optando pela infantaria. Se era a menos decantada das armas, era considerada a verdadeira base de um bom combate, a que vai à frente, enfrentando o inimigo corpo a corpo. "És a nobre infantaria, das armas a rainha", "és a entidade dos mais valentes", gaba-se a letra da "Canção do infante", apesar de os demais alunos considerarem a arma uma espécie de "sobra", reservada aos menos gabaritados, os "pés de poeira". Preconceito que não impediu, contudo, ao antigo colega Arthur da Costa e Silva escolher o mesmo caminho. Ele, que continuava a ser, em Realengo, um dos melhores da turma.

Mas, no caso de Castello, que de resto não tinha o preparo físico característico dos infantes, deve ter pesado também a influência do pai, que acabara de ser reformado, pela infantaria, como general de brigada. O velho Cândido Castello Branco apresentava, a essa altura, adiantada esclerose. Falava alto, dava vexames em público, desentendia-se com os familiares. Mas continuava a exercer grande autoridade sobre os filhos. Em casa, a palavra dele era lei. Autoridade exercida na base do grito e das bordoadas da inseparável bengala.

Nas férias de 1919, Castello decidiu atender aos apelos da irmã Lurdinha. Saudosa da família, ela escrevera de Belo Horizonte implorando para que fosse visitá-la na capital mineira. Até compreendia que a idade impedisse os pais de se submeterem a tão exaustiva viagem, mas dizia-se solitária. De costume a mais espirituosa e bem-humorada da casa, choramingava todos os dias. Estava longe, em cidade estranha, o marido mergulhado na vida atribulada da caserna.

Mãe de três filhos, atarefada com os afazeres domésticos, a expansiva Lurdinha não tivera tempo ou condições de fazer amigos em Minas Gerais. Mal saía à rua. As únicas pessoas com quem partilhava de maior intimidade eram a mulher e as filhas do dr. Arthur Vianna, homem conceituado nas rodas sociais de Belo Horizonte. Um sujeito sisudo à primeira vista, mas solícito e educado, garantia Lurdinha. Rico industrial, iniciara os negócios como sócio de uma fábrica de velas, herdada do pai. Tornara-se dono de diversos empreendimentos, o conglomerado Arthur Vianna Empresas Reunidas, negócios que envolviam desde a fabricação de sabão, óleo, balas e bombons ao refino de açúcar. Possuía ainda armazéns e usinas de beneficiamento de arroz e milho, além de uma fábrica de massas alimentícias. Tratado como autoridade no lugar, também era senhor de várias propriedades rurais espalhadas pela região.

A amizade de Lurdinha com a família Vianna começara por acaso. Certo dia, o dr. Vianna teria ido ao 59º Batalhão de Caçadores, sediado na capital mineira. Lá, fora recebido pelo secretário do quartel, o então tenente João Hipólito, a quem reconheceu como um antigo colega dos tempos de escola. O primeiro, que largara os estudos por causa de uma doença degenerativa nos olhos, havia se firmado como homem de negócios, considerado um dos mais bem-sucedidos da capital mineira, cidade planejada e fundada em 1897, e que então atraía gente de toda parte do Brasil com promessas de trabalho e dinheiro. O segundo entrara no Exército e se casara no Recife, com a filha mais velha do general Cândido Castello Branco. As transferências típicas do ofício levaram-no de volta a Minas Gerais.

Em pouco tempo, a velha intimidade foi recuperada. Hipólito relatou ao amigo os queixumes da esposa, que ainda não havia se habituado a Minas e vivia amargurada. O dr. Vianna tratou de aproximar a própria mulher de Lurdinha, e indicou ao casal um imóvel que estava para alugar próximo a sua casa, no número 634 da rua Rio Preto, hoje Célio de Castro, no bairro da Floresta. Lurdinha ganhou a primeira amiga em Belo Horizonte, d. Cherubina Vianna, a d. Bina, então mãe de dez filhos.

À nova amiga, Lurdinha não cansava de falar dos pais e irmãos. Recuperara até parte do característico bom humor. E mostrava-se feliz com a chegada de uma carta do irmão, Humberto, na qual ele anunciava estar de viagem marcada para Minas. Descrevera-o como "um jovem moreno, baixo, magro, ótimo filho, muito bom irmão". E inteligentíssimo, sublinhara. Tinha, contudo, apenas um problema: era extremamente feio. Ao que se soubesse, nunca tivera namorada, acrescentara Lurdinha, mostrando que a verve estava, de fato, voltando à forma.

O cadete aproveitaria a temporada de férias para dar uma trégua na faina da Escola Militar. O irmão Lauro, vindo de recente visita a Lurdinha, até tentara adverti-lo sobre a falta de opções de lazer em Belo Horizonte. A cidade parecera-lhe fria e sem atrativos. Não havia festas, bailes, nem maiores diversões. Castello, porém, não dera ouvidos. Queria apenas fazer a prometida visita à irmã, rever o cunhado, conhecer os sobrinhos, em especial o caçula, Robertinho — que viria a ser mais tarde o tenente-coronel Roberto Hipólito da Costa, o mesmo que apresentaria a Armando Falcão, em 1963, o plano para derrubar o avião presidencial de João Goulart.

Castello encontrou a irmã bem-disposta, esbanjando saúde — e gracejos. Os dois passaram a tarde a trocar notícias e a contar piadas, colocando os assuntos familiares em dia, atualizando o repertório mútuo de anedotas. Tanto Castello quanto Lurdinha eram exímios piadistas. Ela, brincalhona, gargalhava dos próprios chistes. O irmão tinha um jeito todo próprio de contar as histórias mais engraçadas em tom solene. Ao final, congelava o rosto com ar de falsa seriedade, expressão que conferia às melhores anedotas um efeito cômico ainda mais corrosivo.

Àquela noite, à hora da digestão, após o jantar, em meio a mais uma sessão de piadas para "desopilar o fígado" — como definia Castello —, alguém lhes bateu à porta. Era uma pequena e irrequieta comitiva feminina, formada pelas duas filhas mais velhas de d. Bina — Argentina e Maria de Lourdes — e mais duas amigas da mesma rua, Helena e Ondina Mendes. As moças haviam ficado impressionadas com as descrições que Lurdinha fizera de Castello. E não conseguiram resistir à tentação de constatar se o retrato falado correspondia à verdade. Teriam ficado curiosas, sobretudo, a respeito da tão comentada deselegância física do rapaz.

Mas uma delas, Argentina, mostrara-se surpresa com o que vira. Logo ela, que obtivera o terceiro lugar em um concurso de beleza promovido entre os leitores de um jornal local, não achara, afinal de contas, o rapaz tão desarmonioso assim. Considerara o moço até bem simpático e agradável.

Um tanto tímida, a filha do dr. Vianna convidou o irmão de Lurdinha para o chá dançante a ser realizado, dali a alguns dias, no Clube Belo Horizonte. Lauro, pois, estava errado. Sim, havia bailes em Minas Gerais. Muitos deles, garantiram as vizinhas. Castello, enrubescido, aceitou o convite. Gostara do jeito que Argentina olhara para ele. Chamara-lhe a atenção a voz suave e os lábios finos da moça. Sem falar nos olhos e nos cabelos, "negros como a asa da graúna", como diria o parente distante, José de Alencar.

O tal concurso de beleza, é bem verdade, não podia ser levado a sério. Os leitores votavam por meio de cupons impressos no jornal e vencia a candidata cujos familiares e amigos houvessem conseguido enviar à redação o maior número deles. Ou seja, ganhava quem comprasse o maior número de exemplares. A jogada de marketing editorial fez efeito. Na casa dos Vianna, pelo menos, havia uma enorme pilha de jornais velhos no quintal.

No dia seguinte ao convite, cedo da manhã, Castello providenciou que fosse engomada a garbosa farda de gala, toda branca, da Escola Militar. Queria comparecer ao baile em grande estilo. Por via das dúvidas, ele a trouxera em meio às roupas civis, bem no fundo da mala.

As cartas de amor e as cartas do ódio

O desajeitado Castello revelou-se exímio pé de valsa. No baile beneficente a favor das vítimas das enchentes do rio São Francisco, realizado em 8 de março de 1919, no elegante Clube Belo Horizonte, convidou Argentina para uma seção de passinhos de ragtime e one-step, ritmos norte-americanos então em moda em meio a juventude da época. Aos primeiros acordes da militaresca "Over There", de George M. Cohan, tomou a moça pela mão e os dois saíram bailando entre os outros casais. A música, feita sob encomenda como exortação aos soldados americanos na Primeira Guerra, era, na verdade, bem pouco romântica. *"Johnnie, get your gun, get your gun, get your gun"*, bradava o início da canção.

Castello guardaria o programa do baile por toda a vida, junto aos documentos pessoais. No folheto, entre os números musicais tocados pela orquestra, assinalou os que dançara, rabiscando ao lado do título de cada canção o nome do respectivo par. Em duas delas, com letra caprichada e cheia de curvas, escreveu o nome de Argentina.

Duas músicas. O suficiente para amolecer o coração do cadete. Carola, ele ficou ainda mais enlevado quando lhe contaram que Argentina era devota da Pia União das Filhas de Maria, espécie de irmandade para senhoritas que, mesmo não desejando ser freiras, dedicavam suas existências "a seguir os exemplos de virtude deixados pela mãe de Jesus". Castello achou que a moça havia mesmo, quem sabe, caído dos céus.

Porém, ao final das férias, retornou ao Rio de Janeiro sem ter qualquer conversa mais íntima com ela. Os pudores dele em relação a garotas e a marcação cerrada da tradicional família mineira impediram maiores aproximações. De lembrança, levaria na bagagem apenas os rabiscos no programa do baile e uma fotografia de Argentina, surrupiada do álbum de retratos de Lurdinha. No mais, considerara bom presságio o fato de a família Vianna ser originária de um tronco lusitano proveniente de uma cidade chamada, precisamente, Viana do Castelo. Nada mais alvissareiro, brincava consigo mesmo.

Abrira o coração, pedindo reservas, apenas ao filho de d. Maria das Dores Negrão de Lima, conhecida de Lurdinha. Na temporada de férias em Belo Horizonte, Castello fizera amizade com o rapazola, Francisco, então terceiranista do Ginásio Mineiro. Aproximara-se do moço depois de sabê-lo dado às letras e possuidor de primorosa coleção, com vários volumes encadernados, dos *Sermões*, do padre Antônio Vieira, e da *Nova Floresta*, do padre Manoel Bernardes. Tomaria emprestado um a um e, em poucos dias, havia lido quase todos.

Negrão de Lima e Castello voltariam a ter seus destinos cruzados quase cinquenta anos depois, em circunstâncias menos amistosas. O primeiro, governador eleito da extinta Guanabara, vitorioso nas urnas a contragosto do regime militar que guindaria o segundo, Castello Branco, ao mais alto posto da nação. A eleição de Francisco Negrão de Lima, oposicionista declarado do golpe de 64, irá desencadear uma crise política que fará Castello promulgar o famigerado Ato Institucional nº 2, peça autoritária que entre outras medidas extinguirá os partidos políticos, acabará com as eleições diretas e reabrirá a temporada de caça aos adversários do regime.

Mas, por enquanto, Castello e Negrão de Lima eram apenas dois jovens confidentes, unidos pela literatura e pelo interesse em duas irmãs da família Vianna. Se um revelara o entusiasmo por Argentina, o outro andava flertando com Inês, também filha do dr. Arthur. Politicamente, nessa época, Castello e Negrão também eram afinados entre si. Durante o mês de férias, sempre à noite, costumavam ir juntos à estação central da capital mineira para comprar a edição do *Correio da Manhã*, que chegava no trem noturno, após o dia inteiro de viagem. Castello folheava as páginas, até porventura encontrar alguma notícia sobre o velho Rui Barbosa. Quando havia a reprodução de algum discurso do tribuno baiano, dobrava o jornal em quatro e o lia em voz alta, ali mesmo, de pé, sob o aplauso entusiasmado do amigo Negrão de Lima.

Foi numa dessas excursões noturnas em busca das novidades trazidas pelas páginas do *Correio da Manhã* que Castello confessou a Chiquinho Negrão — como o amigo era chamado nos tempos de juventude — a paixonite por Argentina. Mas também revelou seus temores de ser rejeitado na casa dos Vianna. Argentina era rica, filha de industrial e finalista de concursos de beleza. Enquanto ele era pobre, filho de militar e, reconhecia, feio de dar dó.

Foi necessário um ano e meio para, enfim, Castello encontrar coragem para declarar-se, por carta, à própria Argentina. E só o fez após se aconselhar com um colega de turma em Realengo, o cadete mineiro Antônio José Coelho de Reis, o Toné — ou Taunay, como o próprio gostava de assinar. Recorrera a ele porque soubera que possuía larga experiência no tema. Havia meses, Toné mantinha copiosa correspondência com Maria Amália Drummond, amiga de Argentina e, por coincidência, o segundo lugar no tal concurso de beleza promovido pelo jornal de Belo Horizonte.

Toné, de viagem marcada para Minas, comprometeu-se a sondar as impressões de Argentina a respeito do colega. Na volta, trouxe a boa nova. Garantiu a Castello que o caminho estava livre. Na verdade, a filha do dr. Vianna exultara ao saber que ele ainda lembrava dela. Contudo, impusera uma condição para que começassem a atar um namorico por correspondência: todas as cartas escritas deveriam ser endereçadas à casa de uma prima, para que o dr. Vianna não suspeitasse de nada. Argentina previa que o pai, conservador, ficaria abalado ao saber que a filha, moça distinta, criada sob rígida orientação católica, andava trocando cartões e bilhetinhos perfumados com um soldado.

Castello concordou. E alguns dias depois escreveu, em papel de seda:

Realengo, 28 de setembro de 1920

Argentina

Há dias na vida de um homem de verdadeira felicidade. São instantes inesquecíveis em que se colocam em destaque os sentimentos, o valor da palavra e a sinceridade das aspirações.

Eu me acho em um desses dias. Ao te escrever esta carta avalio que estou em feliz instante, no qual realizo uma intenção há muito alimentada e hoje plenamente satisfeita.

Há uma semana que o Taunay recebeu a comunicação agradável de Maria Amália de que não te opunhas a uma correspondência entre nós dois.

Somente hoje, porém, [...] com relativo sossego, te envio a primeira carta, que marcará, sem dúvida, uma nova fase em nossas relações.

Estive eu, durante um ano e poucos meses, isto é, durante o tempo decorrido entre o meu embarque nessa capital para o Rio, sem possuir a certeza de haver em ti "boas disposições" para comigo. Aí apenas observei "ser correspondido", sem ter, entretanto, palavras que confirmassem a minha observação. O mesmo, creio eu, sucedia contigo.

[...]

Eu julgo desnecessária uma "declaração"... As "declarações" já não têm méritos que as recomendem. Hoje constituem o fraseado inefável de alguns moços nos bailes e nas reuniões, onde dizem às suas "deusas", sempre com as mesmas palavras, a admiração apaixonada pelos olhos que os prenderam e pelo sorriso que os dominou...

Não cabe, portanto, aqui nesta carta uma "declaração". O que deve constar aqui é a expressão sincera da minha amizade e a segurança que eu tenho de que encontro em ti o mesmo afeto.

Escreve-me, pois, para que haja entre nós um entendimento completo.

[...]

Bem, vou terminar. Antes, porém, tenho a dizer que espero para muito breve a tua resposta... com a qual pretendo iniciar as minhas conversações, dizendo-te, sem acanhamento, os meus projetos e ouvindo então de tua parte os teus conselhos... Esta carta, para acompanhar a moda, é quase "protocolar"... As outras não serão assim.

Por enquanto, os meus respeitos a tua família. E aceita como sincero o que acima disse o (se assim permites!) teu

Humberto.

Os últimos meses do calendário representavam a época de estudos mais intensos em Realengo. Para os cadetes que haviam ingressado em 1918, caso da turma de Castello, os exames finais daquele ano, 1920, seriam decisivos. Isso porque, ao chegar ao fim dos três anos de curso na Escola Militar, as notas das últimas provas decidiriam a classificação definitiva dos alunos — critério utilizado para determinar o local em que seriam engajados já como oficiais do Exército.

Os aspirantes de melhor colocação, "por ordem de merecimento intelectual", teriam direito a escolher o regimento em que prestariam serviço. A maioria dos alunos sonhava em prosseguir carreira no Rio de Janeiro, a Capital Federal. O restante não hesitaria em agarrar uma chance para voltar às cidades de origem. Castello, porém, descartava as duas hipóteses. Tinha outros planos.

Os desdobramentos da correspondência com Argentina pareciam promissores. As cartas iam e vinham, cada vez mais amiudadas e menos "protocolares". Para surpresa da família, Castello declarou que, dependendo da classificação, iria requerer engajamento no 12º Regimento de Infantaria, sediado em Belo Horizonte. Estava decidido. Ousaria pedir a mão da filha do dr. Arthur Vianna, tão logo conseguisse promoção a segundo-tenente — o que, de praxe, deveria ocorrer nos primeiros meses após a conclusão do curso em Realengo.

Castello estava tão obcecado pela possibilidade que, no exame final de Estratégia Militar, quando proposta aos alunos uma situação de combate, em hipotética guerra com um país qualquer, escreveu, ao final do planejamento, em maiúsculas, seguidas de um ponto de exclamação:

"CONQUISTEI A ARGENTINA!"

Mas o aprendiz de estrategista não contava, em sua batalha particular, com um contra-ataque pela retaguarda: as cartas clandestinas haviam sido descobertas pelo dr. Arthur Vianna. Certa manhã, Maria de Lourdes, irmã de Argentina, entrara no quarto e vira o pai, furioso, vociferando com um envelope na mão. A mãe, d. Bina, aterrada, apontava para a gaveta do guarda-roupa, onde bilhetinhos com a letra caprichada de Castello saltavam em meio às anáguas da filha. Um escândalo, berrava d. Bina.

Após os exames finais, foi divulgada a lista com a classificação geral da "Turma da Alfafa" em Realengo. Alheio ao escarcéu armado pela descoberta das cartas na residência do dr. Vianna, Castello soube que ficara em 33º lugar entre os 98 cadetes da Infantaria. Uma colocação apenas razoável. Bem à frente dele, por exemplo, estavam o colega dos tempos de Porto Alegre, Arthur da Costa e Silva, que ficara em terceiro, e o mineiro Toné, em quinto. Outro amigo mais recente, o também mineiro Olympio Mourão Filho, classificara-se em oitavo.

Amaury Kruel, melhor amigo de Castello, ficara em 18º lugar entre os cadetes da cavalaria.

Para os militares, a classificação da época de cadete possui um significado que tende a escapar ao entendimento dos civis. Ela será, inclusive, determinante para a ordem de promoção durante toda a carreira de oficial. Uma das máximas preferidas nos quartéis é a de que "antiguidade é posto". Tal antiguidade não é determinada apenas pelo ano de formação, mas também pela colocação entre os próprios colegas de turma. Os primeiros lugares da lista serão sempre os mais "antigos", ao passo que os últimos lugares serão considerados, no jargão da caserna, como os mais "modernos". Como consequência, ao longo dos anos, as promoções para estes serão mais demoradas do que para aqueles.

Mas o que importava para Castello, naquele momento, é que o 33º lugar lhe garantiria a classificação para o 12º Regimento de Infantaria, em Belo Horizonte, destino também escolhido pelos colegas mineiros Toné e Olympio Mourão Filho. Em 31 de janeiro, Castello apressou-se em escrever carta a Argentina para colocá-la ao par das novidades. Ele, que lhe prometera passar as férias de início de ano em Minas Gerais, avisava: "… eu não vou mais *a* Belo Horizonte…". E, depois das reticências de suspense, emendava: "Eu vou *para* Belo Horizonte!".

Um dia antes, na pomposa cerimônia de formatura, quando foram abençoadas as reluzentes espadas dos futuros oficiais do Exército, coube a Castello o papel de orador da turma. Na carta a Argentina, relembraria a ocasião com indisfarçável orgulho, mas também deixaria transparecer certa melancolia: "Na beleza da solenidade, em que a comemoração a todos dominava, eu via grande parte dos aspirantes com as noivinhas risonhas, emocionadas e solidárias com a alegria de seus eleitos. Cada um tem seu dia… Não é assim?".

Menos de um mês depois, o dia de Castello chegou. Nas primeiras horas da manhã de 28 de fevereiro, ele se apresentava à 2ª Companhia do 12º Regimento, em Minas Gerais. Poderia, inclusive, ter embarcado antes para a capital mineira, mas adiara a viagem devido a uma crise de saúde que deixara a mãe, Antonieta, prostrada várias semanas na cama. Nesse meio-tempo, o amigo Francisco Negrão de Lima, o mais novo aluno da Faculdade de Direito de Belo Horizonte, já ensaiara a estreia como causídico, defendendo, junto à família Vianna, as pretensões de Castello em relação a Argentina.

Por meio do tráfico de influências conduzido pela mãe, d. Maria Negrão — amiga de d. Bina —, Negrão de Lima conseguira dobrar a resistência do dr. Arthur

Vianna e arranjara até mesmo um jantar especial, em que um Castello nervoso e atrapalhado com os talheres foi apresentado ao futuro sogro. O velho, ainda contrariado com as cartas secretas enviadas à filha, tratou o candidato a genro no limite da civilidade, ressaltando que fazia isso em estrito respeito ao cunhado do rapaz, o coronel José Hipólito, amigo de infância.

O namoro, apesar de tudo, foi consentido. Seria o primeiro — e único —, tanto para Castello quanto para Argentina. Ele, com 24 anos, ela, com vinte, podiam se encontrar, em três dias na semana, terças, quintas e domingos, sempre acompanhados de uma das irmãs da moça, até o relógio da sala anunciar as badaladas das nove horas da noite. Tudo como mandava o figurino dos namoros da época. Porém, em um provável "descuido" de tal vigilância, Castello tomou as mãos da namorada e lhe propôs um noivado secreto. Compromisso que tornariam público tão logo viesse a promoção a oficial do Exército.

Antes de dormir, naquela noite, Argentina deixaria registrado em uma cadernetinha azul, que utilizava para anotações mais íntimas e que hoje se encontra em meio aos papéis do arquivo particular de Castello, sob a guarda da Escola de Comando e Estado-Maior do Exército, no Rio de Janeiro: "5 de março de 1921. É o noivado feito somente entre os dois e entre as estrelas que escutam, indiscretas".

A promoção a segundo-tenente veio logo depois, em 16 de maio. Castello, porém, não quis esperar tanto. No dia anterior ao recebimento da nova patente, já oficializara o pedido de casamento junto ao dr. Arthur Vianna. O sogro, que chegara a comentar com um cunhado médico sobre a estranha magreza do rapaz que andava cortejando a filha, tomou insólita decisão. Permitiria o enlace, mas sob determinadas condições: Castello deveria antes se submeter a um exame médico. Suspeitava que aquela aparência física pouco apolínea fosse, na verdade, sintoma de alguma anomalia.

Na cadernetinha azul, Argentina registrou, com letra trêmula: "15 de maio — Decepção". Castello sentiu-se humilhado, ferido em seu orgulho e autoestima. Decidiu que nunca mais voltaria a bater à porta da família Vianna. Dois dias depois, sem notícias de Castello, Argentina voltaria a queixar-se à cadernetinha azul, agora citando Castro Alves: "Não se viu o fantasma sequer de uma esperança". Mais de 24 horas depois, nada de Castello. Desolada, a namorada recorreu a novo verso do poeta baiano e, com anotação datada de 18 de maio, apelou: "Deus, oh, Deus! Onde estás que não respondes?!?".

Durante o sumiço, Castello escrevera uma carta em tom magoado, endereçada ao pai, comunicando que não haveria mais casamento nenhum, pois não iria se submeter a tamanha humilhação. Em seguida, escreveu também uma carta de despedida à moça. Mas nunca chegaria a enviá-la. Pouco antes de mandá-la ao correio, recebeu do estafeta do quartel um telegrama do velho Cândido Castello Branco que, lacônico, em duas palavras, lançou a ordem:

"Faça exame."

Em 7 de fevereiro de 1922, enfim, a página de avisos sociais do jornal *Minas Gerais* trazia uma nota sobre o casamento da filha do dr. Arthur Vianna, Argentina, com o segundo-tenente Humberto de Alencar Castello Branco. A cerimônia civil e religiosa fora realizada na noite do dia anterior, na casa dos pais da noiva, onde havia sido erguido pequeno altar na sala de visitas, decorado com flores naturais. O vestido branco de Argentina tinha cauda longa e filó de seda. A grinalda, enfeitada com botões de laranjeira, fazia par com o ramalhete de cravos brancos envolvidos em fitas cor-de-rosa. Castello, meio desajeitado no uniforme de gala, em azul e vermelho, levava na mão o pomposo chapéu com penacho escarlate.

O noivado oficial durara oito meses e meio. Tempo que ela gastou a preparar o próprio enxoval com a ajuda da mãe, bordando com linha dourada, nos lençóis e toalhas de banho, as iniciais "H" e "A" entrelaçadas. Castello cumpria a rotina de segundo-tenente, treinando recrutas em Belo Horizonte e inspecionando tropas no interior de Minas Gerais. De lá, escreveria uma carta atrás da outra para a futura mulher:

Lafayette, 7 de janeiro de 1922

Minha querida Argentina

[...]

O papel é talvez a substituição mais inteligente da presença de uma pessoa. Recebe o pensamento com fidelidade, guarda-o, com ele viaja e se apresenta a quem é destinado, transmitindo integralmente as ideias, as lembranças e o estado de espírito daquele que escreveu. O que recebe ouve a palavra escrita com a mesma disposição que teria se estivesse ouvindo a palavra falada da mesma pessoa.

É um bom amigo que se tem nas separações. E creio que tu dedicas também alguma amizade à caixa de teu papel de carta, que submissa aguarda as tuas ordens... Suponho que já vem em viagem a tua voz, as tuas frases em... muitas folhas de papel.

Humberto

Zeloso da farda e do ofício, em 16 de novembro, aniversário de Argentina, o tenente Castello remeteu à futura esposa um bilhete em quatro pequenos retângulos de papel, em um dos quais colara no verso uma reprodução do pavilhão nacional, recortado de uma revista ilustrada. "Olha para o passado glorioso da Bandeira Brasileira e verás a missão que te reservou o destino quando vieste a ser companheira de um soldado", explicou. Também por carta, consolaria a noiva, que, por causa do casamento marcado, precisou desligar-se da Pia União das Filhas de Maria: "Serás agora mais do que uma *filha* de Maria: serás até o fim do mês, querendo Deus, uma *irmã* de Maria, porque serás esposa", argumentou.

Humberto fez de Amaury Kruel o padrinho na cerimônia civil, a qual o amigo não pôde comparecer, por estar de serviço no Rio Grande do Sul. Amaury foi representado por Negrão de Lima, responsável pelo brinde aos noivos. Após laudatório discurso, Negrão ergueu a taça de champanhe junto aos convidados de honra, em torno da mesa central, abarrotada de doces e outras guloseimas da tradicional cozinha mineira. O namoro com Inês não prosperara. A irmã de Argentina em breve entraria no convento e seria ordenada freira dominicana. O que deixou em frangalhos não só o coração de Negrão de Lima, mas também o de outro rapazote apaixonado por ela, jovem farmacêutico itabirano, que já começava a revelar certos pendores literários: Carlos Drummond de Andrade.

Poucos meses antes do casamento, Castello quase sofrera uma síncope ao pôr os olhos na primeira página do *Correio da Manhã*. A edição daquele dia, 9 de outubro de 1921, trazia o fac-símile de uma carta explosiva, cuja autoria era atribuída ao presidente de Minas Gerais, Arthur Bernardes. Endereçada ao ministro da Marinha, o também mineiro Raul Soares, a carta fazia referências bem pouco elogiosas ao Exército. Tratava os militares de "canalhas" e "venais". Ainda por cima, chamava o marechal Hermes da Fonseca de "sargentão sem compostura".

No dia seguinte, Castello viu várias cópias manuscritas da matéria publicada pelo jornal carioca correndo de mão em mão no quartel. Não se falava de outra coisa, em tom arrebatado, fosse nos refeitórios, no pátio ou nos dormitórios. Era o coroamento de uma crise que se arrastava havia tempos, desde que o paraibano Epitácio Pessoa assumira a presidência da República, em 1919. Antes mesmo da posse, o então presidente eleito havia sido surpreendido em casa, certa manhã, ainda vestido em *robe de chambre*, pela visita de seis circunspectos generais do Exército, todos trajados em farda de gala, as condecorações cintilando no peito. Os generais anunciaram que traziam ao futuro chefe da nação a indicação do nome do próximo ministro da Guerra.

Epitácio Pessoa não lhes deu ouvidos. Limitou-se a pedir o nome de cada um dos visitantes e, em seguida, a anotá-los em uma folha de papel. Depois, exigiu que se retirassem. Sem antes, porém, lançar a advertência: não aceitava qualquer espécie de pressão. E se aqueles distintos senhores não pedissem transferência para a reserva antes da posse presidencial, seriam trancafiados no xadrez na primeira canetada de Pessoa como chefe do Executivo. Todos os seis, a partir daquele dia, sem exceção, trataram de trocar o uniforme pelo pijama.

Epitácio Pessoa foi além. Ao assumir o governo, em 1919, numa atitude sem precedentes no país, nomeou um civil, Pandiá Calógeras, para o Ministério da Guerra. E outro paisano, Raul Soares de Moura, para o da Marinha. As corporações militares, enfurecidas, interpretaram tais indicações como uma afronta grave — e imperdoável — às Forças Armadas. Mas o clima azedara mesmo com o lançamento do nome do governante mineiro, Arthur Bernardes, para a sucessão presidencial, com o devido aval de Epitácio Pessoa. Candidato lançado com o carimbo oficial, incensado pela máquina do governo, Bernardes herdara de Epitácio a ira dos militares.

Diante daqueles episódios que bombardeavam a autoridade do Exército, Castello ficou tão abalado quanto os pares de farda. Contudo, manteve absoluta discrição em relação às suas opiniões, o que provocaria estranheza entre os colegas de patente. Os jovens oficiais, tenentes iguais a ele, eram os principais arautos da indignação. A carta estampada na primeira página do *Correio da Manhã* daria o pretexto para a efetiva manifestação de uma nova mentalidade política que começava a cerrar fileiras entre os militares mais jovens, contrários às elites e oligarquias da República. Castello, contudo, não se permitia se engajar nisso. Na verdade, interpretava toda aquela agitação em meio aos oficiais subalternos como um problema ainda mais grave, um atentado à disciplina e à hierarquia, os dois "valores sagrados" sobre os quais se sustenta a mística militar.

No 12º Regimento, em Minas Gerais, o tenente Castello ganharia, aliás, dupla fama. Entre os oficiais mais rebeldes, era tido como sujeito de língua afiada, piadista sarcástico, mas um conservador em relação à política. Entre a soldadesca, logo se tornaria famoso pela rigidez e pelo moralismo. De fato, não perdia a oportunidade de dirigir longos "sermões" aos recrutas que, durante as folgas, costumavam perder-se em discussões políticas ou em incursões noturnas pelos inferninhos das redondezas. Acabou sendo apelidado por estes de "Catão indígena", espécie de versão tupiniquim do orador e general que vivia a condenar a luxúria no Império Romano.

"Nós nos divertíamos mais do que nos impressionávamos com seus conselhos e doutrinação. Zombávamos dele", recordaria, no livro *Tinha que ser Minas*, o general Carlos Luís Guedes, então recruta sob as ordens do tenente Castello.

O fato é que Castello Branco permaneceria em disciplinado silêncio sobre o escândalo da carta atribuída ao candidato oficial Arthur Bernardes. Mesmo quando, três dias após a publicação da primeira, veio uma segunda. "Das classes armadas nada devemos temer", dizia o texto, novamente estampado em destaque na primeira página do *Correio da Manhã*. Nos dois casos, Bernardes negou a autoria: "Eu não mandaria essas cartas nem a meu pai", defendeu-se. Em meio a tumultuados debates entre peritos contratados pelos dois lados em disputa, um par de falsários confessou à polícia a autoria das missivas. Haviam simulado a caligrafia e a assinatura de Arthur Bernardes, e depois vendido os textos ao jornal carioca.

Tarde demais. O Clube Militar, organização que congregava os oficiais do Exército e era presidida pelo marechal Hermes, lançara nota contundente, dirigida como resposta a Bernardes. A entidade nunca aceitaria a versão de que se tratava de cartas falsas. Para ela, a honra das Forças Armadas havia sido ultrajada: "Ou S. Exa. tem razão em nos qualificar de canalha venal, ou inutilmente ultrajou o Exército. Na primeira hipótese, o Exército deve ser dissolvido, pois a defesa da nação não pode estar confiada a janízaros e canalhas; na segunda, o senhor criou absoluta incompatibilidade entre a sua pessoa e o Exército", dizia um trecho do documento. E concluía: "O Exército implora à nação a eleição de qualquer outro brasileiro para Presidente da República, pois não podemos assegurar ao sr. Arthur Bernardes o exercício desse cargo".

"UM POVO HEROICO"
A rebeldia nos quartéis — 1922-38

Um tenente contra os tenentistas

"Cretino é Vossa Excelência!"

Olhos esbugalhados, as veias quase saltando do pescoço, o general Tertuliano Potiguara não se conteve. O grito interrompeu o discurso do jovem tenente Asdrúbal Gwayer de Azevedo, que acabara de referir-se ao presidente da República, Epitácio Pessoa, como um "infame, déspota e cretino".

Foi um estrupício. Vaias e aplausos arrebentaram de todos os lados, medindo forças no auditório. A reunião, presidida pelo marechal Hermes da Fonseca, escancarava a divisão no seio do vetusto Clube Militar. De um lado estavam os da velha guarda, circunspectos e grisalhos generais, que defendiam a obediência à ordem e viam a autoridade desafiada pelos mais moços. Do outro, os ruidosos oficiais subalternos — a maioria deles, tenentes —, que rasgavam os regulamentos e partiam para a insubordinação explícita.

"Eu também estou revoltado com a linguagem desse tenente!", diria, apoplético, outro general, Antenor de Santa Cruz Pereira de Abreu.

"Vossa Excelência está revoltada é porque não pode me pegar no 1º Regimento e me raspar a cabeça, como faz com os seus soldados...", replicou o tenente Gwayer.

"Isto é uma infâmia!", esbravejou o general Santa Cruz, as medalhas tilintando no peito.

"Vossa Excelência pode me informar então por que todo o mundo o conhece por 'rapa-coco'?", fulminou Gwayer.

As gargalhadas e os gritos de "muito bem!", disparados pelos jovens oficiais, foram se sobrepondo às exclamações de protesto dos mais graduados. Estabelecera-se o pandemônio. Vaias, urros, assobios. A hierarquia fora quebrada.

"Estamos às portas da Revolução!", bradou o tenente Gwayer.

Enquanto isso, na Tijuca, o tenente Castello Branco fazia uma visita de despedida à mãe. Pedira licença ao comando do 12º Regimento em Belo Horizonte e viajara ao Rio de Janeiro para encontrá-la. Restavam-lhe poucos dias de vida. Antonieta morreria, aos 51 anos, dois meses depois. Viúvo, o general Cândido passaria a viver na companhia apenas das duas filhas mais novas, Nina e Beatriz. O primogênito, Candinho, ingressara na marinha mercante como piloto do Loide Brasileiro, de onde sairia após alguns anos, ao conseguir colocação no Banco do Brasil, um dos mais cobiçados empregos à época. Lurdinha continuava a viver em Belo Horizonte, sob as graças e a amizade do dr. Vianna. Lauro, o caçula, interrompera o curso iniciado no Colégio Militar do Rio de Janeiro e, por recomendações médicas, mudara-se para o Ceará, na tentativa de curar uma asma impertinente.

Em carta à irmã Beatriz, escrita quase meio século depois, Castello relembraria a imagem que guardou da mãe para o resto de seus dias: "Eu a conheci de coração para coração, mas a vi sempre na pobreza, em meio a apertos financeiros, ajudando resignadamente a Papai e querendo heroicamente nos educar". Pesaroso, convenceria Argentina a dar à filha recém-nascida o nome de Antonieta — a despeito da insistência do sogro de ver a primeira neta da família Vianna batizada com o nome da esposa, Cherubina.

"A procissão vai sair."

Foi a frase que o tenente Castello Branco mais ouviu de seus antigos colegas naquela curta temporada carioca. Ele sabia que se tratava da senha para o início do prometido movimento armado para derrubar Epitácio Pessoa e impedir a posse do presidente eleito, Arthur Bernardes. Muitos de seus ex-colegas dos tempos de Realengo — entre eles Juarez Távora, Eduardo Gomes e Siqueira Campos, o inseparável trio que fundara o Tugúrio de Marte — eram alguns dos mais notórios entusiastas do levante. Castello, resoluto quanto à obediência à disciplina da caserna, evitou envolver-se com os velhos conhecidos, que assim passaram a olhá-lo de soslaio, incluindo-o na lista dos "não confiáveis".

Castello tratou de retornar logo a Belo Horizonte, exatamente quando os quartéis do Rio atingiam o ponto máximo de ebulição. Os conspiradores, que não tinham programa de governo elaborado ou mesmo manifestos políticos definidos, eram movidos pela ideia comum de que caberia aos militares a missão natural de "guardiões" das instituições nacionais. Consideravam que os destinos do país corriam perigo nas mãos dos "paisanos", tidos por eles como uma corja corrupta, movida por interesses pessoais inconfessados. Não hesitaram em assumir eles próprios, os militares, o papel de "salvadores" da Pátria, inaugurando a tradição que irá vigorar nos quartéis ao longo de toda a história republicana brasileira e, mais tarde, irá desaguar no golpe de abril de 1964.

Epitácio Pessoa partiu para o contra-ataque. Puniu vários oficiais simpatizantes do movimento e os transferiu para as guarnições mais distantes da Capital Federal, em particular, no Amazonas. Antes, mandou fechar o Clube Militar, utilizando-se de uma lei que, em nome da moral e dos bons costumes, concedia às autoridades constituídas o poder para dissolver as "casas de tavolagem e lenocínio" — dispensava assim aos oficiais do Exército tratamento idêntico ao reservado a crupiês, rufiões e prostitutas. Por fim, ordenou a detenção do marechal Hermes da Fonseca, sob acusação de que era ele quem promovia a insubordinação nas Forças Armadas.

Em Belo Horizonte, o tenente Castello Branco tomou conhecimento dos incidentes que abalaram a Capital Federal. Seu conterrâneo Juarez Távora sublevara a Escola Militar de Realengo, onde servia como auxiliar de instrutor. Mas o pior acontecera no Forte de Copacabana, que se rebelara na madrugada do dia 5 de julho. Em meio à lista dos revoltosos, estavam os nomes dos ex-colegas Eduardo Gomes e Siqueira Campos. Mais tarde, Castello saberia que Luís Carlos Prestes ficara de fora da refrega, não por vontade própria, mas por estar doente, acometido de febre tifoide.

As notícias que chegavam do Rio a Belo Horizonte eram aterradoras. Encurralados pelas tropas legalistas, os rebeldes não tiveram como reagir. No Forte de Copacabana, após a primeira debandada, os cerca de trezentos insurretos viram-se reduzidos a apenas 28. Eram menos de vinte logo após saírem à rua, de carabina Mauser na mão, dispostos a enfrentar os canhões, as baionetas e os rifles de mais de 2 mil soldados legalistas. Um civil, Otávio Correia, estudante de engenharia, num gesto que entusiasmou os rebeldes, juntou-se à comitiva. Foi um dos primeiros a tombar morto na troca de tiros com uma patrulha comandada por João Segadas Viana, tenente que ficara em primeiro lugar entre os infantes da turma de Castello Branco em Realengo.

O tiroteio, segundo testemunhas, durou mais de uma hora. Ao final, seis corpos jaziam nas brancas areias da praia de Copacabana. Alguns rebeldes conseguiram fugir e se esconder pelas ruas do bairro. Eduardo Gomes e Siqueira Campos ficaram feridos. Uma bala transpassara a coxa esquerda do primeiro, produzindo uma fratura exposta do fêmur. O segundo tivera ferimento penetrante no ventre, provocado também por um disparo de fuzil. Nascia, naquele dia, a mística do movimento "tenentista" e a imagem heroica dos "Dezoito do Forte" — o número de rebeldes que a lente de Zenóbio Couto, do jornal *O Malho*, conseguiu enquadrar, em fotografias célebres, publicadas em 7 de julho de 1922. Uma edição histórica, apreendida das mãos dos jornaleiros por ordem expressa do presidente Epitácio Pessoa.

Enquanto os revoltosos eram punidos, arrolados em rigorosos Inquéritos Policiais Militares, o tenente Castello Branco recebia um elogio protocolar na caderneta de oficial. Seria louvado, pelo comando do 12º Regimento de Infantaria, pela "leal, eficaz e patriótica coadjuvação que prestara, pondo acima dos sentimentos políticos o cumprimento exato do dever militar, mantendo-se sem pronunciamentos, fiel à ordem e à lei, entregue única e exclusivamente aos afanosos trabalhos da preparação militar".

Era um atestado antirrevolucionário, concedido pelos superiores imediatos. Os velhos colegas que haviam simpatizado com a causa tenentista, agora perseguidos, passaram a ter Castello na conta de infame carreirista. "Nós éramos revolucionários; ele, um legalista. E, para nós, os legalistas apenas tinham medo de perder o apoio do Alto-Comando do Exército", diria mais tarde, em entrevista ao brasilianista John Walter Foster Dulles, o general Emídio da Costa Miranda, um dos principais entusiastas da revolta tenentista daquele 5 de julho de 1922.

Cerca de cinquenta oficiais foram condenados, enquadrados no artigo 107 do Código Penal, acusados de "tentar mudar por meios violentos a Constituição da República ou a forma de governo estabelecida". A pena prevista era a de reclusão, de dez a vinte anos, para os cabeças da revolta. Muitos não se apresentaram à Justiça e passaram a ser considerados desertores. Eduardo Gomes, Juarez Távora e Siqueira Campos estavam na lista dos proscritos. O primeiro trocaria de nome e se esconderia no Mato Grosso, sob o disfarce de pacato professor. Távora buscaria refúgio no interior do Paraná, acobertado por simpatizantes do movimento. Siqueira partiria para o exílio em Montevidéu e, depois, seguiria para Buenos Aires, onde chegaria a lavar carros para sobreviver.

O país viveu então sob estado de sítio, situação que recebeu apoio incondicional do jurista Rui Barbosa, que, oito anos antes, considerara tal dispositivo o "cancro do regime republicano". Arthur Bernardes assumiu a presidência em 15 de novembro e prorrogou a medida durante todo o período em que esteve no poder. Decidiu pela intervenção federal nos estados oposicionistas, impôs a censura aos jornais e, ao longo dos anos, lotou as cadeias com adversários políticos.

Em tempo de declarada caça às bruxas, porém, o apego do tenente Castello Branco aos regulamentos continuaria a ser premiado, o que acabaria distanciando-o ainda mais dos rebeldes tenentistas. No início de 1924, ele recebeu em Belo Horizonte a notificação de que fora designado para cursar a Escola de Aperfeiçoamento de Oficiais, a ESAO, no Rio de Janeiro. Após a conclusão do curso de um ano na Capital Federal, poderia ser integrado como instrutor na Escola Militar de Realengo, um dos berços da revolta de 22 e que então tratava de reformular os seus quadros. Quase todos os alunos haviam sido expulsos por envolvimento com a rebelião. A maioria dos antigos instrutores encontrava-se presa ou banida das Forças Armadas.

Durante o período do curso na ESAO, Castello, Argentina e a pequena Antonieta — Nieta, como a apelidaram os pais — passaram a ocupar um dos quartos da casa do general Cândido, na Tijuca. O principal significado da mudança era a oportunidade de queimar etapas na longa hierarquia militar: entre os colegas de turma de Castello estariam antigos superiores seus, a exemplo do tenente Henrique Teixeira Lott, seu ex-instrutor em Realengo. A rivalidade entre ambos se revelou de forma imediata. Lott não admitiria ser ultrapassado por um ex-subalterno. Castello, por sua vez, faria tudo para superar aquele que, um dia, o obrigara a criar calos nas mãos, cavando trincheiras nos treinamentos em Realengo.

A elitista ESAO dava atenção redobrada para questões táticas e para estudos de estratégia e doutrina militares. Seguia a orientação da chamada Missão Francesa, contratada pelo governo brasileiro desde 1920 para remodelar o Exército, atualizando-o em relação às inovações trazidas pela Primeira Guerra Mundial. Os tanques blindados, os gases de combate e a aviação militar haviam revolucionado as ações nos campos de batalha. Novas táticas e estratégias foram postas em prática pelos dois lados em conflito. E a Alemanha, a principal derrotada, deixara de servir de inspiração oficial aos quartéis nacionais. Na maioria deles, os soldados brasileiros passaram a receber ordens em francês.

Uma consequente onda de xenofobia, porém, se fez notar entre os grupos militares que sentiam sua influência ameaçada. Os "jovens turcos" e seus discípulos, por exemplo, passaram a assumir o título de Missão Indígena, em oposição à Missão Francesa. No meio civil, havia também nítido incômodo pela presença de oficiais estrangeiros em solo brasileiro. O *Correio da Manhã* consideraria a missão militar estrangeira um caso de violência à soberania nacional: "Se o Brasil ainda não foi capaz de organizar uma das áreas mais simples na administração, isso equivale a um atestado de incapacidade de sermos um país soberano. É preciso admitir que somos semicolonizados; na verdade, colonizáveis", diria o jornal, com a linguagem desabrida de sempre.

Ao meio do curso, porém, em 1924, Castello foi surpreendido com a interrupção brusca das aulas. Os quartéis do país estavam mais uma vez em estado de prontidão. Uma revolta eclodira no dia exato em que a insurreição do Forte de Copacabana completava dois anos. No 5 de julho, data já mitológica, os rebeldes haviam iniciado novo levante, agora na cidade de São Paulo. Além de driblar a vigilância oficial concentrada no Rio de Janeiro, havia a desconfiança de alguns líderes do movimento em relação à disposição da população carioca em apoiar a causa revolucionária. "É condição imprescindível que os habitantes do Rio não tomem para si a questão da organização de coisas sérias — aquilo é gente própria para o Carnaval. A anarquia no Rio é coisa sentida, consentida e adorada", diria uma carta assinada pelo major Newton Estillac Leal e encontrada mais tarde entre os papéis da revolta.

Os revoltosos confiaram o comando do movimento a um experiente general da reserva, o gaúcho Isidoro Dias Lopes. E conseguiram o apoio de parcela significativa da polícia paulista, por intermédio do major Miguel Costa, comandante do regimento de cavalaria e um dos oficiais mais respeitados da corporação. O nome e a patente de Isidoro, velho general de vocação revolucionária, davam o peso e a autoridade que os jovens tenentistas julgavam necessários para a imagem pública do movimento. Já o apoio de forças policiais garantia a quebra do isolamento que fora a grande causa da derrota em 1922.

Após duros combates, os rebeldes ocuparam o palácio dos Campos Elíseos, sede do governo estadual, cuja suntuosa fachada foi destruída pela ação das balas dos revoltosos. Entre os líderes da nova insurreição, mais uma vez, estavam conhecidos de Castello em Realengo: Emídio da Costa Miranda, Juarez Távora e Eduardo Gomes. Os eternos rebeldes. Desta feita, os ex-colegas de Castello tinham planos mais ousados. Eduardo Gomes, a bordo de um biplano Oriole, decolou em direção ao Rio de Janeiro. A ideia era sobrevoar a Capital Federal, inundá-la de panfletos com propaganda revolucionária e, por fim, bombardear o Palácio do Catete. No meio do caminho, o motor do pequenino e frágil Oriole não aguentou a aventura e sofreu superaquecimento, estourando o radiador. O avião aterrissou de barriga, em pouso de emergência dentro de um brejo a três léguas do município de Cunha, cidade serrana a 218 quilômetros da capital paulista.

Eduardo Gomes escapou ileso do acidente e conseguiu despistar a polícia local, fazendo-se passar por soldado legalista. O próprio prefeito da cidade, crédulo, ofereceu-lhe um cavalo, que o tenente utilizou para vencer parte da viagem até o Rio de Janeiro. Ao tentar reengajar-se nas tropas rebeldes, foi detido e enviado a bordo do navio-prisão *Cuiabá* para o desterro em Trindade, uma ilha isolada no meio do oceano, a mais de mil quilômetros da costa brasileira, à altura do Espírito Santo.

Na chamada "Ilha Maldita", cercados por um mar agitado e rodeados de rochedos pontiagudos, os prisioneiros eram entregues à própria sorte, vítimas de parasitas e infecções. Barbudos e cobertos de farrapos, habitavam toscas barracas de lona e madeira, numa espécie de campo de concentração. Como companhia de infortúnio, uma profusão de ratos e baratas. A ilha, desabitada, árida e cheia de penhascos, equivalia a uma quase condenação à morte, penosa e lenta.

A ordem era clara. E sucinta. O tenente Castello Branco deveria apresentar-se ao comando da 1ª Região Militar, por determinação expressa do Ministério da Guerra. Estava sendo convocado, naquele 20 de julho de 1924, para prestar esclarecimentos de interesse reservado da corporação. Surpreso, tratou de obedecer à intimação, já prevendo que o encontro nada teria de agradável.

A conversa foi rápida. E, de fato, pouco amistosa. Após breve interrogatório, seria conduzido sob escolta armada a uma das celas do quartel. Seus argumentos e seu discurso legalista não foram suficientes para convencer o comandante. Ficaria detido até segunda ordem. Estava preso, suspeito de subversão.

As punições alcançaram mesmo aqueles que não constavam da lista dos "suspeitos de sempre". Jornalistas, operários, políticos e militares eram recolhidos a rodo, sob o mais leve indício de conspiração. Para tanto, bastava a ligação, ainda que mínima e distante, com algum membro da revolta recém-deflagrada em São Paulo. No caso de Castello, a relação de amizade com o rebelde Riograndino Kruel levara-o para trás das grades. Pouco antes de ser preso, o tenente Castello conseguira permissão para visitar o colega dos tempos de Colégio Militar, detido num quartel carioca do Corpo de Bombeiros. Apesar de não apoiar a revolta, Castello não se furtara à oportunidade de prestar solidariedade a um companheiro de adolescência e, de resto, irmão de Amaury Kruel, o melhor amigo em Porto Alegre e Realengo. A atitude, porém, acabaria levantando suspeitas.

Afinal, nada escapava aos olhos da polícia. Agendas, cadernetas de telefones, cartões de visita: toda anotação considerada comprometedora era pretexto para a formalização de culpa. Denúncias anônimas não paravam de chegar às delegacias e aos quartéis. Eram suficientes para remeter qualquer um, mesmo sem acusação formal, para o xadrez. Um simples comentário contra o governo, externado no bar, resultava em prisão, sob a acusação de "derrotismo". Pela lógica da repressão bernardista, até prova em contrário, todos eram culpados.

Argentina ficou desesperada. Às vésperas do aniversário de Castello, continuava sem notícias do marido. Desde que recebera a informação de que ele havia sido preso, tentara enviar-lhe bilhetes e cartões, que sempre esbarravam e ficavam retidos no departamento de censura militar. De novo grávida, com sete meses de gestação, recebera a visita do dr. Arthur Vianna, com quem compartilhava a angústia pela ausência do esposo. Temiam o pior. Receavam que Castello, a exemplo de outros oficiais acusados de subversão, houvesse sido encaminhado para o degredo na ilha de Trindade.

Dois dias antes de Castello completar 27 anos — ou 24, pelo que rezavam os documentos militares —, Argentina resolveu lhe escrever uma pequena carta, ainda que fossem remotas as esperanças de que a correspondência chegasse ao devido destinatário. Como endereço para entrega, apenas a referência: "Navio

Cuiabá". Recebera a informação de que o marido estava no navio-prisão, amontoado junto a outros oficiais detidos por suspeita de participação no levante.

Rio, 18 de setembro de 1924

Meu querido Humberto

Vai esta carta com dois dias de antecedência, levando-te o meu abraço afetuoso pelo dia 20. Espero que assim terás felicitações minhas pelo teu aniversário, além de lembrares dos outros anos em que o passávamos juntos. Não sei como exprimir tudo o que eu desejava dizer-te; acredita, porém, que serás inteiramente feliz, se Deus conceder. [...] A Antonieta envia também o seu abraço de parabéns, beijando-te as mãos com maior carinho.

Pensava que estaríamos juntos nesse próximo sábado; se assim não for Deus há de permitir que esse dia não se demore muito! [...]

Recebe, querido Humberto, um abraço e um beijo da tua

Argentina

Como era de esperar, a carta, mesmo tão cândida, teria a mesma sorte das anteriores, recebendo o carimbo de "Censurado", impresso em tinta negra sobre a face do envelope. A lápis, em letras vermelhas, a correção do paradeiro do destinatário: "Vila Militar". Era lá que Castello na verdade se encontrava detido, exercendo funções burocráticas. Nada havia comprovado a participação ou mesmo a simpatia pelo movimento que estourara em São Paulo. Mesmo assim, permanecia detido e incomunicável.

Argentina tinha motivos para preocupações. O clima de tensão só aumentava no país. Na manhã de 11 de julho, os rebeldes foram surpreendidos em São Paulo por um bombardeio, disparado por canhões de grosso calibre. As tropas legalistas não escolhiam alvos. Os tiros da artilharia pesada, cerca de 130 disparos por hora, atingiram áreas residenciais densamente povoadas. Alvos civis, inclusive igrejas e escolas, foram atingidos. "Estou certo de que São Paulo prefere ver destruída sua formosa capital antes que destruída a legalidade no Brasil", justificaria Arthur Bernardes em telegrama ao Senado.

O poeta francês Blaise Cendrars, em visita aos modernistas de São Paulo, testemunhou o ataque: "Os obuses caíam em rajadas no centro da cidade, destroçando um bonde, mandando aos ares uma confeitaria, espirrando numa escola, explodindo numa praça ou num bar", registrou. Ao final de quinze dias de bombardeio, a capital paulista contabilizava cerca de 5 mil feridos e mais de quinhentos mortos. Quase 11 mil casas haviam se transformado em escombros. Entre as vítimas dos combates, Joaquim Távora, irmão de Juarez, ferido à altura do peito ao comandar um ataque, em 15 de julho, a um quartel de polícia. Morreria quatro dias depois.

Acuados, os rebeldes decidiram bater em retirada. Na madrugada de 28 de julho, organizaram a saída, utilizando para isso oito composições de trens que seguiram, protegidos pela escuridão noturna, em direção ao interior. Quando o dia amanheceu, já estavam longe. Deixaram, nas trincheiras, manequins e bonecos de palha vestidos com fardas militares. Ao longo da retirada, populares os saudavam, fazendo com os dedos um "V" e um "I": "Viva Isidoro!". Das janelas dos trens em movimento, os rebeldes respondiam ao sinal, também com os dedos, devolvendo um "I" e um "V": "Isidoro Voltará!".

Como não apareceram provas que o incriminassem, Castello enfim seria posto em liberdade a 22 de setembro, dois dias após o aniversário. Perdera a oportunidade de passar a data ao lado de Argentina, que até o último momento temera que o marido houvesse sido enviado à ilha de Trindade. À época, mal se podia imaginar que havia possibilidades ainda piores. A censura imposta pelo estado de sítio não permitia à opinião pública saber que o governo de Arthur Bernardes mantinha um campo de concentração, ainda mais terrível, no Oiapoque, o ponto mais extremo ao norte do país, no Amapá.

Diante da Colônia Agrícola de Clevelândia, na fronteira com a Guiana Francesa, a ilha de Trindade era um balneário. Isolada em meio à selva, a colônia recebera por aqueles tempos cerca de 1200 presos, todos acusados de subversão, ainda que a maior parte sem culpa formada. De lá, retornariam apenas 179, e só no final de 1926. O restante morreria vitimado pela fome, pela malária e por um tipo de sarna conhecida pelos caboclos do lugar como "praga dos jacarés" — uma doença tropical que, após febre altíssima, deixava no corpo dos doentes imensas feridas, que logo apodreciam e se cobriam de vermes.

Nem o pesadelo de Trindade, nem o insondável inferno verde de Clevelândia. O retorno de Castello traria a bonança de volta à casa na Tijuca, que aos poucos se preparava para a chegada do novo neto do general Cândido Castello

Branco. Durante a prisão do marido, Argentina distraíra a tensão pela falta de notícias bordando com linha colorida os cueiros do futuro filho, que receberia o nome de Paulo. Por sugestão do sogro, Castello consentiu que Argentina passasse os meses finais da gravidez numa casa de campo nas proximidades de Belo Horizonte, em uma das tantas propriedades do dr. Vianna. A decantada tranquilidade mineira e os cuidados da família ajudariam a fazê-la esquecer aqueles dias tão tormentosos.

O Exército parecia ter se dado conta de que pecara, por excesso de prudência, ao trancafiar o jovem tenente Castello Branco. Assim, na manhã seguinte à libertação, Castello já era convocado para reapresentar-se à Escola de Aperfeiçoamento de Oficiais, que fora reaberta havia quase dois meses. Castello teria que fazer esforço extra, não só para alcançar o ritmo dos demais colegas, mas para tentar ficar à frente de Lott. Para ele, era questão de honra. Desde o início os dois haviam disputado, palmo a palmo, a liderança da turma. Preocupavam-se em estar informados sobre as notas um do outro, estufando o peito de orgulho a cada eventual triunfo sobre o adversário.

Castello, mais do que nunca, buscaria na aplicação nos estudos uma forma de superar as limitações físicas. Convencera-se de que este seria um território no qual poderia se julgar superior aos demais colegas de farda. Era uma guerra íntima, luta particular contra os recalques que o atormentavam desde os tempos do Colégio Militar de Porto Alegre e, logo depois, de Realengo. Os apelidos, as brincadeiras e os gracejos dos amigos na adolescência haviam lhe marcado a alma. Precisava a todo custo ser o primeiro, o melhor, já que nunca conseguira ser o maior, o mais forte, o mais apolíneo.

Admiradores e adversários, aliás, concordariam nesse ponto. "Como era muito feio, Castello tinha necessidade de afirmar-se intelectualmente. Então se apresentava como homem inteligente, estudioso, dedicado. Sua superioridade intelectual ajudava sua afirmação pessoal", analisaria mais tarde o general Octávio Costa, um insuspeito castellista, que atribuiria a isso o fato de Castello Branco ter se tornado "um homem ouriçado, álgido, um pouco vingativo". "Todos os seus atos, sua pretensa autossuficiência a todo instante ostentada, traduzem um sinal característico", avaliaria também o general Carlos Luís Guedes, futuro desafeto, que definiria igualmente Castello como um "ouriço": "A frustração permanente o transformaria no que veio a ser: um poço de complexos", diagnosticaria o general Guedes no livro *Tinha que ser Minas*.

O fato é que foi com visível apreensão que Castello Branco compareceu à cerimônia de encerramento do curso da ESAO, em dezembro de 1924, para receber o resultado dos exames finais. Terminara empatado com Lott, os dois encabeçando, absolutos, a lista dos cinquenta concludentes daquele ano. Contudo, poucos décimos o haviam colocado em segundo lugar. O rosado, louro e bochechudo Lott ficara em primeiro, com a nota 8,587. O esquálido e desapontado Castello obtivera 8,179.

Batismo de fogo

Pirapora, pacata cidadezinha mineira a 323 quilômetros ao norte de Belo Horizonte, parou naquele final de tarde para acompanhar a chegada do trem, apinhado de soldados e armas de grosso calibre. Os piraporenses logo viram saltar, do primeiro vagão, um oficial pequenino e irrequieto, que gritava ordens para a operação de desembarque. A farda sobrava-lhe no corpo miúdo e magro, a jaqueta parecia grande demais, enquanto as perneiras lhe deixavam as canelas ainda mais finas.

No comando de um disciplinado destacamento de canhões e metralhadoras pesadas, o tenente Castello Branco recebera a missão de esquadrinhar toda a região, vasculhar cada quilômetro quadrado de terreno, realizar impiedosa caçada. A tarefa, sabia-se, não era fácil. Castello conhecia bem alguns dos homens que deveria enfrentar ali, junto ao cerrado e às corredeiras do rio São Francisco. Eram, em boa parte, velhos camaradas, oficiais de elite, alguns dos melhores cadetes de sua geração em Realengo.

Entre eles, Juarez Távora, Cordeiro de Farias, Emídio da Costa Miranda, Siqueira Campos e, o líder de todos, Luís Carlos Prestes. Os rebeldes percorriam os grotões do Brasil em marcha épica. Serpenteavam pelo interior do país, semeando adesões pelo sertão e, com aura heroica, conquistando a simpatia da opinião pública dos grandes centros urbanos. Pretendiam incendiar o país com o espírito da rebelião e, no momento certo, seguir para o litoral, invadir o Rio de Janeiro e varrer Arthur Bernardes do poder. Era o batismo de fogo para Castello Branco. Iria enfrentar a Coluna Prestes.

Barbudos, fustigados pela sarna, pela disenteria, pelo bicho-de-pé e pelo chumbo grosso dos soldados legalistas, os rebeldes davam uma demonstração de resistência e ousadia. Parte deles ainda era remanescente da rebelião tenentista de 5 de julho de 1924. Após abandonarem São Paulo, os homens do general Isidoro Dias Lopes e do major Miguel Costa haviam seguido para oeste, alcançado o Mato Grosso e, em seguida, descido ao Paraná. Lá, resistiram durante meses às ofensivas das tropas do governo, até se reunirem, em abril de 1925, com um grupo de revolucionários que subia em simultâneo do Rio Grande do Sul, sob o comando de Prestes.

Juntos em uma só coluna, eram agora cerca de 1500 revolucionários. Depois de penetrarem e percorrerem cerca de 120 quilômetros em território paraguaio, haviam reaparecido em solo brasileiro, na altura do sul mato-grossense. As notícias passadas por informantes do Exército davam conta de que, naquele momento, agosto de 1925, já haviam alcançado o norte de Minas Gerais e, ao que tudo indicava, rumavam em direção à Bahia. A companhia comandada por Castello Branco era uma das muitas enviadas para interceptá-los àquele ponto, na tentativa de impedi-los de seguir adiante.

Porém, com movimentos rápidos e imprevisíveis, a Coluna Prestes confundia os adversários. O Exército, aferrado aos manuais militares da escola francesa que recomendavam a "guerra de posição" — encurralar o inimigo até asfixiá-lo —, não conseguia prever os próximos passos dos rebeldes, que adotavam a estratégia de guerrilha, a "guerra de movimento": combinavam rápidos ataques táticos de surpresa com uma capacidade incomum de deslocamento pelos territórios mais acidentados.

Poucos meses antes, em maio, o próprio Castello havia sido vítima da extrema mobilidade da Coluna, após ser enviado para o interior do Mato Grosso e de Goiás, em missão idêntica àquela. Durante dias, parecera que tinha Prestes e seus homens quase presos pelos calcanhares. Mas quando desferiu a ofensiva final sobre o ponto em que julgava encontrá-los, a Coluna na verdade já ia longe. Sumira feito fantasma no meio do mato. Atrás de si, derrubara pontes, destruíra estradas, plantara novas pistas falsas.

Cordeiro de Farias, membro da Coluna Prestes e mais tarde companheiro de Castello no movimento militar de 1964, tinha uma versão para a ineficácia do combate aos rebeldes. "Convocados a lutar, eles nos perseguiam, mas não se empenhavam na luta", argumentaria Cordeiro, que chegaria a narrar algumas conversas que tivera com o próprio Castello a respeito, anos mais tarde, quando este já ocupava a presidência da República. "Nos últimos tempos, conversei muito com Castello Branco sobre o assunto", diria então em entrevista à cientista política Aspásia Camargo. "Castello me perguntava: 'Mas o que você esperava de mim? Eu era um tenente'. E eu respondia: 'Bem, você queria nos combater'. E ele insistia: 'Eu estava cumprindo ordens'."

O fato é que, se não conseguira fazer guerra, a tropa de Castello pelo menos fizera muita festa durante a campanha contra a Coluna Prestes no Mato Grosso e em Goiás. Era comum os soldados serem recebidos pelas autoridades locais como heróis nas cidadezinhas por onde passavam. Como aconteceu na pequenina Santa Luzia, hoje Luziânia, em Goiás, na qual tiveram direito à alvorada com bandinha de música, missa campal e desfiles esportivos. Segundo noticiou a imprensa local, foi-lhes oferecido até mesmo um baile, no luxuoso sobrado de uma das famílias mais ilustres do lugar, a do intendente Benedito Araújo Mello. O bailado teria avançado madrugada adentro, não fosse a intervenção do convidado de honra, o general de brigada Pantaleão Teles Ferreira, comandante-geral das forças em operação contra a Coluna Prestes em Goiás.

"Já se dançou muito. Agora vamos fazer um pouco de arte!", exclamou o general Pantaleão, dando sinal para que a banda parasse a música. "O tenente Castello Branco é um intelectual, soube que declama muito bem e, assim, vai nos dar a honra de ouvir algumas das mais belas páginas da poesia nacional", anunciou.

Era a primeira vez que alguém se referia a Castello como um "intelectual". Envaidecido, ele logo se dirigiu ao meio do salão. Os soldados abriram caminho, desapontados por terem de largar a dança com as jovens e simpáticas luzitanenses. Elas, encantadas com aquele batalhão de homens másculos e fardados, ficaram ainda mais decepcionadas com a brusca interrupção do baile. Sem perceber que fazia o papel de estraga-prazeres da noite, Castello recorreu a Olavo Bilac, declamando uma série quilométrica de poemas, um atrás do outro:

Nunca morrer assim!
Nunca morrer num dia assim!
De um sol assim!

Castello podia ficar tranquilo. Não corria nenhum risco de morte. Na passagem por Santa Luzia, a Coluna Prestes evitara o combate. Como sempre, despistara os soldados do governo com engenhoso plano de fuga. O anedotário a esse respeito crescia junto com a fama de heroísmo da Coluna. Em Santa Luzia, espalhou-se a história de que os rebeldes haviam amarrado grandes feixes de vassouras nos rabos de alguns cavalos e depois os tangido em disparada pela estrada. Enquanto Castello e seus soldados corriam atrás daquela enorme nuvem de poeira, os homens de Prestes, sem serem incomodados, teriam tomado o caminho oposto.

A longa marcha revolucionária começava a ganhar ares de lenda. Na boca dos homens simples dos sertões, a figura de Luís Carlos Prestes tornava-se mitológica. Os matutos começaram a alimentar a crença de que Prestes era uma espécie de adivinhador, bruxo, capaz de prever o futuro. Por isso, sempre escapava do cerco governamental. A surpreendente velocidade dos rebeldes, sempre à frente dos legalistas, também passou a ser atribuída a poderes sobrenaturais: falava-se em rituais mágicos de sacrifício, em que se matavam bois apenas para lhes comerem as carnes da parte dianteira. Os gaúchos da Coluna, responsáveis involuntários pela propagação de tal crendice, apenas seguiam antiga tradição dos Pampas: para eles, a traseira do animal não se prestaria ao bom churrasco.

Na guerra da contrainformação, o governo se empenhava em caracterizar os participantes da Coluna como corja de celerados. A imprensa, amordaçada e subjugada pela censura imposta por Bernardes, alardeava que Prestes e seus homens eram meros "bandoleiros", barbudos fora da lei que fugiam em desespero para evitar serem apanhados pelas tropas do governo: "Acossados e batidos por todos os lados pelas forças legais, os rebeldes, completamente desanimados, sem armas e sem munição, continuam a fugir". Era a versão do governo, estampada nas páginas do jornal carioca *A Notícia*.

Mas, na nova missão contra a Coluna Prestes, o tenente Castello Branco tinha a absoluta certeza de estar na pista certa. As evidências não deixavam margens para dúvidas. No dia anterior à chegada a Pirapora, a polícia havia trocado tiros com alguns rebeldes a menos de cem quilômetros acima dali, na vila ribeirinha de São Romão. Era sinal de que o grosso da Coluna não poderia andar muito longe. Entretanto, as primeiras incursões de reconhecimento pela região não conseguiram localizá-la. Prestes parecia mesmo dar um jeito de sumir por trás da própria sombra.

Um pequeno grupo de revolucionários também havia sido visto, com seus característicos lenços vermelhos no pescoço, próximos à cidade de São Francisco, uns cinquenta quilômetros ao norte de São Romão. Seria uma provável patrulha rebelde, que encontrara pelo caminho um depósito de cachaça. Entusiasmados, os homens aproveitaram para esquecer as agruras daquela odisseia e entregaram-se a uma farra homérica. Bêbados, acabaram chamando a atenção e despertando suspeitas dos moradores do lugar, que trataram de informar a esbórnia às autoridades.

Diante de toda agitação em cidades próximas à margem esquerda do alto São Francisco, Castello imaginou que o verdadeiro objetivo da Coluna seria o de encontrar um trecho no qual pudessem atravessar o rio em melhores condições. Caso conseguissem chegar à margem direita, os rebeldes estariam então a um passo do litoral. Todas as tropas legalistas ao longo do São Francisco foram postas em estado de alerta.

Às catorze horas do dia 5 de setembro, o tenente Castello Branco embarcou com seus homens no vapor *Pirapora*, navegando pelas águas do "Velho Chico" até atingir Carinhanha, do outro lado da fronteira mineira com a Bahia. Entretanto, ao contrário do que se previra, não havia ali nenhum sinal dos rebeldes. Após esperar por ordens superiores durante pouco mais de uma semana, Castello recebeu instruções de levantar acampamento e seguir com a companhia, na manhã do dia 12, por mais 130 quilômetros rio abaixo, até chegar à cidade baiana de Bom Jesus da Lapa, distante 796 quilômetros de Salvador. Novas pistas davam conta de incursões de patrulhas avançadas da Coluna pela região.

A esse ponto, por precaução, os soldados legalistas, inclusive Castello, foram orientados a preparar a declaração de herdeiros. Aquela se anunciava uma batalha sem volta, de vida ou morte. Nos formulários fornecidos pelo Exército, o jovem tenente indicou os nomes de Argentina e dos dois filhos, Nieta e Paulo, como dependentes. Na lista de bens, porém, nada havia a declarar. O restante da ficha, cuja cópia seria preservada para a posteridade no arquivo pessoal de Castello, ficou em branco.

Satisfeitos os protocolos preventivos do Departamento de Pessoal do Ministério da Guerra, Castello Branco e a companhia, armados com todas as metralhadoras e canhões de que dispunham, navegaram por mais cerca de oitenta quilômetros, agora pelo rio Corrente, afluente da margem esquerda do São Francisco, até alcançar a cidade de Santa Maria da Vitória, onde chegariam a 19 de setembro. Ali, imaginavam encontrar os primeiros sinais concretos da presença dos rebeldes. Mas, de novo, não havia notícias deles nas redondezas. A ausência dos homens de Prestes intrigava Castello.

A tensão, entretanto, só aumentava. O tenente Castello Branco recebeu ordens expressas de vencer com a tropa, a pé, uma extensão de cerca de 150 quilômetros, até a cidade de Barreiras, que, segundo informações colhidas na região, seria um dos próximos alvos dos rebeldes. Dessa vez, deveria levar junto com ele, sob sua liderança, o reforço de um batalhão da polícia baiana. De posse dos documentos oficiais do governo, Castello apressou-se em requisitar os homens ao comando policial do lugar, mas soube que alguns deles se recusavam a participar da manobra. Não haviam sido treinados para aquilo, argumentavam. Enfrentar bandidos comuns — e até mesmo cangaceiros — era uma coisa. Lutar contra a endiabrada Coluna Prestes era outra, bem diferente.

Diante do impasse, o comandante do batalhão de polícia mandou perfilar seus homens na praça da matriz de Santa Maria da Vitória. Depois lhes indagou, aos gritos, sobre quem eram os líderes dos amotinados. Um sargento e um soldado deram um passo à frente. Utilizando-se da prerrogativa concedida aos comandantes em caso de motim, o chefe de polícia atirou nos dois à queima-roupa, que caíram mortos, quase a seus pés. O policial perguntou então ao resto da tropa se havia outros rebeldes entre eles. Todos silenciaram.

Lado a lado, os soldados de Castello e os policiais baianos logo se puseram em marcha para Correntina, situada a pouco mais de vinte quilômetros a noroeste, contornando-se a margem direita do rio das Éguas. Ainda nenhum sinal dos rebeldes. A aparente calma, contudo, poderia ser enganosa. Castello sabia que fazia parte da estratégia da Coluna aparecer de repente, golpeando a retaguarda do inimigo e, como um relâmpago, embrenhar-se na mata, sem dar tempo a qualquer reação.

Nos dias seguintes, a companhia comandada por Castello seguiu cada vez mais para o norte, na marcha calculada em direção à cidade de Barreiras — já próxima à fronteira baiana com Goiás, na região que, mais tarde, viria a ser o estado de Tocantins. A cada dia, o tenente Castello fazia a tropa percorrer cerca de quatro léguas, sempre caminhando entre as cinco e as nove da manhã. Andavam, acampavam, faziam o reconhecimento do terreno e esperavam. No dia seguinte, o mesmo. E nada dos homens de Prestes.

Na verdade, enquanto Castello a procurava nas imediações do São Francisco, a Coluna havia se desviado para a esquerda e, após atravessar um trecho deserto do sertão baiano, infiltrara-se no interior goiano, já em direção à fronteira do Maranhão. Prestes havia driblado os perseguidores. Castello, humilhado, logo receberia ordens de retornar. As metralhadoras pesadas e os canhões que lhe foram confiados não chegaram a promover um único disparo contra os revolucionários. A missão havia sido um fracasso. A Coluna Prestes seguiria invicta. Após quase dois anos e cerca de 25 mil quilômetros percorridos, deixaria enfim o território nacional e penetraria em terras bolivianas e paraguaias, com o consequente exílio das principais lideranças. O batismo de fogo de Castello ficava adiado.

O insucesso não impediu a promoção de Castello Branco a capitão, em novembro de 1928, após receber a medalha de bronze a que fizera jus por dez anos de serviço ao Exército. Na caderneta de oficial, seria então descrito pelos superiores como "oficial muito inteligente e trabalhador", com a ressalva de que "sua marcada independência faz-lhe ter laivos de desconfiança sobre alheios juízos, o que precisa combater". Um de seus comandados à época, o futuro general Carlos Luís Guedes, traduziria tal anotação. "Sua reputação era a de *trepador*. Talvez hoje não seja entendido o significado do vocábulo, mas era atribuído aos faladores da vida alheia", escreveria Guedes em seu livro de memórias. "Suas críticas atingiam principalmente o comandante. Outras vítimas de sua língua eram os velhos capitães. Nunca o vi elogiar ninguém."

Foi mais ou menos por esse tempo que o apelido de Quasímodo grudou em Castello. Era repetido, sempre às escondidas e aos risos, pelos corredores e alojamentos da Escola Militar de Realengo, onde um dia estudara e, logo após a conclusão do curso na Escola de Aperfeiçoamento de Oficiais, voltara na condição de auxiliar de instrutor. Bastava Castello Branco dar as costas para os cadetes iniciarem a pândega. O autor da brincadeira que lhe fervia o sangue fora o terceiranista Agildo Barata — mais tarde, pai do humorista Agildo Ribeiro. Era a forma que os alunos haviam encontrado para se vingar da disciplina férrea cobrada pelo recém-chegado auxiliar de instrutor da Infantaria.

A ira dos cadetes, em particular os das turmas mais avançadas, devia-se à abolição dos privilégios históricos de que até então desfrutavam. Tornara-se praxe em Realengo os concludentes serem poupados dos rigores nos treinamentos de campo. Castello, admitido como auxiliar de instrutor da Escola desde abril de 1927, passou a obrigá-los a compartilhar da mesma rotina árdua reservada aos calouros. Como um dia fora imposto a ele próprio nos seus tempos de cadete, exigia-lhes agora que cumprissem as baterias de exercício com fardamento completo, tarefa que os instrutores costumavam exigir apenas dos calouros, jamais dos veteranos.

"Ninguém ousou esclarecer a praxe antiga que tornava a ordem dada um despropósito; obedecemos", diria Luís Mendes da Silva, um dos terceiranistas de Realengo no período. Em depoimento escrito sobre suas recordações a respeito do então auxiliar de instrutor Castello Branco, Mendes da Silva recordaria: "Nos estribos dos animais colocamos os cofres de munição e as metralhadoras. As leves e as pesadas. Tudo conforme mandado, sob o olhar perscrutador de Castello. Saímos como quem vai para uma guerra de verdade. Suando e bufando. Suando debaixo do peso do equipamento. Bufando de pura raiva".

Os que imaginaram que todo aquele aparato bélico ficasse restrito à estreia do ajudante de instrutor, talvez ávido por mostrar autoridade, enganou-se. "Levamos o ano inteiro carregando e descarregando mulas. E levando no nosso próprio lombo o restante", escreveria Mendes da Silva, em depoimento que hoje repousa nos arquivos do Centro de Pesquisa e Documentação de História Contemporânea do Brasil (CPDOC), da Fundação Getulio Vargas (FGV).

De início tão temido quanto ridicularizado, Castello aos poucos foi impondo seu estilo e conquistando admiradores entre os cadetes. As preleções em torno das noções de honra, seus apelos à mística da farda, passaram a calar fundo entre eles. De fala fácil, firme sem ser ríspido, camarada sem ser dócil, Castello os persuadia de que o treinamento árduo era indispensável ao enrijecimento moral exigido nos campos de combate. A corporação, destacava ele, era mais importante que os indivíduos. Ser soldado era renunciar às dispersões da vida civil, forjar um espírito de corpo, firmar um compromisso coletivo e indissolúvel com a Pátria, se necessário morrer por ela.

Por sugestão de Castello Branco, a turma da Infantaria de 1928, em Realengo, adotou como patrono a figura histórica do general Antônio Sampaio, ex-combatente da Guerra do Paraguai, que simbolizaria as "qualidades másculas do infante". Cearense como Castello, o general Sampaio desde então seria arrancado do esquecimento a que estivera relegado e, assim, elevado ao panteão dos "heróis militares nacionais" — no qual pontificava o vulto de Duque de Caxias, cultuado nos quartéis como o modelo idealizado do bom soldado. Paralelo à construção do mito de Caxias no Exército, o nome de Sampaio passou a ser tão identificado com a infantaria que por fim, em 1962, seria oficializado como patrono da arma.

Na verdade, Castello fazia parte de uma nova geração de oficiais a quem caberia substituir no comando dos quartéis os antigos remanescentes dos primeiros tempos da República. A essa nova geração de militares, formada sob a influência da Missão Militar Francesa, caberia reinventar o Exército brasileiro. O próprio estabelecimento da figura dos patronos, até então sem precedentes no país, era fruto direto da inspiração gaulesa. Ao mesmo tempo que se buscava modernizar os quartéis, tencionava-se também erigir uma tradição, promover um reencontro dos jovens soldados com um passado mítico, ao qual deveriam honrar e dar continuidade. O centro de convergência de tal movimento passara a ser a Escola de Estado-Maior, ponto de partida obrigatório para todo oficial que dali por diante quisesse seguir carreira em direção ao generalato. Foi a ela que o jovem e ambicioso capitão Castello Branco solicitou matrícula em 1929, após submeter-se às sindicâncias exigidas pela direção.

De acordo com o regulamento, só poderia requerer matrícula na Escola de Estado-Maior o militar que obtivesse parecer favorável de um inquérito encarregado de levantar toda a sua vida pregressa e atestar, "à luz do conceito em que o oficial é tido no seio da classe e da sociedade civil", se ele estava, "sob o ponto de vista moral", em condições de se matricular no curso. Um filtro providencial, com o evidente objetivo de impedir que militares de origem "suspeita" ascendessem às patentes superiores. Uma forma de resguardar a corporação das questões políticas. O capitão Castello, que apesar da prisão em 1924 conseguira manter a imagem de legalista, foi aceito sem reservas.

"O Exército conheceu, na época, grupo pouco numeroso de tenentes e capitães que se envaideciam de ostentar, na gola da túnica, o símbolo então adotado para os que haviam tirado o curso de Estado-Maior. Representavam os escolhidos, os bem-aventurados, os melhores, e faziam timbre em se mostrar assim, despertando inveja nos demais", escreveria, em *Memórias de um soldado*, o general Nelson Werneck Sodré, cadete nesse período.

Para ficar mais próximo à Escola, localizada no bairro do Andaraí, zona norte do Rio de Janeiro, Castello alugou uma casa à rua Pereira Soares, 19, dispensando os favores do pai, o general Cândido, que lhe dera guarida desde que voltara de Belo Horizonte. A nova e sóbria morada — de poucas janelas e voltada para o lado do sol — revelar-se-ia, contudo, uma espécie de fornalha durante o verão carioca. O calor ali era tão intenso que, certa tarde, após adormecer no chão da sala, o pequeno Paulo, caçula de Castello e Argentina, acordou com queimaduras espalhadas pelo corpo.

Em casa, como no quartel, Castello velava pela ordem e disciplina. Os filhos jamais sentavam à mesa antes dos pais. A própria Argentina nunca tomaria o café da manhã antes que o marido o fizesse, embora este alardeasse também uma rígida hierarquia na lista íntima de preocupações: "Primeiro Argentina, em segundo o Exército, depois as crianças", costumava dizer à mulher e aos rebentos. Do filho homem, Castello exigia mais. Perto dos seis anos, jogando futebol com os pequenos amigos de rua, Paulo sofreu uma queda, que resultou na clavícula quebrada. Ao voltar do médico todo enfaixado, a mãe, sensibilizada, perguntou-lhe se aquilo doera muito.

"Não, não doeu nada. Papai disse que homem não chora."

Nas anotações diárias, Argentina trocou os poemas lânguidos dos tempos de namoro e noivado pelo controle rigoroso da economia doméstica. Seguia orientação expressa de Castello, que dizia tê-la herdado do pai, o velho general Cândido: um quarto do soldo devia ir para o aluguel, outro para as despesas com alimentação, um terceiro para gastos gerais e o último resguardado para as economias da família. Metódica, Argentina procurava, ao máximo, não contrariar Castello. O marido melindrava-se com facilidade. "O triunfo da mulher sobre o marido é ceder", anotaria uma submissa Argentina na surrada mas inseparável cadernetinha azul de estimação.

Por essa época, Castello andava aborrecido com a notícia do casamento de Celina, uma das irmãs mais novas de Argentina. Não que fosse contra o enlace ou que reprovasse a escolha da cunhada, que estava noiva de um engenheiro de carreira promissora, o jovem Mário Brandi Pereira. Aborrecera-se porque, dessa vez, ao contrário do que ocorrera à época em que pedira a mão de Argentina, o dr. Arthur Vianna não exigira do novo genro nenhum atestado médico para autorizar a cerimônia.

Capacetes furados de balas e máscaras de gases manchadas de sangue. Castello logo percebeu que o material de treinamento não estava à altura do prestígio da Escola de Estado-Maior. Fornecida pela Missão Francesa, a maior parte do equipamento já fora utilizada em combate, nas batalhas da Primeira Guerra Mundial. Como o acordo militar obrigava o Brasil à compra preferencial de armas e aparelhos produzidos pelos franceses, estes aproveitaram para se livrar do refugo que havia anos estava acumulado em seus almoxarifados.

Nas aulas de aviação eram utilizados antigos Nieuports e Brequets, sucatas aéreas, também do tempo da guerra. "Passamos por uma série de voos e tivemos fortes impressões, com várias ameaças de acidente", relataria João de Deus Pessoa Leal, aluno nessa época da Escola de Estado-Maior e colega de Castello desde os tempos de Colégio Militar em Porto Alegre. Os relatórios expedidos pelo Ministério da Guerra, entretanto, preferiram atribuir os constantes acidentes ao "denodo", à "audácia" e ao "excesso de arrojo" dos pilotos brasileiros.

As aulas eram ministradas quase sempre em francês. Nisso, Castello levava vantagem. Desde a Escola de Aperfeiçoamento de Oficiais, dedicara-se com afinco ao estudo da língua e, dessa forma, não demoraria a se destacar entre os colegas. Tomava nota das preleções dos professores e cuidava de traduzi-las, entregando-as depois a um sargento-datilógrafo. Após mimeografá-las, ganhava alguns trocados vendendo-as aos colegas de turma. Até mesmo nas atividades de campo, o capitão Castello Branco nunca esquecia de levar consigo a pequena caderneta de capa dura em que ia escrevendo, com letra apressada, cada palavra pronunciada pelos instrutores franceses.

O Exército percebeu que era necessário, com urgência, a criação de um curso básico de conversação em francês para oferecer às tropas. E, assim, acabou tornando-se obrigatório o ensino daquela língua, junto com o espanhol, na Escola de Estado-Maior. Já o inglês era disciplina opcional. Apesar das várias investidas das Forças Armadas norte-americanas nesse sentido, o Exército brasileiro ainda não cogitava — por enquanto — trocar de parceiro. E, até ali, rechaçara todas as tentativas de acordo militar oferecidas pelos Estados Unidos.

Em outubro de 1930, Castello recebeu a notícia de que as aulas na Escola de Estado-Maior estavam suspensas até segunda ordem. Uma nova agitação nos quartéis era a responsável pela brusca interrupção. Oito anos após o levante do Forte de Copacabana, seis depois do segundo "5 de julho", os tenentistas procuravam vencer a desconfiança histórica em relação aos políticos profissionais. Haviam se aliado aos líderes civis da oposição e decidido derrubar o então presidente Washington Luís e impedir a posse de seu sucessor, o paulista Júlio Prestes, eleito no início daquele ano para a presidência da República debaixo de uma tempestade de acusações de fraude nas urnas. Por ironia, até o ex-presidente Arthur Bernardes, até então inimigo figadal dos tenentistas, declara-se a favor da revolução.

Os alunos, dispensados das aulas na Escola de Estado-Maior, foram enviados para guarnições espalhadas pelo país, cabendo a Castello a tarefa de ficar no Rio de Janeiro e treinar turmas de reservistas até trinta anos de idade, convocados, por decreto, pela presidência da República. Afinal, o governo precisaria dispor do maior número possível de braços para se defender como podia. O fato é que ninguém tinha mais dúvidas. Um movimento armado, de que todos já falavam de modo aberto, estava para explodir.

"Até a cachorrinha da praia sabia da revolução. Apareceu com um lenço vermelho no pescoço", diria o revolucionário Luiz Aranha, irmão do líder oposicionista Oswaldo Aranha. No dia 3 de outubro, logo após a hora do almoço, uma série de ligações telefônicas congestionou as linhas do Rio de Janeiro. Na maior parte delas, ouviam-se vozes femininas, que despistavam o serviço de escuta do governo. Todas repetiam a mesma informação: "O doente piorou muito, o estado é grave, a intervenção cirúrgica vai ser praticada logo à tarde". Era a senha para a revolução que levaria Getúlio Vargas ao poder, desencadeada naquela mesma data no Rio Grande do Sul, em Minas Gerais e, no dia seguinte, na Paraíba — os três estados que lideravam a Aliança Liberal, cujo candidato, o próprio Vargas, havia sido derrotado nas eleições por Júlio Prestes.

A 17 de outubro, Castello foi enviado do Rio de Janeiro para Juiz de Fora, onde o 10º Regimento de Infantaria, ali aquartelado, era um dos últimos focos de resistência ao avanço das tropas rebeladas no estado. Depois de cinco dias de intenso combate contra o 12º Regimento, em Belo Horizonte, os revoltosos já haviam dominado a situação na capital mineira. Agora, pretendiam tomar o 10º Regimento de Infantaria. Se o conseguissem, sem maiores obstáculos pela frente, rumariam em direção a São Paulo, para atrair a atenção das tropas paulistas e, assim, desguarnecer ao máximo a proteção à Capital Federal.

Como acontecera durante a perseguição à Coluna Prestes, Castello havia sido destacado para combater antigos camaradas. Ele conhecia muito bem um dos líderes das forças rebeldes que assediavam Juiz de Fora: Eduardo Gomes.

Após cumprir pena em Trindade, o "vicentino" da Escola Militar de Realengo havia sido posto em liberdade condicional em 1926, preso de novo em 1929 e sentenciado a mais dois anos de prisão. Livre em definitivo em maio de 1930, o conspirador incorrigível saíra da cadeia direto para integrar-se aos quadros da revolução em marcha.

Em 24 de outubro, uma tropa de cavalaria revolucionária, comandada por Eduardo Gomes, conseguiu enfim penetrar em Juiz de Fora. Quando se preparavam para o combate, os dois lados receberam a notícia de que Washington Luís, naquele mesmo dia, a três semanas do final de seu mandato, acabara de ser deposto no Rio de Janeiro. Diante da nova situação, os rebeldes ocuparam o 10º Regimento de Infantaria e comemoraram a vitória. Castello e os demais legalistas, sem ter mais o que defender, haviam levantado a bandeira branca e deposto as armas.

O batismo de fogo de Castello Branco era, mais uma vez, adiado.

Um certo Coronel Y

"Meu filho ainda vai ser ministro da Guerra!"

Castello não teve dificuldades para reconhecer aquele grito roufenho, saído assim, de súbito, do meio da multidão. Em posição de sentido, perfilado junto aos demais colegas vestidos em farda de gala, evitou virar o rosto, para não quebrar a simetria da impecável formação. Encabulado, espiou de esguelha em direção ao público. Não precisou procurar muito. Era mesmo o que temia. Lá estava ele, o pai, general Cândido, brandindo a bengala, gritando vivas com espalhafato, abusando das forças que lhe restavam nos pulmões.

Sentada no lugar reservado aos convidados civis, Argentina, orgulhosa do marido, nem parecia se dar conta de tamanha quebra de protocolo. Era toda sorrisos, em seu vestido azul de festa. Para alívio do ruborizado Castello, os gritos do velho general foram abafados aos primeiros acordes da banda de música. As marchas e os dobrados saudavam os concludentes de 1931 da prestigiosa Escola de Estado-Maior do Exército. O general Cândido tinha motivos para não caber em si. Castello havia ficado com o primeiro lugar da turma, recebendo o disputadíssimo conceito *très bien*, sempre conferido com muita parcimônia pelos instrutores da Missão Francesa.

Aquele havia sido um ano difícil para o Exército, com reflexos diretos na Escola de Estado-Maior. Entre as primeiras medidas à frente do governo, Getúlio

Vargas se utilizara dos tenentistas para neutralizar o poder das velhas oligarquias da Primeira República. Após suspender a Constituição e fechar o Legislativo, decretou a anistia aos militares condenados pelas revoltas de 22 e 24 e destituiu todos os governadores, exceto Olegário Maciel, de Minas Gerais, substituindo-os por interventores, a maioria deles saídos das próprias fileiras tenentistas. Juarez Távora, uma das figuras exponenciais da Revolução de 30, ficou responsável pela coordenação de todas as interventorias compreendidas entre o Acre e a Bahia, sendo logo apelidado de "Vice-Rei do Norte".

Os "tenentes", enfim, haviam chegado ao poder na República e, por consequência, no Exército. Para Castello, contudo, nada parecia mais injusto. Os que haviam sido defenestrados como desertores estavam de volta aos quartéis, radiantes, inclusive com direito a promoções por "merecimento" e tempo de serviço, sem quaisquer prejuízos pelos anos passados entre conspirações, prisões, degredos e revoltas.

Era o caso do tenente Eduardo Gomes. Em pouco mais de dez dias após a posse do novo governo, ele havia saído da condição de proscrito e sido promovido a capitão. Depois de mais outros cinco dias, Gomes ascendeu à patente de major, passando a servir no gabinete do novo ministro da Guerra, o general gaúcho José Fernandes Leite de Castro. Já o tenente-coronel Góis Monteiro, que aderira à Revolução na última hora, mas se tornara um dos principais líderes do movimento, seria promovido, em questões de meses, a coronel e, logo em seguida, a general de brigada.

Para Castello, a hierarquia, valor sagrado da caserna, estava desmoralizada. Nos quartéis e nas escolas militares, instaurou-se o confronto ostensivo entre os que, como ele, haviam assumido a posição de legalistas, mas estavam agora em situação desconfortável, e os revolucionários, reintegrados com pompa aos quartéis. As desavenças se manifestaram até mesmo entre os que só desfraldaram a bandeira revolucionária a partir de 1930 e os antigos rebeldes desde 1922 — estes apelidados de "picolés", aqueles chamados de "rabanetes". Uns porque, "saídos da mesma fôrma", tratavam os novos companheiros "friamente". Os outros, dizia-se, por serem "vermelhos" por fora, mas na verdade "brancos por dentro".

Em meio ao cenário de um Exército clivado, os alunos da Escola de Estado-Maior foram dispensados dos exames finais de 1930. O clima caótico pós-revolução não permitiu que as aulas prosseguissem e, assim, decidiu-se que todos receberiam aprovação automática. Castello protestou. Exigia ser submetido aos exames, conforme previa o regulamento. Alegando coerência, recusou-se a ser aprovado por decreto. Caso contrário, estaria usufruindo de privilégio semelhante ao que tanto criticava em relação aos revolucionários promovidos de afogadilho, da noite para o dia.

Uma banca examinadora foi formada para avaliá-lo. Castello obteve a nota máxima.

O nome de Castello Branco passou a atrair cada vez mais, e na mesma medida, admirações e ódios dentro do Exército. Em 1933, ele provocaria uma maré de reações contraditórias ao escrever uma série de dez polêmicos artigos na extinta *Gazeta do Rio*, espaço arranjado por meio da influência do cunhado Hélio Vianna, irmão de Argentina. Hélio, ainda rapaz, vendera uma coleção de selos para fugir de casa, em Belo Horizonte, e com isso conseguira chegar ao Rio de Janeiro. Contrariando o pai, que o queria à frente dos negócios da família em Minas Gerais, formara-se em direito e logo circulou nas rodas literárias e jornalísticas da Capital Federal. Para retribuir o apoio decisivo que recebera da irmã mais velha, abriu para o cunhado o espaço de uma coluna diminuta, mas controversa, intitulada "Assumptos Militares", nas páginas do jornal carioca.

Os textos assinados sob o pseudônimo de *Coronel Y* fustigavam meio mundo entre os colegas de farda. Publicados num jornal de vida efêmera, cujos exemplares não constam mais nem mesmo dos arquivos da Biblioteca Nacional, os artigos do Coronel Y hoje constituem preciosa raridade. Neles, percebe-se tanto o tom sarcástico quanto a expressão de um sóbrio moralismo, elementos contraditórios, mas cuja inusitada mistura seria desde sempre uma das marcas registradas da personalidade de Castello. O principal alvo dos textos era a participação dos militares na política.

"O militar-político é uma espécie de lobisomem, um homem de existência dupla e misteriosa, que mete medo", compararia. "O oficial do Exército, como qualquer cidadão, pode aspirar a cargos políticos; seria odioso vedar-lhe o ingresso no parlamento e aos cargos administrativos", ponderaria Castello, para logo em seguida sugerir inflexíveis condições para tal: "O militar, antes de tudo, pertence a uma classe, faz parte de uma hierarquia, concorre em promoções e conta tempo de serviço em próprio benefício: passando a desempenhar uma função civil, é militarmente lógico e individualmente honesto que ele se torne um egresso de sua classe".

Para entrar na política, primeiro o militar deveria largar a farda, defendia o Coronel Y. "O que temos visto até agora, sobretudo nestes últimos tempos?", indagava, tratando de responder à própria provocação: "O oficial de Exército fazer carreira política e progredir paralelamente nos postos da hierarquia, contar como tempo de serviço militar o período em que está fora de suas funções militares, ocupar um lugar nos quadros e concorrer em suas promoções sem neles dar atividade". E concluía: "É quase um desamparo ao verdadeiro profissional, o desprestígio de sua honestidade, o desânimo para os que estão entregues ao trabalho anônimo da tropa". O recado tinha endereço mais do que certeiro.

Naquele exato momento, pressionado pela opinião pública e pela chamada Revolução Constitucionalista, ocorrida em São Paulo em 1932, Getúlio havia convocado eleições para uma Assembleia Nacional Constituinte que, além de elaborar e votar uma nova Carta Magna para o país, estava encarregada também de eleger o novo presidente da República, por via indireta. Era tudo o que os tenentistas não queriam. Desde 1930, tentavam adiar, ao máximo, o retorno do país à ordem constitucional, pregando o prolongamento indefinido do "Governo Provisório". Uma eleição significava para eles pôr em risco o longo e vitorioso projeto revolucionário, construído desde o início da década de 1920 e finalmente materializado na Revolução de 1930.

Derrotados em suas pretensões, os tenentistas começaram a perder terreno entre as forças que davam sustentação a Getúlio. Sem outra saída imediata, trataram de marcar presença efetiva na Constituinte, indicando candidatos e se lançando, muitos deles próprios, a cargos eletivos, engrossando as fileiras dos partidos políticos. "Quando surgem os grandes abalos na vida brasileira, uma das pontes que a política encontra para passar e entrar no Exército é a do militar-político. Através deste, as classes armadas têm sido historicamente desviadas de seu rumo e desgraçadamente divididas", advertia o Coronel Y.

"Os políticos, desunidos no último episódio revolucionário, já se aproximam entre si em movimentos lentos e seguros, alguns almoçando juntos nos restaurantes e outros se sentando ombro a ombro nas bancadas da Constituinte. Os oficiais, que ocuparam as trincheiras opostas e expuseram a vida às rajadas das metralhadoras e aos obuses, continuam separados e sangrando, numa divisão muito diferente da dos políticos", bradava o Coronel Y, na incansável catilinária.

Foram muitos os projetos apresentados na Constituinte em relação ao capítulo sobre a Defesa Nacional. O Coronel Y, porém, tratou de ridicularizar boa parte deles. Um deputado, por exemplo, sugerira a equiparação funcional entre as polícias estaduais e o Exército, além do aproveitamento das tropas militares em trabalhos civis, que iam da mineração à agricultura. Outro pedira a formação de postos avançados das Forças Armadas para combater o banditismo no interior do Nordeste. "Um deputado quer fazer do Exército uma polícia; o outro, da polícia, um Exército", tripudiou o Coronel Y. Se ideias como aquelas fossem aprovadas, restaria aos militares apenas um "doloroso dilema", lamentou: "plantar batatas, como quer um, ou pegar cangaceiros, como quer o outro".

A pena ácida de Castello, protegido sob a pele do Coronel Y, não pouparia nem mesmo cabeças coroadas do Exército e da Revolução. Até o todo-poderoso general Góis Monteiro seria alvo de sua verrina, após pronunciar um discurso político, durante homenagem que lhe fora prestada em almoço na sede do Clube Militar. "Os efeitos de uma ágape, no espírito e na ação dos convivas, constituem ainda uma coisa duvidosa. Os banquetes de caráter político, com melhor razão, não merecem crédito de ninguém, a não ser de algum homenageado ingênuo", iniciaria assim o Coronel Y mais uma das colunas publicadas na *Gazeta do Rio*.

"Essas reuniões em torno de mesas de refeição, na República Velha, ficaram desmoralizadas; ao contrário do que se esperava, o chamado 'Novo Regime' procurou revivê-las e animá-las a propósito de tudo", protestava Castello. "O almoço no Clube Militar, porém, já é um fato consumado. Mas os discursos lá pronunciados ainda ecoam nos meios militares, animando uns, estimulando outros, e decepcionando certos espíritos exigentes ou talvez mais avisados", provocava, para ir em seguida direto ao ponto: "O discurso do general Góis Monteiro, lido no almoço dos militares, parece que melhor caberia como parte principal de uma oração proferida num banquete político".

Ainda sobre o discurso de Góis Monteiro, as palavras do Coronel Y transbordariam de calculada ironia: "As brilhantes ideias gerais, a generalidade sobre variados assuntos, poderiam ter sido endereçadas aos políticos seus amigos [...]; já seus camaradas, porém, supunham que iam ouvir ideias precisas sobre o momento militar". Assim, às vésperas de ser nomeado por Getúlio para o cargo de ministro da Guerra, Góis Monteiro tinha a capacidade de liderança questionada: "O rumo a seguir não está abalizado, o braço do general não aponta a direção nem traça os objetivos sucessivos a conquistar... A tropa se acha quase cansada de esperar por quem queira conduzi-la", sentenciava Castello, para então finalizar, cáustico: "Parece que o general Góis Monteiro só quer agir depois de ver completamente asseguradas as possibilidades de sucesso e desenvolver sua ação dentro de uma situação estável, onde os homens e as ideias estejam alinhados atrás de sua pessoa. Mas numa ocasião como a em que vivemos é preciso antes de tudo *reunir*, para depois *marchar*".

Castello Branco logo teria oportunidade de pôr em prática, à frente da tropa, os vitupérios que assinara como Coronel Y. Em 1935, em meio ao cenário político turbulento, quase um ano após o próprio Getúlio ter sido eleito presidente pela Assembleia Constituinte, Castello foi transferido do Rio de Janeiro para Curitiba. A mudança não o desagradou. Muito pelo contrário, achava que aquele afastamento providencial o ajudaria a ficar longe dos "lobisomens" que tomavam conta dos quartéis e dos palácios na Capital Federal.

Ao mesmo tempo, a mudança de ares seria um lenitivo para aplacar a dor e o trauma pela perda do pai. Após várias crises de saúde, o velho e esclerosado general Cândido morrera em abril de 1934, aos 74 anos, na casa da Tijuca. "Eu lembro da figura de papai como um homem ordenado na vida rotineira, com a preocupação de pagar as dívidas e, sobretudo, com o generoso interesse de nos instruir e de nos desejar sempre uma situação melhor do que a dele", recordaria Castello, em carta à irmã Beatriz.

Castello Branco prestaria serviço durante um ano no Paraná, primeiro nomeado subcomandante, logo depois assumindo o comando geral do 15º Batalhão de Caçadores, sediado em Curitiba e, posteriormente, o do 13º Regimento de Infantaria, em Ponta Grossa, interior paranaense. Pela primeira vez na carreira, a ele era confiada a responsabilidade por toda uma unidade. Por isso mesmo, assistia com atenção redobrada ao clima tenso, provocado pelo extremismo das ideologias que se alastravam em meio à tropa. As escaramuças entre a Aliança Nacional Libertadora (ANL), de orientação esquerdista, e a Ação Integralista Brasileira (AIB), de nítida inspiração protofascista, acirravam os ânimos, incentivavam a indisciplina e explicitavam as diferenças abissais da corporação.

Como medida para tentar neutralizar, ao máximo, o avanço das discussões políticas, Castello decidiu intensificar os exercícios de instrução de campo em todo o batalhão. Para completar, providenciou uma reforma radical nas instalações do 15º Batalhão de Caçadores, ampliando e mudando todos os alojamentos de lugar. Ao manter seus homens sempre ocupados, imaginava roubar-lhes o tempo livre que, bem provável, dedicariam a discussões de ordem política.

Pelo mesmo motivo, tratava de passar o menor tempo possível trancado na placidez do gabinete, evitando ser visto sentado à confortável e burocrática mesa de comandante. Acompanhava, junto aos tenentes, as manobras e os exercícios de campo. As preocupações faziam sentido: em novembro daquele ano, guarnições de Natal, Recife e Rio de Janeiro haviam desencadeado uma série de revoltas coordenadas, que receberiam do governo a denominação pejorativa de "Intentona Comunista": "Às armas! Por Pão, Terra e Liberdade!", dizia um panfleto distribuído à época pela ANL, liderada por Luís Carlos Prestes, que antes da Revolução de 30 havia rompido com os tenentistas e aderido ao marxismo.

O movimento, entretanto, logo foi esmagado pelas tropas do governo. No 3º Regimento de Infantaria, epicentro do conflito no Rio de Janeiro, o saldo foi de dezenove mortos, 167 feridos e mais de 1500 presos. Correu a falsa versão — divulgada por Getúlio e aceita como verdade pela historiografia oficial durante décadas a fio — de que mais de vinte soldados legalistas do 3º Regimento de Infantaria haviam sido assassinados, de madrugada, enquanto dormiam, pelos revolucionários. Em Curitiba, ao saber que dois oficiais de seu batalhão pronunciaram-se favoráveis à "Intentona", o capitão Castello Branco mandou chamá-los, de imediato, à sua presença.

"No Rio de Janeiro, oficiais de ideias comunistas mataram colegas que dormiam, pelo simples fato de não pensarem como eles", afirmou. "Quero adverti-los de que, aqui, os senhores não serão os primeiros a atirar", ameaçou Castello, a mão no coldre, repetindo a lição que aprendera do chefe de polícia do interior baiano, quando da campanha contra a Coluna Prestes. Os dois homens desconversaram. Um negou que era comunista. O outro se apressou em pedir transferência da guarnição paranaense.

Se passara a nutrir oposição ferrenha aos comunistas, Castello porém não manifestaria a mesma veemência na crítica aos integralistas. O cunhado, Hélio Vianna, costumava reunir em casa um grupo de amigos, admiradores confessos do escritor paulista Plínio Salgado, o fundador da AIB. Entre eles, Francisco San Tiago Dantas, Américo Jacobina Lacombe e José Monteiro de Freitas, nomes de proa do movimento integralista. Algumas vezes, Castello chegara a participar das reuniões, sob a alegação de que nelas se discutia mais literatura do que política.

Numa carta a Hélio, datada de 6 de novembro de 1935, Castello também comentaria que assistira, impressionado, a palestras do escritor e advogado Gustavo Barroso, um dos ideólogos dos integralistas, em Curitiba. "Ele [Barroso] teve muito sucesso e pode-se dizer que durante uma semana foi o assunto predominante em todas as conversas aqui. Eu assisti a três conferências", escreveu Castello. Apesar da admiração intelectual que nutria por Barroso e pelo próprio cunhado Hélio, Castello Branco jamais se filiaria à AIB.

Um requerimento do capitão Humberto de Alencar Castello Branco mofava nos arquivos do Ministério da Guerra de Getúlio. Era uma solicitação, protocolada ainda na gestão de Góis Monteiro, para que pudesse cursar, durante dois anos, com todos os gastos cobertos pelo orçamento da pasta, a francesa Escola Superior de Guerra, em Paris. O pedido não era despropositado. Na verdade, tratava-se de um privilégio concedido aos poucos oficiais brasileiros que — como era o seu caso — haviam conquistado o primeiro lugar e a menção *très bien* na Escola de Estado-Maior, para onde Castello acabara de ser enviado de volta, em março de 1936, na condição de instrutor.

O prêmio, previsto nos regulamentos do Exército após a contratação da Missão Militar Francesa, fora esquecido na burocracia do ministério, que chegara a alegar absoluta carência de recursos orçamentários para deferir o requerimento. Afinal, se havia dificuldade por parte das Forças Armadas para adquirir até mesmo equipamentos e munições, o que dizer então da ideia de enviar e manter o jovem capitão — junto com mulher e filhos — durante dois longos anos de curso no exterior?

O documento em que Castello solicitava a viagem de estudos parecia condenado, assim, a cair no arquivo morto do Exército. Coincidência ou não, porém, o processo começou a andar após a saída de Góis Monteiro, uma das vítimas do Coronel Y, do Ministério da Guerra. Uma nova solicitação foi enviada por Castello ao major Floriano de Lima Brayner, entusiasta da Missão Militar Francesa. Em ofício datado de 15 de maio de 1936, Lima Brayner, assessor do novo ministro João Gomes, argumentava ao superior que aquele era o último ano de contrato da Missão com o Exército brasileiro. Se deixassem de enviar um oficial para a escola francesa naquele momento, perder-se-ia talvez a chance de fazê-lo para todo o sempre.

"O Estado-Maior do Exército reconhece o pleno direito do peticionário, em face das disposições em vigor. Assinala a sua marcante personalidade, como professor e como oficial de tropa, ressaltando os elogios a que faz jus pelas suas qualidades morais e intelectuais", observou Brayner, em linguagem protocolar, logo quebrada nos parágrafos seguintes, mais destemperados: "É ridículo que se atribuam apenas alguns contos de réis a tão palpitante problema, enquanto nos ministérios civis sucedam-se comissões e embaixadas pomposas e inócuas, para pseudocongressos em que o nome do Brasil sequer é citado".

Diante de tais argumentos, o ministro aquiesceu. E Castello, que acabara de ser nomeado professor adjunto de Tática Geral da Escola de Estado-Maior, recebeu a resposta positiva. Teria nova missão. Passaria os próximos dois anos em Paris. Argentina, contudo, foi quem mais comemorou a notícia. Iria conhecer a "Cidade Luz", os melhores museus do mundo, grandes teatros, igrejas e castelos históricos. Previdente, ela tratou porém de organizar um grande estoque de farinha de mandioca para levar na bagagem. Conhecia bem o marido. Sabia que, como bom nordestino, ele não trocaria a velha e boa farofa de ovos por nada deste mundo. Nem mesmo pelas finas iguarias da mais requintada culinária francesa.

Castello, desse modo, não estava no Brasil quando Getúlio Vargas instaurou o Estado Novo, em 1937, por meio de um golpe apoiado pelo ministro da Guerra, Eurico Gaspar Dutra, e pelo novo chefe do Estado-Maior do Exército, o general Góis Monteiro. Após cancelar as eleições presidenciais previstas para o ano seguinte, fechar o Congresso e extinguir os partidos políticos, Getúlio impôs ao país uma Constituição autoritária, elaborada por seu ministro da Justiça, Francisco Campos — o mesmo que, em 1964, redigiria o texto do Ato Institucional nº 1, assinado pelos militares para alijar os adversários e limpar o caminho para a posse de Castello na presidência.

Pelo menos dois velhos amigos de Castello tiveram atuação decisiva nos bastidores da articulação do Estado Novo. O primeiro deles era o mineiro Francisco Negrão de Lima — aquele que erguera o brinde principal no casamento de Castello e Argentina. Agora deputado federal, Negrão recebera do Catete a tarefa de usar de toda "mineirice" possível para buscar o apoio dos governadores do Norte e Nordeste ao golpe em gestação. Um hidroavião foi colocado ao seu dispor. Apesar de ultrassecreta, a missão acabou vazando para a imprensa. E Negrão de Lima foi rebatizado como "o pombo-correio de Getúlio".

Outro antigo amigo de Castello, o capitão Olympio Mourão Filho, que em 1964 viria a ser o idealizador da Operação Popeye, teve influência ainda mais direta no golpe, embora involuntária. Mourão, que havia sido companheiro de Castello em Realengo e seu colega de quartel no 12º Regimento de Infantaria de Belo Horizonte, era agora o chefe do "serviço secreto" integralista. Certo dia, como mero exercício didático, imaginou um plano fictício de tomada do poder pelos comunistas: depredações a prédios públicos, saques a lojas, incêndios em residências, fuzilamentos de adversários políticos. Batizou-o de Plano Cohen, um nome de acento propositalmente judeu.

Após colocar tudo no papel, Mourão tratou de elaborar a estratégia de defesa, também imaginária. As folhas datilografadas, mero devaneio do capitão, acabaram caindo nas mãos de seu superior, que as enviou para a mesa do general Góis Monteiro. Era o pretexto que faltava para o golpe. O ardiloso Getúlio tratou de dar ampla divulgação ao documento fictício, tratado pela imprensa da época como um "tenebroso plano comunista" para tomar conta do país. Mais uma vez, e como se repetiria anos mais tarde, em 1964, o fantasma do "micróbio vermelho" era utilizado para garrotear a frágil democracia republicana.

Enquanto isso, em Paris, Castello, Argentina e os filhos ocupariam um apartamento no terceiro andar de um prédio localizado na Avenue de Suffrein, 55, alugado a militares brasileiros em comissões no exterior. Para o mesmo edifício, dois andares acima, logo se mudaria um velho conhecido de Castello, Henrique Lott. Os dois antigos rivais dos tempos da Escola de Aperfeiçoamento de Oficiais não seriam apenas vizinhos, mas novamente colegas. E, mais uma vez, desafetos.

Lott e Castello haviam se visto pouco desde 1924. Por caminhos diversos, haviam chegado ao mesmo destino. Na verdade, não se esbarravam desde a ESAO — ocasião em que Lott conquistara o primeiro lugar no curso, deixando Castello em segundo, na acirrada disputa que originou a rivalidade entre os dois. Lott ingressara depois na Escola de Estado-Maior, alcançando mais uma vez a posição de primeiro da turma, diplomando-se em 1927. Castello, porém, só conseguiria entrar na EEM em 1929, após a necessária promoção a capitão; patente que, por sinal, continuava a ocupar. Lott, um posto acima, já chegara a major.

Diante dos costumeiros obstáculos financeiros alegados pelas Forças Armadas, Lott já havia desistido de requerer a temporada de estudos europeus, prêmio a que fizera jus pelo brilhante desempenho em 1927. No entanto, ficara indignado ao saber que Castello, formado na ESAO após ele, conseguira o parecer favorável do Ministério da Guerra para viajar a Paris. Encaminhou seus protestos ao gabinete do ministro e, com isso, conquistou o direito a idêntica honraria.

No final de 1936, Lott já se encontrava na Europa, no encerramento de uma missão oficial. Desde o ano anterior, havia sido incumbido de fiscalizar a compra de metralhadoras automáticas Madsen, fabricadas na Dinamarca, para o Exército brasileiro. Oportunidade ideal para que o Ministério da Guerra decidisse matriculá-lo na escola francesa. Economizava-se assim, pelo menos, o dinheiro que seria gasto no envio de mais um oficial para o outro lado do Atlântico.

De início, Castello e Lott até tentaram manter uma convivência civilizada, inspirados talvez nos ares da refinada Paris. Porém, a mesma animosidade dos velhos tempos, nem sempre dissimulada, continuava a aflorar a cada um dos encontros diários. Castello considerava o colega um "despeitado", alguém que fazia questão de manter um ar de superioridade, muito além da diferença hierárquica a separá-los. Lott via em Castello um sujeito vaidoso em demasia, intelectualmente pretensioso, fachada que usaria para encobrir, na verdade, o hipotético complexo de inferioridade. "Castello tinha de fato um problema psicológico com a aparência. Se alguém o insultasse, lhe fizesse gracinhas, o menosprezasse, fizesse troça de seus defeitos físicos, ele ficava violento", dizia Lott.

O próprio Lott quase tivera a oportunidade de comprovar tal tese certa manhã, em um até então agradável passeio de bonde pelas ruas parisienses. Sentados com as respectivas famílias em bancos opostos, frente a frente, Lott notou que Castello ficara indignado com o comentário de outro passageiro, que passou por eles e, em meio a um sorriso de malícia, deixou escapar o termo *le bosse* — "o corcunda", em francês. O major Lott temeu que o episódio terminasse nas vias de fato, mas Castello se resumiu a fulminar o sujeito com os olhos, após demonstrar evidente embaraço pelo fato de Argentina ter ouvido — e entendido — o comentário ferino.

Lott também não perdia a oportunidade para tripudiar de Castello por conta da escandalosa incompetência deste como motorista. Castello, que até então nunca havia guiado, decidira comprar um automóvel em Paris. Os vencimentos de estagiário na Europa eram bem superiores ao soldo que recebia no Brasil, o que permitira a realização do sonho de Argentina sem maiores apertos. Depois de pesquisar algumas ofertas, decidiu-se pela aquisição de um pequeno Fiat 1936, quatro portas. De imediato, matriculou-se nas aulas facultativas de direção, ministradas na própria Escola Superior de Guerra. Mesmo com a longa bateria de lições teóricas e práticas, terminaria o curso como o "barbeiro" da turma.

Chave do carro na mão, habilitação na outra, lá foi Castello aterrorizar as ruas de Paris. Nas curvas mais fechadas, quase sempre subia no meio-fio, para terror dos indefesos pedestres parisienses. No caminho diário da Avenue de Suffrein para a Escola, era preciso contornar uma larga praça circular, equipada com três faixas de pista. Porém, atarantado com o trânsito da capital francesa, Castello não conseguia fazer a manobra e, a exemplo de todo mundo, seguir adiante seu caminho. Ao contrário, ficava dando voltas seguidas em torno da praça. Durante vários minutos, andava em círculos, incapaz de soltar uma das mãos do volante para sinalizar, com o braço, a necessária mudança de faixa.

Lott adorava contar tais histórias sobre o colega brasileiro aos amigos franceses. Uma, em especial, arrancava gargalhadas de todos. Aquela sobre as desventuras de Castello, em determinadas manhãs, quando tentava colocar seu pequeno Fiat para funcionar. O carro insistia em permanecer parado, o motor mudo, os pneus sem se mover um centímetro do lugar. Era preciso que o porteiro do prédio corresse em sua ajuda, quase sempre lembrando que não teria mesmo jeito de o carro andar se não fosse, eventualmente, abastecido de gasolina no tanque de combustível.

Ignorando as pilhérias, quando se sentiu mais familiarizado com os caprichos daquela estranha máquina, Castello resolveu aproveitar os finais de semana de folga e aventurar-se em rápidos passeios, com toda a família, percorrendo as circunvizinhanças de Paris. Decisão que apenas serviria para dar maior munição a Lott. Numa dessas viagens, a certa altura, Castello assustou-se com outro carro, que vinha rápido em sentido contrário ao seu, na faixa oposta. Nervoso, girou toda a direção para o lado de fora da pista, na tentativa de desviar de uma suposta colisão.

O Fiat recém-comprado capotou e foi parar no meio de um gramado, ao lado da estrada, soltando fumaça do motor, os quatro pneus virados para o ar. Por sorte, todos os passageiros saíram sem ferimentos graves. As únicas vítimas foram alguns dos melhores vestidos de Argentina comprados em Paris, queimados pela solução ácida que escorrera da bateria do carro e atingira as malas da família. Castello procuraria compensar a imensa desfeita comprando novos presentes à esposa, descritos por ela própria em carta ao irmão Hélio Vianna:

Paris, 19 de dezembro de 1936

Querido Hélio.

Ganhei três presentes bem parisienses: um jogo de roupa de interior, finíssimo, em jersey rosa; um par de luvas de pelica forrado com punhos de pele preta; um guarda-chuva grande que se dobra e fica pequenino, elegante para se carregar.

Estamos nos habituando à vida em Paris. O Paulo vai duas vezes ao colégio, de metrô, sozinho, o que nos preocupa um pouco. Nieta já dá suas lições de História da França, Geografia, e cita trechos de romances em francês. [...] Quanto a mim, faço "marche" diariamente. [...]

Apesar de Castello ter adquirido um Ford em substituição ao infortunado Fiat de quatro portas, ficaram suspensos os passeios de carro. Adaptada à cidade, era Argentina quem passaria a orientar Castello pelas visitas que fariam juntos pelos museus, restaurantes, teatros e pontos históricos da capital francesa. "Ela se locomove por aqui como se estivesse no Rio de Janeiro, seja de metrô ou de ônibus", observou o marido, em correspondência também endereçada ao cunhado Hélio Vianna. Era a Hélio, aliás, a quem sempre recorriam quando o estoque de farinha de mandioca começava a rarear na cozinha: "Favor mandar as encomendas que lhe fiz assim que aqui cheguei. Pode mandar também mais dois quilos de farinha, em vez de café", solicitaria no verso de um cartão-postal, ao irmão, a sempre previdente Argentina.

Contudo, a vasta correspondência trocada nessa época entre o casal Castello Branco e Hélio Vianna não tratava apenas de amenidades familiares, das luzes e festas da capital francesa ou das demandas culinárias de um típico nordestino em Paris. Perto do Natal de 1936, Argentina recebeu uma carta insólita. O irmão desabafava toda a preocupação com o pai, o velho dr. Arthur Vianna. Avisava que o velho, viúvo recente, resolvera quebrar o luto fechado e casar de novo. Hélio pedia que Argentina seguisse o veredicto unânime dos demais irmãos e, assim, se posicionasse contra tal enlace:

Rio, 3 de dezembro de 1936

Argentina

[...]

Já deve estar em suas mãos uma carta de papai participando sua intenção de casar-se em princípios de janeiro. Atendendo a essa pressa, confio que você já tenha respondido, decerto por avião, dando, de qualquer maneira, sua opinião contrária àquela infeliz resolução. Para seu esclarecimento, junto aqui uma cópia que respondi à participação que recebi. A resposta de Arthurzinho [um dos irmãos de Argentina] foi principalmente no sentido de que papai se sujeite a uma junta médica, a fim de verificar se está apto para contrair matrimônio. [...]

Os apelos foram em vão. O dr. Vianna casou-se com Margarida, sobrinha da falecida esposa e trinta anos mais nova que ele. Ao que consta, não houve quem fizesse o dr. Vianna se submeter ao tal exame médico, possibilidade que para Castello soara como uma espécie de justiça histórica.

Em 1938, chegaria a hora de Castello retornar com a família ao Brasil. Levaria para casa, anexado aos documentos militares, um elogio do comando da Escola Superior de Guerra francesa: "Oficial inteligente, muito sério, espírito fino e indulgente. [...] Apto a ser um ótimo oficial de Estado-Maior: tem o nível dos melhores oficiais franceses de sua patente". Outra boa notícia estava a caminho: a promoção a major viria em seguida, quando Castello ainda se encontrava em solo francês. A alegria só não foi maior porque o elogio recebido por Lott, promovido a tenente-coronel, era idêntico ao seu.

Para se despedir da Europa, Castello e Argentina fizeram com os filhos, a bordo do Ford novo, uma longa viagem pelo continente. No roteiro, conheceram Bélgica, Holanda, Suíça, Alemanha, Tchecoslováquia, Itália e Áustria. Contrariando as expectativas de Lott, não se envolveram dessa vez em nenhum acidente pelas estradas europeias. Na verdade, uma tragédia muito maior estivera no encalço daquela alegre e descontraída família, que ia enviando aos parentes no Brasil uma enxurrada de cartões-postais do Velho Mundo:

Paris, 12 de março de 1938

Hélio.

Paris acordou hoje com a notícia do que se passa na Áustria. A estas horas, as tropas alemãs devem estar entrando em Viena. A França está suspensa. O judeu Blum declara, neste momento, que vai organizar um governo de "união nacional" para salvar a paz e evitar que o fascismo tome conta da Europa. Não acredito numa conflagração europeia. A Alemanha não está totalmente pronta para uma "grande guerra" e a França não tem aviação. Os generais alemães e franceses não se sentem com meios suficientes para uma guerra total. Além disso há o horror diante do que será o emprego dos novos engenhos de guerra.

Impossível deixar de notar, em primeiro lugar, a referência de Castello a Leon Blum, primeiro-ministro francês, tratado por ele como "judeu" na carta ao cunhado simpatizante do integralismo. Em segundo, como as previsões de Castello, sobre a improbabilidade de uma "guerra total", estavam equivocadas.

"FILHO TEU NÃO FOGE À LUTA"

O Brasil e a Segunda
Guerra Mundial — 1939-45

A cobra vai fumar

O carro encostou em frente ao número 394 da rua Nascimento Silva, em Ipanema, Rio de Janeiro. Para não despertar atenção, o motorista desligou o motor e apagou as luzes. Conferiu o relógio. Faltavam quinze minutos para as nove horas da noite daquele 30 de junho de 1944. Chegara na hora determinada. Nem um minuto a mais, nem a menos. Logo, a porta da frente da casa se abriu e o vulto de um homem baixinho, fardado, saiu de lá carregando uma pequena maleta. O chofer desceu, plantou-se nos calcanhares e prontificou-se a cumprimentá-lo, com a obrigatória continência. Na resposta, em meio à penumbra que invadia a rua, estranhou o tremor no queixo do tenente-coronel Castello Branco.

Antes de entrar no automóvel, Castello lançou um olhar por sobre o muro baixo, em direção à casa. Conseguiu ver, através das folhagens do jardim, as mãos de Argentina e da filha Nieta, que lhe acenavam da porta semiaberta. Evitara falar muito na despedida, não fazer promessas, preferindo que o silêncio marcasse o que talvez pudesse ter sido o último jantar em família. Mal tocara na comida. Argentina usara o vestido cor-de-rosa de que ele tanto gostava. Nieta, de saia azul, vestia sobre a blusa branca de mangas compridas um pulôver vermelho.

Castello entrou no carro e ordenou que o motorista desse a partida. Seguindo sua orientação expressa, a mulher e a filha não o acompanharam até o portão.

Era preciso, acima de tudo, evitar a bisbilhotice dos vizinhos. Por questões de segurança, o Exército mantivera tudo sob sigilo. A própria Argentina soubera da partida do marido apenas naquela manhã. Pelo mesmo motivo, Castello tentara ser discreto na visita que fizera à Escola Naval, à tarde, para despedir-se do filho Paulo, aluno da instituição desde 1941. Paulo, no entanto, fora menos contido. Beijara o pai seguidamente, alheio aos olhares dos colegas.

Quando, enfim, o som do motor do carro já ia longe na Nascimento Silva, quase dobrando a esquina, Argentina fechou a porta atrás de si. Amparada por Nieta, caiu no choro. As duas dormiriam juntas, abraçadas, naquela noite. No banco de trás do carro, nervoso, Castello não conseguia fazer o queixo parar de tremer. O motorista, discreto, mudou a posição do retrovisor, para evitar maiores constrangimentos ao passageiro.

O movimento no cais do porto do Rio de Janeiro era gigantesco. Ao descer do carro, Castello, um dos responsáveis pelos preparativos daquela noite, ficou satisfeito com a ordem e a disciplina da operação. Conforme o planejado, um comboio ferroviário chegara pouco antes, com as venezianas das janelas cerradas e os vagões às escuras. Deles, eram despejados milhares de homens fardados, surpreendidos ao se depararem com a intensa claridade, depois de terem rodado quilômetros trancafiados no mais absoluto negrume.

Em fila indiana e com sacolões verdes de bagagem às costas, todos subiam em silêncio pelas escadas em direção ao navio, o *General W. A. Mann*, uma fortaleza flutuante norte-americana, feericamente iluminada em meio ao breu que envolvia o cais do porto. O formigueiro humano parecia não ter fim. O calor infernal espalhava um cheiro acre de suor no ar, que se misturava ao odor da maresia. Após algumas horas, mais de 5 mil homens se apinhavam pelo convés e demais compartimentos da embarcação.

Apenas um deles, o general Mascarenhas de Morais, escolhido pelo governo de Getúlio como comandante da 1ª Divisão da Força Expedicionária Brasileira, a FEB, sabia qual o porto que lhes serviria de destino. Em tempos de guerra, qualquer vazamento de informações poderia resultar em um ataque inimigo em pleno oceano. Por isso mesmo, a maioria absoluta dos embarcados fora pega de surpresa. Os soldados haviam sido informados de que seguiam para um simples exercício de campo e, assim, não tiveram tempo — nem direito — de despedir-se das famílias, privilégio reservado apenas aos oficiais de maior patente.

Castello, embora houvesse sido um dos poucos a ter a oportunidade de fazê-lo, tratou de escrever uma carta a Argentina antes mesmo do *General Mann* levantar âncoras. Correspondência que, ele sabia, só chegaria às mãos da esposa semanas mais tarde, depois que o navio atravessasse, com segurança, o Atlântico:

Minha Argentina.

São três horas da madrugada do dia 1º de julho. Cansado, emocionado e saudoso. Para você, minha Didina, eu envio um grande beijo e muitos abraços. É preciso recobrar o ânimo, você e Nieta, pois as deixei muito tristes. Guardo no fundo do coração o seu carinho para comigo e a meiguice de Nieta. [...] Aceite a expressão de minha saudade e de meus sentimentos. [...]

Humberto.

Por volta da meia-noite, o *General Mann* recebera uma visita ilustre. O próprio presidente da República, Getúlio Vargas, subiu a bordo, acompanhado do ministro da Guerra, o general Eurico Gaspar Dutra. A comitiva presidencial vinha saudar os soldados brasileiros antes de zarparem para o front.

"O governo e o povo do Brasil vos acompanham, em espírito, em vossa jornada; vos saúdam e vos aguardam cobertos de glórias", disse o presidente ao microfone, com voz cadenciada, que ecoou por todos os desvãos do navio.

Ainda a bordo, Getúlio tentou espantar o calor devorando uma grande taça de sorvete norte-americano, regalia reservada aos oficiais brasileiros a bordo do *General Mann*. Depois, o efusivo presidente despediu-se do general Mascarenhas de Morais e saiu pelo porto, cercado pela guarda pessoal, sempre bonachão, deixando atrás de si as baforadas do indefectível charuto.

Logo que retornara de Paris, em fins de 1938, Castello havia sido reintegrado à Escola de Estado-Maior do Exército, onde voltaria a dar aulas de Tática Geral e História Militar. Permaneceria ali durante dois anos. A nova passagem pela EEM seria marcada por uma série de aulas e conferências proferidas por ele no auditório da instituição. Desembaraçado, com seu sotaque nordestino, arrancaria aplausos entusiasmados das plateias militares ao exaltar as ações brasileiras na Guerra do Paraguai. Tais palestras seriam depois reunidas em uma brochura de poucas páginas e título comprido: *O alto-comando aliado na guerra entre a Tríplice Aliança e o Paraguai*, publicada em 1940.

Ainda que por um breve período, Castello também prestou sua cota de serviço ao Estado Novo. Em setembro de 1940, às vésperas da comemoração oficial do seu quadragésimo aniversário, foi nomeado assistente do general José Agostinho dos Santos, chefe de gabinete do ministro da Guerra, Gaspar Dutra. O ministro era notório germanófilo, que chegara a comemorar com brindes de champanhe a tomada de Paris pelos alemães, em 14 de junho daquele ano.

Na verdade, a política externa do governo Getúlio Vargas oscilava entre extremos. O presidente negociava um possível apoio aos Aliados e, ao mesmo tempo, dava declarações públicas que eram interpretadas como manifestações de clara simpatia aos países do Eixo — Alemanha, Itália e Japão. Mas, por fim, Getúlio acabou barganhando o apoio brasileiro aos Estados Unidos, recebendo em troca a promessa de ajuda para a modernização de nossas Forças Armadas e de financiamento para a construção de uma indústria siderúrgica nacional. Duas aspirações acalentadas pelo alto-comando militar do país. A primeira, por motivos óbvios. A segunda, acreditavam os quartéis, tornaria o país independente em relação à fabricação de armas e munições.

Na antessala do gabinete do Ministério da Guerra, Castello testemunharia o vaivém frenético de documentos carimbados com a qualificação de "Secreto". Muitos deles revelavam ao presidente da República a insatisfação de Dutra em relação ao acordo brasileiro com os norte-americanos. Como os Estados Unidos postergavam o envio das armas e equipamento prometidos ao Exército nacional, o ministro defendia a manutenção de acordos militares antes fixados com os nazistas.

Contudo, caso o apoio brasileiro não houvesse se concretizado pelas vias da diplomacia, os Estados Unidos estavam prontos para arrancá-lo à força. O Exército norte-americano preparava um detalhado plano de ocupação da costa brasileira, área considerada de grande importância estratégica em relação a uma possível invasão alemã ao continente. Denominado Pote de Ouro, o plano previa a intervenção norte-americana no trecho que vai de Belém ao Rio de Janeiro. Era a primeira vez — e a história se encarregaria de mostrar que não seria a última — que a possibilidade de um desembarque dos *marines* do Tio Sam ameaçaria as ensolaradas praias brasileiras.

* * *

Castello não se sentia confortável no papel de burocrata. Era, por essência e formação, um soldado. Seu lugar, portanto, era junto à tropa, na caserna, longe daquela rotina vivida em meio a escaninhos, almofadas de tinta, carimbos, arquivos, mata-borrões e escrivaninhas. Assim, no final de 1941, após o que consideraria "treze longos meses" no Ministério da Guerra, conseguiu transferência para a Escola Militar de Realengo. A notícia pareceu-lhe um prêmio ainda mais expressivo do que a medalha de prata que, vaidoso, acabara de receber pelos vinte anos de serviços prestados ao Exército.

Para Castello, um ciclo se fechava. E, ao mesmo tempo, outro se abria. Ele saíra de Realengo como aspirante a oficial em 1922 e, ali, fora ajudante de instrutor, entre 1927 e 1929. Retornaria agora, nomeado instrutor-chefe de Infantaria da antiga Escola. Em breve, alcançaria outro marco na carreira: a promoção a tenente-coronel, vinda em abril de 1943, próximo aos 43 anos de idade.

Além de medalhas e promoções, os anos também trouxeram o agravamento no defeito congênito da coluna. Durante a noite, tinha dificuldades para dormir, incomodado com fortes dores nas costas, que se irradiavam pelo corpo. As promoções progrediam mais lentas do que a crescente escoliose. Velhos colegas dos tempos de Colégio Militar e mesmo de Realengo, como Alcides Etchegoyen e Segadas Viana, já haviam atingido o posto de coronel, o último degrau antes do ambicionado generalato.

Precavido em relação ao futuro incerto, Castello tratou de constituir o início de um modesto, mas sólido, patrimônio. Lançou mão do pé-de-meia que conseguira amealhar na temporada parisiense e comprou um lote de duzentos metros quadrados em Ipanema, então um bairro bucólico, de ruas tranquilas, mar limpo e praia quase deserta. Com a ajuda de um financiamento obtido junto à Caixa de Construções de Casas do Ministério da Guerra, reuniu o dinheiro suficiente para construir ali, na tranquila Nascimento Silva, uma residência de dois pavimentos, onde a mulher e os filhos pudessem gozar de relativo conforto. O custo total da obra não chegara a cinquenta contos de réis — algo em torno de 10 mil dólares em valores da época. Pagos em módicas prestações, a perder de vista.

O sogro, o dr. Arthur Vianna, apesar de naquele momento atravessar fase difícil em seus negócios, também dera uma ajuda providencial para o sucesso da empreitada. Foi a forma que o velho encontrou para recompensar a filha Argen-

121

tina, empenhada em convencer a família a aceitar, aos poucos, o extemporâneo casamento com a humilde — e humilhada — Margarida. Os ânimos entre os Vianna haviam arrefecido um pouco, apesar da insistência dos irmãos mais novos em hostilizar a madrasta.

A despeito do belo cartão-postal de Ipanema enquadrado ao vivo na janela, Castello dificilmente descia à praia. Aliás, seria inimaginável surpreendê-lo em trajes de banho. Até diante dos filhos, evitava ser visto sem camisa ou mesmo de simples camiseta. Bermudas, quase nunca. No guarda-roupa, todas as camisas eram de mangas compridas. Mesmo dentro de casa, andava sempre de colarinho fechado, os punhos abotoados. Só havia uma única e eventual informalidade a que se permitia na rigorosa disciplina do vestuário: o domingueiro chinelo de couro cru, mandado buscar, junto com uma rede de dormir, no Ceará.

Nápoles, Itália. Esse era o destino secreto do *General Mann*. Após o embarque na noite de 30 de junho de 1944, o navio só zarparia do porto do Rio de Janeiro às seis e meia da manhã do dia 2 de julho, sem lenços brancos ou acenos de adeus, escoltado por uma esquadra composta por três destróieres brasileiros, mais tarde substituída por uma força-tarefa de bandeira norte-americana. A bordo, reinava indisfarçável tensão.

Todos sabiam que, durante a viagem, havia a possibilidade concreta de se depararem com torpedos disparados pelos sorrateiros submarinos alemães. Desde a declaração de guerra do Brasil ao Eixo, em 1942, os nazifascistas haviam posto a pique nada menos do que 31 navios nacionais, cerca de 20% de toda a frota do país. Uma matemática sinistra que contabilizara, até ali, 971 vítimas, entre mortos e desaparecidos.

Ainda em meio às águas da baía de Guanabara, pouco antes de a fortaleza flutuante ganhar o alto-mar, os soldados brasileiros avistaram a paisagem que Castello se acostumara a vislumbrar da janela de casa: o Corcovado e, acima, um ensolarado Cristo Redentor com os braços abertos sobre o Rio de Janeiro. Naquele momento, toda a tripulação, perfilada diante da bandeira auriverde, entoou o Hino Nacional. Depois, no fanhoso alto-falante de bordo, os versos do poeta Guilherme de Almeida, tomados de empréstimo para o estribilho da Canção do Expedicionário, suplicavam:

Por mais terras que eu percorra
não permita Deus que eu morra
sem que eu volte para lá.

O Brasil era a única nação sul-americana a enviar soldados para a Grande Guerra. A previsão inicial era a de mandar 100 mil homens, distribuídos em três grandes divisões, número que acabaria reduzido para o total de cerca de 25 mil soldados e uma única Divisão de Infantaria. Mesmo assim, o maior problema continuava a ser o de treinar todo aquele contingente sob os modernos padrões de combate norte-americanos. A escola de guerra francesa, eminentemente defensiva e cuja influência até então predominava entre os soldados brasileiros, era tida como ultrapassada pelos estrategistas do Exército dos Estados Unidos, adeptos da guerra de rápidos movimentos, também seguida pelos alemães.

Além disso, diante do poder de fogo dos novos equipamentos bélicos americanos, as armas utilizadas pelo Exército nacional — verdadeiras relíquias da Primeira Guerra — podiam ser comparadas a espingardas de matar passarinho. A solução encontrada pelas Forças Armadas foi enviar, em 1943, um time de seus mais destacados oficiais para cursinhos intensivos em bases militares dos Estados Unidos. Eles teriam exatos três meses para esquecer os processos de guerra franceses e, uma vez familiarizados com os métodos e regulamentos norte-americanos, tentar traduzi-los e repassá-los aos soldados brasileiros.

Uma das instituições escolhidas para o estágio de emergência foi a Comand and General Staff School, no Fort Leavenworth, no estado do Kansas. Entre os muitos oficiais designados para a viagem, estavam os tenentes-coronéis Humberto de Alencar Castello Branco e Amaury Kruel — o que reunia a velha e inseparável dupla dos tempos de Colégio Militar e de Realengo. Na comitiva, um pouco acima deles na hierarquia, ia o coronel Floriano de Lima Brayner, o mesmo que anos atrás desengavetara o requerimento de Castello solicitando a matrícula em Paris. E, também, o agora coronel Henrique Lott.

Na época marcada para o retorno de todos eles ao Brasil, caberia ao general Mascarenhas de Morais, comandante da 1ª Divisão da FEB, escolher os nomes que iriam compor seu Estado-Maior nas linhas de combate europeias. Como auxiliares diretos de Mascarenhas, já haviam sido impostos pelo Ministério da Guerra os nomes dos também generais Olympio Falconière da Cunha, como inspetor-geral; Zenóbio da Costa, nomeado comandante da Infantaria; e Osvaldo Cordeiro de Farias, o antigo rebelde da Coluna Prestes, escolhido para o comando da Artilharia. Um time heterogêneo, assolado por desavenças pessoais e antigas rivalidades. Mascarenhas, por exemplo, nunca escondera a indisposição para com Zenóbio. Este tinha prevenções explícitas contra Falconière, que, por último, não tinha bons olhos para Cordeiro.

Mas era nos escalões imediatamente abaixo que a disputa prometia ser ainda mais dura: guerra de influências, cartas marcadas, jogo de intrigas. Por indicação expressa do ministro Dutra, Mascarenhas foi obrigado a acatar o nome do coronel Brayner como chefe do Estado-Maior. Isso contrariava as pretensões de Lott, que, por ser mais "antigo", estava certo de ser indicado para o cargo.

Logo mais abaixo, havia quatro seções cujas chefias deveriam ser preenchidas por oficiais com patente de tenente-coronel: as seções de Pessoal, Informações, Operações e Logística. Brayner, sentindo-se prestigiado, indicou para aquelas funções uma série de nomes de seu círculo íntimo de amizade. Contudo, todos foram rejeitados por Mascarenhas. Uma onda de insatisfação e mal-estar se avolumava bem no centro nervoso da FEB.

Mascarenhas, decidido a impor voz de comando, escolheu homens da mais restrita confiança para a chefia da 1ª e a 4ª Seções, ou seja, Pessoal e Logística. Respectivamente, nomeou Aguinaldo José Sena Campos, que ainda era major e por isso teve de ser promovido às pressas, e o tenente-coronel Thales Ribeiro da Costa. Já para as chefias da 2ª e a 3ª Seções, Informações e Operações, Mascarenhas resolveu apostar na amizade que unia os nomes de Kruel e Castello.

Os dois haviam sido sugeridos a Mascarenhas pelo major José Sena Campos, que os conhecera ainda cadete na Escola Militar de Realengo. Assim, o Estado--Maior da FEB estava completo. Brayner, no entanto, interpretou as escolhas de Mascarenhas como uma afronta pessoal. Contrariado, não fez questão de esconder do comandante o evidente descontentamento. Assim, quando a FEB zarpou em direção à Europa, havia outra guerra surda, intestina, a corroer-lhe as entranhas. Uma guerra ainda não de todo declarada. Nela, em vez de metralhadoras e canhões, as principais armas postas em combate seriam as vaidades e os egos feridos.

Quem os visse, duvidaria que estivessem indo para uma guerra. A julgar pela grande quantidade de violões, violas, chocalhos e pandeiros existentes na bagagem dos soldados brasileiros embarcados no *General Mann*, poderia se pensar que aqueles homens estivessem, na verdade, a caminho de um gigantesco e descontraído convescote.

De fato, todas as tardes, os pracinhas formavam no convés animadas rodinhas de samba e chorinho, autorizadas pelo alto-comando da FEB para aliviar as tensões típicas da guerra. Nessas ocasiões, cantava-se muito, ria-se mais ainda. E, como a bebida não era permitida, fumava-se além da conta. Em especial, cigarros americanos, distribuídos pelo comando entre os soldados. Evitava-se porém jogar ao mar as baganas e os palitos de fósforos queimados, para não deixar a mínima pista capaz de ser detectada pelo inimigo.

Depois de cair no samba, os soldados iam disputar uma cadeira nas concorridas sessões de cinema a bordo, que aconteciam sempre no início da noite, por volta das sete e meia. A grande maioria dos que se acotovelavam na plateia tinha que se contentar em apenas admirar as imagens em preto e branco projetadas na tela, já que as fitas, todas norte-americanas, não eram exibidas com legendas em português. E mesmo se assim o fossem, boa parte dos soldados com certeza continuaria na mesma, indiferente aos eventuais letreiros com a tradução da fala dos atores: muitos dos recrutados eram analfabetos.

Nem samba, nem cinema. Assim como o resto do comando, Castello matava o tempo livre no camarote, escrevendo longas cartas para casa e dedicando-se a organizar um minucioso diário de viagem. Tinha a pretensão de, mais tarde, transformar aquelas notas em um volume com as memórias da guerra, projeto que, contudo, não seria levado adiante. Trouxera consigo também alguns livros de literatura, em cuja leitura procurava concentrar-se antes de dormir, apesar das dificuldades trazidas pela mortiça luz vermelha do camarote — a única permitida no navio durante a noite, por medida de segurança.

Para não chamar a atenção dos submarinos alemães, logo depois da sessão noturna de cinema, o *General Mann* navegava com as luzes principais apagadas. E, ainda por cima, com as portas e escotilhas fechadas, o que elevava os termômetros às alturas e despertava uma sensação coletiva de claustrofobia.

Suados, seminus e proibidos de subir ao convés durante toda a noite, os soldados se amontoavam pelos alojamentos em seus beliches, a maioria situados abaixo da linha de flutuação do navio. No meio da noite, levantavam de quando em vez para marcar lugar numa fila insólita: a fila do ar fresco, organizada nos corredores mais próximos às escadas.

"Sua-se, meus senhores, sua-se aos litros, sua-se aos potes, sua-se aos cântaros neste navio trancado", testemunharia o correspondente de guerra do *Diário Carioca*, o cronista Rubem Braga, a quem, aliás, o tenente-coronel Castello Branco importunaria com frequência, sempre ávido por trocar ideias e impressões de leitura. "Ele procurava a gente pra perguntar se tinha jornal do Rio e gostava de falar com o Rubem Braga sobre Anatole France", diria numa entrevista à *Folha de S.Paulo*, em 1979, outro correspondente de guerra, Joel Silveira, dos Diários Associados.

Depois de quinze noites e quinze dias de viagem, os pracinhas brasileiros chegaram a Nápoles estropiados. O estado em que se encontravam era tão lastimável que foram confundidos pelos norte-americanos com prisioneiros de guerra. Para provocar ainda mais confusão, o uniforme verde-oliva brasileiro, com longa fila de botões de alto a baixo da camisa, era praticamente igual ao fardamento alemão — com a diferença de o nosso ser confeccionado em pano vagabundo, tecido de carregação que logo se revelaria incompatível com as exigências do severo inverno europeu. Ainda por cima, durante a viagem, após as primeiras lavagens, o uniforme brasileiro havia encolhido e desbotado, conferindo um ar cômico aos mais avantajados de corpo.

Em várias ocasiões de combate, a desastrosa semelhança com a farda alemã também iria deixar as tropas nacionais em apuros: confundidos com o inimigo, os pracinhas brasileiros chegaram a se ver contra o fogo pesado da artilharia norte-americana. Mas o que deixou os americanos boquiabertos foi o estado de saúde de alguns brasileiros. Entre a soldadesca da FEB, havia um grande contingente de subnutridos, banguelas, sifilíticos e portadores de gonorreia.

"Estou muito bem de saúde, a minha bagagem chegou intacta e vejo na arrumação o jeito ordenado de mãos amigas", escreveu Castello a Argentina, tendo o silencioso e fumegante Vesúvio como paisagem ao fundo, na azul manhã mediterrânea de 16 de julho de 1944, data da chegada do *General Mann* a Nápoles. Dali, depois de percorrer oito quilômetros a pé, as tropas brasileiras logo seguiriam por trem, ao longo de cerca de mais trinta quilômetros, até alcançarem a pequena localidade de Agnano. Acampariam num bosque que florescera em torno da cratera de um vulcão extinto, o Astrônia. Porém, por falha de comunicação entre o comando da FEB e o Exército norte-americano, os brasileiros amargaram a primeira noite italiana ao relento, dormindo no chão e tiritando de frio, só recebendo as barracas para levantar acampamento no dia seguinte.

"O meu companheiro de barraca é o Amaury, que, apesar de roncar como um avião, é ordenado e amigo", comunicou Castello em nova carta à esposa. Foi acompanhado de Amaury Kruel que Castello resolveu fazer uma rápida visita de jipe a Nápoles, antes de as tropas brasileiras seguirem para o front. Aproveitando para visitar também Pompeia, os dois amigos espantaram-se ao constatar que, assim como a cidade milenar destruída pelo Vesúvio, o centro napolitano também estava reduzido a escombros pela guerra.

"O hotel em que dormimos está em ruínas. Aliás, a Itália toda está devastada", escreveu Castello a Argentina, sem esquecer de lhe dizer, ao final, que carregava sempre consigo, pendurado no pescoço, o pingente de ouro com a imagem de Nossa Senhora Aparecida, presente dado a ele pela esposa pouco antes da viagem.

A conhecida carolice de Castello seria premiada, aliás, com um compromisso diplomático que não constava dos planos de guerra: uma audiência concedida aos oficiais brasileiros pelo próprio Pio XII. A reunião se dera por acaso. Guiados pelo general Zenóbio da Costa, parte do Estado-Maior da FEB — incluindo Castello — havia partido de carro em viagem de reconhecimento a caminho de Tarquínia, cidade a 350 quilômetros ao norte de Nápoles. Era lá que as tropas brasileiras deveriam ser incorporadas ao Exército norte-americano e, em seguida, receber as ordens para os primeiros combates. No meio do caminho, de passagem por Roma, o embaixador brasileiro no Vaticano, Hildebrando Accioly, arranjou o encontro do grupo de militares com Sua Santidade, que ensaiou rápido monólogo, no mais arrastado portunhol.

Zenóbio, que era espírita, tentaria mostrar depois pouco-caso da audiência, apesar de ter sido o primeiro a prostrar-se de joelhos diante do papa. Já Castello ficou enlevado ao beijar a mão de Pio XII — um anticomunista ferrenho, sob o qual ainda recaem acusações históricas de ter, no mínimo, silenciado em relação às atrocidades cometidas pelos nazistas contra os judeus. Comovido, Castello pediu que o papa benzesse a imagem que lhe fora presenteada pela esposa e também uma medalhinha de prata, que comprara naquela manhã em Roma. Trataria de mandar o souvenir sagrado para Argentina, logo na próxima carta. Aliás, não parava de escrevê-las. Já enviara dezenas delas. E, pelo menos até ali, não havia recebido nenhuma correspondência de casa.

"Era preciso que a gente aí do Brasil assistisse a uma distribuição de correspondência aqui para ver o quanto vale uma carta. 'Chegou carta' é uma frase que mobiliza mais gente que qualquer ordem de general aliado ou inimigo", diria uma das deliciosas crônicas enviadas por Rubem Braga ao *Diário Carioca*. "A cara do sujeito que não recebe carta neste dia é uma cara de náufrago. O sujeito se sente abandonado numa ilha deserta", diria Braga.

Pois Castello era um dos tais náufragos. Somente um mês e dois dias após a chegada à Itália, em 18 de agosto de 1944, receberia, enfim, a primeira carta de Argentina. Datada de 25 de julho, era na verdade apenas um bilhetinho lacônico, enviado junto a um suéter que ela própria fizera para o marido. Informava, com poucas palavras, que Nieta andava tricotando uma camiseta de lã para também lhe mandar em breve. Acompanhava ainda o pequeno envelope um pote de doce de banana em rodelas e um velho canivete de estimação, que ele havia esquecido de incluir na lista da bagagem.

Castello ficou decepcionado. Amaury, por exemplo, já recebera quatro cartas da família. E o pior era o argumento de Argentina, que dissera não escrever mais por falta de papel. "Eu me sinto isolado, muito dentro de mim mesmo", escreveu, naquele 18 de agosto, em desalentada resposta à esposa.

A participação dos brasileiros na guerra seria secundária, embora de relativa importância estratégica. Depois de seguidas derrotas para os ingleses e norte--americanos, os alemães batiam em retirada da Itália, concentrando agora o grosso das forças na tentativa de manter a ocupação da França. A missão da FEB era coadjuvar o 4º Corpo de Exército norte-americano, subordinado ao V Exército dos Estados Unidos, comandado pelo general Mark Clark. O objetivo era o de fustigar as divisões germânicas em território italiano, evitando que elas se deslocassem de uma vez para o front francês. Ao mesmo tempo, fazê-las recuar para o norte da Itália, encurralando-as contra a barreira natural dos Alpes.

Todavia, antes de entrarem em ação, os improvisados guerreiros brasileiros precisariam ser apresentados às armas e aos equipamentos fabricados nos Estados Unidos. Depois, passar por uma inspeção técnica feita por oficiais norte-americanos — precedida de um rigoroso adestramento-relâmpago, programado para dez horas de trabalho à luz do sol e mais quatro à noite, durante semanas seguidas, até que fossem considerados aptos para a batalha.

Para tanto, foi escolhida uma região nas proximidades de Vada, cidade às margens do mar Ligúrico, onde o terreno acidentado do lugar submeteria os soldados a um ambiente bastante próximo ao cenário dos futuros combates. Castello, chefe da Seção de Operações da FEB, foi convocado para organizar, junto a oficiais americanos, a fase final e mais dura desse treinamento. Aos companheiros, aparentaria um duplo nervosismo. Primeiro pela responsabilidade que lhe fora confiada e, de resto, pela absoluta ausência de notícias de casa.

A 28 de agosto, iluminado pelo lampião da barraca de campanha, alheio aos roncos de Kruel, escreveu à mulher: "Até agora nenhuma carta sua me chegou às mãos. Uma só, em dois meses. Tenho lhe escrito muitas e muitas vezes. Escreva-me seguidamente, repetidamente. Estarei esquecido?...".

Uma semana depois, ainda nenhuma notícia. Nova carta, a mesma queixa:

Argentina

Ontem à noite, houve um derrame de cartas no acampamento. Precipitei-me à procura de alguma a mim destinada. Foi em vão, como tem sido todas as outras vezes. Sou o único oficial que tem nas mãos apenas uma única carta, uma pequena folha de papel. Dessa maneira eu me debato aqui em conjecturas, ilhado completamente dos meus. [...]

Humberto

No dia 4 de setembro, o silêncio continuava a torturá-lo. "A respeito de carta, não convém falar... Não recebo e não sei por qual motivo..." Quatro dias depois, nova mala do correio, imensa, recheada, fez a festa dos pracinhas. "Nada para mim", escreveu Castello naquele dia. O tempo passava rápido e o período determinado pelos americanos para o treinamento dos brasileiros chegava ao fim. Em 10 de setembro, nada menos que 270 instrutores do Exército dos Estados Unidos submeteram os soldados da FEB a uma espécie de exercício tático. Após assistir à manobra, o general Clark declarou que os brasileiros estavam prontos.

A cobra vai fumar — advertia a gíria dos pracinhas. Para eles, a guerra iria começar. Ao longe, já se ouviam os estrondos dos canhões de grosso calibre que troavam na linha de frente, situada a poucos quilômetros dali. Naquela noite, quando já se revirava de um lado para outro na cama de campanha, sem conseguir pregar o olho, Castello ouviu o grito do estafeta diante da barraca. Havia carta para o tenente-coronel. E era de Argentina. Junto, vinha um pacote com uma nova lata de doce de banana em rodelas. Difícil dizer qual dos dois, carta ou doce, era o mais açucarado. Castello devorou a ambos com sofreguidão.

Mas, entre um parágrafo e outro, Argentina também não perdeu a oportunidade de mostrar-se contrariada por ter lido, nas últimas cartas do marido, um certo tom de mal disfarçada desconfiança. Castello apressou-se a respondê-la, negando qualquer dúvida a respeito da "exclusividade" que a esposa lhe devotava do outro lado do Atlântico:

> Didina,
> [...]
> Você fala na carta da "exclusividade". Não quis fantasiar como você atribui a mim. [...] Longe, muito longe, de lhe atribuir o gesto que você pensa. Não persista neste pensamento e veja em mim o desejo de bem servi-la.
> Teu,
> Humberto.

Como se vê, além das balas e dos canhões nazistas, pesadelos de outra ordem costumavam frequentar a cabeça e atormentar o sono dos solitários expedicionários brasileiros. Pesadelos atiçados pelos panfletos alemães, lançados em profusão sobre as linhas inimigas. Neles, a imagem de uma bela jovem de sorriso aberto nos lábios. E o texto, escrito em mau inglês, às vezes em pior português, convidando os soldados a olhar bem para a moça. Pois, com certeza, advertiam os alemães, aquela era a última vez que poriam os olhos numa mulher.

O Anjo da Morte

Primeiro ouvia-se o longo assobio, muito agudo, cruzando os céus. Depois, o estrondo violento. Sob o impacto dos morteiros, o chão estremecia. Destroços choviam em seguida por todos os lados, em meio à imensa cortina de fumaça e poeira erguida no ar. Ao mesmo tempo, rajadas de metralhadoras cortavam o chão e estraçalhavam o que encontravam pela frente. Granadas detonavam a todo instante, lançando estilhaços fatais à distância. Mais além, o estouro de uma mina indicava que alguém dera um passo em falso para a morte.

Naquela sinfonia macabra, a chuva intermitente e o cerrado nevoeiro dificultavam ainda mais o avanço das tropas brasileiras. Os tanques norte-americanos haviam ficado para trás, atolados, inúteis, sem conseguir dar apoio à ofensiva. Também por causa do mau tempo, a cobertura aérea dos Aliados não pôde levantar voo. Os pracinhas, em nítida desvantagem, começaram a recuar. Muitos ficavam pelo caminho, varados pelas balas alemãs.

Nisso, por volta das três da tarde, o tenente-coronel Castello Branco, coberto de lama da cabeça aos pés, invadiu o QG do general Mascarenhas de Morais, estabelecido em um hotel de Porretta Terme — em tempos de paz, uma pacata estação de águas quentes —, distante poucos quilômetros da linha de frente. Castello, lívido, solicitava autorização para abortar o ataque. Foi só então que percebeu ter interrompido, de chofre, uma reunião do alto escalão. Com rápido olhar, pôde identificar alguns dos presentes.

Entre os brasileiros, além do comandante e do chefe do Estado-Maior da FEB, general Mascarenhas e coronel Brayner, estava também o ministro da Aeronáutica, Joaquim Pedro Salgado Filho, que acabara de chegar para missão de observação ao front, por ordens expressas de Getúlio. Junto a eles, o oficial norte-americano responsável pela ligação com as tropas brasileiras, major Wernon Walters. E, ainda, o próprio general Willis Dale Crittenberger, comandante do IV Corpo do Exército dos Estados Unidos, célebre por seu humor instável e imprevisível.

Walters traduziu para o inglês a fala nervosa de Castello. Crittenberger, de imediato, fez cara de poucos amigos. Dirigiu-se com aspereza a Mascarenhas, argumentando que aquela interpelação era absurda e que o ataque deveria continuar. Dessa vez, Walters tentou suavizar os termos empregados pelo general norte-americano; mas era impossível ao intérprete camuflar o tom ameaçador de Crittenberger. Naquele exato momento, também irrompeu sala adentro, cabisbaixo, o general Zenóbio da Costa, dizendo que a operação havia fracassado.

Feitas as devidas traduções das falas de lado a lado, Crittenberger apontou para o relógio de pulso e trincou os dentes. Era muito cedo para uma desistência. Indagou quantas rodadas de munição haviam sido gastas e quantas ainda estavam disponíveis para o ataque. Dos 12 mil projéteis fornecidos pelos norte-americanos aos brasileiros para a operação, ainda restavam cerca de 7 mil intactos, informou o general Mascarenhas, constrangido, depois de rápida consulta por telefone à Seção de Logística.

Diante de todos os presentes, o comandante americano passou uma descompostura em Mascarenhas, que, mesmo sem atentar para o significado exato das palavras, compreendeu bem o seu sentido. Crittenberger apontou de novo o relógio e avisou que queria uma reunião geral às cinco horas da tarde, no QG do IV Corpo do Exército norte-americano, em Taviano, ao sul de Porretta Terme. O clima azedo pôs fim ao encontro. O ministro Salgado Filho, enviado de Getúlio, ficou com a nítida impressão de que o controle da situação parecia escapar do abatido Mascarenhas.

No dia seguinte, às sete e meia da manhã, haveria uma assembleia do Estado-Maior da FEB, em Porretta Terme, ainda para tratar do assunto. As razões do fracasso precisariam ser repassadas a limpo. Na reunião geral do dia anterior em Taviano, na qual estiveram presentes Mascarenhas, Zenóbio e Cordeiro de Farias, Crittenberger chegara a ameaçar a FEB de ser despachada de volta para casa mais cedo, alegando que os soldados brasileiros não possuíam "espírito ofensivo" e eram despreparados para a guerra.

O coronel Floriano de Lima Brayner, chefe de Estado-Maior de Mascarenhas, adiantou-se à plenária da FEB e, às seis e meia, convocou Castello e Amaury Kruel para uma prévia em seu escritório. Enérgico, Brayner perguntou a Kruel, chefe da Seção de Informações, em que dados se baseara para avaliar tão mal a reação da força inimiga ao ataque. Recebeu como resposta a afirmação de que a estimativa havia sido feita não por ele, mas sim pela chefia da Seção de Operações, ou seja, por Castello.

A amizade de mais de trinta anos começou a ruir naquele momento. Os dois velhos camaradas trocaram olhares pesados e acusações mútuas. Kruel condenava o colega por intrometer-se em atribuições que, de fato, não lhe pertenciam. Castello defendia-se dizendo estar apenas ocupando um lugar deixado vago pela flagrante omissão da Sessão de Informações. Por pouco não se atracaram pelas golas do uniforme ali mesmo, contidos apenas pela voz tonitruante do coronel Brayner, que, diante do depoimento taxativo de Kruel, atribuiu a Castello a responsabilidade pelo malogro.

Logo em seguida, na reunião principal da FEB, na qual compareceram o general Mascarenhas, os chefes de serviços e todos os comandantes de regimento, a Seção coordenada por Castello foi mais uma vez responsabilizada pelo fracasso. Partira dela a informação equivocada de que, durante o calor da refrega, algumas posições estratégicas já haviam sido tomadas das mãos do inimigo. A notícia provocara o imediato cessar-fogo da Artilharia sobre tais pontos; na verdade ainda dominados pelos alemães, que, desse modo, ficaram à vontade para contra-atacar.

Chegou-se à conclusão de que havia sido cometido um erro primário, que significara dezenas de baixas entre os soldados brasileiros. No meio da reunião, Castello, com o rosto vermelho de raiva, pediu permissão a Mascarenhas para se retirar do recinto. Sob seus ombros pesava agora a responsabilidade por quase 150 baixas entre os soldados brasileiros.

Já era a quarta e inútil tentativa de tomar Monte Castello. A elevação, de 977 metros de altitude, mas cujas encostas suaves se elevavam apenas cerca de duzentos metros do nível do terreno que a circundava, transformara-se num tabu, uma "montanha amaldiçoada" a infernizar os pracinhas. O morro se agigantava diante dos olhos e da imaginação dos soldados, diminuídos em sua autoestima pelos seguidos fracassos. Numa paródia ao samba de Ataulfo Alves e Mário Lago, sucesso do rádio que dizia "perdão foi feito pra gente pedir", os soldados brasileiros passaram a cantar outro refrão: "hospital foi feito pra gente baixar".

Os dois primeiros ataques a Monte Castello, a 24 e 25 de novembro de 1944, ainda haviam sido coordenados pela 45ª Divisão de Infantaria dos Estados Unidos, a chamada Task Force, coadjuvada por um batalhão brasileiro. Porém, para concentrar forças e não sacrificar os próprios soldados em batalhas secundárias, os Estados Unidos decidiram transferir integralmente à FEB a tarefa de conquistar Monte Castello. Assim, a carga de dois novos insucessos, a 29 de novembro e 12 de dezembro, recaía apenas sobre os brasileiros.

Enquanto isso, no Estado-Maior do general Mascarenhas de Morais, a discórdia campeava. Brayner denunciara ao comandante da FEB o que julgava ser uma "hipertrofia" da Seção de Operações. Segundo ele, a vaidade sem limites do tenente-coronel Castello Branco estaria atropelando ações de competência da própria chefia do Estado-Maior. Brayner lembrou ainda que, antes do último ataque, colocara em dúvida o sucesso da operação, pelo menos nos termos planejados por Castello.

Baseada no depoimento de prisioneiros germânicos que Kruel entrevistara, a Seção de Informações já advertira que os alemães haviam fortificado toda a área, construído casamatas de concreto, reforçado a artilharia e espalhado centenas de minas pelo terreno. Antevendo o fracasso da ofensiva, Brayner e Kruel sugeriram alguns ajustes no plano elaborado por Castello, que de resto lhes pareceu complicado em excesso, lembrando mais um rebuscado exercício acadêmico, daqueles preparados apenas para quebrar a cabeça dos alunos nas escolas militares.

Na noite que antecedera à ação, Brayner fizera uma última tentativa para convencer Mascarenhas da necessidade de suspensão temporária da nova investida sobre Monte Castello. O comandante, contudo, não lhe deu ouvidos.

"Tudo foi medido e estudado; nada pode ser modificado numa altura dessas: são 22 horas e o ataque deverá partir às seis horas, logo ao clarear do dia", teria dito Castello, obtendo o apoio irrestrito de Mascarenhas.

Não há como negar que Kruel e Brayner fizeram, de fato, a crônica da derrota anunciada. O que Kruel não sabia era que Castello, de modo reservado, rebatera junto ao comandante da FEB os argumentos do velho colega, desautorizando-os com um de seus típicos gracejos. Um comentário sarcástico, que arrancaria gargalhadas de Mascarenhas:

"General, conheço Kruel desde menino. Não era à toa o apelido dele no colégio militar: 'Alemão'. Na família Kruel, em casa, todos falavam entre si a mesma língua de Hitler. Até o cachorro deles era germanófilo. Criavam um pastor-alemão..."

Antes das derrotas em Monte Castello, a guerra havia sido quase um passeio para a FEB. Desde que foram enviados em definitivo para o front, em 15 de setembro, os brasileiros vinham colecionando uma série de vitórias, tomando de assalto, uma a uma, várias cidades italianas ao longo do vale do Serchio, região situada ao norte de Pisa. A lista dos primeiros triunfos, coordenados pelo general Zenóbio da Costa, incluía Massarosa, Camaiore, Monte Prano, Fornaci, Gallicano e Barga.

Aquelas palavras novas, sonoras, iam sendo incorporadas ao parco vocabulário dos pracinhas, que em pouco tempo desandariam a falar uma espécie peculiar de italiano, tratando quase sempre de acrescentar apenas um "e" final às palavras e verbos de língua portuguesa:

"*Io non gostare, ma fumare porque me dare*", registraria o correspondente Rubem Braga a opinião de um pracinha sobre os cigarros norte-americanos.

O V Exército submetera a FEB a batalhas iniciais mais fáceis, para que aos poucos ela fosse ganhando experiência de guerra e autoconfiança. A estratégia surtira efeito. Quando o comboio com a bandeira verde-amarela fazia as entradas triunfais nas cidades recém-conquistadas, os pracinhas estufavam o peito, orgulhosos de si mesmos. Já os italianos acenavam, sorridentes, e em troca recebiam cigarros, chocolates, chicletes e caramelos *made in USA*, atirados do alto dos caminhões pelos entusiasmados soldados brasileiros. Deslumbrado com tal experiência, a 4 de outubro, Castello escreveu mais uma das longas cartas a Argentina:

A população italiana vê no brasileiro um libertador. Cada cidade que se toma é um alvoroço, um desafogo. O alemão submete o italiano a um horrível cativeiro: rouba-lhe tudo, inclusive roupa de criança, mata de todo jeito e cegamente o obriga a trabalhar. Quando se retira, leva quase todos os homens válidos. O jeca chega, combate, recebe palmas e copos de vinho. Dá sua própria ração de comida às pessoas famintas. Encontramos muitos brasileiros, ou italianos que já estiveram no Brasil. A população pensa que o jeca é melhor que o inglês e o americano. É mais sentimental e se diverte em conversar com os conversadores italianos. Quando pensávamos uma coisa dessas? Os brasileiros libertando cidades italianas?

O único revés daquela primeira fase de campanha anterior a Monte Castello seria o ataque malsucedido a Castelnuovo di Garfagnana, o ponto mais bem guarnecido pelo inimigo no vale do Serchio. Depois de difícil batalha, o lugar até chegara a ser ocupado pelos brasileiros de forma parcial. Mas os alemães contra-atacaram meia hora depois, surpreendendo os pracinhas ao anoitecer, quando estes se esbaldavam na euforia da vitória, cantando sambas ao som de um violão surgido em pleno campo de combate.

Aos poucos, os brasileiros começavam a compreender o real significado da guerra. O correspondente de guerra Barreto Leite Filho, ex-militante do PCB, expulso do partido por se opor à rebelião de 1935, testemunhou a indignação sentida por Castello ao se deparar com o corpo carbonizado de um soldado brasileiro. "O tenente-coronel Castello Branco, meu incomparável guia pelo setor brasileiro, aponta com o dedo um ponto preciso na terra, a dois passos de nós", escreveria o repórter na edição de *O Jornal* de 26 de setembro de 1944. "Os membros [do soldado morto] se tinham transformado em carvão e cinzas. O tronco formava uma grande mancha negra, informe. O crânio se destacava claramente."

"Não deixe de assinalar isso", disse Castello ao jornalista.

Argentina ficaria emocionada ao ler, em casa, o nome do marido em letras de fôrma. O telefone não parou de tocar o dia todo, com ligações de amigos e familiares que também haviam lido a reportagem. Era a primeira vez que a imprensa, na cobertura da guerra, citava Castello. Numa das cartas escritas no intervalo de uma e outra batalha, a 8 de outubro, ele próprio havia pedido discrição à esposa nesse sentido:

Eu lhe peço, meu bem, que não dê entrevistas, não faça mensagens, não forneça retratos. Não gosto disso, não é do meu feitio. Você deve ter visto e sentido que não apareço em quase nada, apesar de carregar um grande fardo... É preciso dispor de tempo para andar com fotógrafos e operadores de cinema. Eu, em vez de me "mostrar", prefiro confiar no ditado de nosso sertão: o que é do homem o bicho não come...

No início de novembro, por determinação do comando do v Exército, as tropas brasileiras foram transferidas do vale do Serchio para o vale do Reno, trecho que ofereceria um caminho mais curto para atingir o norte da Itália. O desafio era romper a Linha Gótica — limite defensivo imposto pelos alemães que se estendia da cidade de La Spezia, nas margens do mar Ligúrico, à cidade de Rimini, junto ao mar Adriático. Uma linha imaginária que percorria, assim, de leste a oeste, a famosa bota italiana. Para rompê-la, o primeiro passo era conquistar Monte Castello.

Falare era fácile, dificile seria fazere, logo constataria o pracinha com seu italiano postiço.

Na tensa reunião de Mascarenhas de Morais com o comando do iv Corpo do Exército norte-americano, ficou decidido que, apesar dos reveses, a FEB permaneceria na Itália. Mas temporariamente cessariam as atividades ofensivas das tropas brasileiras, que até segunda ordem deveriam se resumir a manter vigilância cerrada, lançando eventuais patrulhas sobre o inimigo. Esse período, denominado "estabilização", coincidiria com a fase mais rigorosa do inverno europeu.

"O prognóstico do fim da guerra, em outubro ou novembro, dissipou-se. O inverno entrou de vez. A neve cobre os altos dos Apeninos, a neblina e a cerração fecham todos os horizontes", escreveu um melancólico Castello a Argentina, em 17 de dezembro. "Recebi o doce de manga para o Natal e vou comê-lo fazendo força para pensar que estou na ceia com você e as crianças", acrescentou, tentando consolar mais a si próprio do que à esposa. "Como vai ser difícil passar esse dia sem você", lamentou.

Mascarenhas, que assumira junto aos norte-americanos toda a responsabilidade pelo que ocorrera durante os ataques a Monte Castello, chegou a confidenciar ao general Cordeiro de Farias a disposição em renunciar ao comando da FEB. Mas Cordeiro conseguiu dissuadi-lo de tal ideia, sugerindo que, ao contrário, procurasse a partir dali centralizar ainda mais o comando. Afastaria assim inclusive os rumores que circulavam em meio às altas patentes de seu próprio Estado-

-Maior: boatos davam conta de que a cabeça de Mascarenhas, junto com a do tenente-coronel Castello Branco, estaria a prêmio no Ministério da Guerra.

Os rumores eram antigos e indicavam que se arquitetava à surdina um golpe para destituir Mascarenhas do comando da FEB, promovendo-o à patente de tenente-general, posto que não existia na organização militar brasileira. Na verdade, seria uma queda para o alto. Mascarenhas assumiria função simbólica e burocrática, sendo passado o comando efetivo das operações ao general Zenóbio da Costa, responsável direto pelos sucessos iniciais da campanha brasileira na Itália.

Ferido em seus brios pela onda crescente de boatos e conspirações nos bastidores da FEB, Mascarenhas esqueceu a ideia de renúncia. Foi além disso. Para espanto e indignação da dupla Kruel e Brayner, passou a receber Castello em audiências reservadas, transformando o chefe da Seção de Operações em braço direito e, mais que isso, em principal conselheiro.

Contudo, o que deixaria Kruel particularmente irritado seria a descoberta de que, três dias após o fracassado ataque a Monte Castello, a Seção de Operações passara de novo por cima da alçada da Seção de Informações e enviara um telegrama ao Brasil, onde informara que não havia nada de novo no front e que tudo corria sob a mais perfeita ordem e tranquilidade. A mensagem, além de anunciar uma flagrante inverdade, fora enviada com a data adulterada, como se houvesse sido escrita no dia da ação desastrosa.

"Isso é uma mistificação!", berrou Kruel a Castello, dando início a nova discussão entre os dois.

Já Brayner, que viajaria para o Brasil no início de janeiro em missão oficial, também não gostaria nada de saber quem estaria sentado em sua cadeira durante o tempo que permanecesse ausente. Por indicação de Mascarenhas, Castello seria o chefe interino do Estado-Maior da Força Expedicionária Brasileira.

Os entreveros com Brayner e Kruel não foram os únicos nos quais Castello se envolveu durante a guerra. Em 6 de outubro de 1944, haviam desembarcado na Itália dois novos escalões brasileiros, trazendo mais 10 mil homens para os campos de batalha. Com eles, vinha o coronel Henrique Lott, que ainda não desistira do desejo de ocupar um posto de comando na FEB. Em breve, ele e Castello iriam ter a oportunidade de reavivar as antigas desavenças.

Exatamente a esse tempo, o ministro brasileiro da Guerra, Eurico Gaspar

Dutra, fazia uma visita oficial ao teatro de operações da Itália. Para alegria de Castello, o próprio chefe de gabinete de Dutra, coronel José Bina Machado, trouxera uma carta de Argentina, escrita em muitas páginas, como ele cobrara. Junto, vinha também um belo pacote recheado de presentes, incluindo meias e pijamas novos, o suéter feito por Nieta e, é claro, como de costume, uma lata de doce.

Sempre que alguém chegava do Brasil, este era abordado pelos demais, que queriam saber a quantas andava o país e, quem sabe, no caso de velhos conhecidos, se havia alguma notícia, ou mesmo uma encomenda, enviada pelos de casa. Desse modo, ao mesmo tempo que se deliciava com as lembranças trazidas pelo chefe de gabinete do ministro, Castello fazia questão de demonstrar o desagrado a Lott, também recém-chegado, cobrando dele uma gentileza que considerava, na verdade, uma obrigação entre colegas de farda: "Todos, com muita bondade, me falam de minha família. O Lott, porém, com o seu jeito de sempre, me disse apenas que 'tudo vai bem'. Não foi capaz nem de lhe telefonar", escreveu Castello a Argentina.

Lott, na verdade, tinha preocupações de outra ordem. Aproveitaria a presença de Dutra na Itália para pleitear o lugar a que julgava ter direito na Força Expedicionária Brasileira. Porém, sem nutrir maiores simpatias por Lott, Mascarenhas não via onde encaixá-lo. De início, até pareceu propenso a aceitar a ideia de fazê-lo chefe de um novo setor de ligação da FEB junto ao V Exército dos Estados Unidos. Assim, pelo menos, seria levada em conta a vantagem de o coronel Lott ser um dos poucos oficiais brasileiros a falar o inglês com fluência.

No entanto, o acordo gorou. E logo o coronel Floriano de Lima Brayner atribuiria a Castello uma ação maliciosa para indispor Lott com Mascarenhas. Sem citá-lo nominalmente, mas se referindo de forma clara a Castello, Brayner escreveria anos mais tarde, no livro A verdade sobre a FEB, que "alguém que alimentava planos de dominação por 'linhas inferiores' procurou e conseguiu iluminar as arestas da personalidade" de Lott, apontando-o como "arbitrário, prepotente, teimoso, criador de casos, enfim, um homem difícil".

Por interferência ou não de Castello, o fato é que Lott não conseguiu o tão sonhado posto na FEB. Ao se apresentar no QG do general Mascarenhas de Morais, encontrou o comandante saboreando um café no trailer de campanha, conversando com o general Cordeiro de Farias, que também chegara junto com os novos escalões. Depois de ser submetido a humilhante chá de cadeira, Lott recebeu permissão para entrar.

"O que está fazendo aqui?", indagou Mascarenhas.

"Fui mandado para cá", respondeu, Lott, de pronto.

"Está bem. Pode voltar", disse o comandante, encerrando a mais rápida audiência que se tem notícia em toda a história da FEB na Itália.

Lott retornou no mesmo avião que trouxe o ministro Dutra de volta ao Rio de Janeiro. Como prêmio de consolação, Dutra o nomeou chefe do Estado-Maior da FEB no Brasil, responsável pela burocracia e pela organização do material que deveria ser despachado ao país quando a guerra acabasse.

O assunto era grave. Castello Branco — chefe do Estado-Maior em exercício durante a ausência de Brayner — mandou chamar a seu gabinete o major João Carlos Gros, comandante do 1º Batalhão do 6º Regimento de Infantaria da FEB. Sem demoras, o major cumpriu a determinação. Ao abrir a porta, encontrou Castello com ar circunspecto, atrás do birô. Este levantou-se, apontou uma cadeira para Gros e, caminhando por trás dele, trancafiou a porta à chave.

"Dois homens de seu batalhão mataram um homem para *se meterem* na sobrinha dele", disse Castello, ríspido.

Gros, mesmo diante da gravidade da situação, não pôde conter um discreto sorriso pelo termo usado pelo tenente-coronel, marcadamente nordestino.

"*Se meterem*, como assim?"

Castello, sem se abalar, e sem deixar de notar uma sombra de hilaridade no rosto do major, apresentou-lhe os fatos. Na noite de 9 de janeiro de 1945, embriagados, dois pracinhas subordinados a Gros teriam invadido uma pequena casa na localidade de Madognanna, próximo a Porretta Terme, e armados de metralhadoras, violentado uma jovem italiana, de nome Giovanna, de apenas quinze anos.

Segundo Castello fora informado, enquanto um dos homens ameaçava a família da moça com a arma, o outro a levara para o quarto, onde a violentara. Depois, haviam se revezado, embora o segundo, bêbado, não conseguira realizar o intento. Na fuga, um deles havia disparado uma rajada contra o tio de Giovanna, que acabava de chegar em casa e se surpreendera com a presença dos soldados brasileiros. O homem morrera na hora.

"O senhor há de convir que isso é uma desgraça para a imagem da FEB. Os dois soldados devem ser imediatamente fuzilados", argumentou Castello, invocando o artigo 40 do Código Penal Militar, cuja redação previa que "se a pena é

140

imposta em zona de operações de guerra, pode ser imediatamente executada, quando o exija o interesse da ordem e da disciplina militares".

Inteirado da pesada acusação, o major Gros pediu licença a Castello e tratou de reunir todos os homens de seu batalhão — 1032 soldados, ao todo — para ouvi-los a respeito. Deu-lhes exatos vinte minutos para que apontassem os culpados. Contudo, seus respectivos capitães garantiram que nenhum deles seria capaz de praticar tal infâmia. Tinham inclusive um álibi razoável. Exaustos após uma excursão de campanha a doze quilômetros de Porretta Terme, estariam todos dormindo, recolhidos ao acampamento, à hora do crime.

Foi essa a informação que Gros repassou em seguida a Castello, que não se conformou com a versão apresentada pelo major. Furioso, ordenou-lhe que se reportasse ao Estado-Maior da FEB diariamente, até que o caso fosse esclarecido. Gros quis retrucar, mas Castello cortou-lhe a fala. Pela ousadia, em lugar de apenas uma vez, exigia agora que o major se apresentasse a ele três vezes ao dia.

A partir dali, a cada ocasião que se apresentava a Castello, Gros era obrigado a ouvir a mesma pergunta, berrada por Castello:

"O pelotão de fuzilamento está pronto?"

A constrangedora ladainha durou até a manhã em que ficou provada a inocência dos homens do batalhão de Gros. Descobrira-se que o verdadeiro autor dos disparos contra o tio de Giovanna fora um oficial ligado ao próprio Estado-Maior da FEB. O major Gros, sentindo-se vingado, decidiu continuar a apresentar-se três vezes por dia a Castello. E, a cada uma delas, era ele quem agora lançava no ar a mesma indagação:

"O senhor já providenciou o pelotão de fuzilamento?"

Castello, irritado, no mesmo dia dispensou Gros das apresentações a seu gabinete. O oficial responsabilizado pelo assassinato foi condenado à pena de morte. Mas acabou tendo a punição comutada para trinta anos de cadeia.

Para o resto da vida, João Carlos Gros atribuiria a virulência de Castello Branco contra ele a um manifesto preconceito. Antes da guerra, Gros era um astro de polo aquático do Clube de Regatas Flamengo. Atlético, professor de educação física, seria por esse motivo discriminado por Castello, que, segundo ele, considerava os esportistas seres limitados de inteligência. Para o escanifrado Castello Branco, muito músculo era sinal de pouco cérebro.

Em fevereiro de 1945, Castello escreveria a Argentina:

A guerra é um empreendimento muito difícil e brutal. Por isso, vemos os homens como eles são, e não como desejam ser. Aparecemos como numa radiografia. Os homens, então, mostram sentimentos inigualáveis, inclusive o desprendimento e o sacrifício da vida. Mas outros ficam verdadeiramente em trajes menores, abaixam-se, desfalecem, precipitam-se, ou se tornam inúteis. Ah!, os homens... Como eu os conheço.

A carta para Argentina revelava o estado de espírito de Castello naqueles dias difíceis de guerra. Rompido com o velho amigo Kruel, colecionando arengas com vários oficiais, ele buscaria amparo na companhia do major Vernon Walters, o oficial norte-americano de ligação com a FEB, que se gabava de falar com fluência sete idiomas — francês, português, russo, italiano, alemão e espanhol, além do inglês — sem qualquer vestígio de sotaque. Durante a friorenta etapa da guerra denominada de "estabilização", os dois seriam vizinhos de quarto, no último andar do hotel que servia de QG aos brasileiros em Porretta Terme. Tornaram-se grandes amigos.

O quartel-general brasileiro, diga-se, estava em posição de desvantagem em relação ao inimigo. Empoleirados nas escarpas das montanhas típicas da região, os alemães desfrutavam de uma visão privilegiada para abrir fogo contra as tropas comandadas pelo general Mascarenhas. Por isso mesmo, para manter a base de comando da FEB oculta dos olhos germânicos, durante o dia era produzida uma imensa cortina de fumaça artificial e, à noite, mantido o mais rigoroso blecaute.

Entretanto, nada impedia a ação da insistente artilharia nazista, que já atingira vários abrigos brasileiros, tendo inclusive matado de uma vez só 32 pracinhas, surpreendidos na fila para o rancho. Também mandara pelos ares uma latrina improvisada no jardim do hotel — que, à falta d'água nas instalações danificadas do prédio, havia sido instalada para o uso do marechal de campo Sir Harold Alexander, comandante supremo do XV Exército aliado, quando da breve visita às tropas brasileiras em Porretta Terme.

À noite, os bombardeios pareciam ainda mais assustadores. Certa madrugada, o major Walters foi acordado por uma explosão que lhe parecera ameaçadoramente próxima, a ponto de lhe fazer tremer a cama. Nervoso, telefonou para o quarto de Castello Branco e sugeriu que procurassem abrigo no subsolo. Do outro lado da linha, Castello soltou um longo bocejo e recomendou que o amigo fosse dormir. Não iria trocar o calor de seu cobertor pela friagem do porão.

"Cearense treme mais de frio do que de medo", explicou, desligando o telefone.

Minutos mais tarde, o quarto de Walters foi sacudido por um estrondo de granada que estraçalhou a vidraça e deixou alguns estilhaços encravados na madeira da janela. Sem querer mostrar temor de novo ao amigo, controlou-se, fechou os olhos e, sem sucesso, tentou dormir. Pela manhã, na hora do café, Castello fez um rápido comentário sobre a explosão da noite.

"Pelo jeito, ela deve ter sido mais forte do lado que dá para o seu quarto", disse ele ao insone Walters, que, além de confirmar o fato, recomendou que buscassem abrigo em outro prédio da cidade, enquanto era tempo.

Castello riu. E enquanto bebericava o conteúdo da xícara, passou a contar a Walters uma história que certa vez ouvira do pai, na qual se narravam as desventuras de um assustado ministro, de um poderoso sultão.

"Certo dia, ao andar pela cidade" — contou Castello, conferindo na expressão de Walters o efeito das próprias palavras —, "o ministro dera de cara com o terrível Anjo da Morte. O anjo o encarara de modo tão estranho que o homem sentiu que devia partir dali, de imediato. Foi ao sultão e, em nome da lealdade que sempre lhe devotara, pediu-lhe algum dinheiro para que pudesse fugir."

Walters ouvia a tudo atentamente.

"Então" — continuou Castello — "o sultão deu ao ministro um saco de dinheiro e, como prova de sua admiração, disse-lhe que podia voltar assim que recuperasse a calma e esquecesse aquela história absurda. O homem foi e, antes, confidenciou ao sultão que iria para longe, para a lendária cidade de Samarcanda, na Ásia Central. Semanas depois, passeando pelos jardins do palácio, o próprio sultão encontrou o Anjo da Morte. Indagou-lhe então por qual motivo ele havia assustado tanto o seu leal ministro. O anjo replicou e disse que não pretendera assustá-lo. Apenas não pudera ocultar a surpresa ao vê-lo ainda por ali, já que tinha um encontro marcado com ele em Samarcanda, naquela noite."

Castello tomou mais um gole de café e olhou para o amigo americano. Walters confessou ter sentido um estranho frio que lhe subiu pela espinha. Decidiu não trocar de prédio e nem de quarto. Naquela noite, e nem nas seguintes, nenhuma granada explodiu mais na janela de Walters. O Anjo da Morte, que andava muito ocupado por aqueles tempos, também tinha prioridades. Era o que o próprio Castello logo iria constatar.

Foi só pena que voou

Castello aumentou o volume do rádio para abafar o ruído dos bombardeios que varavam a madrugada lá fora. Ao som de operetas que lhe lembravam Paris, debruçou o corpo desajeitado sobre a prancheta de trabalho, atopetada de mapas, mal iluminada pelo pequeno lampião Coleman a gás. Com a ajuda de lápis vermelhos e azuis, os dedos miúdos e grossos do tenente-coronel iam traçando as posições de combate. Com os vermelhos, previa os movimentos do inimigo; com os azuis, delineava os planos de ataque.

Castello tinha os polegares curtos, uma marca que ele próprio considerava ser uma característica dos obstinados. E, naquele momento, nenhuma obstinação poderia ser maior do que a sua, conquistar o monte que, por acaso, ostentava o seu mesmo nome de guerra. Agora era Castello Branco contra Monte Castello. Mais do que uma trágica coincidência, tratava-se do duelo de um homem consigo mesmo. E de seu verdadeiro batismo de fogo, já por tantas vezes adiado.

No início da noite, exigira do seu ordenança, o soldado José Edésio de Oliveira, que não deixasse faltar na garrafa térmica o café sempre quente. Amargo e forte, como fazia questão. A madrugada seria longa. Tão logo amanhecesse, teria que apresentar ao general Mascarenhas o planejamento para mais uma ofensiva — a quinta — contra Monte Castello. Dessa vez, não poderia falhar. Precisaria ser uma ação definitiva. As críticas de Brayner e Kruel se avolumavam e, dessa forma, um novo tropeço significaria oferecer a cabeça de presente aos adversários numa bandeja.

Às sete e meia da manhã de 13 de fevereiro de 1945, o ar macilento e os olhos avermelhados do tenente-coronel Castello Branco denunciavam toda a fadiga pela noite em claro. Reunidos no escritório do comandante da FEB, os generais Mascarenhas, Zenóbio e Cordeiro, bem como o coronel Brayner, já o aguardavam, para o início da exposição. Ficaram surpresos quando Castello retirou a toalha que encobria uma detalhada maquete em gesso. Tinha sido preparada por ele e reproduzia, em minúcias, a topografia da região. Tudo numa escala perfeita, rigorosa nos pormenores, atenta às mínimas saliências do acidentado cenário de guerra.

Com voz pausada, firme, Castello parecia ter reincorporado o papel de professor de Tática Geral da Escola de Estado-Maior do Exército. O plano previa uma ação em forma de pinça, com um duplo e simultâneo ataque em direções convergentes: atacar-se-ia pela frente e pela esquerda do monte, ao contrário das tentativas anteriores, todas resumidas a fracassados combates frontais. Previa-se também uma ação diversionista à direita, para confundir e dividir ainda mais a atenção das tropas alemãs.

Após a longa apresentação, como era de praxe, o general Mascarenhas de Morais pediu a opinião de Cordeiro e Zenóbio. Os dois concordaram com a íntegra do plano elaborado por Castello, elogiando-lhe o engenho de concepção. Brayner, dessa vez, também não levantou nenhuma objeção. Mascarenhas, impressionado com o trabalho realizado por Castello durante a madrugada, deu a aprovação oficial. E o incumbiu de redigir de imediato a Ordem Geral de Operações, documento a ser estudado por toda a tropa, para não haver dúvidas ou hesitações quanto ao mecanismo de ataque.

O início da nova ofensiva a Monte Castello estava marcado para as cinco e meia da manhã do dia 21 de fevereiro de 1945. E, agora, os brasileiros contariam com um decisivo reforço, conforme previa o plano geral de ataque, expedido pelo IV Corpo de Exército dos Estados Unidos. A FEB atacaria com todo o efetivo e ainda receberia o apoio de dois regimentos de uma divisão norte-americana especializada, a 10ª Divisão de Montanha, treinada nos despenhadeiros das grandes Montanhas Rochosas da América do Norte. Caberia à 10ª Divisão de Montanha atacar duas elevações vizinhas, Monte Belvedere e Monte Gorgolesco, neutralizando parte considerável do poder de reação do inimigo.

O comando norte-americano havia denominado de Plano Encore a nova fase a ser desenvolvida pela FEB. A exemplo do coronel Brayner, houve quem entendesse em tal nome uma certa pitada de dupla ironia. Encore, em francês, significa "ainda". O que denotaria uma certa impaciência do comando norte--americano em relação às dificuldades enfrentadas pelos brasileiros para conquistar Monte Castello. E, ao mesmo tempo, a utilização de um termo em francês seria uma insinuação maliciosa a respeito dos cacoetes da escola de guerra gaulesa, dos quais os oficiais brasileiros ainda não haviam conseguido se libertar por completo.

Um mês separava a data de ataque da tão esperada chegada da primavera. Nos últimos meses, o frio havia sido o grande inimigo dos pracinhas. Vindos de um país tropical, não estavam preparados para o inverno europeu, que por vezes chegava a atingir a marca dos vinte graus negativos. Além disso, sem terem sido providenciadas desde o início as capas brancas próprias para o combate na neve, o uniforme verde-oliva sobre o gelo tornava-se visível ao inimigo como mosca no leite. Foi preciso improvisar uma camuflagem mínima, mandando trazer para o front toda roupa branca de que se pôde dispor na retaguarda, inclusive jalecos de médicos, aventais de enfermeiras e batas de barbeiros.

Outro problema trazido pelo frio era o chamado "pé de trincheira", o temido congelamento dos membros inferiores, que resultava em casos de gangrena e em consequente amputação. No entanto, os soldados brasileiros inventaram um meio intuitivo de se defender de tal problema: para escapar do frio nos pés, recheavam de jornal as galochas de inverno tamanho grande fornecidas pelo Exército americano. Essa improvisação garantiu às tropas brasileiras um dos menores índices de ocorrência da enfermidade durante a guerra.

Para aumentar o moral da tropa às vésperas do ataque a Monte Castello, o general Mascarenhas resolvera fazer uma alteração radical no cardápio dos pracinhas. Até então eles haviam sido obrigados a se conformar com as monótonas rações *A*, *B*, *C* e *K*, fornecidas pelos americanos e estranhas aos hábitos alimentares dos soldados brasileiros. Um almoço tipo *C* poderia ser constituído, por exemplo, de pão, manteiga, milho, salsicha e purê de batatas.

Já a ração *K*, indicada para os momentos em que se fazia impossível esquentar a comida, era um kit padronizado com três caixinhas protegidas com papel celofane. Uma era para o breakfast: dois biscoitos duros, uma latinha de carne com ovos frios, um pedaço de doce de fruta, café, quatro cigarros e uma caixa de chicletes. Outra para o almoço: os mesmos biscoitos, açúcar, uma latinha de queijo, uma conserva, suco de limão em pó e, de novo, cigarros e chicletes. A última era para o jantar: uma latinha de carne e uma sopa em pó, mais os cigarros e chicletes de sempre.

Os brasileiros adoravam as embalagens e se encantavam com o papel celofane. Faziam dos cigarros moeda de troca e aprendiam a mascar chicletes. Mas detestavam aquela comida de gringo. Daí a decisão do comando da FEB de montar cozinhas próximas à linha de frente, para desespero dos norte-americanos, que não entendiam todo aquele esforço extra de logística apenas para oferecer aos soldados pratos abarrotados de feijão, arroz e farinha.

Com o anunciado fim do inverno e a mudança na alimentação, os pracinhas ganharam ânimo novo. Da janela de um sobrado que pertencera a uma família de camponeses italianos, situada a quatro quilômetros de Monte Castello, o general Mascarenhas de Morais poderia acompanhar, pelo binóculo, o desenrolar da batalha. Quatro telefones especiais ligavam aquele observatório em linha direta com os comandantes do IV Corpo do Exército e da 10ª Divisão de Montanha, assim como à artilharia e à infantaria brasileiras. Ao lado de Mascarenhas, entre outros oficiais, ficariam Zenóbio, Kruel, Brayner e, no papel de intérprete, o major norte-americano Vernon Walters. Castello seria enviado para a linha de frente, junto ao coronel Caiado de Castro, comandante das tropas encarregadas do ataque principal.

O 21 de fevereiro amanheceu com um céu sem nuvens. Seria um dia de sol, ao contrário do último ataque a Monte Castello. Logo à primeira luz da manhã, no horário previsto, a operação teve início. Todavia, cinco horas depois, às dez e meia da manhã, uma companhia da 10ª Divisão de Montanha norte-americana abriu fogo contra os brasileiros, chegando a matar um de seus pracinhas. Era o velho problema do uniforme verde-oliva de botões enfileirados de alto a baixo, em tudo semelhante ao dos nazistas. Em meio à confusão estabelecida, os brasileiros ameaçaram revidar ao ataque, mas foram contidos pela intervenção enérgica de Mascarenhas, que, pelo rádio e telefone, lembrou-lhes quem era o verdadeiro inimigo.

A tarde já se adiantava e o avanço sobre Monte Castello seguia mais lento do que o planejado. Às quatro da tarde, o observatório avançado de Mascarenhas recebeu a visita de uma comitiva de oficiais norte-americanos. Entre eles, os generais Mark Clark, que substituíra Harold Alexander como comandante do XV Grupo de Exércitos Aliados; Lucian Truscott, novo comandante do V Exército dos

Estados Unidos; e Willis Crittenberger, comandante do IV Corpo norte-americano. Este, que não perdia a mania de gritar enquanto apontava o relógio, exclamou:

"São quatro horas! Está iminente a queda da noite! E Monte Castello, nada! Mais uma vez!"

Ao perceber o constrangimento de Mascarenhas, o general Mark Clark convidou a comitiva norte-americana a se despedir e desejou boa sorte aos brasileiros. Exasperado, Mascarenhas ordenou que as tropas avançassem, lançando o máximo das forças contra o inimigo. Era preciso chegar ao topo do monte ainda com a luz do dia. A artilharia brasileira, sob o comando do general Cordeiro de Farias, também recebeu ordens de despejar toda a potência contra os pontos previstos para o ataque.

Para dar apoio ao combate, Mascarenhas enviou Brayner e Zenóbio para a linha de frente. Seguiram-se bombardeios encarniçados de ambos os lados. À medida que avançavam, os brasileiros se deparavam com os corpos de companheiros mortos ainda nos combates do ano anterior, mumificados pelo gelo. Duas horas depois de intenso duelo, percebeu-se um repentino silêncio no front. Nesse momento, um dos telefones de Mascarenhas tocou. Era o aparelho que fazia a ligação com a linha de frente.

"O Monte Castello é nosso!", gritou Zenóbio, do outro lado da linha.

Argentina,

O dia 21 acabou, e foi um grande dia. Vencemos os prussianos em Monte Castello e tomamos conta desta grande elevação dos Apeninos. O combate começou ao amanhecer e, antes das dezoito horas, se travavam os encontros corpo a corpo. E, durante a noite, só há resistências isoladas, já cercadas. Neste momento, eu sei que há apenas uma trincheira alemã que ainda resiste, completamente cercada.

O combate de Monte Castello ficará na História Militar do Brasil como um grande feito d'armas de seus soldados. Coube a mim traçar a manobra, concebê-la e dar-lhe as condições de execução. Isto nada representa. O que vale é o valor daqueles que expulsaram os alemães e se apoderaram de Monte Castello... Os vivos vão continuar amanhã o combate em outros montes.

Eu vou dormir um pouco. O Edésio [José Edésio de Oliveira, o ordenança de Castello] já preparou uma cama. Lembro-me de você, da Nieta e do Paulo, neste grande dia. Que Deus os abençoe.

Humberto

Castello ganhara uma importante batalha, mas a guerra particular contra Kruel e Brayner ainda não estava no fim. Desde que chegara da viagem que fizera ao Brasil, logo no início do ano, Brayner intensificara as censuras ao trabalho de Castello. Ficara agastado pelo fato de ter encontrado, após vinte dias de ausência, a tropa envolvida em baterias de oito horas diárias de exercícios de campo e educação física. Julgou aquilo uma verdadeira punição a homens que necessitariam, na verdade, de um período de descanso para recuperar as forças despendidas em quatro meses ininterruptos de campanha.

A sobrecarga de exercícios, considerada por Brayner uma humilhação imposta pelo Exército norte-americano aos soldados brasileiros, havia sido uma recomendação expressa de Castello, investido no papel de chefe interino do Estado-Maior da FEB, a seu substituto na Seção de Operações, o tenente-coronel Adhemar de Queiroz.

"Estamos numa guerra, não numa Escola Militar", protestou Brayner, que durante a estadia no Brasil havia sido recebido em audiência pelo ministro Dutra e pelo presidente da República, Getúlio Vargas, a quem relatara sua visão do desempenho brasileiro nos campos da Itália. Na ocasião, fizera ao presidente uma crítica velada aos "estrategistas e táticos de gabinete" e, também, aos que usavam de artifícios e meios escusos para acobertar os próprios erros.

Assim, mesmo após a queda de Monte Castello, as hostilidades mútuas entre Brayner e Castello prosseguiam. Brayner procurava minimizar o papel de Castello no triunfo, preferindo atribuir os méritos da conquista ao planejamento geral imposto às tropas brasileiras pelo IV Corpo do Exército norte-americano. Segundo Brayner escreveria mais tarde nas memórias de guerra, "a FEB, no seu modesto escalão, e no tipo de operações em que interveio, jamais participou de combinações que exigissem de seus componentes altos conhecimentos estratégicos". Era uma referência direta ao tenente-coronel Castello Branco, que passara a ser festejado pelo general Mascarenhas, a partir de então, como exímio estrategista.

Em carta à esposa, Castello desabafaria:

Resolvi confiar-lhe uma provação que sofri aqui. E o faço somente para preveni-la e evitar alguma situação desagradável para você. O meu trabalho como chefe da 3ª Seção teve algum relevo em vista de várias circunstâncias. O Brayner se debatia em eternas indecisões. Daí o general, comandante das tropas, os outros generais e os americanos me procurarem para tudo. Eu evitava qualquer diminuição para ele.

Mas todo mundo se dirigia para a 3ª Seção. Eu lhe asseguro que nunca tomei a iniciativa de pô-lo de lado. Os americanos, durante as operações, me davam um apreço desmedido, inclusive os seus generais. Eu dedicava o meu esforço à Divisão e, sobretudo, aceitava a inteira responsabilidade de minhas atribuições. Estava onde devia estar e a todos, quando me competia, dava a minha opinião. Nos momentos mais difíceis, todos me encontravam no meu posto, com uma ideia, uma providência, sempre com uma atitude definida. O Brayner, porém, inativo, indeciso, nunca dando solução a nada, em vez de exercer o cargo, não agia. Ficou em segundo plano. Resolveu, então, fazer guerra à minha pessoa. Guerra surda, impiedosa, visando até aniquilar-me. Todos os fracassos atribuía a mim, todos os sucessos a outrem. E teve como auxiliar nesta ingrata companhia, como único (único!) auxiliar, o meu velho amigo Amaury. Que dura e penosa realidade... Coligaram-se contra mim. Fiz tudo para fazê-lo sair da sua atitude inamistosa, ao lado do Brayner. Foi em vão... Perdeu a cabeça e o coração... Eis aí um dos maiores desapontamentos de minha vida. Como se fora um irmão.

Castello e Amaury Kruel romperiam relação por mais de vinte anos. Só voltariam a se falar às vésperas do golpe de 1964, quando retornariam a marchar do mesmo lado. Tanto Kruel quanto Brayner manteriam a opinião a respeito de Castello Branco mesmo após uma nova vitória da FEB em 5 de março, por meio de um cerco igualmente planejado por ele — agora em Castelnuovo, a nordeste de Monte Castello, última etapa do chamado Plano Encore. De novo em ação combinada com a 10ª Divisão de Montanha norte-americana, um regimento brasileiro atacou os alemães pela direita, enquanto outro se deslocou pela esquerda e, contornando as escarpas inacessíveis do monte Soprassano, cercou o inimigo pela retaguarda. Foram aprisionados 98 soldados alemães.

"Foi uma das mais belas manobras empreendidas pela FEB na campanha da Itália", relembraria Mascarenhas de Morais, que abraçou Castello após o anúncio da vitória e, muito a custo, o convenceria a brindar o dia com uma generosa dose de conhaque. Castello, que não era de beber, achou que aquela era mesmo uma ocasião muito especial e, assim, terminou por aceitar o trago oferecido pelo comandante. Mas logo cuidou de cortar o efeito do drinque, empanturrando-se com o café forte preparado para esse fim pelo fiel ordenança Edésio.

Toda a camaradagem demonstrada por Mascarenhas a Castello Branco atiçaria, ainda mais, o antagonismo com Brayner. Dez dias depois da vitória em

Castelnuovo, Castello foi surpreendido com a notícia de que faria parte de uma excursão especial oferecida pelo general Mark Clark aos mais destacados oficiais do v Exército. Uma viagem-prêmio, com direito a folga de uma semana, ao Egito e à Palestina. Apenas uma vaga havia sido reservada para a FEB. Mascarenhas indicou o nome de Castello, para indignação de Brayner, que, na condição de chefe de Estado-Maior da FEB, contava ser o escolhido.

"Tenho vontade de gritar: estou numa grande, limpa, morna e acolhedora banheira", escreveria Castello a 16 de março, em seu diário de viagem, refestelado numa confortável suíte de um dos principais hotéis de Haifa, na Palestina.

A amizade de Castello com o major norte-americano Vernon Walters, o homem dos sete idiomas, também crescia à proporção que as desavenças com Brayner se intensificavam. Em *Silent Missions*, livro de memórias que publicaria 35 anos depois nos Estados Unidos, Walters dedicaria todo um capítulo à íntima convivência com a FEB, abrindo generosos parágrafos a respeito do tenente-coronel Castello Branco. "Ele sempre tinha um gracejo irônico ou um comentário mordaz", diria a respeito do tenente-coronel brasileiro.

Entre os episódios narrados por Walters está o que ocorrera ainda numa madrugada gelada de dezembro de 1944. Em mais uma noite de massacrante bombardeio, o major, deitado na cama, ouviu uma explosão bem mais forte do que todas as anteriores, embora dessa vez um pouco mais distante. Levantou e, como já fizera semanas antes, decidiu ligar para o vizinho de quarto. Dessa vez, o telefone chamou e ninguém atendeu. Walters decidiu então bater à porta do amigo, mas de novo não houve resposta. Como o trinco estava aberto, entrou. Constatou que o saco de dormir, no qual Castello se enfiava toda noite e costumava usar como cobertor, estava vazio.

Walters desceu as escadas do prédio e foi encontrar Castello no andar de baixo, metido em um pesado capote. Perguntou-lhe então se criara juízo e resolvera, enfim, ir para o porão. Castello balançou a cabeça. Respondeu que, pelo que indicavam as explosões recentes, havia acontecido algo grave na região de Ponte Silla, cerca de três quilômetros ao norte de onde se encontravam. Iria até lá para conferir. Walters, esforçando-se para não demonstrar medo, decidiu acompanhá-lo. "Tentando esconder meus 1,90 metro atrás de seus 1,67 metro, saí com ele, sentei-me no banco de trás do jipe e rumamos para Ponte Silla, enquanto o bombardeio prosseguia", escreveria Walters.

Ao chegarem ao local, encontraram um grupo de soldados brasileiros em polvorosa. Com tom áspero, Castello indagou ao tenente responsável pelo comando da tropa o que estava acontecendo ali. Nervoso, o oficial respondeu que acabavam de ser atacados por milhares de alemães, que os haviam expulsado de suas posições, investindo contra eles com fúria insana, aos gritos de *"Heil Hitler!"*. Castello encarou o oficial friamente e disse que isso era impossível. Não havia "milhares de alemães" naquela frente.

"O senhor tem ordens para abandonar a posição?", indagou então Castello, ainda mais hostil.

"Não, senhor", respondeu o tenente, paralisado em posição de sentido.

"Então volte para o posto", retrucou Castello.

"Senhor, estou disposto a morrer pelo Brasil, mas não quero que meu filho fique órfão por eu estar defendendo uma causa sem esperança."

Segundo Walters, Castello, sem dizer palavra, olhou para o jovem oficial. Ao mesmo tempo, desabotoou o coldre do revólver e, por fim, ameaçou:

"Tenente, vá para sua posição. Ou seu filho será, de fato, um órfão..."

Sem outra escolha, o tenente bateu continência, deu meia-volta e desapareceu em silêncio, adentrando na escuridão da noite. Foi seguido pela tropa, que marchou em direção à posição que haviam desguarnecido. O filho do tenente não ficou órfão. Pelo contrário, seis semanas mais tarde, seu pai ganharia uma medalha por heroísmo.

"Um animal ferido torna-se ainda mais perigoso." Era esse o recado estampado, com todas as letras, na proclamação feita às tropas aliadas pelo marechal Harold Alexander, alçado à condição de supremo comandante no teatro de operações do Mediterrâneo.

O aviso vinha a propósito da grande arrancada final da guerra na Itália, denominada de Ofensiva de Primavera, marcada para ocorrer a partir de abril de 1945. Os alemães, acuados, procurariam se apegar às últimas posições que ainda ocupavam ao norte da península. Enquanto isso, o gelo derretia, a brancura generalizada aos poucos dava lugar a campos cobertos de verde, salpicados aqui e ali pelo vivo colorido das flores silvestres.

Naqueles dias mais longos de primavera, o próximo objetivo dos aliados era desembocar no vale do rio Pó e, enfim, tomar Bolonha, progredindo até obter a completa rendição do inimigo. Em duas rodadas de reuniões, realizadas em 27 de março e 8 de abril no QG do IV Corpo de Exército, em Castellucio, seis quilômetros a oeste de Porretta Terme, foi decidido o papel de cada unidade na grande ofensiva.

Representando a FEB, compareceram o general Mascarenhas de Morais e o tenente-coronel Castello Branco. Ficou decidido que, na marcha rumo à planície do Pó, os brasileiros dariam cobertura ao flanco esquerdo das tropas norte-americanas. O que significava o cerco à pequenina vila de Montese, encravada em meio a um maciço de colinas que serviam de abrigo a um expressivo contingente alemão.

"Ataquem Montese. Eliminem-no definitivamente de nosso caminho", determinou o general Georges Hayes, comandante da 10ª Divisão de Montanha norte-americana, a Mascarenhas e Castello.

A noite daquele longo 14 de abril já se aproximava quando o general Mascarenhas de Morais passou o binóculo para Castello e apontou para os lados do pequeno cemitério, na entrada de Montese. Havia algo de errado ali. Depois de sucessivos avanços sob cerrado ataque da artilharia, a infantaria brasileira estancara de repente, ao lado de dois pesados tanques norte-americanos. Tomando de volta o binóculo, Mascarenhas ordenou a Castello:

"Vá lá e faça aqueles tanques e soldados se mexerem."

O local estava sob violento fogo cruzado. Mesmo assim, sem discutir, o tenente-coronel acenou para o major Walters e para Edésio, o ordenança. Os três saíram do posto de observação e, num jipe guiado por Castello, rodaram por alguns poucos quilômetros até a metade do caminho que os separava da estradinha que levava aos portões do cemitério. Edésio benzeu-se, antevendo maus agouros. Decidiram seguir dali por diante a pé — não por causa da célebre inabilidade de Castello ao volante, mas porque o carro seria mesmo um alvo muito visível para os artilheiros alemães.

Debaixo do pesado tiroteio, Castello, Walters e Edésio, cada um protegendo-se como podia, foram progredindo de forma lenta. De vez em quando, chiados de morteiros cruzavam o ar bem próximos às suas cabeças, seguidos de explosões violentas. Deitavam-se então no chão, esperavam, corriam e, diante de novos chiados e explosões, deitavam-se novamente. Além da preocupação com o fogo que vinha de cima, era preciso contar com um bocado de sorte para não meter o pé em alguma mina escondida por sobre a relva recém-nascida. O cheiro de pólvora queimada impregnava o ar.

"É a cobra que *tá* fumando", gritou Edésio.

"Não só recebíamos tiro de fuzil, como de artilharia de grosso calibre", recordaria o mesmo Edésio, numa carta escrita em tom respeitoso e português claudicante, endereçada à "Atenciosa Dona Argentina", que semanas antes mandara de presente ao dedicado ordenança do marido uma caixa de sabonetes de luxo.

"Tivemos pertinho dos *tedescos*, assim uns duzentos *metro*", narraria ainda Edésio.

Ao chegar próximo ao cemitério, Castello deparou-se com uma confusão sem tamanho, armada entre o comandante do batalhão brasileiro e o oficial responsável pelos tanques americanos. Como não falavam a mesma língua, os dois não conseguiam se entender, marcando passo, enquanto os alemães aproveitavam o burburinho para intensificar a barragem de fogos à entrada da cidade.

Walters fez as devidas traduções, tentando pôr ordem na conversa entre os dois comandantes, enquanto Castello tomava um telefone volante das mãos de um sargento brasileiro. Gritando para sua voz se sobrepor aos estrondos das bombas e granadas, pediu o reforço de mais um batalhão para o local. Depois, mandou que todos avançassem. Ninguém poderia recuar um único centímetro. A tropa brasileira avançou, adentrando pela cidade, fazendo os alemães recuarem.

"Alta noite, quando os alemães pararam um pouco de *atirá*, *nóis* regressamos ao acampamento, era noite de escuro e mesmo o terreno se achava todo minado, de forma que não se via a pequenina veredinha que dava para andar até *nossa casa*", escreveria Edésio a Argentina. Para dar uma ideia mais precisa do perigo pelo qual ele e Castello passaram, o ordenança registrou o acidente que ocorrera, naquele final de tarde, com um grupo de prisioneiros alemães, capturados durante a ofensiva:

No dito local, ainda com o dia, deu-se um *ascidente* de mina, mais a justiça de Deus é sagrada. Uma patrulha nossa conduzia cerca de uns 50 tedescos, mas três se adiantaram muito e a própria mina deles estourou. Lá foram eles pra cima, como peteca. Diz o ditado dos pracinhas: foi só pena que voou.

Pela ação, Castello seria condecorado por bravura com a Cruz de Guerra de Primeira Classe, a única medalha do gênero outorgada na Segunda Guerra a um membro do Estado-Maior da FEB.

A região de Montese proporcionaria os mais sangrentos combates da campanha brasileira na Itália. A resistência alemã defendeu o terreno palmo a palmo, multiplicando o número de baixas entre os pracinhas. Os padioleiros da FEB nunca haviam se deparado com trabalho tão árduo quanto naqueles quatro dias seguidos de combates. De 14 a 17 de abril, recolheram 34 mortos e 382 feridos. Outros dez soldados estavam desaparecidos. Na fria estatística de guerra, restaria um saldo de 453 prisioneiros alemães nas mãos dos brasileiros durante os últimos ataques.

Mas o fim da guerra estava próximo. Os pracinhas continuariam rumando para o norte, enquanto o inimigo batia em retirada. Por iniciativa de Mascarenhas, Cordeiro de Farias emprestou os caminhões da Artilharia para que a Infantaria ganhasse velocidade na perseguição aos alemães, deixando assim para trás os canhões pesados que não seriam mais necessários nas fases finais de combate. Após libertar várias cidades italianas ao longo do trajeto, a FEB conseguiu, em 29 de abril, um dos feitos mais simbólicos durante a participação na guerra: a rendição incondicional de toda uma divisão adversária, a 148ª alemã, composta por 14 779 soldados, 4 mil cavalos, 80 canhões de diversos calibres e mais de 1500 viaturas.

Os alemães, afinal, não tinham mais motivo para a luta. Notícias chegadas da Europa diziam que os soviéticos já haviam conseguido penetrar na periferia de Berlim. Hitler se suicidaria em 30 de abril, com a ajuda de uma pistola Walter PPK. Junto ao corpo, encontrariam o da esposa, Eva Braun, deitada em um divã. Dois dias antes, Mussolini e a amante, Clara Petacci, haviam sido fuzilados em Milão, e seus cadáveres pendurados de cabeça para baixo em um posto de gasolina, expostos ao escárnio da multidão.

Mascarenhas tinha duas notícias para Castello. Uma boa, outra má. A boa é que decidira nomeá-lo chefe efetivo do Estado-Maior da FEB, em substituição definitiva a Brayner, que seria deslocado para a coordenação do recém-criado

Destacamento Precursor, encarregado dos preparativos para o envio dos pracinhas de volta ao Brasil. A má é que, por isso, Castello ficaria mais alguns meses na Itália, ao lado do próprio Mascarenhas, em missões burocráticas junto ao Exército norte-americano.

A 19 de maio, em meio aos afazeres diplomáticos do pós-guerra, Castello escreveria uma carta emocionada a Argentina. Aquela era uma data especial para ele.

> Minha querida Argentina
>
> Há vinte e quatro anos eu ficava noivo de você, ou melhor, nós ficávamos noivos. Lembro-me bem. A conferência ainda desconcertante da tarde. A recepção de noite, em que nós ainda estávamos suspensos. O frio de maio e o mês de Maria. A realização do melhor de meus sonhos. Assim eu me lembro de nosso noivado. Estás arrependida?
>
> Que Deus nos abençoe mais uma vez, dando-nos a bênção de uma união sem fadiga e sempre renovada. Distante de você, longe como nunca estivemos, eu me lembro da minha noivinha como se estivesse a 19 de maio de 1924. O mesmo encantamento, o mesmo enlevo. Nada de meus sentimentos envelheceram. Posso estar avelhado, mas avelhantada não está a minha afeição. Quando eu aí chegar noivaremos ainda, não numa falsa convenção de gentilezas; mas, ao contrário, na expansão de uma afeição que não esmoreceu, nem que se desfigurou com o tempo. E eu verei a mesma bela silhueta de 1921...
>
> Humberto

Caía uma chuva miúda sobre o aeroporto Santos Dumont, no Rio de Janeiro, na tarde de 11 de julho de 1945. Uma multidão esperava o desembarque do general Mascarenhas de Morais, previsto para as dezesseis horas. O comandante da Força Expedicionária Brasileira vinha acompanhado do seu chefe de Estado-Maior, o agora coronel Castello Branco, recém-promovido. Os dois haviam atravessado o Atlântico e chegado ao Brasil três dias antes, sendo recebidos com festa em Natal, capital do Rio do Grande do Norte. De lá, passaram por Recife e Salvador, sempre com honras de heróis nacionais.

Na Capital Federal, havia sido preparada uma apoteótica recepção ao comandante da FEB. Bandeiras brasileiras, faixas e cartazes foram espalhados pelos quatro cantos do aeroporto. O cerimonial havia previsto um desfile em carro aberto pela avenida Rio Branco, com direito a chuva de papel picado e batedores em traje de gala. Em meio aos convidados da tribuna de honra armada no aeroporto, na qual pontificava a presença do ministro Dutra, uma apreensiva e elegante Argentina conferia no relógio cada minuto que faltava para a aterrissagem.

Contudo, às quatro horas da tarde, chegou um comunicado oficial. Sob o pretexto de mau tempo, informava-se uma mudança completa dos planos. O avião não poderia descer no Santos Dumont. O desembarque seria transferido para a longínqua base aérea de Santa Cruz, no subúrbio do Rio. A frustração foi geral. Era impossível transferir toda a cerimônia, e todo aquele público, em tão pouco tempo e à distância tão grande.

Até hoje restam suspeitas de que tudo não tenha passado de uma manobra política da ditadura do Estado Novo. Uma tentativa de ofuscar a festa e prevenir uma possível comoção nacional em torno do nome de Mascarenhas de Morais, evitando que ele ganhasse prestígio popular capaz de se opor a Getúlio.

Diante do adiantado da hora, mal houve tempo de se deslocar as famílias de Mascarenhas e Castello, de carro, para a base de Santa Cruz. Em vez da festa que fora programada, o desembarque foi cercado de uma cerimônia simples, com a presença quase exclusiva dos parentes dos dois militares, que não conseguiram esconder um ar de visível desapontamento.

Argentina trajava um vestido longo cinza, combinando com o chapéu de abas largas, da mesma cor. Sobre os ombros, um casaco de camurça em tom mais escuro. Castello abraçou-a demoradamente. Nenhum dos dois sabia contudo o que dizer e, assim, ficaram em silêncio. Também não se beijaram, constrangidos diante da presença de outras pessoas ao redor.

Na casa da Nascimento Silva, amigos e familiares aguardavam Castello com brindes de champanhe. Ao abrir o portão e entrar na varanda, de braços dados com Argentina, ele parou diante da porta aberta, por onde logo avistou a festa que lhe haviam preparado. Na vitrola, ouvia-se "Lili Marlene", a canção alemã que os Aliados haviam adotado no front.

Nessa hora, o queixo de Castello tremeu.

"O SOL DA LIBERDADE"
O frágil interlúdio democrático — 1945-63

Castello Branco, aos cinco anos.

Os pais, general Cândido Castello Branco e Antonieta Alencar.

Castello entre os colegas do Colégio Militar de Porto Alegre. Na foto acima, ele aparece ao centro do grupo. Abaixo, é o quinto de pé, da esquerda para a direita.

Com o colega de turma Amaury Kruel, o melhor amigo no Colégio Militar.

Em Realengo: Castello é o penúltimo na fila do meio, à direita de Juarez Távora.

Argentina Vianna (esq.), noiva do aspirante Castello Branco.

Os sogros, Arthur Vianna e d. Cherubina.

O tenente Castello e a esposa Argentina, em Minas Gerais. Abaixo, o casal com a filha Antonieta.

No comando de um destacamento especial, convocado para combater a Coluna Prestes, nos estados de Minas Gerais, Mato Grosso, Goiás e Bahia.

Com o filho Paulo, a bordo do navio *Arlanza*, a caminho da França, para cursar a Escola Superior de Guerra daquele país. Abaixo, com colegas da instituição, em Paris.

Castello e Argentina, em uma praça parisiense (acima). Ao lado, em Ipanema, no Rio de Janeiro, onde comprou a casa da rua Nascimento Silva.

No inverno italiano, durante a campanha da Força Expedicionária Brasileira na Segunda Guerra.

Com o Estado-Maior da FEB, no posto de chefe da 3ª Seção (Operações).

Um dia depois da tomada da cidade de Massarosa, a primeira vitória brasileira na Itália.

Café com o general norte-americano Robinson Duff e o chefe da FEB, Mascarenhas de Morais.

O tenente-coronel Castello é condecorado pelo general norte-americano Lucian Truscott, por sua atuação no Estado-Maior da FEB. Abaixo, depois do fim da guerra, em visita a Monte Castello, cenário de uma das mais expressivas vitórias brasileiras na Itália.

Acima, Castello Branco (segundo da primeira fileira) ao lado dos oficiais brasileiros que combateram na Itália. Ao lado, em 1958, já com as dragonas de general de divisão (três estrelas).

No comando da guarnição da Amazônia e da 8ª Região Militar, sediada em Belém.

João Goulart, entre o primeiro-ministro Tancredo Neves e o general Castello Branco.

Bilhete de Castello endereçado ao filho, Paulo, após a realização do grande comício de Jango, em 13 de março de 1964: "Creio que haverá repercussões".

Primeira página da circular distribuída por Castello aos quartéis, convocando o golpe. Abaixo, movimentação de tropas nas ruas, em 1º de abril de 1964.

Manifestação na Cinelândia em protesto contra o golpe, em 1º de abril de 1964 (acima); Castello Branco com a faixa presidencial, no dia da posse, depois de eleito indiretamente, por um Congresso Nacional expurgado dos principais líderes da oposição ao regime.

Um tiro no pé, outro no coração

Castello planejou todo o cenário. Em primeiro lugar, tratou de assentar uma pilha de documentos oficiais sobre a mesa, encadernados em pastas identificadas com o carimbo "Confidencial". Diante de seu sisudo birô de madeira escura, mandou colocar três cadeiras, dispostas de forma milimétrica. Nas duas da ponta, ordenou que se sentassem testemunhas premeditadas para a cena: o coronel Armando de Morais Âncora e o major Silvino Nóbrega. Um, instrutor; o outro, aluno da Escola de Estado-Maior do Exército. A terceira cadeira, ao centro, permaneceria vazia.

Desde que voltara da Itália, com honras de herói, Castello havia sido reintegrado aos quadros da Escola de Estado-Maior, agora na condição privilegiada de diretor-geral de ensino — um prêmio pela destacada participação nos campos de batalha europeus. Rigoroso no desempenho da função, mandara chamar naquela tarde ao seu gabinete o major João Carlos Gross, para uma audiência urgente. Após ser anunciado, o major Gros entrou na sala e, apesar da cadeira vaga, não foi convidado a sentar-se. Permaneceu de pé, em posição de sentido, como ordenava o protocolo.

"Mandei chamar o senhor por causa de uma denúncia grave a seu respeito", iniciou Castello, sem rodeios, ora folheando os documentos, ora o olhar fixo em Gros. Castello mantinha o cenho fechado, uma sobrancelha um pouco mais alta do que a outra, numa de suas expressões características ao inquirir subordinados.

"Uma denúncia, senhor?", indagou Gros, que já havia sido inquirido por Castello, ainda durante a guerra, sobre o caso da jovem italiana violentada por um soldado brasileiro.

"Isso mesmo, uma denúncia. E grave. Acabei de ser informado de que o senhor é um comunista, infiltrado em nossa Escola", grunhiu Castello. Âncora e Nóbrega trocaram um olhar silencioso. Gros permaneceu na mesma posição, lívido, sem dizer palavra.

"Devo acrescentar que tal informação é digna de crédito. Partiu de relatório assinado pela própria chefia de Estado-Maior do Exército", afirmou Castello, com as duas mãos postas sobre a pilha de documentos.

"Isso quer dizer que a acusação foi feita diretamente pelo general Góis Monteiro, senhor?", indagou de novo Gros, dessa vez sem mostrar sinal de hesitação.

Castello confirmou, monossilábico.

"Sim."

"Desculpe-me, senhor. Concordo que este é mesmo o tipo de acusação que deve ser investigada com rigor. Mas o senhor conhece as opiniões políticas do general Góis Monteiro bem melhor do que eu", defendeu-se Gros, numa maliciosa referência às supostas simpatias que Monteiro nutrira pelo nazifascismo.

Castello fez de conta que não ouviu a provocação contida no trecho final da fala do major. Assegurou-lhe de que ele próprio se empenharia no encaminhamento das investigações. Não aceitaria, sob qualquer hipótese, comunistas conspirando pelos corredores da Escola da qual era diretor de ensino. Como se assistisse à cena de um mesmo e velho filme, Gros recebeu a ordem expressa de que deveria apresentar-se a Castello uma vez por mês, a cada dia 10, até que o caso fosse apurado.

A partir dali, ao longo de oito meses, sempre no décimo dia do calendário, Gros bateria continência no gabinete do diretor de ensino da Escola de Estado-Maior. Castello, porém, mesmo ao longo de todo esse tempo, não conseguiu nenhum indício que ligasse o major aos comunistas. Por fim, no dia 10 de dezembro de 1949, durante a apresentação de praxe, Gros levaria para o coronel um estratégico presente de Natal: um livro do trabalhista inglês Harold Laski.

Na dedicatória, com letra firme espalhada por toda a folha de rosto do volume, Gros chamaria a atenção do coronel para dois capítulos específicos — um em que o autor tecia críticas contundentes ao nazismo; noutro, ao comunismo. Sem alongar a conversa, Castello disse que também havia reservado um presente de Natal para o major:

"O senhor, pelo que pude apurar, não é comunista. Suma daqui. Está dispensado."

Aquela era uma época na qual Castello descobriria comunistas até debaixo da própria cama. O fim da Segunda Guerra Mundial trouxera, como consequência, o início da chamada Guerra Fria, a divisão do mundo em dois grandes blocos: o capitalista, liderado pelos Estados Unidos; e o comunista, capitaneado pela União Soviética. Na maciça propaganda ideológica financiada pelos norte-americanos, o fantasma do comunismo passou a ser um medo inoculado em meio à população. Naquele clima de apaixonada caça às bruxas, coubera a Castello a tarefa de adequar os currículos da Escola de Estado-Maior à nova realidade do pós-guerra, substituindo as influências da Missão Militar Francesa pela doutrina militar norte-americana.

No Brasil inteiro, respirava-se um clima de euforia pró-Estados Unidos. O fim da Grande Guerra e a vitória dos Aliados representaram o atestado de óbito do Estado Novo. Houvera evidente contradição no fato de o país ter mandado soldados derramar seu sangue contra os nazifascistas na Europa, enquanto dentro de nossas fronteiras uma autocracia tupiniquim continuava instalada no poder. Assim, Getúlio Vargas foi forçado a convocar eleições presidenciais e uma nova Constituinte. "O Brasil não pode mais continuar à mercê de ditaduras", havia previsto Castello, em uma das últimas correspondências enviadas da Itália à esposa.

Na mesma carta, ele comentava as principais candidaturas lançadas para a sucessão de Getúlio. Duas campanhas, aliás, de farda e coturno: de um lado, o brigadeiro Eduardo Gomes, remanescente dos Dezoito do Forte, candidato pela União Democrática Nacional (UDN), partido conservador que reuniria em torno de si os tradicionais adversários de Getúlio. Do outro, Eurico Gaspar Dutra, o ministro da Guerra do Estado Novo, lançado pelo PSD, o Partido Social Democrático, getulista. "Um foi meu chefe; e nele nunca vi gesto de desonestidade; o outro tinha, em nosso meio escolar, uma conduta irrepreensível", recordaria Castello. "Mas a política tenta, azinhavra os homens, quando não os enlameia. Como estará o Dutra? Como estará o Eduardo?" Na dúvida, recomendava cautela a Argentina:

> Peço-lhe discrição e nada de tomar parte em discussões políticas, mesmo telefônicas. Não pense, minha filha, que quero amordaçá-la, ser o seu DIP [referência ao Departamento de Imprensa Propaganda do Estado Novo, responsável pela censura feroz do regime]. Nada disso. Não quero vê-la exaltada ao telefone, nem manietada no seu pensamento por mim. Acho que você não deve subordinar-se a uma ditadura minha, mas também as influências de outros não devem dominá-la. Não veja indelicadeza de minha parte, absolutismo. Eu apenas desejo uma boa posição para você. Nada de vulgarização, nem de você ser conhecida por "política", "destemida" etc. Perdoe a falação. Mas concorde que se trata apenas de uma grande afeição por você, minha boa e querida Argentina.

Pouco antes das eleições, Castello Branco encontrava-se em visita aos Estados Unidos — na série de missões diplomáticas do pós-guerra como chefe do Estado-Maior da Força Expedicionária Brasileira — quando Getúlio foi derrubado por um golpe militar comandado pelo general Góis Monteiro e pelo próprio Dutra. Castello não demonstrou surpresa com a notícia, que lhe foi repassada pelo major Vernon Walters, o oficial norte-americano de quem se tornara amigo íntimo durante a guerra. Para ele, a queda de Getúlio começara a ser desenhada desde o dia em que os comunistas, por meio de uma reviravolta política, passaram a fazer um inesperado coro ao "Queremismo" — movimento que, sob o bordão de "Queremos Getúlio", pregava a continuidade do ditador para mais um mandato presidencial.

Castello não apoiou publicamente o golpe. Contudo, revelaria a Walters o seu alívio diante do fracasso da pretensa manobra comunista de se aproximar do poder. Um receio que sempre continuaria a alimentar, mesmo após o novo presidente, Gaspar Dutra — que derrotaria Eduardo Gomes nas urnas —, romper relações com a União Soviética, colocar o PCB na ilegalidade e cassar o mandato dos parlamentares comunistas. Entre os cassados, o próprio Prestes. Naqueles tempos de Guerra Fria, Dutra seguia à risca a cartilha norte-americana, mas Castello continuava a enxergar a ameaça vermelha por todos os lados.

O surpreendente é que anticomunismo tão explícito não o impediria de conquistar a admiração de notórios esquerdistas entre os alunos da Escola de

Estado-Maior. Um deles, o então capitão Nelson Werneck Sodré, dedicaria várias páginas de seu insuspeito *Memórias de um soldado* a traçar um perfil positivo do coronel Castello, retratado como alguém "inalteravelmente polido, embora quase sempre frio". "Escrevo sobre Castello Branco como se tudo, em relação a ele, tivesse terminado então; como se o tempo tivesse parado, e com a ideia de ser justo, em depoimento isento de impressões e experiências posteriores", escreverá Sodré em 1967, já general de tendência esquerdista e uma das muitas vítimas das perseguições do regime pós-64.

"Na função, o coronel Castello Branco era centralizador ao máximo; nada lhe escapava: nenhum tema podia ser apresentado sem que os instrutores, antes, o submetessem à sua apreciação; examinava-os com rigor, interrogando das razões desta ou daquela situação, criticava, alterava, impugnava", relembraria Sodré. "É curioso que ninguém se ressentisse com o demorado exame a que submetia os temas e outros quaisquer exercícios — sabiam todos que, desse exame rigoroso, meticuloso, severo, o tema saía sempre melhor; nisso havia, consequentemente, o reconhecimento de seu saber profissional, o acatamento à sua autoridade."

Segundo Sodré, o então coronel Castello Branco mantinha ao redor de si uma pequena "corte", um "círculo de admiradores incondicionais, nem sempre sinceros". Contudo, "isso não significa que incentivasse o aulicismo, tão frequente nas organizações hierárquicas; mas aceitava a admiração com discrição — gostava dela". "Era cioso de sua autoridade, suscetível, vaidoso e — diziam — ressentido quando pretendiam feri-lo; mas no fundo da severidade exterior, da compostura sem desfalecimentos, do todo que não inspirava ânimo de quem dele se aproximasse, havia timidez, receio da opinião alheia, temor ao julgamento falso sobre o seu valor."

A essa época, o "avanço comunista" na diretoria da Associação dos Ex-Combatentes do Brasil era uma das maiores preocupações do coronel. Fundada logo após a guerra, a entidade surgira com fins filantrópicos, e tinha como princípio básico defender os direitos dos que haviam lutado na Itália, advogando causas relativas a pensões para mutilados, órfãos e viúvas de ex-pracinhas. Porém, um grupo de militares mais à esquerda, entre os quais destacava-se Henrique Cordeiro Oest — fundador da velha ANL e um dos parlamentares comunistas caçados por Dutra —, conseguira chegar à diretoria da Associação, emprestando-lhe a partir daí contornos mais politizados.

Diante disso, em 1946, Castello tentou, sem êxito, fundar uma instituição paralela, livre da "solerte influência comunista". Mas no ano seguinte foi convencido por alguns membros da Associação — entre eles, o major João Carlos Gros — a buscar uma solução negociada com os esquerdistas. Após demonstrar certa relutância, Castello aceitou por fim encabeçar uma "chapa pacificadora", denominada "Ação e União", que concorreria às eleições da mais importante seção da entidade, a do Distrito Federal.

Na verdade, não deveria haver nenhuma disputa. Essa era a condição imposta por Castello. Formar-se-ia uma chapa única, na qual "esquerdistas" e "não esquerdistas" procurariam passar por cima das diferenças, sentariam em torno da mesma mesa e selariam a trégua. Não se tratava de fazer política, mas de garantir o contrário, a sobrevivência de uma instituição "apolítica", que se preocupasse apenas em dar amparo às causas dos ex-pracinhas, justificaria Castello. À última hora, contudo, antevendo a possibilidade de uma vitória isolada, os esquerdistas romperam o pacto e apresentaram uma chapa "independente". Castello ficou furioso. Numa eleição marcada por vaias e muita confusão, ganharia pela magra vantagem de treze votos, em um universo de trezentos eleitores.

"Definitivamente, eu não sei lidar com esse tipo de gente", disse Castello. "Mas não tem importância, eles [os comunistas] cuspiram pra cima. A baba, em breve, lhes cairá na cara", ameaçou.

Menos de três anos depois, em 1950, Castello achou que havia chegado a hora de os comunistas levarem o troco. Disse sim aos companheiros de farda que, batendo-lhe à porta, pediram-lhe apoio a uma chapa de oposição para, dessa vez, "limpar" o venerável Clube Militar, que, segundo eles, também estava tomado pela "infiltração comunista". Desde a barulheira causada pelas cartas falsas atribuídas a Arthur Bernardes, na década de 1920, a entidade não experimentava tamanha ebulição. A cisão interna era motivada por uma discussão apaixonada, que de resto incendiara a opinião pública no país: o monopólio do petróleo.

"O petróleo é nosso", clamava a chapa da situação, autointitulada "nacionalista", mas tachada de "subversiva" e de "comunista" pelos adversários. Encabeçada pelos generais Newton Estillac Leal e Horta Barbosa, a chapa argumentava que permitir a entrada de capital estrangeiro, em setor tão estratégico, significava entregar a própria soberania do país às grandes corporações internacionais. Do lado oposto, estavam os companheiros de chapa de Castello Branco, que haviam lançado à presidência do Clube Militar o nome do general Cordeiro de Farias, o comandante da Artilharia brasileira na Itália.

A exemplo de Castello, aliás, muitos dos integrantes dessa chapa eram oriundos da FEB. E quase todos orbitavam a recém-criada Escola Superior de Guerra — a ESG —, instituição comandada pelo próprio Cordeiro de Farias e inspirada no National War College norte-americano, portanto defensora do alinhamento político, econômico e ideológico do Brasil com os Estados Unidos. Apesar de seguir o binômio "segurança e desenvolvimento", preconizado pelos norte-americanos, acabou sendo apelidada por seus próprios membros de "Sorbonne brasileira", por causa da suposta superioridade intelectual em relação aos demais núcleos militares. Seus componentes, em oposição direta aos "nacionalistas", definiam-se como "internacionalistas". Os adversários, todavia, passariam a lançar sobre eles a pecha de "entreguistas".

O fato é que, mais uma vez, o Exército se via rachado ao meio. Nas reuniões e conferências organizadas pelo Clube Militar para debater a questão do petróleo, o general Juarez Távora, ex-rebelde tenentista, então com 52 anos, era o orador mais ardoroso na defesa da entrada do capital estrangeiro para a exploração do produto no Brasil. A argumentação de Juarez — endossada por Castello — baseava-se em dois pontos básicos: o país não teria recursos técnicos e financeiros suficientes para investir no setor e, ao mesmo tempo, ao abrir espaço para empresas norte-americanas atuarem na área, o país demarcaria clara posição naqueles tempos de Guerra Fria. Seria uma política efetiva em direção à "cooperação internacional" com os Estados Unidos, tão preconizada pela ESG. O ex-presidente Arthur Bernardes, que um dia havia personificado para o Clube Militar o conservadorismo da República Velha, era agora aplaudido pelos esquerdistas como um dos principais nomes das hostes progressistas, fervoroso defensor do monopólio do petróleo.

A disputa no centro nervoso do Clube Militar coincidiria com a campanha pelas eleições presidenciais de 1950. Após ser derrubado pelos militares em 1945, Getúlio se lançara mais uma vez candidato, pelo PTB, tendo como adversário o udenista Eduardo Gomes, que de novo almejava a presidência. Mais velho e mais rechonchudo, aos 68 anos, Getúlio voltava agora defendendo um programa nacionalista, que incluía a bandeira do monopólio do petróleo. Foi impossível não ligar uma eleição à outra. E nisso, os militares antigetulistas — Castello, entre eles — estavam prestes a sofrer uma dupla derrota.

Em maio, a chapa "esquerdista" de Estillac Leal venceu o pleito do Clube

Militar, após cabalar os votos de mais de mil novos sócios, arrebanhados entre sargentos recém-promovidos a oficiais. Cinco meses depois, Getúlio voltava à presidência, numa avassaladora vitória nas urnas. Enquanto a marchinha de Haroldo Lobo e Marino Pinto martelava o dia inteiro no rádio — "Bota o retrato do velho outra vez,/ bota no mesmo lugar" —, cresciam nos quartéis os rumores de que estava sendo preparado um golpe para impedir a posse do presidente. A alegação dos golpistas era de que Getúlio não havia obtido maioria absoluta nas urnas, impedimento que não era previsto na Constituição.

Castello, que entre seus hábitos matinais incluíra o ritual de ler, à mesa do café, os artigos de Carlos Lacerda na recém-fundada *Tribuna da Imprensa*, recortou e guardou em seu arquivo pessoal um texto antológico publicado na edição de 1º de julho de 1950: "O sr. Getúlio Vargas não deve ser candidato à presidência. Candidato, não deve ser eleito. Eleito, não deve tomar posse. Empossado, devemos recorrer à revolução para impedi-lo de governar", dizia um dos trechos do artigo assinado por Lacerda, sublinhado com lápis vermelho por Castello.

O golpe em gestação tinha uma justificativa que se pretendia lógica. Por raciocínios tortuosos, pregava-se que só uma intervenção armada — ou seja, a interrupção brusca da ordem constitucional — preservaria as instituições nacionais, "ameaçadas pelo câncer comunista". O mesmo argumento ao qual se lançaria mão uma década depois, em 1964, quando os militares derrubariam João Goulart sob a acusação de subversão esquerdista.

Apesar das pressões e dos boatos, Getúlio reassumiu a presidência. Para tanto, contou com o apoio decisivo do general Estillac Leal, o vencedor da disputa pela sucessão no Clube Militar, a quem nomearia ministro da Guerra do novo governo. Tal escolha, lógico, provocou a ira dos "internacionalistas" do Exército. Além de considerarem Estillac um notório comunista, aqueles também o tinham na conta de incorrigível beberrão, assíduo frequentador dos "inferninhos" cariocas. Castello, transferido para a chefia da Seção de Operações do Estado-Maior em fevereiro de 1949, era um dos mais convencidos de que os comunistas, pouco a pouco, estavam "achincalhando a imagem da corporação".

Castello ficou ainda mais indignado com a publicação do editorial do número 107 da *Revista do Clube Militar*, o primeiro a sair sob a orientação da nova diretoria. Para Castello, os comunistas haviam ido longe demais. O texto dizia que a eleição da chapa "nacionalista" representara a vitória do "propósito de manter as Forças Armadas irmanadas ao povo, em sua sagrada missão de intransigentes defensoras dos ideais democráticos, do respeito à vontade popular, contra os golpistas e seus movimentos antipatrióticos, dissimulados, ou não, com a máscara da defesa das instituições".

Outro artigo, de cinco páginas, publicado no mesmo número da revista, serviria de pretexto para o início de uma ofensiva radical dos "entreguistas" em direção aos "nacionalistas" do Clube Militar. O texto, publicado sem assinatura e intitulado "Considerações sobre a Guerra na Coreia", criticava a invasão norte-americana à república coreana. De forma categórica, o artigo colocava-se contra o envio de tropas brasileiras para apoiar aquela intervenção armada dos Estados Unidos — possibilidade aventada com insistência, todos os dias, pela grande imprensa nacional.

Castello julgou o artigo um verdadeiro libelo comunista. Não estava só. Em eficiente operação orquestrada pela ala "internacionalista" das Forças Armadas, uma chuva de cartas, telegramas e abaixo-assinados inundou a caixa postal da *Revista do Clube Militar*. Entre os protestos, um era assinado por Castello. "É estranhável que a nossa *Revista* tenha publicado o artigo 'Considerações sobre a Guerra da Coreia'", escreveu. "Creio que essa atitude precisa ser reconsiderada, para o bem da união e a liberdade de pensamento dos membros do Clube Militar", argumentava. Era, no mínimo, uma insólita interpretação do conceito de "liberdade de pensamento".

Em manchetes explosivas, os jornais passaram a noticiar naqueles dias que o Estado-Maior do Exército iria convocar uma assembleia extraordinária do Clube Militar, com o objetivo de inquirir os responsáveis pela linha editorial da revista. Como Estillac Leal licenciara-se da presidência da entidade para assumir o Ministério da Guerra, seu companheiro de chapa Raul Carnaúba, que então respondia pelo cargo, seria interpelado pelos chefes das quatro seções do EME, entre os quais se incluía Castello Branco.

Castello combinou com os colegas de Estado-Maior uma extensa lista de perguntas embaraçosas, que colocariam Carnaúba em situação desconfortável e desnudariam um hipotético aparelhamento do Clube Militar pelo Partido Comunista. Estillac, porém, achou que era hora de intervir. Em um final de tarde, após terminar seu expediente no Ministério da Guerra, rumou para a sede do Clube Militar e se reinvestiu no cargo de presidente da entidade. No duplo papel de presidente do Clube e ministro, adiou a tal assembleia. Diante disso, Castello recuou. Insistir na ideia seria apostar em grave confronto institucional, de consequências inimagináveis.

Mas nem assim os ânimos arrefeceriam. Nesse cenário, os Estados Unidos acabariam por convocar, em março de 1951, em Washington, a IV Reunião Consultiva dos Chanceleres Americanos. O objetivo era arrancar o apoio dos países latino-americanos, incluindo o Brasil, para uma série de acordos de cooperação política e militar. Na extensa pauta de tais acordos estava a discussão sobre o envio de tropas pan-americanas para lutar na esfacelada Coreia. Chefe de operações do Estado-Maior do Exército, Castello foi convidado para compor a comitiva diplomática brasileira, no papel de assessor militar.

Por intervenção de um dos principais nomes da delegação enviada aos Estados Unidos, o advogado San Tiago Dantas, Castello levou junto Argentina no voo fretado pelo governo brasileiro, que seguiu do Rio de Janeiro, lotado de "convidados especiais", em direção a Washington. Aquela era uma forma de quitar antiga dívida de gratidão. Em 1930, Castello havia conseguido a dispensa do serviço militar de San Tiago Dantas, amigo íntimo do cunhado Hélio Vianna. Por meio de um atestado arranjado por Castello junto ao médico do quartel, diagnosticou-se em Dantas uma miopia incompatível com as atividades da caserna. Fato que livraria o moço da farda, mas que ao mesmo tempo provocaria profundo desgosto no pai, o comandante Raul de San Tiago Dantas, oficial da Marinha, filho e genro de graduados oficiais do Exército.

Durante a IV Reunião de Chanceleres, os Estados Unidos insistiram na ideia do envio de uma Divisão de Infantaria brasileira à Coreia, que atuaria sob a bandeira de um exército interamericano, comandado pelos Estados Unidos. "Auriverde pendão da minha terra! Bandeira Nacional, sim! Bandeira Internacional, jamais!", protestaram as páginas nacionalistas da *Revista do Clube Militar*. Getúlio protelou o quanto pôde a decisão sobre o possível envio das tropas brasileiras, com a intenção de nesse meio-tempo barganhar empréstimos, em dólares, junto ao governo norte-americano. O Brasil, de fato, não chegou a mandar soldados para lutar na Coreia. Mas durante as longas sessões das quais Castello seria testemunha, o ministro do Exterior, João Neves da Fontoura, costurou o início de um polêmico acordo militar entre os dois países.

O convênio, assinado em 15 de março de 1952 e só revogado em 1977 pelo então presidente Ernesto Geisel, consistia basicamente no fornecimento de equipamento americano para as Forças Armadas brasileiras. Em troca, o país passaria a enviar minerais estratégicos, como manganês e urânio, para alimentar os fornos da indústria siderúrgica e os reatores nucleares dos Estados Unidos. Endossado por Getúlio à revelia do Ministério da Guerra, o acerto terminaria por provocar a demissão de Estillac Leal, que se sentiu traído por ser marginalizado das negociações.

A ala nacionalista do Exército perderia ainda mais poder dois meses depois, em maio, quando o mesmo Estillac, acusado de acolher "bandos de comunistas" em seu gabinete ministerial, seria derrotado na disputa à reeleição para a presidência do Clube Militar. Venceu a chapa autonomeada Cruzada Democrática, articulada por militares anticomunistas e encabeçada pelos generais Alcides Etchegoyen e Nelson de Melo. Dois velhos colegas de Colégio Militar de Castello, que dessa vez se recusara a participar da disputa, embora fizesse campanha a favor dos vitoriosos.

"Urna, daqui pra frente, só mesmo a mortuária", prometeu Castello ao cunhado Hélio Vianna.

Para ganhar as eleições — 7288 votos contra 4489 dados a Estillac —, a Cruzada Democrática, que reuniria em seus quadros alguns dos futuros articuladores do golpe de 1964, desencadeou uma campanha cujos métodos nada tinham de "democráticos". Tratou-se de uma verdadeira caça às bruxas. Muitos dos simpatizantes da chapa "nacionalista" foram transferidos para guarnições longínquas. Isso quando não eram presos e mantidos incomunicáveis às vésperas do pleito, sob a mais leve acusação de "comunismo". Seguiu-se uma série de inquéritos militares e perseguições dentro das Forças Armadas, sob a orientação direta de oficiais norte-americanos.

A nova diretoria do Clube Militar, em consequência, daria apoio ao controvertido acordo militar entre Brasil e Estados Unidos. Um dos acertos que antecederam a assinatura foi a cessão do cruzador *Philadelphia*, repassado ao Brasil pela Marinha norte-americana. Por coincidência, Paulo, o filho de Castello, faria parte da tripulação encarregada de conduzir o navio na viagem dos Estados Unidos ao Rio de Janeiro. O cruzador — maquiado, recondicionado e rebatizado de *Barroso* ao ser incorporado à Marinha brasileira — foi considerado, pela imprensa da época, um verdadeiro ferro-velho flutuante.

Sem mais contar com o apoio da ala nacionalista do Exército, defenestrada de seu governo junto com Estillac Leal, Getúlio procurou a todo custo preservar a imagem de arauto maior da defesa dos interesses nacionais. O que, ao final das contas, o indispôs ainda mais junto à ala conservadora dos quartéis. No fim de 1951, Getúlio fez um inflamado discurso contra a remessa de lucros de empresas estrangeiras no Brasil e, em janeiro do ano seguinte, baixou um decreto impondo o limite de 10% para o envio desses lucros ao exterior. Seria o início de uma longa série de medidas de caráter nacionalista, que o colocou em rota de colisão com a chamada Cruzada Democrática.

Após ouvir a fala do presidente no rádio, Castello passou o resto do dia ao telefone. O jovem Coronel Y, defensor da separação entre a política e a farda, pouco a pouco, cedia terreno ao nascimento de um habilidoso, e discretíssimo, conspirador.

Passava das dez e meia da noite do 11 de agosto de 1954, quando o telefone tocou. Castello não esperou o segundo toque para levantar da cama e correr ao aparelho. Chamadas àquelas horas não costumam trazer boas novas. Do outro lado da linha, reconheceu a voz de Mascarenhas de Morais, convocando-o para uma reunião reservada e urgente. Tirasse o pijama, vestisse algo apropriado e não perdesse tempo.

Investido no posto vitalício de marechal desde 1951, o velho comandante da FEB passara a responder pela chefia do Estado-Maior das Forças Armadas (EMFA), a partir de janeiro de 1953. Castello Branco, pouco antes, havia sido promovido a general de brigada. A nova patente, vinda a 2 de agosto de 1952, seria acompanhada da transferência para Fortaleza, no final do mesmo ano, onde desempenharia a função de comandante da 10ª Região Militar. Seria, porém, uma breve temporada na terra natal. Tão logo assumiu a chefia do EMFA, Mascarenhas mandou trazer Castello de volta ao Rio de Janeiro, como assistente imediato.

Na capital cearense, o general Castello Branco já se revelara um eficiente articulador. Seu nome chegara a ser sondado pelas lideranças políticas locais, a propósito de uma possível candidatura ao governo do estado. O convite partia de representantes de diversos partidos — UDN, PSD, PTB e PDC —, em uma costura política que incluía, entre outros, os deputados federais Virgílio Távora e Armando Falcão, o jornalista Paulo Sarasate, o prefeito de Fortaleza, Paulo Cabral de Araújo (futuro diretor dos Diários Associados) e o próprio governador cearense de então, Raul Barbosa.

Como comandante da 10ª Região Militar, Castello frequentava a todos e, em igual medida, procurava fazê-los ultrapassar as diferenças partidárias em nome de uma "união pelo Ceará". Daí a ser apontado como candidato de consenso às eleições de 1954 foi um pequeno salto. Para tentar convencer Castello, o arcebispo de Fortaleza, d. Antônio de Almeida Lustosa, foi nomeado como porta-voz oficial do grupo. D. Lustosa então lhe enviou carta oficializando o convite, entregue pelas mãos do presidente da Liga Eleitoral Católica, Ananias Frota Vasconcelos:

Fortaleza, 29 de abril de 1954

Exmo. sr. General Castello Branco

[...]

Há, como sabe V. Exa., grande interesse em se conseguir a pacificação política do estado. O ponto de partida será naturalmente a escolha de um candidato único. Sei que várias correntes aceitariam o nome de V. Exa. para a solução do problema. O sr. Ananias Frota deveria perguntar a V. Exa. como receberia a indicação de sua pessoa, por elementos credenciados pelos principais partidos, para governador do estado. O que leva a Liga Eleitoral Católica a essa consulta a V. Exa. é o desejo de ver o estado solucionar seu problema político, que se apresenta tão difícil, no âmbito estadual e municipal, sem desavenças, sem lutas.

Com elevado apreço, subscrevo-me.

De V. Exa. Atto. Serv. Obr.
Antônio de Almeida Lustosa
Arcebispo de Fortaleza

Castello ficaria envaidecido com a proposta, mas declinaria do convite. A militância se daria apenas em surdina, nunca de forma ostensiva. Era preciso manter imaculada a imagem de militar alheio às questões da política. Isso embora o próprio convite das lideranças cearenses, em si, já denunciasse que a passagem por Fortaleza havia sido marcada por encontros e conversas sobre assuntos que iam muito além dos limites da caserna. A volta para o Rio de Janeiro, por determinação de Mascarenhas de Morais, tiraria Castello das confabulações em torno da política provinciana e o colocaria no epicentro do furacão que tomava conta da política nacional.

Naquela noite, após o telefonema do marechal Mascarenhas, Argentina ficou preocupada ao ver o marido se aprontando para sair assim fora de hora. Ainda estava chocada com as notícias sobre o atentado de que fora vítima o jornalista Carlos Lacerda, ocorrido numa noite igual àquela, havia menos de uma semana. Castello saiu do quarto, desceu as escadas e fez a barba no lavabo do andar de baixo do sobrado da Nascimento Silva, próximo à copa — o banheiro maior, no pavimento superior, era de uso exclusivo de Argentina. Depois subiu, vestiu a farda de general duas estrelas e, antes de sair, procurou acalmar a mulher. Estava tudo bem, eram apenas os ossos do ofício da nova função. De qualquer modo, melhor ela não esperá-lo para voltar a dormir. A reunião talvez se estendesse madrugada adentro.

Pelos jornais, Castello continuava a acompanhar, com discreta admiração, os artigos de Lacerda, cada vez mais violento nos ataques a Getúlio. Se o soldo lhe permitisse àquela época já ter adquirido seu primeiro aparelho de tevê, Castello teria visto Lacerda inaugurando a televisão interativa no Brasil, em plena pré-história do veículo, ainda uma novidade em todo o mundo. Com um telefone na mão, Lacerda respondia às perguntas dos telespectadores da TV Tupi rabiscando gráficos e palavras bombásticas em um quadro-negro, desfiando diante das câmeras um rosário de denúncias contra os comunistas em geral e, em particular, contra o presidente Getúlio.

O atentado contra Carlos Lacerda, episódio que tanto abalara Argentina, acabara em morte. O alvo principal, o próprio Lacerda, escapara apenas com um leve ferimento à bala no pé. Mas os pistoleiros haviam deixado agonizando na calçada da rua Tonelero, em Copacabana, o major-aviador Rubens Vaz. O major era um dos oficiais da Aeronáutica que haviam decidido dar cobertura espontânea ao jornalista, diante das constantes ameaças que, por causa do programa de tevê, Lacerda dizia receber todos os dias. O desenrolar das investigações apontaria ninguém menos do que o chefe da guarda pessoal de Getúlio, Gregório Fortunato, o "Anjo Negro", como o suposto autor intelectual da emboscada.

Castello foi um dos primeiros a chegar à casa do marechal, pouco depois das onze horas. Alguns minutos após as badaladas da meia-noite, a campainha anunciou a presença do general Juarez Távora e, em seguida, a do brigadeiro Luís Leal Neto dos Reis, este acompanhado do capitão de mar e guerra Augusto do Amaral Peixoto, deputado pelo PSD. Havia sido Peixoto quem solicitara a reunião, por intermédio do brigadeiro Neto dos Reis, subchefe de Mascarenhas no EMFA. Fora também ele quem sugerira a presença de Juarez, convidado na dupla condição de vice-presidente do Clube Militar e comandante da Escola Superior de Guerra — função que ocupava desde agosto de 1952, em substituição a Cordeiro de Farias, que fora promovido a general de exército e assumira o comando da Zona Militar do Norte, sediada no Recife.

Peixoto, no papel de um dos líderes do governo, dissera sentir-se na obrigação de discutir com os chefes militares a tenebrosa situação política no país. O atentado a Lacerda agravara um quadro de tensão que se arrastava desde fevereiro, quando um grupo de militares divulgara o chamado Manifesto dos Coronéis, documento que denunciava uma "crise de autoridade" no Exército. O manifesto apontava uma conjeturada negligência governamental em relação às Forças Armadas, o que estaria abrindo terreno fértil para a "infiltração de perniciosas ideologias antidemocráticas". Assinado por 81 oficiais, inclusive alguns dos nomes de proa do futuro golpe de 64, investia na ladainha do fantasma comunista que continuava a arrepiar os quartéis.

O documento, entre cujos signatários estavam Golbery do Couto e Silva, Antônio Carlos Muricy, Ernesto e Orlando Geisel, também criticava os rumores de um possível aumento de 100% no salário mínimo, promessa feita por João Goulart, ministro do Trabalho de Getúlio, já desde então tido como "comunista" pela ala "internacionalista" do Exército. A ideia de tal aumento não só indispôs Jango com as classes empresariais, como também foi vista com preocupação pelos militares. Caso tal aumento fosse concedido aos trabalhadores, argumentavam os quartéis, o salário mínimo passaria a 2400 cruzeiros, o equivalente ao soldo de um segundo-tenente do Exército.

Isso, para os signatários do manifesto, significaria uma "aberrante subversão de todos os valores profissionais, descartando qualquer possibilidade de recrutamento para o Exército dos seus quadros inferiores". O texto não dizia com todas as vogais e consoantes, mas um dos maiores temores dos que o assinavam era também o de que o Brasil, sob a influência de Jango, fosse transformado em uma "república sindicalista", seguindo o modelo posto em prática na Argentina pelo presidente Juan Domingo Perón.

"Argentina, por aqui, só uma: a minha mulher", costumava tripudiar Castello, que, à época, concordara com o diagnóstico traçado pelo documento, mas rejeitara a ideia de um manifesto elaborado por coronéis e tenentes-coronéis sem consulta prévia aos superiores hierárquicos.

O fato é que o chamado Manifesto dos Coronéis, tão logo tornado público, resultaria na demissão de dois ministros de Getúlio. Um, o general Ciro do Espírito Santo Cardoso, que sucedera a Estillac Leal no Ministério da Guerra e se mantivera apenas durante onze meses no cargo, passando a cadeira a Zenóbio da Costa, ex-comandante da Infantaria da FEB. O outro ministro demitido seria João Goulart, exonerado no mesmo dia em que fez a exposição de motivos para o aumento em 100% no salário mínimo.

Amaral Peixoto contou a Castello, Mascarenhas e Juarez que ouvira da esposa — Alzira Vargas, filha de Getúlio — a confidência de que o presidente estava disposto a constituir um novo ministério de conciliação com os oposicionistas ou, caso a manobra não fosse bem-sucedida, temendo evitar derramamento de sangue, cogitava até mesmo renunciar à presidência e entregar o poder ao ministro da Guerra, Zenóbio da Costa. Segundo Peixoto, o presidente estaria convencido de que aquelas seriam as únicas saídas que lhe restavam para estancar a grave crise institucional na qual o país naufragava.

Afundado na poltrona, o marechal Mascarenhas escutou em silêncio a peroração de Amaral Peixoto. Depois, conforme havia sido combinado entre ele e Castello, pediu que este se pronunciasse a respeito do que ouvira. Antes, porém, Mascarenhas assegurou a todos os presentes que, por natural afinidade de espíritos e propósitos, todos ali ouviriam de Castello, seu assessor imediato, a mais perfeita tradução de seus próprios pensamentos a respeito do assunto.

"Uma nova recomposição do ministério do sr. Getúlio Vargas não diz qualquer respeito às Forças Armadas. Isso é atribuição do presidente. Porém, se Sua Excelência desejasse realmente renunciar, o governo deveria ser entregue a seu sucessor legal. No caso, ao vice-presidente, não ao ministro da Guerra", sustentou Castello.

A frase, ensaiada, foi repetida, nos mesmos termos, pelo próprio Mascarenhas. Era uma tentativa de demonstrar que o EMFA, apesar dos boatos em contrário, estaria afinado com os princípios de manutenção da ordem constitucional. Convidado a pronunciar-se, Juarez Távora também não mudou de tom. O marechal deu-se então por satisfeito. Desejou boa-noite ao deputado e declarou a reunião encerrada. Dois dias mais tarde, iria ao Catete revelar ao presidente o teor da conversa travada com Amaral Peixoto.

Getúlio negou a Mascarenhas que tivesse dito, a quem quer que fosse, qualquer vírgula sobre uma nova reforma ministerial e, muito menos, sobre uma possível renúncia. Naquela mesma tarde, o ministro da Guerra, Zenóbio da Costa, distribuiu uma nota à imprensa, dizendo-se fiel aos seus deveres de "chefe e soldado", prometendo não medir esforços para garantir o respeito aos poderes constituídos.

"O presidente disse que só sai do Catete morto", telefonou Mascarenhas a Castello, tão logo chegou em casa. Castello riu. Achou que Getúlio estava blefando.

Para Argentina, algumas horas eram sagradas. A do almoço de domingo, por exemplo. Nas cadernetinhas de anotações, ela passava a semana inteira planejando o cardápio domingueiro. O ritual envolvia sempre a elaboração de um prato requintado como atração principal. Mas não podia deixar de incluir como sobremesa, caso a estação fosse propícia, a prosaica canjica de milho verde, uma das alegrias de Castello. Mas naquela tarde, tão logo ela e o marido sentaram-se à mesa, como de costume ao meio-dia, o telefone tocou. Aliás, o marido nunca recebera tantas chamadas quanto naqueles tempos.

Era, mais uma vez, Mascarenhas. Haveria outra reunião reservada na residência do marechal. Castello desligou o telefone, engoliu alguns bocados de canjica e rumou para lá. Como sempre, foi o primeiro a chegar. Perto de uma e meia da tarde, chegou o general Juarez Távora que, segundo Mascarenhas, era quem dessa vez havia solicitado o encontro. Logo depois, foi a vez do brigadeiro Eduardo Gomes chegar. Trazia junto com ele mais três oficiais, cada um de farda de cor diferente. De azul, o brigadeiro Ivan Carpenter Ferreira. De branco, o almirante Saladino Coelho. De verde, o general Fiúza de Castro. As três armas, Aeronáutica, Marinha e Exército estavam representadas por seus respectivos chefes de Estado-Maior. Por fim, chegaria o general Canrobert Pereira da Costa, presidente do Clube Militar.

Eduardo Gomes e Ivan Carpenter comunicaram a Mascarenhas a existência de um documento assinado por cerca de trinta brigadeiros, em que se exigia a renúncia de Getúlio como única solução satisfatória para a crise. Saladino Coelho diria em seguida que os almirantes estavam prestes a lançar um documento semelhante, também exigindo a renúncia do presidente. Mascarenhas, ciente disso, sairia da reunião para o Palácio do Catete. Mais uma vez, reproduziu o que ouvira a Getúlio, que lhe reforçara a disposição de não ceder às pressões:

"Marechal, em 1945, eu estava no governo mantido pela vontade das armas. Atualmente, fui eleito pelo povo, não posso sair daqui enxotado pelas Forças

Armadas. Repito: não renuncio, só sairei morto e o meu cadáver servirá de protesto contra essa injustiça."

Por volta das duas horas da tarde do dia seguinte, 23 de agosto, segunda-feira, Castello Branco foi ao gabinete de Mascarenhas. Diante da gravidade da situação, Castello recomendou que se convocasse uma reunião extraordinária do Conselho dos chefes de Estado-Maior. De pronto, Mascarenhas aceitou a sugestão de Castello e ordenou a seu chefe de gabinete, o tenente-coronel Édson de Figueiredo, que despachasse os comunicados nesse sentido, marcando a reunião para dali a pouco, às dezessete horas. Castello ligou para Argentina. Iria chegar atrasado para o jantar. A peixada cearense preparada para aquela noite teria que esperar.

No horário marcado, estavam todos presentes: o almirante Saladino Coelho, o brigadeiro Ivan Carpenter e o general Fiúza de Castro, além de seus respectivos subchefes — o contra-almirante João Batista de Medeiros Guimarães Roxo, o brigadeiro Márcio de Souza Mello e o próprio Castello. Todos foram unânimes no mesmo diagnóstico: as forças de mar, terra e ar deveriam permanecer unidas e sugerir a licença imediata de Getúlio. Preocupado em preservar um mínimo de aparente respeito aos princípios constitucionais, Mascarenhas fez constar em ata que o gesto do presidente deveria manter o caráter de ato voluntário, e não de ultimato desferido pelos militares.

A reunião terminou por volta das oito da noite. Enquanto isso, e durante todo aquele dia, um pequeno grupo de generais corria quartéis e residências, gastando a sola dos coturnos em busca de angariar o maior número possível de assinaturas dos colegas de patente para um "manifesto à nação", em solidariedade aos documentos divulgados pelos almirantes e brigadeiros. O texto não deixava margens para negociações. Argumentava que o crime na rua Tonelero comprometera "a autoridade moral indispensável ao presidente para o exercício de seu mandato".

Segundo o texto do documento, que passaria à história como o Manifesto dos Generais, a crise político-militar estava "trazendo ao país irreparáveis prejuízos econômicos", que poderiam "culminar em graves comoções internas". Assim, "conscientes de seus deveres e responsabilidades perante a nação", "solidarizando-se com o pensamento de seus camaradas da Aeronáutica e da Marinha", os generais declaravam que "o melhor caminho para tranquilizar o povo e manter unidas as Forças Armadas" seria "a renúncia do atual presidente da República".

Mascarenhas, que soubera da existência do documento desde o primeiro momento, dissera a Castello que jamais o assinaria. Considerava que, do contrário, estaria cometendo um atentado à disciplina e à Constituição. Como chefe do EMFA, devia rigorosa obediência ao presidente da República. Mas enquanto Mascarenhas se dirigia ao Catete para pôr Getúlio a par da situação, o "Manifesto dos Generais" já contava com 27 assinaturas, a maioria de nomes ligados à chamada Cruzada Democrática. A oitava assinatura era a do general Humberto de Alencar Castello Branco, que referendara o documento à revelia de Mascarenhas.

Era, sem dúvida, um ultimato ao presidente. A partir dali, restavam apenas duas opções a Getúlio. A primeira seria ceder, aceitar a renúncia. A segunda, resistir e mandar prender os generais por insubordinação. Ninguém esperava que o presidente se decidisse por uma terceira alternativa. Quando saía para o trabalho na manhã seguinte, Castello soube pelo rádio que, por volta das oito e meia da manhã, o presidente se matara com um tiro no coração.

A comoção popular foi estupenda naquele agosto de 1954. O povo saiu às ruas para chorar a morte de Getúlio. Diante disso, não havia clima para o golpe militar que se articulara meses a fio. A Cruzada Democrática se viu obrigada a embainhar a espada e, por exatos dez anos, até 1964, adiar a chegada ao poder.

A Espada de Ouro

Chovia torrencialmente naquela tarde de segunda-feira, feriado de Todos os Santos, 1º de novembro de 1955, sobre as lápides do velho cemitério do Caju, no Rio de Janeiro. Um aglomerado compacto de guarda-chuvas negros abrigava dezenas de homens fardados que, em torno de uma cova aberta, procuravam escapar dos respingos enquanto repetiam orações fúnebres e comovidos discursos de adeus.

Cerimônia simples e breve, sem as honrarias militares de praxe, conforme o desejo expresso pela família do general Canrobert Pereira da Costa, presidente do Clube Militar, falecido no dia anterior, vitimado pelo câncer. Antes das primeiras pás de terra molhada cobrirem o caixão, o coronel Jurandir Bizarria Mamede, instrutor da Escola Superior de Guerra (ESG), quebrou o protocolo e, para surpresa de todos, pediu a palavra a fim de fazer as últimas exéquias.

Não seria, contudo, apenas mais um palavrório sentimental para encomendar aos céus a alma do falecido. Mamede, um dos signatários do Manifesto dos Generais, aproveitou a ocasião para elogiar a ativa participação de Canrobert nos episódios que culminaram na queda de Vargas, o que inclusive lhe valera a nomeação para chefe do Estado-Maior das Forças Armadas, dois dias depois do fatídico 24 de agosto. Mamede relembrou ainda um discurso contundente feito pelo general, no Clube da Aeronáutica, durante solenidade que marcara o aniversário de um ano do atentado da rua Tonelero. Nesse momento, ouviu-se um certo rumor debaixo dos guarda-chuvas.

Mamede prosseguiu. Sempre evocando o "velho coração de soldado" de Canrobert, questionou o resultado das eleições presidenciais realizadas 28 dias antes, nas quais os candidatos vitoriosos, Juscelino Kubitschek, o JK, e seu vice, João Goulart, o Jango, não haviam conseguido a maioria absoluta dos votos. Era a mesma ladainha utilizada contra Getúlio Vargas em 1950. Para Mamede, as recentes eleições haviam sido uma "mentira democrática".

"Não será por acaso uma mentira democrática um regime presidencial que, dada a enorme soma de poder que concentra nas mãos do Executivo, possa vir a consagrar, para a investidura do mais alto mandatário da nação, uma vitória da minoria?", indagou o coronel com voz exaltada, sendo cumprimentado ao final por um civil, o presidente da Câmara dos Deputados, o mineiro Carlos Luz.

Ninguém se sentiu mais atingido com aquelas palavras do que o general Henrique Teixeira Lott, nomeado ministro da Guerra por Café Filho — o vice de Getúlio, que ganhara a presidência logo após o suicídio do ex-presidente. Lott, apesar de ter assinado o Manifesto dos Generais em 1954, havia sido escolhido naquela situação de crise por manter-se alheio à disputa entre "nacionalistas" e "entreguistas". A fala de Mamede, porém, soara-lhe como um acinte, uma quebra da disciplina e da hierarquia.

Afinal, o coronel acabara de passar por cima da determinação presidencial para que os militares, diante do momento delicado vivido pelo país, evitassem fazer qualquer pronunciamento de natureza política. Baseado nisso, Lott pensou em prendê-lo ali mesmo, mas considerou que não seria de bom-tom submeter a família do morto a tamanho vexame.

Lott decidiu esperar a quarta-feira — já que o dia seguinte, 2 de novembro, Finados, também seria feriado — para dar encaminhamento ao caso Mamede. Contudo, além do perfume adocicado e enjoativo dos jasmins e cravos-de-defunto, havia mais uma vez um inconfundível cheiro de golpe no ar.

Após a posse de Café Filho, os principais postos da hierarquia do Exército haviam sido distribuídos entre os militares que emprestaram as assinaturas ao Manifesto dos Generais, o documento que selara o destino de Getúlio. Coube a

Castello, como um dos signatários, o comando da Escola de Estado-Maior do Exército, que seria rebatizada, logo na abertura do ano letivo de 1955, como Escola de Comando e Estado-Maior do Exército, a atual ECEME. A nova denominação procurava livrar a instituição da influência da similar francesa, que antes lhe inspirara até o nome.

Castello não demonstraria muita paciência aos que lhe indagavam a respeito da assinatura no Manifesto dos Generais. Até o último de seus dias, negaria que o fato desabonasse a reputação de legalista que construíra, desde os tempos de cadete. Para ele, a decisão de assinar o documento fora fruto de uma afirmação coletiva, decidida pelo conjunto da cúpula da corporação, não um ato individual. Reservava um irritado sermão aos que insistiam no assunto e aos que cobravam-lhe coerência sob o argumento de que a posição em 1954, contra o presidente da República, poderia ser avaliada como ato de insubordinação e indisciplina. Para Castello, contudo, a equação era simples: à época, tratava-se de escolher entre a renúncia de Getúlio ou o caos.

No comando da ECEME, Castello teria oportunidade de pôr novamente à prova as convicções legalistas. Pelas manchetes, artigos e editoriais da desabusada *Tribuna da Imprensa*, Carlos Lacerda — agora eleito deputado federal, o mais votado no Rio de Janeiro — atiçava os quartéis e defendia a necessidade imediata de uma intervenção militar no país. Antes das eleições que levariam JK à presidência, o jornal publicara uma carta atribuída ao deputado argentino Antonio Brandi, que envolvia Jango em um tenebroso plano para deflagrar a luta armada e implantar uma suposta república sindicalista no Brasil.

Mesmo após uma investigação a cargo do próprio Exército ter comprovado que a tal "Carta Brandi" era um truque manjado, uma mera reedição das cartas falsas atribuídas a Bernardes na República Velha, Lacerda não diminuiu o tom de sua verborragia: "O legalismo é, neste momento, apenas o pretexto para entregar o poder aos inimigos do Brasil", escrevia Lacerda, pregando com fervor quase religioso o impedimento da posse de Juscelino e Jango. A vitória da dupla, eleita por uma coligação entre PSD e PTB, partidos de orientação getulista, representara a clara resposta das urnas à ação militar que levara ao suicídio do ex-presidente.

Enquanto Lacerda trombeteava aos quatro ventos que chegara a hora de as Forças Armadas partirem para a ofensiva, um Castello Branco de novo legalista defenderia o extremo oposto. Em setembro de 1955, numa palestra na ECEME intitulada "Os meios militares e a recuperação moral do país", Castello tornaria pública a sua posição a respeito, numa fala quase profética:

Qual o militar que não tem ouvido, desde jovem tenente, a frase anunciada por doutores, congressistas, banqueiros, comerciantes, industriais e nunca pelo chamado homem do povo: "o Exército precisa tomar conta disso!". [...] A questão tem interessado muito mais ao meio civil do que ao próprio Exército. Muitos políticos partidários pensam assim como um meio de alcançar o poder e de nele se manterem sem eleições, sem os incômodos da luta ideológica, da crítica e das reações dos adversários. Homens de grandes negócios desejam, simplesmente, um regime de força para ter todas as chamadas facilidades conservadoras, a saber: proibição de greves, grupos não controlados, algumas negociatas sem fiscalização do Congresso e da imprensa. [...]

Quanto aos militares, a solução do problema está sempre na alternativa: ditadura ou manter a legalidade. [...] Às vezes, o drama se amplia, abatendo o moral do Exército, quando a legalidade atinge sobretudo um interesse de baixo partidarismo, ou a uma espécie de anestesia para os militares a fim de que políticos e homens de negócios possam operar contra o bem do país e furtar o dinheiro da nação.

Mas o regime discricionário ou ditatorial, além de acabar com a liberdade humana e os direitos do cidadão, é mais adequado à corrupção civil e à desmoralização do Exército do que o da legalidade precária. Tempos recentes deixaram duros e penosos ensinamentos. Foi, nesse tempo, que a elite ganhou bastante tirocínio na prepotência e no roubo.

As Forças Armadas não podem fazer do Brasil mais uma republiqueta sul-americana, levar a República para a camisa de força de um totalitarismo ditatorial. Se adotarmos este regime, o que entrar pela força só se manterá pela força, e dela só sairá pela força.

Castello ainda não podia imaginar, mas tais palavras poderiam muito bem vir a ser usadas contra ele próprio, em um futuro não muito distante. Seguir-se-ia uma série de palestras com o mesmo teor, o que levaria o então major Jarbas Passarinho, terceiranista da ECEME, a enviar uma carta de cumprimentos a Castello, datada de 15 de agosto de 1955: "Estou de pleno acordo que os regimes de exceção, particularmente porque implicam o cerceamento da liberdade, como aliás ressaltou V. Exa., não devem merecer o nosso apoio", escreveu Passarinho, que seria um dos articuladores do golpe de 64 e, além disso, serviria ao regime militar por três vezes, na condição de ministro dos governos Costa e Silva, Garrastazu Médici e João Baptista Figueiredo. "Sou como V. Exa., contra o golpe militar ou civil, contra a ausência de regime representativo, contra a mutilação da democracia, enfim", argumentava.

"Não é possível que o Mamede me faça caretas por trás da cortina da ESG", diria Lott.

Decidido a punir o coronel Mamede, Lott ligou para o Catete na manhã do dia 3 de novembro. Afeito às filigranas da hierarquia, entendia que apenas Café Filho poderia autorizá-lo a aplicar o devido corretivo em Mamede, já que a ESG estava subordinada à presidência da República e não ao Ministério da Guerra. No entanto, pelo telefone, Lott soube que o presidente havia sentido fortes dores no peito durante a madrugada e sido internado, às pressas, no Hospital dos Servidores do Estado, onde se encontraria mantido por um balão de oxigênio.

Até hoje sobram suspeitas sobre o real estado de saúde de Café Filho naqueles dias. Não são poucos os que apostam que a internação tenha significado uma saída estratégica de cena, num momento em que parecia clara a articulação de mais um golpe militar no país. O fato é que, na tarde do dia 8 de novembro, assumiria o próximo da linha sucessória, o presidente da Câmara dos Deputados, Carlos Luz — aquele que se derramara em cumprimentos a Mamede após o polêmico discurso à beira do túmulo de Canrobert.

Castello, que continuava a colecionar e sublinhar os artigos de Lacerda nas páginas da *Tribuna da Imprensa*, leria logo na manhã seguinte: "É preciso que fique claro, muito claro, que o presidente da Câmara não assumiu o governo da República para preparar a posse dos srs. Juscelino Kubitschek e João Goulart. Esses homens não podem tomar posse, não devem tomar posse, não tomarão posse". E continuava Lacerda, no mesmo diapasão: "É preciso dizer toda a verdade. O governo inaugurado ontem, sob o aspecto de uma sucessão rotineira, é um governo que só nasceu e só se manterá pelo consenso dos chefes militares responsáveis pelo 24 de agosto, cujo equívoco, agora, estão em situação de desfazer".

A oratória inflamada de Lacerda encantava Castello. Admirava-lhe a forma, embora fizesse várias restrições ao conteúdo. Votara em Lacerda duas vezes. Em 1947, para vereador pelo Distrito Federal e, naquele ano, para deputado federal.

Mas, agora, discordava dele. E também não acreditava na possibilidade de que pudesse haver um consenso entre os líderes militares, nem mesmo entre os que haviam deixado as digitais impressas no trágico desfecho de 1954.

Isso ficou evidente quando, no fim da tarde do 10 de novembro, Lott foi ao Catete, onde seria recebido por Carlos Luz, numa audiência marcada para as dezoito horas. Mal sabia ele que, àquela altura, já estava impressa a edição do *Diário Oficial* do dia seguinte, que trazia uma nota discreta, quase escondida em um canto perdido da página 10, anunciando a exoneração do Ministério da Guerra.

Após uma espera de quase duas horas, Lott recebeu de Carlos Luz a comunicação de que, após ter acesso aos pareceres do Estado-Maior das Forças Armadas e do consultor-geral da República, a presidência não via motivos para aplicar qualquer punição a Mamede. Lott respondeu-lhe então que, dessa forma, não poderia continuar ministro, pois do contrário teria a autoridade abalada.

Era tudo o que Carlos Luz desejava ouvir. Na sala ao lado, o general Fiúza de Castro, o primeiro a assinar o Manifesto dos Generais de 1954, aguardava apenas um sinal para abrir a porta e receber o cargo das mãos do ministro demissionário. Lott, entretanto, pediu aos dois algumas horas para limpar as gavetas. E a transferência foi adiada para a tarde do dia seguinte.

Não haveria, porém, dia seguinte.

Na manhã do dia 11 de novembro, 25 mil homens fiéis a Lott ocupavam as ruas do Rio de Janeiro. Logo cedo, Castello reuniu todos os seus comandados — instrutores e alunos — no pátio principal da ECEME. Informou que, durante a madrugada, o ministro da Guerra, Henrique Teixeira Lott, com o apoio do comandante da Zona Militar do Leste, general Odylio Denys, havia mobilizado as tropas da Capital Federal e desferido uma ação contra o presidente interino, Carlos Luz. A ação, batizada nos bastidores de Operação Formiga, havia sido necessária, argumentou Castello, para preservar a Constituição e garantir a posse do presidente eleito.

Não se tratava de um golpe, mas de um contragolpe, explicou Castello. Ele reconhecia que a situação era, sem dúvida, paradoxal. Uma espécie de tragicomédia, em que os papéis pareciam trocados: os golpistas haviam derrubado um governo para manter a legalidade, enquanto os próprios governistas conspiravam para subverter as instituições e, assim, rasgar o voto de milhões de brasileiros.

Alunos e instrutores ouviram em silêncio. Pela primeira vez na vida, Castello concordava com Lott.

Ao final da reunião, Castello garantiu que receberia a seguir todos os oficiais que desejassem maiores esclarecimentos a respeito. Dito isso, seguiu para o seu gabinete. Atrás dele, começou a se formar uma enorme fila indiana, que congestionou os corredores da Escola e ocupou a maior parte das escadarias que levavam até o segundo andar do prédio, onde ficava localizada a sala do comandante.

Era evidente que, contrariando a posição do chefe, a maioria absoluta da ECEME estava contra a chamada "novembrada" de Lott. Diplomático, Castello decidiu receber os instrutores e alunos em grupos de dez. Ao saber que eles preparavam um manifesto de repúdio ao ministro da Guerra, recomendou-lhes cautela. Argumentou que uma declaração nesses termos não teria nenhum efeito prático, e seria considerada, com razão, uma indisciplina grave.

"Faço-lhes um apelo. Numa hora dessas, a concórdia é a única saída", afirmou aos comandados.

Enquanto Castello conseguia, a muito custo, conter os ânimos na ECEME, Carlos Luz e um grupo de civis e militares — incluindo o coronel Mamede e o jornalista Carlos Lacerda — refugiavam-se a bordo do cruzador *Almirante Tamandaré*. Debaixo dos bombardeios de advertência que partiam dos fortes situados ao longo da Baía da Guanabara, pretendiam rumar para Santos, esperançosos de que o governador de São Paulo, Jânio Quadros, oferecesse condições de resistência — o que não viria a acontecer. Às 18h30 daquele mesmo dia, o senador Nereu Ramos, o terceiro na linha sucessória, tomava posse como novo presidente da República. E Lott, é claro, era mantido como ministro da Guerra.

O *Tamandaré* retornaria ao Rio no dia 13. Entre os tripulantes, estavam dois oficiais-alunos da ECEME, que foram detidos por Castello tão logo puseram os pés de volta à escola. Carlos Lacerda, temendo ser preso, procuraria asilo na embaixada de Cuba. Poucos dias depois, Café Filho anunciou que recuperara a saúde e preparava a volta ao Catete. Mas recuou quando, em 21 de novembro, as tropas fiéis ao ministro da Guerra foram novamente postas nas ruas. Era o segundo contragolpe de Lott, este reforçado com a devida decretação do estado de sítio no país.

O clima, portanto, ainda era tenso quando Lott compareceu às solenidades de encerramento do ano escolar na ECEME. Na ocasião, Castello quis celebrar a pacificação da Escola, mas a situação acabou saindo de seu controle e descambou para uma aberta manifestação de protesto contra o ministro da Guerra. Recebido com frieza pelos oficiais e alunos, Lott deixaria a Escola debaixo de vaia, orquestrada pelos parentes dos concludentes do curso.

Aqueles apupos custariam um preço alto a Castello, responsabilizado por Lott pelo ocorrido. Disposto a "limpar" o Exército dos conspiradores, Lott tratou então de fechar o cerco também contra a ECEME. Sem consultar Castello, transferiu quatro de seus instrutores para guarnições fora do Rio de Janeiro. Castello ainda procurou, sem sucesso, convencer o ministro a rever a atitude. Mas Lott permaneceu inflexível. Entre os dois, afloraram as velhas rusgas do passado. A seu favor, Lott tinha agora, além do cargo de ministro, o discurso da manutenção da ordem, da disciplina e da hierarquia:

"Se o senhor não consegue controlar seus subordinados, também não terá condições de comandar uma instituição do porte da ECEME", sentenciou Lott.

Depois disso, não restava alternativa a Castello senão redigir o pedido de demissão, que seria aceito de imediato por Lott. Exonerado a 2 de janeiro de 1956, ferido em seu orgulho, Castello teria como consolo a volta ao posto de subchefe do Estado-Maior das Forças Armadas.

No dia 31 daquele mesmo mês, Juscelino Kubitschek assumia a presidência da República. Na composição da equipe, garantiu a manutenção da cadeira de Lott no Ministério da Guerra. Duas semanas antes, JK telefonara para Castello Branco e, por sugestão de um de seus principais conselheiros, o escritor e jornalista Augusto Frederico Schmidt, oferecera-lhe o cargo de presidente da Petrobras. Castello, que tornara-se íntimo de Schmidt por meio de um amigo em comum, San Tiago Dantas, não aceitou o convite. Disse que era um soldado, um homem do Exército, e jamais trocaria a farda por um cargo civil.

Além do mais, argumentou Castello, na eleição de outubro do ano anterior, não votara em JK. Seu voto fora dado para Juarez Távora, o candidato udenista derrotado. Não ficava bem aceitar um cargo num governo que não ajudara a eleger, embora se orgulhasse de ter ficado ao lado daqueles que defenderam, de modo intransigente, o seu devido direito à posse.

Uma multidão de cerca de 15 mil pessoas se apinhava defronte ao Ministério da Guerra, na comemoração ao primeiro aniversário do contragolpe de 11 de novembro de 1955. Fogos de artifício pipocavam no ar quando Lott e o vice-

-presidente da República, João Goulart, saíram pela porta principal do palácio e, acompanhados de um grupo de autoridades civis e militares, seguiram em direção ao palanque armado no meio da praça. Sob os aplausos calorosos do público, Jango tomou do microfone e fez um vibrante discurso:

"O que significa para nós, especialmente os trabalhadores, o Onze de Novembro, que teve em Vossa Excelência, sr. general Teixeira Lott, o grande comandante? Significa que no Brasil a era de golpes de mão e das conspirações palacianas está definitivamente encerrada, e que ninguém irá ao poder senão pela soberana vontade do povo."

A multidão exultou. E foi ao delírio quando Goulart passou às mãos de Lott uma espada reluzente. Na lâmina em legítimo aço espanhol de Toledo, lia-se a inscrição: "A espada de novembro". No punho, assim como a bainha forjado em ouro de dezoito quilates, havia sido gravada a frase: "Civis e militares oferecem ao general Lott".

"Esta espada é o símbolo da ordem e da lei", disse Jango, dando a palavra então ao ministro da Guerra, que passara a ser cortejado pelas esquerdas, pelo PSD e pelo PTB como a liderança mais progressista nos quadros do Exército.

Brandindo a espada no ar, acompanhado pelos vivas do público, Lott desfiou uma falação pedregosa:

"Houve os que trepidaram em dar, às comemorações cívicas de hoje, propósitos subversivos e *last, but not least* — investindo-se em exegetas dos regulamentos disciplinares do Exército —, acusam de infratores dos preceitos da disciplina os militares que compareceram a esta cerimônia. Cegos pela paixão, são incapazes de entender que nossos regulamentos proíbem a participação de militares fardados em manifestações de caráter político-partidário. Fingem, também, esquecer que os militares que aqui comparecem não são manifestantes, mas sim recipiendários de uma homenagem que lhes é prestada por seus concidadãos, pelo fato de terem assegurado, um ano atrás, o respeito ao princípio básico da Constituição."

O discurso de Lott era ruim na forma, mas tinha endereço certeiro. Dois dias antes da cerimônia da entrega da Espada de Ouro, o jornal carioca *O Globo* havia publicado com destaque, no alto da primeira página, uma carta aberta assinada por Castello Branco, sob o título "Visa à subversão e representa uma grave transgressão aos regulamentos militares". Era a recusa pública ao convite que recebera, no dia 8, para participar da homenagem ao ministro da Guerra.

Endereçado pela chamada Frente de Novembro, movimento que reunia sindicalistas e militares ligados à ala nacionalista do Exército, o convite referia-se a Castello como "preclaro chefe" e dizia considerar decisiva a sua adesão ao evento. Finalizava afirmando que "da união de operários e soldados surgirá a garantia da vitória na luta em que estamos empenhados contra o golpismo reacionário". Quando da fundação, em junho daquele ano, a mesma Frente de Novembro já lançara um manifesto em que defendia "a união dos trabalhadores e militares", em nome da "emancipação social do povo" e da "emancipação econômica da nação". A resposta de Castello, que em abril conseguira transferência para os quadros da Escola Superior de Guerra, foi clara. Dessa vez, não conspiraria em silêncio. Enfrentaria o ministro pela imprensa, à luz do dia:

Rio de Janeiro, 8 de novembro de 1956

Senhores membros do Comitê Auxiliar do
Distrito Federal da Frente de Novembro.

Recebi hoje a carta-circular, datada de 6 do corrente mês, em que este comitê me convida para assistir à homenagem que será prestada, no próximo dia 12, ao Exmo. sr. General Henrique Teixeira Lott.

Distinguido pelo vosso convite e, sobretudo, pela generosidade de me considerardes um "preclaro chefe" e de que minha "adesão pública" à demonstração popular ao Exmo. sr. ministro da Guerra será "decisiva", sinto-me no dever de vos agradecer tamanha distinção e de vos dar conhecimento das razões que me obrigam a não comparecer à projetada reunião político-partidária.

Primeiramente, meu desacordo com a doutrina e propósitos do "Manifesto à nação", recentemente publicado na imprensa sob o título "Frente de Novembro" e que propugna pela formação urgente da Força Popular e Nacionalista, a ser constituída por "trabalhadores e militares, funcionários, empregados do comércio e pequenos proprietários".

Essa arregimentação de militares, como classe e como força, ao lado de outras classes, alinhadas de uma maneira politicamente suspeita é, antes de tudo, subversiva. É também subversiva por desejar subordinar as Forças Armadas à sua linha de ação e "democratizá-las", "pela eliminação de grupos que se têm formado no seio delas", ou, conforme ainda diz o Manifesto, "unificá-las", "por um processo de democratização em virtude do qual sejam eliminadas quaisquer diferenciações dentro de seus quadros".

As Forças Armadas, por motivos políticos, estão politizadas e, consequentemente, divididas. Agora, a Força Popular e Nacionalista, querendo absorvê-las, pretende promover a sua desagregação pelo processo odioso de expurgo dos que lhe são contrários e pela sujeição dos que fiquem a seu serviço. Vão elas, então, para o regime totalitário, de natureza comunista ou nazista. Assim, há uma conspiração contra a ordem nas Forças Armadas para a subversão de sua vida profissional e constitucional.

[...]

Na ocasião em que muita gente idônea proclama honestamente a necessidade de a democracia brasileira não se tornar militarizada, principalmente pelo fortalecimento do poder civil e pela vitalização militar-profissional das Forças Armadas, vem o Manifesto, retardatário e reacionário, ameaçar o Brasil com a militarização do governo e das atividades nacionais.

Se essas razões não bastassem, senhores membros do Comitê, outras encontro no teor do convite também em apreço. O Regulamento Disciplinar do Exército não permite a participação de militares, sobretudo coletivamente como desejais, em reuniões políticas, mormente na do dia 12 do corrente, em que soldados e operários estão conclamados para a garantia de uma vitória de ordem político-partidária.

Peço, pois, ao Comitê tomar conhecimento das razões por que não deverei comparecer à manifestação popular ao Exmo. sr. general Henrique Teixeira Lott, ministro da Guerra, todas fundadas na convicção de que o Manifesto visa à subversão da ordem militar e política do país e de que há grave transgressão militar na aceitação de vosso convite.

Atenciosamente,
Humberto de Alencar Castello Branco
General de Brigada do Exército Nacional

Enquanto os membros da Frente de Novembro providenciavam os últimos preparativos para a festa que começaria no meio da tarde, os jornais cariocas amanheceram estampando o apoio de vários chefes militares às palavras de Castello Branco.

O general Adhemar de Queiroz, por exemplo, dizia estar solidário com Castello e, com uma ponta de ironia, dizia ter recebido o mesmo convite, mas "certo de que o mesmo tenha vindo com endereço errado", recusava-se a guardá-lo em seu poder e, assim, considerava-o "restituído aos seus remetentes". O general Arthur da Costa e Silva dizia não ter recebido convite nenhum. "Se recebesse, teria procedimento idêntico ao do general Castello Branco." E concluiria: "Estou inteiramente de acordo com os termos da carta deste general. Eu a assinaria".

A questão invadiria até mesmo as páginas literárias dos jornais da época. No mesmo *Jornal do Brasil*, o poeta Manuel Bandeira, udenista roxo, se posicionaria por meio de versos cheios de talento e sarcasmo:

Excelentíssimo General
Henrique Duffles Teixeira Lott,
A Espada de Ouro que, por escote,
Os seus cupinchas lhe vão brindar,
Não vale nada (não leve a mal
Que assim lhe fale) se comparada
Com a velha espada
De aço forjada,
Como as demais
— Espadas estas
Que a Pátria pobre, de mãos honestas,
Dá a seus soldados e generais.
Seu aço limpo vem das raízes
Batalhadoras da nossa história:
Aço que fala dos que, felizes,
Tombaram puros no chão da glória!
O ouro da outra é tirado,
Ouro raspado
Pelas mãos sujas da pelegada,
Do bolso dos argentários,
Do bolso raso dos operários,
Não vale nada!
É ouro sinistro,
Ouro mareado:
Mancha o ministro,
Mancha o soldado.

Os flashes do batalhão de fotógrafos iluminaram o sorriso largo e os dedos em "v" do general Justino Alves Bastos, após ser anunciada a vitória da Chapa Amarela nas eleições do Clube Militar de 1958. Apoiado por Lott e pela ala nacionalista do Exército, Bastos vinha de uma tradicional família de militares e, no passado, estivera entre os organizadores da Revolução Constitucionalista de 1932. Em 1955, participara da movimentação das tropas coordenadas pelo general Odylio Denys, nos acontecimentos do Onze de Novembro. Em 1964, Castello e Bastos estariam juntos na conspiração que derrubaria João Goulart.

Mas, por enquanto, o general Bastos comemorava e Castello Branco escapava à francesa da sede do Clube Militar, sem sequer cumprimentar o vencedor. Candidato a presidente pela Chapa Azul, organizada pela Cruzada Democrática, Castello decidira quebrar seu juramento de não concorrer às eleições. Resultado: perdeu de novo, por 8972 votos contra 7697. "Não cumprimentei o vencedor por vários motivos: os agravos que eu recebi, todos estimulados por ele, e as molecagens que fez à minha pessoa. Com a vitória, ele fez um verdadeiro show, com a esposa e vários senhores, no salão, entre palmas e retratos, não sendo do meu feitio tomar parte em ridicularias", justificaria em magoada carta ao filho.

Antes de retirar-se, porém, cruzaria com Nelson Werneck Sodré à porta da sede do Clube Militar. "Como sempre, fui cumprimentar o general Castello Branco; acolheu-me com a cortesia álgida que às vezes adotava para significar seu desagrado", escreveu Sodré em suas memórias, considerando injusta a frieza com que Castello apertou-lhe a mão, com certeza por sabê-lo eleitor de Justino Alves Bastos. "O general Castello Branco evoluía, rapidamente, para integrar-se na facção conspirativa, em que tinha, realmente, os seus melhores amigos. Não o poderia acompanhar nessa caminhada. Nunca mais nos vimos", recordaria Sodré.

Inconformado com a derrota, Castello daria entrevista bombástica à imprensa, publicada em 23 de maio pelo *Jornal do Brasil*. Sob o título "Apesar da pressão aberta 7697 oficiais discordaram da chapa do General Lott", e sob a chamada "Declaração do candidato azul", o texto alegava que "processos eleitorais condenáveis" haviam comprometido a lisura do pleito e garantido a vitória da Chapa Amarela. Castello denunciava que "muitos camaradas se expuseram a represálias" e que a própria imprensa relatara a existência de "olheiros" do "Poder Militar", convocados para anotar o nome dos que, desfrutando de cargos de confiança no Exército, insistissem em votar contra a chapa que, "por insistência da propaganda, passou a ser, para efeitos ilegítimos, chamada fortemente de chapa do general Lott".

192

Lott, é claro, não gostou. Considerou a declaração leviana e passível de punição. A polêmica iniciada por Castello na imprensa prosseguiria em segredo, numa troca de notas agressivas, protocoladas com o carimbo de "Documento reservado" e que hoje repousam nos arquivos sob a guarda da ECEME. Naquele mesmo dia, Lott endereçou a Castello a primeira nota reservada, exigindo-lhe explicações. Em primeiro lugar, perguntava se a entrevista publicada pelo *Jornal do Brasil* era fiel ao depoimento que prestara ao repórter. Depois, cobrava detalhes sobre as supostas "represálias" sofridas pelos eleitores da Chapa Azul. Indagava ainda o que Castello estaria insinuando ao referir-se, genericamente, a respeito de "o Poder Militar". Por fim, interrogava se ele acreditava mesmo na existência dos tais "olheiros" encarregados de anotar as preferências dos eleitores do Clube.

Castello respondeu a Lott numa carta de três páginas, em que confirmava ser o texto publicado na imprensa a transcrição fiel do que declarara ao repórter do *Jornal do Brasil*. Em seguida, citava como exemplo de retaliação o caso de um capitão que fora transferido após declarar seu voto na Chapa Azul. E, mais adiante, dizia que não havia nenhuma insinuação na utilização do termo "Poder Militar". "Trata-se do Ministério da Guerra", afirmou, dessa vez sem eufemismos. Quanto à questão de acreditar ou não nos "olheiros", Castello observou: *Acreditar* é uma questão de foro íntimo, a qual, no entanto, abrirei para Vossa Excelência. Certeza, não tenho, pois não houve, para mim, naquele momento, a evidência do fato. Mas estou num ato legítimo de pensamento, que entrevê apenas o *possível*, no estado da dúvida".

A tréplica de Lott foi dura. Em nova nota reservada, ele enumerou uma extensa coleção de artigos do Regulamento Disciplinar do Exército que teriam sido desrespeitados por Castello na resposta. Acusou-o de faltar às normas de "discrição de atitudes", de ter "concorrido para a discórdia ou desarmonia entre os camaradas", de "desacreditar seus iguais ou subordinados, não só em círculos militares como entre civis" e, em especial, de "desconsiderar um superior".

"Considerando seu possível estado de cansaço físico, foi-lhe dada oportunidade de ressarcir sua falta, mediante o reconhecimento de haver-se excedido e cometido injustiça ao expressar-se de maneira desatenciosa e contrária aos fatos", argumentou Lott. "Entretanto, assim não compreendeu V. Exa., que procura justificar suas infelizes declarações, alegando conhecer o caso de um capitão que teria sido transferido, em virtude de suas preferências pela denominada Chapa Azul. Ainda que tal alegação tivesse fundamento, é lógico que um único caso em 7697 votantes da referida chapa não justifica a generalização feita nas declarações."

O ministro da Guerra concluía dizendo que considerava aquele "conjunto de transgressões" uma falta grave. Mas, diante dos "relevantes serviços prestados ao Exército e à nação" por Castello, "tanto na guerra como na paz, ao longo de quarenta anos", Lott decidia classificar a falta apenas como média, conforme a repreensão que seria afixada em seus documentos militares. Para um oficial que tinha orgulho da ficha imaculada, aquela mancha significava uma desonra inominável. Castello sentiu a força de tais palavras. Precisou ser internado, após ser vítima de uma crise de nervos, acompanhada de dores horríveis nas costas e no abdômen.

Foram necessários quase dois meses até Castello levantar da cama e conseguir escrever mais uma vez ao ministro da Guerra, a 21 de agosto. "Esta carta, portadora de meu atual propósito de esclarecer, é expedida com grande atraso por motivo de minha baixa ao Hospital do Exército e prolongada convalescença", informou. "Além de me fazer uma injustiça, Vossa Excelência me ofendeu", prosseguiu. "A cicatriz que ficou em mim é a resultante da apreciação que Vossa Excelência fez de minha conduta e de caber à minha pessoa, talvez a única, a expiação de todos os males provenientes daquelas eleições, em cujo decorrer eu me comportei sereno e disciplinado."

O estado de ânimo de Castello não melhorou nem mesmo depois de ter saído, quatro dias após ter escrito aquela carta, a divulgação de que estava sendo promovido, por tempo de serviço, a general de divisão, três estrelas. Houvera na cúpula dos quartéis o boato de que seu nome seria barrado por Lott da lista de promoções.

"O sujeito é nosso inimigo, presidente", chegara a argumentar Lott a Juscelino.

A promoção só saiu por causa da intermediação direta de um velho amigo de Castello, Francisco Negrão de Lima, então nomeado prefeito do Distrito Federal, junto ao próprio JK.

Com a saúde abalada, Castello foi novamente internado, em 3 de setembro, dessa vez para se submeter à retirada de cálculos na vesícula. Ao vê-lo de novo no hospital, os amigos evitaram lhe dar uma desagradável notícia: a promoção vinha acompanhada de uma retaliação. O Ministério da Guerra iria afastá-lo do Rio de Janeiro. Deitado na maca, vestido apenas com o avental branco de paciente, Castello foi levado para a sala de operações. Ao ver a preocupação estampada no

194

rosto do general, a sargento-enfermeira encarregada de transportá-lo até a mesa de cirurgia procurou animá-lo, desejando-lhe boa sorte. E fez um último comentário, sorrindo:

"Antes que eu me esqueça: meus parabéns, general."

Castello olhou para a moça, sem entender o sentido daquelas palavras.

"Parabéns? Como assim, minha filha?", indagou.

"Ora, parabéns pelo novo cargo de comandante na Amazônia...", disse a enfermeira, imaginando ser a portadora de uma grande notícia.

Foi a última coisa que Castello ouviu antes de receber o balão de oxigênio e a anestesia. O mundo inteiro escureceu à sua volta.

Inferno verde

Deprimido, Castello deu para engordar, o que só agravou o defeito congênito na coluna. As dores eram cada vez mais intensas. A espinha curvava-se diante do peso extra, provocando uma séria inflamação nas vértebras inferiores e superiores. Julgava-se um homem acabado. Após quase meio século de dedicação exclusiva ao Exército, pensou em pedir baixa das Forças Armadas. Pior que a dor física era a dor moral. Sentia-se apunhalado pelas costas. Com a brusca transferência para a Amazônia, talvez fosse a hora de trocar a farda pelo pijama típico dos generais da reserva. Encerrar a carreira antes da hora, retirar-se da caserna pela porta dos fundos.

Tal estado de espírito seria revelado nas longas cartas que escreveria a parentes e colegas nessa época. A melancolia que tragava o desesperançado Castello fundia-se ao ódio, agora ainda mais visceral, a Lott. Ou ao "condestável", o "homem do nono andar do Ministério da Guerra", como a ele se referia Castello, sempre evitando citar o nome do desafeto. "Tenho impressão, em certos dias, de que vou desanimar, sobretudo quando recebo aqui os efeitos da corrupção implantada no Palácio da Guerra pelo marechal da Espada de Ouro", desabafou ao cunhado Hélio Vianna, em carta datada de 3 de setembro de 1959.

As portas do Exército lhe pareciam todas vedadas. "O meu futuro próximo está muito incerto. Não desejo precipitar-me, nem fechar a minha carreira sem serenidade. Não vejo, porém, um caminho aberto para uma proveitosa quadra final de minha vida militar", escreveu Castello, três meses depois, ao coronel Waldetrudes Amarante, oficial que conhecera nos tempos da 10ª Região Militar, em Fortaleza. "Desejo trabalhar, e trabalhar bem, até o último dia de atividade. Mas já penso em evitar uma quadra final amofinada e enfezada", confidenciou, enfim, ao colega.

Como se não bastassem as insuportáveis dores nas costas, Castello sofria com a desorganização e a morrinha que encontrara na gigantesca área de influência da 8ª Região Militar. "Tudo é difícil, tudo é tão grande, inclusive a preguiça. Ninguém quer vir para cá e o governo não tem autoridade para embarcar ninguém", queixou-se ainda na correspondência a Amarante. Não havia nem mesmo auxiliares em quem pudesse por acaso se apoiar. "De 32 oficiais aqui classificados, 24 tiveram retificação de classificação, cinco ainda não vieram e apenas três se apresentaram. Destes, dois deram parte de doente e já foram embora", contabilizou.

Castello chegaria a desacreditar dos rumos da própria corporação à qual se entregara, com dedicação extremada, durante a vida inteira. "Estamos num período crucial para o Exército. Tudo avelhado, uma organização caduca e um quadro de generais constituído de alguns paquidermes, vários bons moços, muitos cansados — cansados de quê?!... —, quase todos ultrapassados pelo tempo", comentaria a Amarante. "Não se esqueça que você e outros terão que enfrentar a corrupção militar, gerada pelo gozo de privilégios imorais, pelo comodismo, pela incapacidade, pela adulação e pelo medo", advertia ao amigo. Era, aliás, o medo que mais incomodava Castello: "O medo de enfrentar a prepotência do poder, medo da denúncia, medo da carta anônima, medo dos camorras, aquele medo que não tem nada com a angústia de sentimentos diante do infortúnio, mas que viaja na fraqueza, no abandono do dever, na demissão de um destino".

Lott havia conseguido o seu objetivo: alquebrar o ânimo do impetuoso Castello. "O Rio de Janeiro, além de distante, está de costas para a 8ª RM. Às vezes chego em casa com sinais de que vou fraquejar", confessou mais uma vez ao coronel Amarante. "A Argentina tem sido uma companheira de responsabilidade e de conforto para mim. Para ela, que tem muita sensibilidade, é chocante a adversidade de certas circunstâncias", escreveu. "Eu as enfrento como se estivesse em combate; vejo, porém, que ela as aceita discretamente, sem reclamar, sorvendo-a como uma provação."

Argentina, de fato, procurava não demonstrar desânimo. Em carta à cunhada Edith, mulher do irmão Hélio Vianna, tentava ver as coisas por um ângulo positivo: "Temos nos fartado de casquinhas de caranguejo, pato no tucupi, tartaruga, sorvetes de graviola, cupuaçu, pequiá, bacuri, abricó, araçá, taberebá, umari, mangaba, pupunha etc. etc.", enumerava. "Os doces são também notáveis, os salgadinhos, idem. Pará é a terra da boa cozinha. Só não provei tacacá e maniçoba, que têm um aspecto pouco atraente", avisava. Mas a mesma Argentina não conseguia deixar de esconder a decepção com San Tiago Dantas, que de ex-integralista passara à condição de expoente da bancada petebista de apoio a Juscelino e a seu vice, João Goulart: "Cada vez compreendo menos o San Tiago. Um homem tão inteligente se curvar diante de um Jango como ele faz. Que pena!".

Ao cunhado Hélio Vianna, Castello revelaria o método que encontrara para tentar suportar as adversidades daquele inferno verde: "Deito numa rede do Ceará, relaxo a carcaça, entro em brios depois, procuro endireitar-me e continuo a guerra a que estou submetido". Em meio às dores do corpo e da alma, ainda encontraria espaço para dar vazão ao característico sarcasmo, mesmo que fosse para tripudiar da própria desgraça. Descreveria assim, ao amigo Amarante, a situação de seu Estado-Maior no Comando Militar da Amazônia.

O coronel Isaltino, muito sério e improdutivo, transferiu-se para São Paulo. O tenente-coronel Coelho Lima — criador apaixonado e sádico de casos — também bateu a feia plumagem. O meu fiscal administrativo é um capitão submetido a dois inquéritos, um pela acusação de fraudar vários documentos e o outro por ter se casado três vezes (não deixa de ser um homem irresistível...). O ERF está chefiado por um major que, depois de ser submetido a um Conselho de Justificação, deverá ser reformado administrativamente. Já os médicos de Manaus venderam isenção do serviço militar. Abri inquérito e, hoje, três respondem a processo. Venderam até os pijamas do hospital...

Ao contrário do que ocorrera quando comandara a 10ª Região Militar em Fortaleza, Castello procurou dessa vez manter-se afastado do jogo político local. "Não tomo conhecimento das tricas partidárias e não entro em assuntos civis", escreveu a Amarante. Entretanto, se a política paraense não lhe apetecia, as próximas eleições presidenciais eram motivo de efetiva preocupação para Castello. Afinal, desde a cerimônia da entrega da Espada de Ouro, Lott aparecia como o candidato natural para a sucessão de Juscelino. E Castello poderia suportar tudo, menos ver Lott com a faixa presidencial no peito. "O ano de 1960 vai ser muito agitado. Já estou fazendo tudo para que os oficiais e sargentos não sejam envolvidos nos enleios e incidentes locais. O Ministério da Guerra é hoje um grande centro partidário, um ostensivo órgão de propaganda eleitoral e um controlador pérfido de quem é contra e de quem é a favor", escreveria ainda ao amigo Amarante.

Era preciso, pois, manter os soldados longe da política. E, ao mesmo tempo, lançar um último esforço para combater a apatia nos quartéis do Comando Militar da Amazônia. Foi com esse duplo objetivo que Castello se lançou à aventura, por muitos então considerada impossível, de planejar um grande exercício de manobra, que mobilizaria efetivos das três armas, em ações coordenadas por todo o território da região Norte do país. Cortar o imenso "inferno verde amazônico" de ponta a ponta, numa ação sem precedentes na história militar brasileira.

A manobra, de fato, impressionaria pela organização e pelo gigantismo. Incluiria grandes deslocamentos fluviais, operações na selva, reconhecimentos de fronteiras, transporte de toneladas de cargas e munições por toda a região, exaustivos monitoramentos aéreos. Esquadrinhou toda a floresta, traçando rotas de comunicação e de acesso por terra, água e ar. Além disso, cada uma das guarnições foi inspecionada pelo próprio Castello, que, em pessoa, cobrava resultados e punia com severidade os erros e imprecisões.

O êxito absoluto da operação parecia ter revigorado o alquebrado militar. Mas seria interpretado por Lott como uma indisfarçável provocação. O ministro da Guerra julgou que a manobra fosse, na verdade, uma desafiadora demonstração de força. Por trás de todo aquele insólito treinamento, viu a preparação de uma insurreição arquitetada por Castello contra ele. O próprio Castello negaria, nas cartas ao cunhado Hélio Vianna, que estivesse querendo impressionar ou mesmo desafiar Lott: "Enquanto o grande amigo do Jango faz política com o Exército, eu aqui estou entregue exclusivamente à profissão", argumentou.

"O homem que, segundo o nosso San Tiago, vai comandar operários e soldados deu ao Exército a triste alternativa: áulico ou escravo", escreveria ainda Castello ao cunhado. "Nunca tive natureza para áulico, principalmente agora que estou velho e que tenho a certeza de que é melhor não ser lacaio. Escravo? Faço força para não me submeter ao 'dono da situação', reajo, escrevo o meu ponto de vista, discordo e não dou abertamente o meu apreço. Ele bufa e a camorra me acha incômodo", completaria.

As relações entre Castello e Lott haviam atingido o pico da tensão. Pouco antes da grande manobra, Castello tirara alguns breves dias de férias, em setembro de 1959, e aproveitara para viajar a Belo Horizonte, terra da família da esposa, e também ao Rio de Janeiro. No Rio, por julgar uma obrigação protocolar do cargo, tratou de marcar audiência no Ministério da Guerra. O ajudante de ordens de Castello, Edmar Eudóxio Telesca, que o acompanharia até a antessala do ministro, ficou surpreso ao ver o chefe sair do gabinete de Lott menos de um minuto após ter entrado lá. Telesca escreveria em seu diário que Castello saiu da audiência-relâmpago procurando aparentar um ar altivo. Seja qual tenha sido o teor da conversa — se é que alguma conversa de fato ali houve —, ela teria desdobramentos ainda mais funestos para Castello.

A grande manobra na Amazônia logo seria alvo de rigoroso inquérito militar. O Ministério da Guerra iria investigar a possível ligação entre a operação gigante e uma revolta armada, ocorrida alguns dias depois dela, em Aragarças, interior de Goiás. Não seria apenas a imaginação fértil de Lott que relacionaria a manobra de Castello, ocorrida em novembro, à chamada Revolta de Aragarças, deflagrada a 3 de dezembro. Em meio aos papéis apreendidos após o fracasso do movimento em Goiás, o nome de Castello Branco era citado várias vezes como um de seus possíveis articuladores.

A bibliografia oficial reservou apenas uma nota de rodapé para a Revolta de Aragarças em relação à história do Brasil no século xx. Para muitos, ela foi apenas um movimento inconsequente e frustrado, mais um na interminável lista de golpes e levantes militares na história republicana brasileira. No entanto, apesar de seu fracasso imediato, tratou-se de uma ação ousada, com alguns lances sensacionais. Comandada pelo tenente-coronel João Paulo Moreira Burnier, da Aeronáutica, o movimento inaugurou a história dos grandes sequestros aéreos no país.

Por orientação de Burnier, dois revoltosos, o major Teixeira Pinto e o civil Charles Herba, invadiram a cabine de comando de um Constellation da PanAir, que seguia do Rio de Janeiro para Belém. Logo em seguida, Pinto e Herba encostaram um revólver .45 na nuca do piloto e ordenaram que ele desviasse a rota para uma aterrissagem forçada em Aragarças. A bordo, iam 38 passageiros. Na noite anterior, o próprio Burnier invadira o aeroporto do Galeão com dois caminhões que levavam, além de dez militares sublevados, uma metralhadora, dez granadas de mão, uma bazuca, doze rojões e muita dinamite.

Burnier e seus homens tomaram de assalto três aviões Douglas C-47 e também voaram direto para Aragarças. De Belo Horizonte, ao mesmo tempo, cinco oficiais da Força Aérea Brasileira (FAB) tentaram se apoderar de mais três Douglas, que por estarem em manutenção, sem condições de voo, foram trocados por um Beechcraff, da empresa Samira do Brasil. Seu destino seria o mesmo dos demais: Aragarças.

Os revoltosos alegaram duas causas para explicar a revolta. A primeira delas era a desistência do ex-governador de São Paulo, Jânio Quadros, de concorrer às eleições presidenciais de 1960. A decisão de Jânio — político carismático, campeão de votos, único candidato com chances reais de derrotar Lott na disputa — significava entregar a eleição de bandeja ao ministro da Guerra de JK, que vinha sendo cortejado por setores das esquerdas. A segunda causa da revolta seria uma tentativa de resposta antecipada a um suposto golpe esquerdista, planejado por Leonel Brizola, a ser desencadeado por aqueles dias em várias capitais do país, de Porto Alegre a Belém, com a ajuda de lideranças sindicais.

Com a ação espetacular de Aragarças, Burnier imaginava estabelecer tamanha confusão na vida nacional que não restaria a Juscelino outra alternativa senão decretar o estado de sítio. Com isso, calculavam os revoltosos, o suposto golpe de Brizola seria esmagado e as eleições teriam de ser canceladas. Lott, portanto, não chegaria ao poder. Contudo, Burnier não conseguiu o apoio que esperava dos quartéis. Além dos sequestros dos cinco aviões, não houve outra ação que demonstrasse adesão ao movimento. Nenhuma guarnição do país fez coro ao levante. Sem saída, os revoltosos decolaram e rumaram para o exílio, refugiando-se na Argentina, na Bolívia e no Paraguai.

No desenrolar do inquérito que buscava incriminá-lo, Castello negaria qualquer ligação, por mínima que fosse, com os revoltosos. Uma carta escrita por ele ao tenente-coronel Nilton Freixinho, enviada às vésperas do Natal, inclusive chegaria a condenar com veemência a revolta: "O episódio de Aragarças é mais um empurrão que recebemos no plano inclinado em que deslizam as Forças Armadas", escreveu Castello. "Idealismo, possivelmente. Mas, além de inépcia, um erro de visão de que o Brasil não pode melhorar dentro do regime constitucional", completou. "O Brasil não quer quarteladas, nem revolução, pelo menos no período que atravessamos", diria por fim Castello, numa carta datada de três anos e três meses antes do golpe de 1964.

Tais palavras de Castello, contudo, não o dispensariam de prestar contas ao o Ministério da Guerra. Entre os documentos apreendidos junto com os revoltosos em Assunção, no Paraguai, existia uma carta escrita de próprio punho pelo major aviador José Rubens Drumond, na qual Castello era, por três vezes, textualmente citado. Na carta, Drumond, que servia na 1ª Zona Aérea, em Belém, informava aos líderes do movimento sobre as possibilidades de adesão de oficiais do Comando Militar do Norte à revolta. A primeira citação a Castello dava conta de que "o general Castello está a par da situação política, e reagirá contra um golpe de Lott". Depois, a correspondência fazia referência direta, e com entusiasmo, à manobra comandada por Castello na Amazônia. Por fim, Drumond afirmava que o "general Castello foi convidado para vice de Jânio", mas teria declinado do convite "por não querer se afastar da 8ª Região". Em um segundo documento clandestino, lia-se que o coronel-aviador João Camarão Telles Ribeiro, também da 1ª Zona Aérea, garantia ter boas ligações com Castello, de quem podia se esperar total apoio ao movimento.

No dia 22 de janeiro de 1960, Castello recebeu dura correspondência do Ministério da Guerra, sob a rubrica de "Secreto" e assinada pelo general Estevão Taurino de Resende Neto, encarregado pelo inquérito que apurava as responsabilidades por Aragarças. "Peço a V. Exa. informar-me a que atribui o aparecimento de seu nome nos citados documentos", exigia Taurino de Resende, ex-colega de Castello dos tempos de cadete em Realengo. "Peço ainda a V. Exa. que se digne responder este ofício com a maior brevidade possível", cobrava, ordenando que Castello acusasse o recebimento daquela correspondência, via rádio. O cerco de Lott se fechara. No Rio de Janeiro, todos davam como certa a prisão do general Castello Branco.

A resposta de Castello, porém, demorou uma semana para ser redigida. E foi feita em tom igualmente firme. Em primeiro lugar, afirmava que de fato fora procurado algumas vezes por oficiais da 1ª Zona Aérea, que o teriam feito não com o intuito de convidá-lo a tomar parte de alguma tresloucada revolta. Mas, do contrário, para manifestarem apreensão a respeito "de um golpe a ser desferido por militares e para entregar o poder total da nação ao atual ministro da Guerra". Castello partia para um perigoso contra-ataque. "O assunto não me surpreendeu, pois, desde 1956, ouço falar por oficiais das três Forças Armadas e por civis nesse movimento em prol de uma ditadura militar lottista", escreveu, em documento também assinalado como "Secreto".

"Existem grupos militares, lottistas extremados, de pressão sobre a política nacional, que fazem da candidatura oficial também uma candidatura militar, atuando de maneira irregular, pelo menos ilegitimamente", prosseguia Castello, desafiador. Em seguida, afirmava: "Consideram [os militares] mesmo o atual ministro da Guerra um inarredável do poder". O texto parecia bem mais uma carta de suicídio político. "A todos, sempre e invariavelmente, declarei que, na hipótese de qualquer golpe, estaria contra e que tomaria parte da reação", informava.

Em defesa às acusações que lhe eram imputadas, Castello assumia um tom de quase desdém. Sobre as aparições de seu nome em documentos da Revolta de Aragarças, dizia apenas que desconhecia o motivo delas, atribuindo o fato a meras especulações dos revoltosos, sem qualquer fundamento na realidade. Insistia também que a grande manobra na Amazônia havia sido "um empreendimento altamente profissional e de instrução", e que qualquer outra interpretação não passava de "grosseira distorção". Por fim, ridicularizava a referência a um suposto convite para compor com Jânio Quadros uma chapa para concorrer às eleições presidenciais. "Como informe é desarrazoado; como informação, não deixa de ser uma tolice." Sem mais, assinava Castello.

A resposta, embora explosiva, não teria maiores consequências. Para concorrer às eleições, Lott preparara de antemão a desincompatibilização do cargo e, prudente, evitou um confronto que pudesse desgastá-lo, ainda mais, ante a ala conservadora do Exército. Em fevereiro, Lott passaria o ministério ao general Odylio Denys, um dos futuros articuladores do golpe de 1964, admirador confesso de Castello Branco. O inquérito contra Castello não seguiu adiante. Foi arquivado e esquecido em algum fundo de gaveta do Ministério do Exército.

A exoneração de Lott coincidiria com a notícia da consequente transferência de Castello, de volta, para o Rio de Janeiro. Com a dança das cadeiras, as hostilidades contra ele cessariam por completo no Ministério da Guerra. O pesadelo do "exílio" na Amazônia, portanto, chegava ao fim. Castello iria assumir o cargo de diretor do ensino de formação do Estado-Maior do Exército e, logo em seguida, seria promovido a diretor-geral de instrução.

Pouco antes, ainda em Belém, quando já estava com as malas prontas para seguir ao Rio, teria oportunidade de conhecer Jânio Quadros, o candidato que enfrentaria Lott nas eleições marcadas para outubro daquele ano. Na vertiginosa campanha que o levaria à presidência da República, Jânio faria um comício, em 14 de janeiro, na capital paraense. Milhares de pessoas o veriam então empunhando a célebre vassoura, símbolo que escolhera sob a promessa de varrer a corrupção e a bandalheira para longe da vida política brasileira. Castello celebrara. "Para varrer a sujeira da Espada de Ouro, só mesmo uma vassoura", escreveria à irmã Beatriz.

Com seus óculos tortos caídos no meio do nariz, cabelos desgrenhados, olhos esbugalhados e ternos amarrotados, Jânio encantou o país com um discurso que prometia um governo de austeridade, implacável no combate à corrupção. O candidato udenista acabou conquistando quase 6,5 milhões de votos. João Goulart foi eleito vice.

Em menos de sete meses de governo, Jânio Quadros proibiu a briga de galos, condecorou o líder guerrilheiro Che Guevara, impediu por decreto o uso do biquíni, distribuiu milhares de seus famosos e ácidos "bilhetinhos" a funcionários dos mais variados escalões e inaugurou um novo estilo na presidência: despachava várias vezes de alpargatas e jaquetas no modelo safári.

Ao apostar numa política externa independente dos Estados Unidos, Jânio entrou em choque com os interesses do capital internacional e das alas militares mais conservadoras. Quando renunciou, tentando uma volta por cima nos braços do povo e querendo arrancar o apoio incondicional das Forças Armadas, empurrou o país para uma crise político-militar sem precedentes até então.

Não por coincidência, Jânio escolhera renunciar quando seu vice, João Goulart, estava em visita oficial à União Soviética e à China comunista. Os ministros do Exército, da Marinha e da Aeronáutica divulgaram nota conjunta dizendo-se contra a posse de Goulart, o ex-ministro do Trabalho de Getúlio, acusado de "animar e apoiar manifestações grevistas promovidas por conhecidos agitadores". Em vez da esperada comoção nacional pela volta, porém, Jânio assistiu a uma avassaladora mobilização da opinião pública pela continuação da normalidade democrática. Uma pesquisa feita pelo Ibope, à época, indicou que 91% dos brasileiros eram favoráveis à posse de Jango. Sem apoio popular, os militares não ousaram ultrapassar a linha da legalidade. Como em 1954, o golpe foi mais uma vez adiado.

Até a vetusta União Democrática Nacional, a UDN, que galvanizava as insatisfações da classe média mais conservadora, apoiou a tese legalista. "Jânio foi à UDN de porre", diria aliás o então senador udenista Afonso Arinos, que havia sido um de seus maiores entusiastas durante a campanha. Logo se saberia que a ressaca de tal carraspana política teria nome: Castello Branco.

204

Recife, quarenta graus

Castello não era de rasgar papéis. Mas naquele dia esqueceu o hábito que tinha de guardar, com imenso zelo e senso de organização, todo e qualquer bilhete, carta, documento ou mesmo a mais simples anotação que lhe caía às mãos. Amassou com raiva o envelope e mandou o telegrama direto para a cesta de lixo. Não tinha sequer vontade de responder ao convite oficial para participar da solenidade de posse do novo governador de Pernambuco, Miguel Arraes. "Um esquerdista profundo", segundo definiria em diário seu novo ajudante de ordens, o capitão Anísio Alves Negrão.

Na véspera da posse, Castello recebera por rádio uma mensagem do gabinete do próprio presidente João Goulart, que determinava que o representasse na transmissão de cargo, tanto na Assembleia Legislativa quanto no Palácio das Princesas, sede do governo estadual. A ordem irritou Castello ainda mais, o que o levou a descontar tamanha zanga em broncas gratuitas distribuídas aos subordinados mais próximos. "Até eu levei uma...", registraria o minucioso diário do ajudante de ordens. Para Castello, cumprimentar Arraes pela chegada ao poder era um desplante. Fazê-lo na condição de representante do próprio Jango era, mais que isso, uma infâmia.

O fato é que, se nutria verdadeira aversão por Arraes, por Jango sentia enorme desprezo. Na crise após a renúncia de Jânio Quadros, ainda no cargo de diretor-geral de ensino do Estado-Maior do Exército, no Rio de Janeiro, Castello mantivera-se em silêncio diante do manifesto assinado pelos ministros militares contra a posse do vice João Goulart. "Todos conheciam seu ponto de vista sobre o vice-presidente, todos sabiam onde estaria se chegasse a haver luta, mas também todos reconheciam seus escrúpulos diante da alternativa de fugir à solução institucional da grave crise político-militar", escreveria mais tarde o general Octávio Costa. "Observei-o de perto nas longas noites de vigília no Quartel-General, com a nação à beira da guerra civil, e pude admirá-lo em sua seriedade, em sua discrição, em sua coerência, o seu silêncio, o seu sofrimento e o seu atento acompanhamento dos fatos", diria ainda o general Costa.

O tal silêncio de Castello também pode ser interpretado como estratégica precaução. Afinal, todos os que ousaram à época se pronunciar, contra ou a favor do manifesto dos ministros militares, teriam cedo ou tarde que prestar contas de sua posição. De um lado, os que apoiaram o teor do manifesto passaram à opinião pública o atestado de golpistas. Um rótulo que Castello não queria. A tese de que "o Brasil não deseja quarteladas" ainda ecoava pelos corredores da Escola de Estado-Maior, quando das conferências na instituição. Do outro lado, os que se colocaram contra o manifesto dos ministros militares puseram em risco a própria pele, a ponto de muitos serem detidos nos quartéis. Era o caso do marechal Henrique Lott, que seria preso por lançar uma espécie de contramanifesto, a favor da posse de Jango.

Castello apoiaria, ainda com cautelosa discrição, o artifício legal então encontrado para se contornar a crise, ou seja, o remendo na Constituição que instituía o parlamentarismo e retirava grande parte dos poderes de Goulart. "A solução parlamentarista é uma medida de ocasião para resolver uma situação momentânea, mas a grave crise nacional continua", diria Castello, em carta a um antigo cadete de Realengo, João Henrique Gayoso e Almendra. "A mediocridade é dominante. Somos um país gigante governado por anões", completaria.

Quanto a Arraes, Castello Branco acompanhara com apreensão sua escalada ao governo de Pernambuco. Transferido para Recife desde setembro de 1962, Castello deixara o Estado-Maior no Rio de Janeiro para comandar o IV Exército, que abrange as três regiões militares sediadas no Nordeste brasileiro. Recém--promovido a general de exército, com quatro estrelas no ombro, chegaria à capital pernambucana em plena efervescência eleitoral. O clima reinante era de absoluta radicalização política. Saído das fileiras da chamada Frente de Recife,

206

formada por comunistas, socialistas e trabalhistas, Arraes enfrentava a poderosa máquina estatal colocada à disposição de seu oponente, o udenista João Cleofas, que contou ainda com o apoio milionário do IBAD, o Instituto Brasileiro de Ação Democrática.

O IBAD, fundado em 1959, era mantido por doações de empresas brasileiras e, principalmente, multinacionais. Ligado à embaixada norte-americana e à CIA, distribuía farto material ideológico anticomunista e financiava campanhas políticas com recursos astronômicos, além de pagar polpudas quantias a deputados e senadores, com o objetivo de manipular a votação de projetos estratégicos no Congresso Nacional. O IBAD comprava ainda generosos espaços na imprensa brasileira, infiltrava-se nos sindicatos e no movimento estudantil, aliciando jornalistas e intelectuais.

Em uma eleição acirrada, Arraes venceu pela estreita margem de pouco mais de 10 mil votos, contando com a adesão decisiva de operários e trabalhadores rurais. Um preocupado Castello desenharia o cenário que encontrara no Recife, numa carta ao genro Salvador Diniz, marido da filha Nieta: "Há duas ameaças de perturbação em Pernambuco: uma no Recife, uma lutazinha de classes, o pobre e o miserável contra quem tem dinheiro; a outra, sob a forma de uma convulsão na zona canavieira".

O turbulento cenário político inspiraria Castello a programar uma complexa manobra de treinamento, a exemplo do que já fizera na Amazônia. Dessa vez, além de unir as tropas do Exército às da Marinha e da Aeronáutica, conseguiu contar ainda com apoio tático das polícias estaduais. O tema proposto para a manobra consistia numa suposta ação contra movimentos de guerrilha rural. O principal foco da ação seria a Paraíba. Tal escolha não havia sido aleatória. Era no interior paraibano que atuava a Liga Camponesa de Sapé, cujo líder, João Pedro Teixeira, fora assassinado em abril de 1962. A luta pela reforma agrária, aliás, faria muitas outras vítimas à época no Nordeste. Em janeiro de 1963, por exemplo, três semanas antes da posse de Arraes, cinco trabalhadores rurais do interior pernambucano seriam fuzilados, pelas costas, por capangas do usineiro José Lopes de Siqueira Santos, dono da Usina Estreliana.

Ao comparecer, contra a vontade, à cerimônia de posse de Arraes, Castello quedaria indignado diante do discurso do novo governador, de tom esquerdista. Castello julgou que Arraes estava acendendo fósforo em paiol de pólvora. A solenidade seria marcada pela participação maciça de populares, que se apinharam nas galerias da Assembleia Legislativa e lotaram os corredores do Palácio das Princesas. O trânsito em volta dos dois prédios parou. A multidão, eufórica, tomou conta das ruas de Recife. Até mesmo os convidados de honra tiveram que se acotovelar em meio à massa humana, disputando um melhor lugar.

"Se hoje aqui me apresento, investido dessa honra e dessa responsabilidade, é porque fatos novos e significativos estão ocorrendo em nossa vida política — discursou Arraes. — Um deles é a participação do povo, cada vez mais assídua e consciente, no processo da sociedade brasileira. [...] Esse fato novo, o aparecimento do povo como categoria histórica, é que explica que eu hoje aqui me encontre, não em nome do povo, não em lugar do povo, mas eu, homem do povo, o povo, para assumir o governo do estado."

Arraes prosseguiu, numa fala emocionada, arrancando delirantes e sinceros aplausos do público:

"O Nordeste somos nós, esse contexto monstruoso e anti-humano no qual milhões de pessoas consomem sua energia vital, ou fecundando e gestando seres que jamais chegarão a viver, ou tentando alimentar crianças que jamais terão energias para crescer e produzir, ou disputando a vida com doenças que a miséria, o atraso e a fome disseminam a cada dia. [...] Mas há outra verdade, tão elementar quanto essa, que é necessário dizer e repetir: Nós não podemos liquidar o subdesenvolvimento sem liquidar a exploração do capital estrangeiro no país."

Para os partidários de Arraes, aquela foi uma festa cívica sem igual na história republicana nordestina. Para Castello, contudo, apenas uma demonstração explícita de populismo e demagogia. Pior do que as falas inflamadas dos oradores, foi para ele o fato de ter se sentido desrespeitado com o empurra-empurra da festiva multidão. Ao final, irado, ao entrar no Aero Willys que o esperava na porta do Palácio, queixou-se a Mergulhão, o motorista, dos amarrotados que lhe haviam sido deixados na venerável farda verde-oliva.

Greves de operários no Recife, confrontos armados no sertão. Pernambuco inteiro fervia. "A ideia que se faz no Sul é de que o Nordeste já está em revolução", escreveu Anísio Negrão, o ajudante de ordens, em seu diário. A esse respeito, no início de dezembro de 1962, Castello fez uma palestra a um grupo de estagiários da ECEME de passagem pela região. Nela, comparou o avanço dos esquerdistas no estado à invasão holandesa do século XVII:

"O mesmo nobre sentimento dos que expulsaram daqui o invasor holandês ainda pulsa no coração dos nordestinos", disse Castello aos estagiários. "E será com esse espírito que expulsaremos agora a ameaça comunista", advertiu.

Preocupado com a crescente tensão nos estados sob a jurisdição do IV Exército, Castello programou também uma série de viagens de inspeção às principais capitais do Nordeste. Dispensava todo o cerimonial previsto para as visitas oficiais, mas solicitava um detalhado relatório da situação local aos respectivos comandantes de cada guarnição. Fazia questão de falar também aos oficiais subalternos, em longas preleções que, sempre, consistiam em variações sobre o mesmo tema: o perigo da infiltração de esquerda na própria base do Exército. Atormentava-o, em especial, a participação de sargentos na política. Nas eleições do ano anterior, muitos deles haviam sido eleitos deputados, embora o Tribunal Superior Eleitoral os tenha impedido de tomar posse, após julgá-los inelegíveis.

Na visita que fez à 10ª Região Militar, em Fortaleza, dois dias após o Natal de 1962, um sargento chegou a interromper a fala de Castello, erguendo a Constituição e dizendo que todos os cidadãos brasileiros tinham o direito de participar da vida política do país. Castello irritou-se. Não precisava que ninguém lhe mostrasse a Constituição, pois ele a conhecia muito bem. Aos sargentos, cabia a prerrogativa de lutar na justiça por seus direitos, mas que o fizessem como cidadãos comuns e não no exercício da farda. Além do mais, considerava a atitude do sargento uma grave insubordinação e, também, a prova definitiva de que era preciso agir antes que a corporação caísse em completo estado de desordem e indisciplina.

No dia seguinte, em São Luís, Castello trataria de dar um inesperado recado ao próprio governador do Maranhão, o pessedista Newton Belo, que lhe ofereceria um jantar, com a presença de todo o secretariado, no Palácio dos Leões, sede do poder local. No discurso de boas-vindas, o governador ressaltou o "papel indispensável do Exército" para "garantir o poder civil". Ao final, Castello contra-argumentou, tratando de esclarecer o que para ele, afinal de contas, significava o verbo "garantir":

"Garantir, senhor governador, não significa apoiar, auxiliar ou permitir. É exatamente dessa confusão semântica que surgem políticos e militares demagogos e aproveitadores, que tanto mal causam ao Exército e ao Brasil", observou Castello.

A frase, que provocaria constrangimento no jantar em São Luís, logo seria seguida de uma declaração pública ainda mais contundente, na véspera do

Ano-Novo, com Castello já de volta ao Recife. Ao receber os cumprimentos oficiais pela data, ele foi saudado por um entusiasmado discurso do general Antônio Carlos Muricy, então comandante de Infantaria Divisionária da 7ª Região Militar, sediada em Natal. Quando chegou a sua vez de discursar, Castello aproveitou para dizer que agradecia aquelas palavras, que para ele eram uma verdadeira demonstração de lealdade.

"A lealdade deve existir para cima, para baixo e para os lados da cadeia hierárquica. É exatamente por crer nisso, para ser igualmente leal com meus comandos subordinados, que mantenho uma atitude bem pensada à frente de minha função, pois do contrário poderia comprometer todo o IV Exército. Há diversos casos, de âmbito nacional, que me dispõem a uma tomada imediata de posição. Entretanto, o meu respeito aos comandos do IV Exército não permite lançar-me a tal aventura."

Castello não poderia ter sido mais claro. Protegido sob o véu da imagem legalista, estava a um passo de assumir um novo papel: o de mais arguto entre os que conspiravam contra João Goulart.

No 6 de janeiro, domingo, Dia de Reis, por meio de um plebiscito convocado por Jango, os brasileiros foram às urnas decidir pela volta do presidencialismo. Castello, depois de ir à missa dominical com Argentina, passou na seção instalada na Faculdade de Direito do Recife. Ele seria um dos cerca de 2 milhões de eleitores, no país inteiro, que votariam pela permanência do parlamentarismo, regime que acorrentava João Goulart a um mandato apenas simbólico. No entanto, mais de 9 milhões de pessoas votariam contra.

Políticos tarimbados, de olho nas próximas campanhas presidenciais marcadas para 1965, a exemplo de Carlos Lacerda, Magalhães Pinto e Juscelino Kubitschek, não fizeram muita força para manter a situação anterior. Assim, livre do torniquete parlamentarista, Jango passava a ter plenos poderes. Como consequência disso, os militares mais tradicionalistas da "linha dura" e os que se organizavam em torno da doutrina da ESG logo superariam as diferenças e estariam juntos na conspiração.

Enquanto isso, a temperatura política no Recife continuava a subir. O caso dos camponeses mortos no confronto com jagunços da Usina Estreliana traria fortes dores de cabeça a Castello. O quartel-general do IV Exército passou a sediar

210

uma série de intermináveis reuniões, a portas fechadas, para discutir o assunto. Ocupações de terra logo começariam a proliferar pelo interior, organizadas pelas Ligas Camponesas, sob a liderança estadual do deputado federal Francisco Julião, do Partido Socialista Brasileiro. "Na reunião com os generais Muricy e Aragão [Augusto César Muniz de Aragão, então chefe do Estado-Maior do IV Exército], tratou-se de assuntos ligados à segurança estadual e previu-se a atuação do futuro governo do dr. Miguel Arraes", revelou, em 10 de janeiro de 1963, o diário do ajudante de ordens de Castello.

As inspeções aos comandos estaduais prosseguiam. Na manhã de 14 de janeiro, Castello seguiu para a Bahia, onde foi recebido com pompa e circunstância pelo governador Juracy Magalhães, antigo tenentista e um dos apoiadores do golpe de 1964. À tarde, enquanto seu ajudante de ordens havia ido à farmácia comprar brilhantina e Cepacol para o chefe, Castello concedeu uma bombástica entrevista a um repórter do *Diário de Notícias*, jornal baiano do grupo Diários Associados. Provocado pelo jornalista a dar uma declaração sobre o perigo comunista no país, Castello não se fez de rogado:

"Acredito que a infiltração comunista é facilitada pela colocação de propagadores do comunismo em postos da administração, do ensino e de organismos estatais", disse.

A matéria seria repercutida por jornais de grande circulação do Rio de Janeiro. "Séria e brava advertência", diria manchete do *Jornal do Commercio* de 19 de janeiro. "O rebate que faltava", estamparia *O Globo* no mesmo dia. "A situação é realmente grave e providências precisam ser tomadas, com urgência, para pôr cobro à penetração vermelha", diria o editorial publicado pelo jornal da família Marinho, em apoio às palavras de Castello. "O que se vê, geralmente, são as posições mais importantes ocupadas por pessoas ligadas às atividades subversivas, o que significa que estamos entregando o país, com as nossas próprias mãos, a agentes da dissolução, que não dormem", fazia coro o *Jornal do Commercio*.

Na verdade, quem não dormiu naquele dia foi mesmo o novo ministro da Guerra do governo de Jango, o general Amaury Kruel. O ex-amigo de infância e juventude de Castello, rompido com ele desde os entreveros durante a Segunda Guerra, havia sido nomeado para o cargo em setembro de 1962. Kruel, que antes do plebiscito se pronunciara favorável à volta do presidencialismo, era peça-chave do dispositivo militar que João Goulart pensava dispor para conter a sanha de seus adversários dentro das Forças Armadas. Assim, considerou grave a acusação de

Castello, de que havia comunistas infiltrados em organismos estatais. Kruel enviou a Recife um rádio cifrado, na manhã de 21 de janeiro, cobrando de Castello explicações a respeito. "Solicito informações fim desmentir notícias veiculadas", dizia a mensagem codificada.

No dia seguinte, Castello mandaria ao Ministério da Guerra um arrazoado de quatro páginas datilografadas como resposta. "As expressões do despacho de V. Exa. e suas inevitáveis implicações levaram-me a prestar as informações, não em rádio cifrado, mas por meio deste ofício, compatível com a extensão dos esclarecimentos e considerações", escreveu. "V. Exa. não considerou, em seu rádio, a alternativa de confirmar as declarações a mim atribuídas ou negá-las, e sim [solicitou] informações para desmentir as notícias veiculadas", ponderou Castello, explicando que, de todo modo, não podia negar as afirmações publicadas pela imprensa. "Eu as fiz", reconheceu.

Castello prosseguia: "Antes, a propagação comunista era bravamente promovida por propagandistas que levavam a palavra escrita e falada, aberta ou clandestinamente, a toda parte, arriscando-se, muitas vezes. Depois, estes são apoiados, não bravamente, mas manhosamente, por membros que se colocaram ou foram colocados na administração, no ensino e organismos estatais", reiterou. "Não violei um segredo, pois não há mais segredos sobre esse assunto para as Forças Armadas", provocou. "O rádio de V. Exa. parece dar a entender que eu não deveria fazer declarações. Mas o governo tacitamente confere aos militares a faculdade de pronunciamentos", escreveu Castello.

"Generais e sargentos têm falado. Em verdade, as entrevistas, telegramas e discursos têm sido feitos para aplaudir o governo. Por uma questão de moral política, a faculdade consentida não pode ficar restrita àqueles pronunciamentos favoráveis", dizia ainda o ofício de Castello, não sem certa ponta de incontida ironia. "Senão seria uma iniquidade flagrante, uma discriminação antidemocrática, a prática de um totalitarismo." As palavras jorravam na página, carregadas de acidez: "É comum ouvir-se membros do governo declararem, em discursos e em entrevistas, que contam com o *apoio* das organizações militares e, do outro lado, até comandantes de grandes unidades dizerem que dão *apoio* ao governo. Quem diz contar com apoio ou dar apoio tem que se abrir, honestamente, à questão da opção de *apoiar* ou *desapoiar*".

O ofício chegaria junto a outro documento enviado por Castello ao Ministério da Guerra. A segunda carta era um relatório, também de quatro páginas, redigido sob o carimbo de "Confidencial". Tratava de uma investigação, levada a cabo por Castello, para apurar denúncia contra oficiais do Estado-Maior da 10ª Região Militar, em Fortaleza. Estes estavam sendo acusados de ir à sede da Federação das Indústrias do Ceará, a FIEC, para extorquir empresários cearenses e angariar dinheiro para a campanha a favor do presidencialismo, às vésperas do plebiscito.

Segundo Castello, entretanto, se havia alguma acusação a ser feita, ela devia ser dirigida não aos militares da 10ª Região Militar, mas a ninguém menos do que ao chefe da Casa Civil de Jango, Hugo Faria. O inusitado relatório de Castello afirmava que havia sido o próprio Faria, de passagem por Fortaleza, quem sugerira, em nome do presidente da República, que os chefes das organizações federais na cidade colocassem à disposição do público, no dia do plebiscito, todas as viaturas oficiais disponíveis. Hugo Faria teria nomeado o chefe do Estado-Maior da 10ª Região Militar, coronel Coelho Macieira, como coordenador da comissão encarregada do assunto.

O coronel Macieira, concluía o relatório, havia portanto ido à FIEC sob orientação do mesmo Faria, o qual dissera ter conversado a respeito com a diretoria da entidade, que lhe prometera uma ajuda de meio milhão de cruzeiros para custear despesas com transportes de eleitores na capital cearense. Em bom português, a mensagem confidencial de Castello ao Ministério da Guerra dizia o seguinte: houve, de fato, em Fortaleza, corrupção durante o plebiscito. O culpado, entretanto, não era o coronel Macieira, que, para Castello, tivera apenas uma "conduta desavisada". O verdadeiro corrupto atendia pelo nome de Hugo Faria, ex-ministro do Trabalho de Getúlio Vargas — cargo que assumira em 1954, após a saída de João Goulart do ministério varguista — e, agora, homem forte do governo do mesmíssimo Jango. Para Castello, todos "farinha do mesmo saco".

As relações de Castello com o governo federal ficariam ainda mais estremecidas quando de uma viagem oficial de João Goulart ao Nordeste. Recebido por políticos e autoridades militares na Base Aérea de Recife, Jango embarcaria no mesmo dia, 2 de abril, em direção a vários municípios do Rio Grande do Norte, terminando o périplo na capital potiguar. Castello seria convidado a seguir todo o trajeto com a caravana presidencial. Foi, mas durante as aparições públicas de Jango e, principalmente, durante os comícios, mantinha-se sempre afastado do grupo. Não subiu nenhuma vez aos palanques armados para a fala do presidente.

Em Natal, na festa política organizada no bairro do Alecrim pelo governador do estado, Aluísio Alves, Castello permaneceu o tempo todo dentro do carro.

Poucos dias depois, em 15 de abril, receberia no Recife uma nova mensagem de rádio cifrada, enviada de Brasília, pela Casa Militar da Presidência da República. Jango convocava-o para uma reunião reservada, a ser realizada no dia seguinte, no Rio de Janeiro. O Viscount presidencial seria enviado a Recife para buscá-lo. A ordem, lacônica, não detalhava o assunto de tal reunião repentina. Castello temeu o pior. Apreensivo, imaginou que estava prestes a ser exonerado do comando do IV Exército. O que Jango poderia querer com ele? Iria repreendê-lo? Destituí-lo do cargo? Mandar prendê-lo, talvez?

Por esses dias, Castello havia recebido no Recife a visita do sobrinho, o tenente-coronel aviador João Hipólito da Costa, aquele que, nesse tempo, andava idealizando o plano para derrubar o avião de João Goulart. Castello considerou que o sobrinho andava delirando, mas não deixou de observar uma sinistra coincidência no fato de o mesmo avião ter sido colocado à disposição para a viagem ao Rio de Janeiro. Seria alguma espécie de recado? Jango soubera do plano de Hipólito e estava querendo insinuar algo a respeito? As dúvidas deixaram Castello e Argentina assustados. A mulher andava com a saúde abalada, vítima que fora de uma grave infecção por bactérias, que lhe encheu o corpo de dolorosos furúnculos e quase a impediu de andar por alguns dias. A doença infecciosa foi seguida por uma sequência de fortes gripes e mal-estares.

Castello sentia-se culpado. A tensão que vinha sofrendo desde que chegara a Recife havia provocado na esposa um alto nível de estresse, que parecia estar derrubando as resistências de seu organismo. Aquela súbita chamada de Jango lhe abalou ainda mais os nervos. Antes de Castello partir em direção ao aeroporto, a esposa lhe preparou o mingau de maisena que ele tanto gostava e lhe desejou boa sorte. Ao abraçá-lo, notou que ele carregava, por sob a túnica militar, uma pistola. O marido nunca andava armado. Argentina diria depois ao ajudante de ordens que, naquela hora, sentira um forte calafrio.

Argentina ficou em casa, sozinha, sentada no sofá da sala, costurando e assistindo à tevê. Uma situação tão corriqueira quanto aquela lhe parecia agora um estranho ritual. Com apertos no coração, lembrava de Castello, que adorava trabalhar com o aparelho ligado, devorando tapiocas com café, um olho nos re-

214

latórios oficiais que levava para terminar de ler em casa, outro nas estripulias de Consuelo Leandro, a comediante favorita, e no programa *Você Faz o Show*, da TV Jornal do Commercio, do Recife. Sem o marido, contudo, naquela noite, nada parecia ter graça. A gargalhada solta de Castello fazia falta. Desligou a tevê e foi para o quarto.

O marido telefonara à tarde, tentando tranquilizá-la, dizendo que chegara bem e que tudo até ali estava sob controle. O encontro no Rio de Janeiro tratava-se apenas de uma reunião de rotina, com a presença de todo o Alto-Comando do Exército no gabinete do presidente da República. Ela não precisava se preocupar. Ao contrário do que haviam temido, não era nada de pessoal da parte de Jango contra ele. Fora um encontro pacífico, sem falsas cordialidades, grave como convinha à situação, mas civilizado. Mesmo com tal notícia, ele sabia que Argentina não conseguiria pregar o olho. Ela notara certo nervosismo na fala do marido. Além disso, Castello informou que demoraria mais dois dias no Rio de Janeiro. Nesse tempo, ela imaginou, muita coisa poderia acontecer.

E, de fato, aconteceu. Não no Rio, mas no Recife. Na noite seguinte, quarta-feira, após ir ao cinema com Anísio, o ajudante de ordens, Argentina chegou em casa indisposta. O adocicado filme *Com amor no coração* só atiçara suas preocupações com o marido. Acordou no meio da madrugada, pensando ter ouvido tiros nas imediações da casa. Quando tentou levantar e ir à janela para ver o que havia, sentiu a pressão no peito, de princípio leve, mas depois forte a ponto de fazê-la cair sobre a cama.

Argentina julgou ter ouvido novos estampidos. Vários, repetidos no meio da noite. Imaginou que agitadores haviam tomado conta da rua, cercado a casa, talvez ameaçando invadi-la. Apertou o peito e, trêmula, desmaiou de dor.

Castello chegou na tarde de quinta-feira e, quando soube do que se passara, ficou estarrecido. Ninguém na vizinhança confirmaria ter ouvido os tais tiros na madrugada, mas, diante da situação política em Pernambuco, não duvidava de que tivessem de fato ocorrido. Cauteloso, evitou conversar com a esposa sobre a reunião no Rio de Janeiro, tratando apenas de assuntos amenos.

Porém, naquela noite, mais uma vez Argentina passou mal. Ao deitar, teve ânsia de vômitos e sufocações. E sentiu a mesma pressão apertando-lhe o peito. O marido tentou sair de pijamas e chamar ajuda médica, mas Argentina pediu que não fizesse tal coisa. Era tarde, melhor não incomodar o sono alheio, logo ficaria bem. Voltassem a dormir.

Tão logo amanheceu o dia, Castello tratou de chamar o médico da família, que recomendou o eletrocardiograma. O exame indicou o que se temia: indícios de enfarte. Castello não se perdoou por não ter contrariado a esposa e saído em busca de ajuda no meio da madrugada. Durante todo o resto da manhã, seguindo-se tarde e noite adentro, Argentina alternaria estados de crise com breves instantes de tranquilidade, registrados pelo diário do ajudante de ordens. "O general não dormiu, praticamente, esta noite. Eu dormi no sofá da sala de visitas. Arminda [mulher do próprio Anísio] revezava-se com o general e com a enfermeira, ao lado de d. Argentina."

Na segunda-feira, com Argentina submetida a rigoroso descanso e severa dieta, a situação parecia controlada. Castello solicitou ao hospital da Aeronáutica um leito próprio para enfermos, no que foi atendido. O telefone não parava de tocar. Militares e parentes ligavam a todo instante, querendo notícias da saúde da esposa. Anísio escreveu em seu diário: "O estado de d. Argentina é saudável. O general chegou a manifestar desejo de ir, à tarde, ao QG, por uma hora, para despachar seu expediente. Depois, sentiu que não estava em condições. Era muita a sua preocupação e seu cansaço pesava". A esperança, porém, logo se dissipou. Ao meio-dia, Argentina teve novo enfarte, este mais leve do que os anteriores. Era o terceiro em menos de uma semana.

Naquela tarde, Anísio foi buscar no hospital os resultados de novos eletrocardiogramas. Quando retornou, um abatido Castello o aguardava já no portão, ladeado por dois médicos militares. "O general foi para a sala de visita enquanto os médicos analisavam os resultados. Pelas expressões, ele logo sentiu que o estado de d. Argentina era gravíssimo", escreveu Anísio. "O general quase não jantou. Sentou-se à mesa, muito preocupado, tamborilando [os dedos na madeira], suavemente", registraria o ajudante de ordens, enquanto Castello escrevia uma carta ao amigo Amarante, pedindo para que os filhos, Nieta e Paulo, fossem avisados da situação em que se encontrava Argentina. "Mas faça-o com calma, para não desesperá-los", recomendou.

Às duas da manhã, a veia pela qual a mulher recebia o soro soltou-se da agulha e a pressão caiu. Um princípio de choque anafilático foi contido com dificuldade pelo médico, mandado chamar às pressas àquela hora da madrugada. Às oito e meia da manhã, Castello saiu do quarto para a sala. Estava com os músculos do rosto contraídos, o queixo estremecendo, as mãos trêmulas. Extenuado, mandou que chamassem o ajudante de ordens o mais rápido possível. Passou a este um papel amarrotado, onde se lia, em letras nervosas, o recado que deveria ser transmitido aos filhos, com urgência, pelo serviço de rádio do quartel: "Estado saúde Argentina regrediu gravemente".

Anísio recebeu a ordem e disparou em direção à rua. Ainda se encontrava junto ao rádio do quartel quando o telefone tocou: "Atendi. Era o general". Passava pouco das nove horas da manhã daquele 23 de abril de 1963. Argentina, aos 62 anos, acabara de falecer.

Após o velório, o baque emocional logo se transformaria em dor física. Ao arrumar os pertences de Argentina em caixotes que seriam enviados aos filhos, Castello sentiu uma pontada na base da coluna. O incômodo em poucos dias se irradiou pelo corpo, com fortes fisgadas nas pernas. Os banhos de luz receitados pelo médico não conseguiram lhe aliviar as dores. Nem mesmo as solenidades alusivas ao 24 de maio, Dia da Infantaria, data escolhida em homenagem ao nascimento do general Sampaio, conseguiram lhe tirar da cama. Castello transformara-se em um velho da noite para o dia. A partir daí, o diário de Anísio passa a registrar uma longa série de anotações sobre o estado de saúde cada vez mais precário do general Castello Branco. "À tarde, foi ao QG, sentindo dores sérias nas pernas", lia-se no texto relativo a 27 de maio.

Dois dias depois, decidiu viajar a Teresina, para participar de solenidade oficial da Comissão Militar Conjunta Brasil-Estados Unidos — um dos frutos da Guerra Fria — em visita ao Nordeste. Porém, chamado ao microfone para discursar durante o evento, Castello não conseguiu levantar-se da cadeira. Apoiou-se nos dois braços do assento, mas por duas vezes a dor o derrubou. Por fim, desistiu. O esgar no rosto e as pernas rígidas denunciaram à plateia o seu verdadeiro estado. O velho general durão estava combalido. O incidente o fez retornar ao Recife, enquanto o restante da Comissão seguiu viagem para São Luís. A capital pernambucana estava debaixo de pesada chuva quando Castello desceu do avião, amparado por um par de muletas.

Os médicos recomendaram ao general dormir em cama dura e o uso imediato de um corretor ortopédico. O colete, feito de metal, cheio de parafusos de ferro e amarras de couro, era bastante incômodo, apertando-lhe o peito e as costas. Castello não sabia se a dor era maior antes ou então, depois de usá-lo. Prostrado na cama de colchão rígido, ainda podia passar algumas horas livre daquela tortura. Tão bem levantasse, tinha que atarraxar o aparelho, cujo uso frequente começou a lhe deixar marcas e feridas no corpo. Para tentar livrar-se delas, passou a aplicar, por baixo do colete, doses generosas de um pó antisséptico à base de enxofre. Seria esse o cheiro forte que passaria a exalar, aonde quer que fosse, a partir de então.

"O general Muricy é um golpista, um gorila de farda!"

A multidão festejou. O deputado federal Leonel Brizola conseguira a proeza de num final de tarde de domingo, 5 de maio de 1963, fazer os potiguares saírem de casa para ouvir seu discurso, pronunciado da sacada do prédio da Frente Nacionalista do Rio Grande do Norte. Convidado pela entidade para um ciclo de debates no estado, Brizola não decepcionou os que esperavam sua fala, carregada de impropérios contra adversários políticos. No discurso que demorou quase duas horas, sem que ninguém arredasse o pé, Brizola, além de xingar Muricy, convocou os soldados e oficiais de baixa patente a pegar em armas contra seus superiores e defender as chamadas "Reformas de Base" do cunhado João Goulart.

As tais reformas consistiam na aplicação do Plano Trienal, idealizado pelo economista Celso Furtado e anunciado por Jango como a principal meta de seu governo. Tratava-se de um conjunto de profundas reformas econômicas e sociais, que teriam repercussões nas áreas da saúde, habitação, educação, transportes e saneamento, culminando com uma ampla reforma agrária no país. As reformas eram, também, uma tentativa de alterar a lógica do Estado brasileiro, dotando o país de um novo modelo econômico, menos dependente em relação ao capital externo, no momento em que a nação amargava índices recordes no déficit da balança comercial, na expansão da dívida externa e na chamada inflação galopante.

Hipnotizado pela voz febril de Brizola, o público aplaudia entusiasmado. Se, por um lado, as reformas escandalizavam o empresariado, alguns setores da Igreja, classes médias e oligarquias agrárias; por outro, a sua defesa garantia a Jango o apoio das classes trabalhadoras, organizadas em torno do cada vez mais influente movimento sindical. O microfone, que Brizola sempre transformava em arma de grosso calibre, não estava plugado apenas aos vários alto-falantes instalados em torno da fachada do prédio. O discurso era transmitido em cadeia nacional, por meio de um pool de emissoras comandadas pela Rádio Mayrink Veiga.

Não satisfeito, Leonel Brizola esbravejou ainda contra a presença do então embaixador dos Estados Unidos no Brasil, Lincoln Gordon, que fazia um giro oficial pelo Nordeste. O deputado declarou Gordon persona non grata no país e reduziu o diplomata a um "autêntico inspetor de colônias". Naquele exato momento, enquanto Brizola inflamava a massa, o embaixador norte-americano palitava os dentes ali bem perto, no Palácio das Esmeraldas, após refestelar-se em um banquete oferecido a ele pelo governador do Rio Grande do Norte, Aluísio Alves. Também como convidado de honra estava sentado à mesa o general Antônio Carlos Muricy, comandante da guarnição local.

Enquanto Muricy devorava fatias de rosbife, seu serviço de inteligência gravava todo o discurso de Brizola. Dois dias depois, o próprio Muricy pegaria um avião e levaria a fita com a gravação ao superior imediato, Castello Branco, no Recife. Este, mesmo ainda mergulhado em extrema depressão, tratou de enviar oficio confidencial ao ministro da Guerra, Amaury Kruel. Para Castello, ao incitar os soldados contra os superiores, Brizola estaria tentando atingir a disciplina e a hierarquia, os dois pilares básicos em que sempre se assentaram as Forças Armadas.

"Apurei que o deputado federal Leonel Brizola, em Natal, discursando, declarou que o general de brigada Antônio Carlos Muricy é um golpista e um gorila. Tal afirmação foi feita absolutamente sem causa ou pretexto, entre chacotas do orador, seguida de incitamento às Forças Armadas para a reação contra a situação atual. Houve, de maneira incisiva, uma provocação", escreveu Castello a Kruel. "Posso dar o meu testemunho a V. Exa. que o general Muricy não é um reacionário e não está conspirando para, com um grupo de militares, empalmar o poder", argumentou. "É notório o esforço desse deputado para dividir o Exército, agora, em 'brizolistas' e 'gorilas', em desmoralizar seus chefes, generais e coronéis, e voltar-se para os sargentos como seus adeptos."

Para Castello, "já se vislumbra que tal processo de difamação e insídias se reproduz em meio de estudantes, sindicatos e na imprensa, solapando as instituições militares numa quadra dificílima da nação". O oficio concluía que o próprio Castello desejaria responder a Brizola, "para mostrar ao acusador intempestivo que a sua injúria parece fazer parte de um propósito de solapamento das instituições armadas do país". No entanto, por uma questão de hierarquia e, também, numa manobra sutil para passar a responsabilidade do caso a Kruel, amigo e compadre de Jango, Castello finalizava, dizendo: "Julguei mais acertado levar integralmente o fato e o meu desejo à consideração de V. Exa., por pensar que o assunto é mais do nível do Ministério da Guerra, por envolver o conjunto das instituições militares".

Kruel não levou o assunto adiante e ignorou o ofício de Castello Branco. O descaso abateria ainda mais Castello, que logo seria informado dos boatos que circulavam no Rio de Janeiro, dando conta de que, a qualquer momento, por causa das declarações públicas, ele deveria ser afastado do IV Exército. Segundo tais comentários, ao ser mandado embora do Recife, Castello deveria ser retirado de qualquer comando de tropa, manobra que neutralizaria seu poder de arregimentação de forças contra o governo federal. O grave estado de saúde serviria de pretexto para transferi-lo para uma função burocrática, talvez até de algum prestígio, mas de nenhum poder. A famosa queda para o alto, enfim. O solene silêncio de Kruel em relação a seu ofício era um indício claro de que Castello se tornara um estorvo para o governo.

Em carta a Castello Branco, datada de 27 de maio de 1963 e postada do Rio de Janeiro, o general Adhemar de Queiroz, ex-colega quando cadete em Realengo e antigo companheiro nos campos de batalha da Segunda Guerra Mundial, não se conformaria com a omissão do Ministério da Guerra: "Como se já não bastasse o sofrimento último e profundo, ainda você tem a preocupá-lo o episódio do Brizola x Muricy, miseravelmente provocado pelo cafajeste cunhado do presidente, e por este acobertado". Diria ainda Adhemar: "É preciso muita audácia para insultar um chefe militar na própria cidade sede de seu comando! A que situação chegamos!".

Para Adhemar, havia um culpado principal pela tensão nos quartéis: o "nono andar", ou seja, o próprio Ministério da Guerra. "Tudo devido à impunidade. E se houvessem aplicado [a Brizola] o corretivo que merecia?", indagava a carta. Para além dos muros do Exército, segundo Adhemar, a culpa recairia na figura do presidente da República: "O Planalto segue ziguezagueante, com os pés e a cabeça voltados para a esquerda, e o nono andar sem nenhum background que o recomende".

Numa segunda carta a Castello, três dias depois, Adhemar classificaria Brizola como "um sujeito primaríssimo, provocador costumeiro e repugnante" e informava que o deputado havia feito "mais uma de suas brizoladas": pressionara Jango, em plena tevê, cobrando mais pressa na implementação das Reformas de Base. Castello concordaria com o amigo. Os dois haviam chegado à mesma conclusão: o país estava atolado em uma crise de autoridade. Prova maior disso seria

220

o escárnio com que o vice-governador da Guanabara, Elói Dutra, tratara o ministro da Guerra, também num programa de televisão. Escreveria Adhemar: "Elói Dutra disse que o 'gorilão' Amaury Kruel deveria ir para o jardim zoológico, como companheiro da macaca Sofia".

Os boatos relativos à saída de Castello do comando do IV Exército logo se concretizaram. Com o agravamento de seu estado de saúde, ele seria enviado ao Rio de Janeiro, para ser internado. A 11 de junho, o ajudante de ordens Anísio registrou em seu diário: "O dia foi tomado na seleção de papéis, arrumação das malas e outras medidas para o funcionamento da casa, durante a ausência do general. Ele está quase certo que não mais voltará, embora o seu único desejo seja regressar". No dia seguinte, logo após o último almoço no Recife, Castello seguiria para o aeroporto. "Às treze horas, deixava a sua casa, tristemente, com muita dor, e carregado pelo soldado Expedito, o soldado Gonçalves e o major Moraes Rego. Ainda comentou que nunca imaginara que d. Argentina saísse dessa casa num caixão e ele quase numa maca", escreveu Anísio.

"O avião sumiu-se nos céus e eu regressei, triste e preocupado, para casa. Será que tudo se acabou?" — esta seria a última anotação do diário de Anísio como ajudante de ordens de Castello. Nos quartéis, o que se comentava era que, de fato, para o velho e adoentado general, tudo havia mesmo acabado. Sem saúde, sem forças, sem comando e sem tropa, a carreira teria chegado ao fim. Era um homem condenado a uma velhice obscura e solitária. Um soldado sem quartel e sem futuro.

"A TERRA DESCE"
O golpe contra a democracia — 1963-64

Toque de reunir

As olheiras eram evidentes, assim como as rugas que lhe desenhavam sulcos profundos na testa larga e quadrada. O nariz adunco descia em curva junto com o lábio inferior, os dois quase pendentes sobre o queixo, mais pronunciado do que nunca. As sobrancelhas arqueadas e os cantos da boca apontados para baixo ajudavam a lhe conferir um ar de bruxo triste. Na mão esquerda, duas alianças, a dele e a de Argentina, em sinal de viuvez. Suando dentro do colete ortopédico, exalando a enxofre, Castello procurou manter a voz e o olhar firmes diante da plateia, que o fitava, em franca expectativa.

O discurso provocou reações contraditórias. Arrancou aplausos entusiasmados de uns, mas impôs preocupado silêncio a outros. Ao final, o mais abespinhado no auditório seria o novo ministro da Guerra de Jango, o general Jair Dantas Ribeiro. Ao assumir ali a chefia do Estado-Maior do Exército (EME), Castello fizera questão de demonstrar que não aceitaria, sob nenhuma hipótese, submeter-se a qualquer espécie de "queda para o alto". Estava velho, mas ainda tinha brios. Na fala, entrecortada por pigarros, denunciou a existência de "oportunistas" no interior da corporação, dispostos a instituir o que chamavam de "Exército popular", segundo Castello "um arremedo de milícia" para "agitar o país" e "perturbar, com subversões brancas e motins, a vida do povo".

Motim, afinal, era a palavra da moda, estampada em todos os jornais naquela semana. A 12 de setembro de 1963, dois dias antes da posse de Castello na chefia do EME, estourara em Brasília uma revolta protagonizada por cerca de seiscentos cabos, sargentos e suboficiais das três armas, principalmente Marinha e Aeronáutica, que protestavam contra a decisão do Tribunal Superior Eleitoral (TSE) que os tornara inelegíveis. Os amotinados chegaram a tomar a sede do Ministério da Marinha, além dos prédios da Rádio Nacional e da companhia telefônica, cortando as comunicações da Capital Federal com o restante do país. "Brasília sitiada" — seria o assunto da manchete daquele dia na imprensa. Contido em poucas horas, o episódio deixou o saldo de dois mortos. E, para Castello, tornou-se o mais grave exemplo de afronta à hierarquia das Forças Armadas de que se tinha notícia na história do país.

Contudo, o próprio Castello é quem seria advertido a respeito de uma suposta quebra de hierarquia contida na fala durante a solenidade de posse no EME: "Quero lembrá-lo que estou empenhado em manter o Exército coeso, disciplinado, fora dos debates políticos e voltado, exclusivamente, para as atividades ligadas a seu preparo", escreveu-lhe, a 17 de setembro, o ministro Jair Dantas Ribeiro, que substituíra Amaury Kruel no cargo desde junho daquele ano, na quarta reforma ministerial promovida por João Goulart. "O princípio da autoridade e disciplina, necessários à manutenção das instituições, estão a exigir um procedimento-padrão em todos os escalões hierárquicos", advertiu o ministro. Se os sargentos deviam obediência a seus superiores, argumentava Jair Dantas Ribeiro, o mesmo valia para os generais, como Castello, em relação a ele, Jair, ministro da Guerra.

A reprimenda vinha tarde demais. Não havia sido a primeira vez que Castello, contrariando as expectativas dos muitos que o julgaram em final de carreira, anunciara a disposição de levar a sério a função de chefe do EME. Já o fizera antes mesmo de ser convidado para o cargo. Quando a nomeação ainda não passava de uma possibilidade, aventada a ele pelo próprio Jair, Castello já se pronunciara sobre o assunto em carta ao ministro. Nela, afirmava que esperassem tudo dele, menos que aceitasse o papel de mero figurante: "Longe de mim apresentar condições a V. Exa. para exercer o cargo central do Exército. [...] Desejaria, no entanto, lembrar a V. Exa. aspectos da posição e da ação do EME", avisava.

Na longa carta, Castello argumentava que, uma vez investido no cargo, não poderia se contentar em ser "um marginal nos lances decisivos" dos quartéis. Isso porque, "além de assessor do ministro da Guerra", ele seria a partir de então "o chefe do Estado-Maior do Exército, instituição nacional e permanente". Em outras palavras, Castello prevenia a Jair que, antes de dever obediência e lealdade ao ministro de plantão, seu compromisso era, em primeiro lugar e acima de tudo, com os destinos da corporação. O recado nada tinha de sutil.

Castello dissera, ainda, entender que deveria passar pela mesa de um chefe do EME todo e qualquer assunto relativo ao Exército: "Todos os problemas de estrutura militar devem estar submetidos a seus estudos, pareceres e sugestões". Apesar disso, afirmava que, caso viesse a ser honrado com a indicação para o cargo, o exerceria "não movido pela pretensão de tutelar o ministro da Guerra" ou de "se tornar inconveniente aos demais órgãos do Exército". Ao contrário, prometia agir com "franqueza, lealdade e respeito" para com o ministro.

Apesar do tom ameno das frases finais, não foi, portanto, por falta de aviso. Em vez de neutralizar Castello, Jango acabara de trazer a conspiração para a antessala do poder.

"Com o sr. João Goulart, Sítio, nem o do Pica-Pau Amarelo", ironizou o jornalista David Nasser em outubro de 1963, na coluna semanal de *O Cruzeiro*, a esse tempo a revista mais prestigiada do país. No dia 4 daquele mês, Jango enviara ao Congresso Nacional um pedido de decretação de estado de sítio por trinta dias. "Escrevo numa segunda-feira. A revista circulará na quarta. É possível que, então, todas as liberdades estejam suprimidas nesta República onde tudo é torto, a começar pela granja presidencial", avisou Nasser a seus leitores.

A exemplo de Castello, houve quem entendesse o pedido de estado de sítio como uma pronta resposta à entrevista concedida pelo então governador da Guanabara, Carlos Lacerda, a Julian Hart, correspondente do jornal norte-americano *Los Angeles Times*. "A administração de Goulart pode ser comparada a um veículo que vai montanha abaixo sem freios", provocou Lacerda. A entrevista teria ensurdecedora repercussão no Brasil. Ao saber de sua existência, Jango pedira aos assessores para lhe trazerem a íntegra da matéria, junto com uma dose dupla de uísque. Entre um gole e outro, Jango soube que Lacerda dissera que o único motivo para o presidente permanecer no poder era o de que os militares prefeririam tutelá-lo, por um tempo, a derrubá-lo de imediato. Mas, previa Lacerda, aquela situação não se estenderia muito. "Não creio que este estado de coisas possa subsistir até o final do ano", previu.

Para Castello Branco, a decretação do estado de sítio, que havia sido sugerida ao presidente pelos próprios ministros militares, era a prova definitiva de que Jango perdera o controle da situação. Greves das mais diversas categorias mostravam o crescente poder de articulação das classes trabalhadoras. No campo, ocupações de terra denunciavam a desigualdade agrária brasileira, colocando camponeses e latifundiários em pé de guerra. Enquanto isso, a inflação já ultrapassara a barreira dos 80%. "Minorias inconformadas, dominadas por excessiva radicalização político-ideológica, pregam a violência como a solução dos problemas históricos que afligem o povo brasileiro", diria Jango na justificativa da mensagem enviada ao Congresso. Naquele cenário turbulento, porém, a medida desagradou a esquerda e a direita. Enquanto a primeira sentia-se traída, a segunda avaliou que Goulart apenas preparava o terreno para um golpe definitivo, com a intenção de perpetuar-se no poder.

Na qualidade de chefe do Estado-Maior do Exército, Castello irritou-se com o fato de não ter sido chamado pelo ministro da Guerra para discutir os termos da mensagem que pedia a decretação do estado de sítio. Foi, ao contrário, um dos últimos a tomar conhecimento dela. Por isso, voltou a enviar nova carta a Jair Dantas Ribeiro, cobrando-lhe tal procedimento. "Tenho acompanhado os passos de V. Exa. pelos jornais, rádio e televisão. Mas somente hoje [4 de outubro], por volta das dezessete horas, recebi a comunicação de que foi enviada uma mensagem ao Congresso Nacional, em que é solicitado o Estado de Sítio", queixou-se Castello, que informava ser contra a medida. "Tutelando policialmente o país, mais sofreremos o vexame, perante a Nação, dos qualificativos rudes de gorilas, reacionários, golpistas e patetas", escreveu Castello ao ministro.

Ao final, voltava à carga, dizendo que não considerava estar exorbitando em dar seu parecer por escrito. "Sou o chefe do Estado-Maior do Exército e membro do Alto-Comando", lembrou, impávido. "E os membros do Alto-Comando não foram ouvidos; resta-nos, portanto, o uso legítimo desta faculdade", justificou. Castello dobrou o documento datilografado em papel timbrado, pôs no envelope e, na mesma hora, tratou de escrever outra carta, em papel comum, sem timbre e de próprio punho. O destinatário era o mesmo, o ministro Jair Dantas Ribeiro. Mas o tom seria oposto.

"Meu caro Jair", começava, afetuoso. "Eu lhe peço dois obséquios: um, o de ver na carta anexa a colaboração de quem, servindo ao Exército, está também procurando servir a você; o outro, de que saiba que a escrevi possuído do alto apreço que devo à pessoa do ministro e a um amigo de 45 anos", prosseguiu, apelando para as lembranças dos tempos em que os dois eram colegas de turma na Escola de Estado-Maior. "Quanto mais graves forem as situações, mais leais e francas devem ser as atitudes dos subordinados; e eu tenho a honra de ser um de seus subordinados", concluía, reverente. Assinava com o "abraço amigo do velho camarada, Humberto Castello Branco". Não fossem as assinaturas, ninguém diria que aquelas duas cartas tinham sido escritas pela mesma pessoa, no mesmo dia.

Jair tratou de responder as duas missivas em um só fôlego. "Recebi suas duas cartas, uma datilografada, outra manuscrita", informou. "Homem simples do Nordeste, dou pouco valor a expressões lisonjeiras; porém, é muito cara para mim a cooperação franca e leal de um chefe militar de sua experiência e brilho", contemporizou, para em seguida rebater as queixas de Castello. "A prerrogativa de fixar a política do Exército, em face da conjuntura nacional, compete funcionalmente ao ministro da Guerra, que além de ser o comandante do Exército é, também, um ministro de Estado, membro de um ministério político." Para que não restassem dúvidas, Jair evocou a legislação que respaldava seu ponto de vista: "A Lei nº 2851, de 25 de agosto de 1956, em seu artigo sexto, refere-se ao Alto-Comando; porém, não fixa suas atribuições, e ouvi-lo ou não torna-se decisão do ministro da Guerra". Por fim, sem resistir à tentação de recorrer a uma pitada de ironia, Jair afirmava: "Quero lembrar-lhe, também, que somos vizinhos de trabalho e que meu gabinete e minha residência estarão sempre abertos a sua valiosa cooperação".

A troca de cartas entre os dois seria interrompida, a 7 de outubro, pela notícia de que o presidente mandara retirar do Congresso a mensagem sobre o estado de sítio. Sentindo-se isolado, Jango recuara. O passo atrás foi de novo interpretado como uma demonstração de que o governo estava à deriva, sem saber que rumo tomar. Um dia depois, aproveitando-se da situação, Castello vazou para a imprensa o conteúdo da primeira das duas cartas enviadas a Jair. Por motivos óbvios, não revelou a existência da segunda. A maquinação surtiu efeito. O editorial de *O Estado de S. Paulo*, no dia 10 de outubro, atribuiu a reviravolta de Jango ao "bom senso do general Castello Branco", que teria enviado um duro documento oficial, nesse sentido, ao ministro da Guerra.

A dedicação ao posto de chefe do Estado-Maior conferiu-lhe novo ânimo para enfrentar a doença progressiva. "Enquanto aqui estiver, não desertarei da luta. Meu passatempo, quando fora do EME, longe das horas de trabalho, é constituído por estudos e preocupações", confidenciou ao amigo Hélio Ibiapina, tenente-coronel do IV Exército. Tais "estudos e preocupações" apontavam sempre para o mesmo alvo: o governo de Jango. Entretanto, calculista, Castello não apressava o rumo dos fatos. Tinha convicção de que o presidente seria tragado pela própria maré de acontecimentos que ajudara a formar em torno de si. Em maio, ainda na capital pernambucana, quando Muricy entregara-lhe a fita com a gravação do cáustico discurso de Brizola em Natal, Castello recomendara calma ao companheiro de farda: "Isso precipita as coisas cedo demais; é muito cedo para que as coisas aconteçam".

"Temeroso de um passo em falso, Castello jamais se precipitaria. Esperaria a situação amadurecer", escreveria mais tarde seu futuro ministro da Justiça, Luís Viana Filho. Mesmo quando o cerco se fechasse sobre Jango, Castello temperaria a ousadia com doses generosas de prudência. Esperaria até o último momento para desfechar o ataque definitivo, certeiro. Quando líderes da oposição a João Goulart o abordaram — o udenista baiano Aliomar Baleeiro à frente deles — para discutir um possível impeachment do presidente, Castello recomendou-lhes paciência. Um ataque frontal poderia provocar uma onda de solidariedade popular a Jango, ou talvez desembocasse numa greve geral que serviria apenas para fortalecer o inimigo ora enfraquecido, ponderou. Castello assegurou-lhes que João Goulart é quem daria o passo errado em direção ao cadafalso que o aguardava.

Aliás, era preciso que tanto a oposição civil quanto os militares mantivessem o discurso da legalidade, avaliava Castello. A estratégia seria evitar passarem recibo de golpistas, deixando que tal pecha fosse impingida pela opinião pública aos adversários. O que se podia fazer era atrair Jango para cada vez mais perto do precipício. Mas ele próprio é quem trataria de saltar para o vazio. Foi com essa intenção que Castello concentrou-se em elaborar minucioso relatório, intitulado "Situação político-militar: Exame e sugestões", datado de 22 de outubro de 1963 e endereçado ao ministro da Guerra. Tratava-se de uma espécie de análise de conjuntura sobre o país. Em sete laudas datilografadas, o documento podia ser considerado a certidão de nascimento do golpe de março de 1964.

O texto de Castello avaliava que o país estava dividido em quatro grupos. O primeiro seria "um grupo político, com base ideológica definida", que queria "uma imediata evolução político-econômico-social dentro da legalidade". Este, sozinho, não oferecia perigo, argumentava Castello. Já o segundo, "possuidor de uma ideologia ambígua, que quer o domínio do poder, ora invocando reformas, ora pleiteando o desaparecimento das forças que lhe sejam opostas, procura aproveitar-se do primeiro grupo e da ação comunista no país". O terceiro grupo, segundo Castello, era a própria "ação comunista, persistente e decididamente orientada e controlada, que se infiltra no primeiro grupo e quase sempre se utiliza do segundo". Por fim, haveria um quarto grupo, "de oposição ao governo, já numeroso", que "bate-se pela legalidade, particularmente [pelo] funcionamento dos poderes constitucionais, e está em luta aberta contra o segundo e terceiro grupos". Castello acrescentava que "abaixo de todos esses grupos está o povo brasileiro, desejoso de paz, de bem-estar, não solidário com repetidas greves, contrário a pressões militares e sempre pela legalidade".

Aos que acusavam os militares de conspiradores, o documento rebatia: "Não há conspiração militar". Os conspiradores, se existissem, raciocinava Castello, estavam dentro do governo: "Há, sim, uma aparência de conluio de civis que procura envolver trabalhadores, elementos das polícias militares, pouquíssimos oficiais e sargentos das Forças Armadas, para uma posse total do governo, para fechar o Congresso Nacional e para estabelecer no Brasil uma ditadura".

Castello releu o parágrafo e, à caneta, resolveu trocar a palavra ditadura pela expressão "regime extralegal", mais suave. O documento prosseguia, traçando algumas sugestões ao Ministério da Guerra. Na primeira delas, insistia na tecla de que era preciso conferir maior poder ao Estado-Maior, ou seja, a ele próprio, Castello: "Sugestão: vitalizar o Alto-Comando, pela faculdade de seus membros opinarem individualmente sobre a situação militar e político-militar, de serem consultados sobre a mesma e por meio de reuniões periódicas".

Outra proposta que constava do documento era a proibição das greves políticas, se preciso até por meio da participação do Exército na segurança interna do país, que passaria com isso a coordenar a ação das polícias militares. Estas deveriam ter os comandantes, auxiliares e instrutores substituídos por militares da ativa, pertencentes aos quadros do Exército.

Jair respondeu a Castello em breve bilhete, não oficial. O ministro procurou escolher bem cada palavra. Consciente da astúcia política de Castello, tentou parecer amistoso o suficiente para não provocar um confronto, mas firme o bastante para demonstrar que entendera bem o recado.

"Concordo, em princípio, com as ideias expostas no ofício", escreveu o ministro da Guerra, "mas receio que o Alto-Comando, cujas atribuições devem ser especificamente militares, se transforme num órgão essencialmente político." Continuou Jair, sem demonstrar embaraço: "Muitos dos aspectos focalizados em seu documento têm implicações que transcendem a esfera deste Ministério, interferindo mesmo na autonomia dos Estados e na seara dos poderes Legislativo e Judiciário". Encerrou o bilhete, cujas entrelinhas eram marcadas por discreta censura, ensaiando uma certa "cordialidade" em relação a Castello: "Aceite um grande abraço do velho amigo, Jair".

Era evidente que os dois lados se estudavam. Jair Dantas Ribeiro procurava não se mostrar acuado diante das ofensivas de Castello. Já este experimentava os limites de paciência do oponente. Era hora, portanto, de conferir forças e aliados.

No final de outubro, João Goulart reuniu em um churrasco realizado na fazenda de Uruaçu, interior de Goiás, uma plenária de generais e outros oficiais considerados por ele de estrita confiança. O general gaúcho Assis Brasil, conhecido como um oficial de esquerda e recém-nomeado como chefe da Casa Militar do presidente, fez um balanço das posições e das distribuições de forças em todo o território nacional. Após a reunião, Assis Brasil, que as más línguas diziam ser dado a umas doses de uísque a mais, garantiu aos presentes que o chamado "dispositivo militar" de Jango estava firme e coeso. Não havia o que temer.

Para maior garantia do tal "dispositivo militar", era preciso que fosse efetuada uma sequência bem urdida de promoções e transferências, reservando os cargos-chave de comando a oficiais fiéis a Jango. Uma das principais mudanças nesse sentido se deu no poderoso II Exército, sediado em São Paulo, com a substituição do general Peri Constant Bevilácqua por Amaury Kruel. O primeiro era considerado "perigosamente próximo" ao governador paulista Adhemar de Barros, um dos líderes civis da oposição a Goulart. Bevilácqua acabou "promovido" ao cargo de chefe do Estado-Maior das Forças Armadas (EMFA), função de nome solene, mas vazia de poder, porque longe do cotidiano das tropas. Já Kruel, amigo íntimo do presidente, foi elevado a general quatro estrelas.

Do lado oposto, existiam vários focos de insatisfação contra Jango dentro das Forças Armadas. Entre esses, o dos militares mais tradicionalistas, a chamada "linha dura" da caserna, que marchava no mesmo sentido, embora sem maiores contatos diretos, que as forças econômicas e políticas mais conservadoras do país, a exemplo dos proprietários rurais, do empresariado mais arcaico e de parcelas do PSD e da UDN. Mas também havia os que se agrupavam em torno do núcleo doutrinário da ESG, a chamada "Sorbonne" dos quartéis, que se articulava com os grupos mais influentes e modernos do empresariado nacional e multinacional.

No primeiro caso estava, por exemplo, Costa e Silva. E também Olympio Mourão Filho e Luís Carlos Guedes, que conspiravam em Minas Gerais na companhia do governador Magalhães Pinto. Entre os "esguianos" destacavam-se os generais Cordeiro de Farias, Bizarria Mamede, Adhemar de Queiroz, Antônio Carlos Muricy e Golbery do Couto e Silva. Em Petrópolis, no seu apartamento de veraneio, o general Odylio Denys, o principal articulador do veto militar à época da posse de Goulart, costumava reunir, para longas conversas conspiratórias, militares dos mais variados matizes, como o general Nélson de Melo, o almirante Sílvio Heck e o brigadeiro Eduardo Gomes. Outros focos se espalhavam pelo país, embora ainda difusos e descoordenados. Faltava-lhes uma ação única e, principalmente, um líder.

Por essa época, começaram a surgir, pela imprensa, boatos de que o chefe do EME, general Castello Branco, entraria mais uma vez no rol das transferências planejadas por Goulart. Os jornais diziam que, depois de ter conseguido transformar um cargo simbólico numa constante fonte de preocupações para o Ministério da Guerra, Castello entrara em rota de colisão definitiva com Jango. A situação parecia ainda mais complicada diante das declarações que fizera a jornalistas contra o projeto de desapropriação de terras levado a cabo pela Superintendência de Planejamento da Reforma Agrária, a SUPRA.

Criada em outubro de 1962 com o objetivo de promover uma ampla reforma no campo, a SUPRA foi definida por Castello como uma instituição que tinha como única função "dar um ar de respeitabilidade ao plano de comunização progressiva do país", segundo noticiou à época o jornal *O Estado de S. Paulo*. O presidente da SUPRA, o economista João Pinheiro Neto, queixou-se a Jango sobre os comentários de Castello. Goulart, porém, fez pouco-caso:

"Já conheço os resmungos do general Castello. Pensei até numa medida disciplinar para puni-lo, apenas uma advertência. Mas o general Assis Brasil me disse que o homem é sensível. E que se for punido poderia até se suicidar..."

De todo modo, "fontes do gabinete" do próprio presidente da SUPRA afirmariam ao mesmo *Estadão* que "o general Castello Branco lhe movia campanha sistemática no seio das Forças Armadas". A origem da polêmica estava no fato de Castello ter ficado melindrado com a utilização, sem seu devido conhecimento e autorização, do Serviço Geográfico do Exército, subordinado ao EME, para o levantamento aéreo e topográfico das áreas previstas para a desapropriação. No dia seguinte à publicação da notícia, Jair Dantas Ribeiro se apressou em providenciar desmentido à imprensa.

Em 20 de fevereiro de 1964, o *Estado de S. Paulo* informava: "O ministro da Guerra, depois de conferência com o presidente da República, disse que não passam de intrigas as notícias de divergências entre o general Castello Branco, chefe do EME, e a SUPRA, quanto ao levantamento das áreas a serem desapropriadas". Mais abaixo, sob o intertítulo de "Não acredita", a matéria informava: "Apesar do recrudescimento das notícias referentes à imediata exoneração do general Castello Branco da chefia do Estado-Maior do Exército, fontes ligadas a este militar esclareceram, hoje, que o próprio general não acredita em tal hipótese".

O texto terminava informando que, "por outro lado, fontes do gabinete do ministro da Guerra fizeram circular rumores de que o general Castello Branco deverá ser substituído nos próximos dias pelo presidente João Goulart, que já teria manifestado discordância quanto à permanência de oficiais-generais sabidamente contrários à política governamental em postos-chave do Exército".

No dia seguinte, 21 de fevereiro, nova matéria no *Estado de S. Paulo* dava conta de que o general Morais Âncora, então comandante do I Exército, estaria sendo "insistentemente citado como o possível sucessor do general Castello Branco na chefia do EME". O general Morais Âncora, vale recordar, havia sido um dos dois oficiais que Castello fizera questão, em 1949, de servirem de testemunhas à audiência do major João Carlos Gros, quando da acusação de infiltração comunista na Escola de Estado-Maior do Exército.

Mais uma vez, sob o mesmo intertítulo de "Não acredita", o jornal oferecia aos leitores a versão de Castello, que continuava a se fazer de desentendido em relação ao caso: "Informam também círculos chegados ao atual chefe do EME que ele não deseja tomar conhecimento das notícias relativas à sua saída, pois mantém firme o ponto de vista de que tal medida, se efetuada pelo ministro Jair Dantas Ribeiro, seria inteiramente injustificada".

A guerra de informações e contrainformações acabou chamando a atenção de proprietários de terra e de empresas rurais para o nome do general Castello Branco, que passou a ser considerado um franco aliado contra o projeto de reforma agrária de Jango que previa a desapropriação de terras nas margens de rodovias e açudes para serem distribuídas entre lavradores sem-terra. Após ganhar a confiança dos latifundiários e de empresas agrícolas, Castello lançou-se a novas aproximações com adversários naturais do governo.

O próximo passo foi conquistar a simpatia de empresários e de políticos da oposição. Para tanto, calculou que melhor seria fazê-lo fora dos muros do quartel, para dar ares de ação civil ao golpe militar que, àquela altura, já se delineava. A casa na Nascimento Silva, em Ipanema, seria o cenário perfeito para tais confabulações. Em vez da farda, receberia os convidados à paisana, sempre em ternos sóbrios e bem cortados, com gravatas pretas, sinal de luto pela recente morte de Argentina.

A 21 de fevereiro de 1964, o presidente João Goulart reuniu em torno de uma longa mesa, na Vila Militar, vários generais para comemorar os dezenove anos da tomada de Monte Castello pelos brasileiros na Segunda Guerra Mundial. Em meio aos brindes e abraços dos convivas, foi comentada a ausência, na solenidade, do chefe do Estado-Maior do Exército, general Castello Branco. Tal ausência era ainda mais significativa quando se tinha em mente que, nos anos anteriores, Castello sempre fora saudado, naquela data, com honras de herói, pela decisiva participação na principal batalha brasileira nos campos da Itália.

Enquanto Jango levantava taças de champanhe rodeado de oficiais das três armas, com o intuito de mostrar que seu dispositivo militar permanecia firme, Castello estava em outro evento, em uma homenagem aos ex-pracinhas no Monumento aos Mortos da Segunda Guerra, no aterro da Glória, Rio de Janeiro. Programada com antecedência, a solenidade havia sido esvaziada, porém, pelo almoço de Jango. Os que não aceitaram participar do almoço com o presidente, como era o caso do general Costa e Silva, haviam preferido ficar em casa, sem se expor em público. Castello foi o único general que faltou à cerimônia oficial e ousou aparecer em público, no mesmo horário.

Nos últimos meses, o general Castello Branco já dera outros recados do gênero, ainda menos sutis. Em novembro de 1963, no discurso de encerramento de um curso sobre "guerra revolucionária", coordenado pelo general Emílio Maurell Filho na Escola de Estado-Maior, Castello dissera que "a legalidade tem dado ao comunismo grandes e pequenas oportunidades para se infiltrar" na vida nacional. Pedindo aos ouvintes que a fala permanecesse restrita àquele auditório, admitiu pela primeira vez que a obediência a essa mesma legalidade era inadequada, àquela altura, "para promover a evolução política, econômica e social do Brasil". Castello observou que eles, militares, poderiam inclusive lançar mão da quebra da ordem institucional, desde que fosse para impedir o "avanço comunista".

Na véspera do almoço de Jango na Vila Militar, Castello fizera novo discurso, na abertura do ano letivo da Escola de Aperfeiçoamento de Oficiais, a ESAO. Na ocasião, falou a quatrocentos capitães do Exército, a quem aconselhou manter-se em alerta contra o avanço das esquerdas no país. "Se a guerra revolucionária marxista-leninista avassalar a nação, quem vai defender as instituições democráticas?", indagou à plateia, que o aplaudiu febrilmente. Aproveitara ainda a oportunidade para apoiar a renovação do Acordo Militar entre Brasil e Estados Unidos, que seria assinado à revelia do próprio presidente João Goulart, por meio de um conchavo armado pela embaixada dos Estados Unidos e o comando do Estado-Maior das Forças Armadas brasileiras.

Os novos termos desse acordo previam o envio de assistência militar norte-americana ao Brasil, em caso de "ameaças ou atos de agressões ou quaisquer outros perigos à paz e à segurança". Um eufemismo que, na verdade, garantia instrumentos legais para a intervenção armada dos Estados Unidos no Brasil, caso fosse necessário justificá-la ao Congresso norte-americano, diante de uma ação militar interna para depor João Goulart.

Além das falas em público, conversas e cartas dessa época também revelam que Castello passara a considerar, pelo menos entre colegas e amigos íntimos, a hipótese de uma ação militar imediata contra Jango. Ainda que defendesse isso sob o pretexto de tal ação ter um caráter preventivo, ou seja, de ser necessária na medida em que se suspeitava que o próprio presidente articulava outro golpe, e de esquerda.

Indagado então por Francisco Negrão de Lima sobre as possibilidades de uma virada de mesa da parte de Jango, Castello afirmaria:

"Se ele estiver agora, nesse momento, com tudo pronto para isso, é até possível que tal aconteça. Mas se ele precisar de mais vinte minutos para se organizar, está perdido."

Negrão, que havia acabado de chegar ao Brasil após um período como embaixador em Portugal, quis entender melhor o que o amigo quisera dizer com aquilo.

"Então o Exército já está devidamente organizado para responder a qualquer eventualidade desse tipo?", perguntou.

236

"Negrão, são onze da noite. A conversa está muito boa. Nós militares gostamos de vocês, diplomatas. Mas temos uma diferença. Vocês acordam tarde e nós levantamos muito cedo", desconversou Castello, despachando Negrão de Lima e deixando-o ainda mais embatucado com o sentido ambíguo da última frase.

Em outras ocasiões, e diante de outros interlocutores, Castello Branco seria mais direto. "Cresce a convicção de que se deve reagir ativamente, com iniciativa, no caso do sempre desejado golpe estatal", escreveria, a 20 de fevereiro de 1964, ao tenente-coronel Hélio Ibiapina. "Há, mesmo, um trabalho aberto, nada de conspiração, para mostrar aos camaradas que é preciso, pela legalidade, agir ofensivamente", admitiu. E previu ainda ao amigo servindo no Recife: "O IV Exército, na reação legalista, é básico. Basta durar na ação umas 48 horas. Não ficará só".

Garantia tão taxativa da parte de Castello não era gratuita. As articulações políticas começavam a dar frutos por essa época. Quem passasse por aqueles dias diante da casa na Nascimento Silva veria, alta madrugada, as luzes da sala de visitas sempre acesas. Um movimento incomum de automóveis luxuosos na rua denunciava também que as reuniões noturnas envolviam participantes da nata empresarial brasileira, a maioria membros do Instituto de Pesquisas e Estudos Sociais (IPES), organização fundada em agosto de 1961.

Alarmado com a revolução cubana de 1959, um grupo de "empresários democratas unidos para o progresso do Brasil" havia fundado a instituição, que, aliada ao IBAD, acabaria por se tornar uma espécie de governo paralelo, com articulações não só entre as classes produtoras, mas também no seio das Forças Armadas, Congresso Nacional, Igreja e associações de classe.

Um dos cérebros da entidade era o general Golbery do Couto e Silva, que desde 1961 havia pedido baixa do Exército e passara a conspirar em trajes civis. Numa época em que a intelectualidade do país nutria aberta simpatia pelo governo popular e nacionalista de Jango, o IPES, assim como o IBAD, fornecia dinheiro a rodo aos adversários do regime: publicava livros, financiava revistas culturais, patrocinava palestras, pagava polpudas bolsas de estudos, promovia cursos sobre "atualidades brasileiras" e abrigava em seus quadros intelectuais, jornalistas, professores, economistas e escritores como Roberto Campos, Delfim Neto, Mário Henrique Simonsen e Miguel Reale.

Assim, respeitado nos círculos militares, cortejado por políticos da UDN, apoiado por proprietários rurais e, enfim, desfrutando de ampla confiança das classes empresariais mais modernas, Castello aos poucos se afirmava como uma das principais lideranças contra Jango. A posição lhe permitira inclusive retomar o contato diário com o coronel Vernon Walters, o amigo norte-americano que conhecera na guerra e que agora servia no Brasil como representante do Departamento de Defesa dos Estados Unidos. Walters era o principal elo entre Washington e os conspiradores brasileiros, sendo revelado mais tarde que trabalhara para a CIA.

Em pouco tempo, Castello conseguiria também o apoio indispensável de altos escalões da imprensa nacional. Entre os mais assíduos frequentadores da casa da Nascimento Silva logo estaria o jornalista Roberto Marinho, dono do jornal *O Globo*. Outro peso pesado da mídia, Júlio Mesquita, proprietário do *Estado de S. Paulo*, desde algum tempo também já constava da lista de admiradores de Castello. E foi o *Estadão* que, no dia seguinte ao almoço de Jango na Vila Militar, criticou o presidente em editorial, ao mesmo tempo que fazia rasgados elogios ao general Castello Branco.

"O sr. Castello Branco é uma dessas figuras que marcam época e assinalam a perenidade das virtudes nacionais. Soldado acima de tudo, sempre procurou manter-se rigorosamente dentro da mais estrita disciplina, mas sem abdicar jamais de seus sentimentos cívicos", dizia o editorial do jornal paulista, na edição de 22 de fevereiro de 1964. Era a senha que faltava, uma espécie de toque de reunir para os conspiradores. Poucos dias antes, o general Adhemar de Queiroz, um dos principais articuladores do movimento contra Goulart, tratara de marcar uma reunião entre Castello e Cordeiro de Farias, calejado revolucionário que até então desempenhara, na esfera de influência da ESG, o papel de aglutinador das insatisfações contra Jango.

O então assistente secretário de Castello, tenente-coronel Murilo Gomes Ferreira, escreveria mais tarde a respeito desse histórico encontro: "Foi então, em fevereiro de 1964, que o general Adhemar de Queiroz resolveu promover um primeiro contato em sua residência entre o general Castello Branco e o general Cordeiro de Farias. Da reunião não participei, mas no dia seguinte bem cedo o general Adhemar me comunicava: 'Já temos um líder'".

Sexta-feira, 13

Sentado no sofá da sala, diante da televisão, um apreensivo Castello telefonou para o general Costa e Silva. Enquanto a ligação se completava, naquele início de noite de uma sexta-feira, 13 de março de 1964, Castello olhou de novo para a tela da tevê. Viu mais uma vez a multidão empunhando faixas, bandeiras e flâmulas, boa parte delas com a estampa da foice e machado entrelaçados, o símbolo dos comunistas. "Manda brasa, presidente!", diziam alguns dos cartazes. "Jango, defenderemos as suas reformas na bala", prometiam outros. "É sexta-feira, 13; mas não é agosto", lembrava um mais adiante. "Cadeia para os gorilas", pediam dezenas deles. Fotos de Getúlio e de João Goulart eram erguidas em delírio pelo público. Na estimativa dos organizadores, cerca de 250 mil pessoas abarrotavam a praça da Central do Brasil, bem em frente ao Ministério da Guerra, no comício gigante organizado por Jango em prol das Reformas de Base.

"Alô?" Era Costa e Silva, que atendia do outro lado da linha.

"Alô, Costa, aqui é o Castello. Você está vendo a televisão?"

Costa e Silva afirmou que sim, estava.

"Pois você viu quem está lá, todo prosa, no meio da corja do Jango? O Jair."

"O Jair? Impossível. Ele me garantiu ontem mesmo, pessoalmente, que não tomaria parte neste acinte", respondeu Costa e Silva, olhando para a tevê. "Não, ele não está. Só vejo os outros ministros e os pelegos de sempre..."

"Ele está lá sim senhor, pode reparar, todo desconcertado, evitando ser visto, bem na pontinha do palanque."

Costa e Silva se aproximou do televisor, ajeitou os óculos grossos sobre o nariz e vociferou:

"Não pode ser. É ele mesmo!"

Poucas horas antes, da janela de seu gabinete de chefe do EME, no sexto andar do prédio do Ministério da Guerra, Castello testemunhou os preparativos para o comício da Central. Ônibus e caminhões alugados pelo governo despejavam gente por todo lado. Panfletos e cartazes eram distribuídos aos milhares, muitos deles pedindo a legalização do Partido Comunista. Por volta das quatro da tarde, a praça já estava coalhada de vermelho e tomada pelo povo, que não arredaria pé do local até as dez da noite. Por volta das cinco da tarde, Castello arrumou a mesa, pegou a valise de couro preta que sempre usava e rumou para casa. No caminho, viu nas janelas dos apartamentos várias velas acesas, símbolo que Carlos Lacerda sugerira à população para protestar contra o evento dos janguistas.

O grande comício começou quando faltavam três minutos para as seis horas. Nesse momento, Castello já estava com a tevê ligada, lápis e papel na mão, atento aos discursos e tomando nota de cada um deles. O primeiro a falar foi o presidente do Sindicato dos Metalúrgicos, José Lélis da Costa. Viriam logo em seguida o governador de Sergipe, Seixas Dória; o presidente da SUPRA, João Pinheiro Neto; o governador de Pernambuco, Miguel Arraes; o líder do PTB na Câmara Federal, Doutel de Andrade; e o presidente da UNE, José Serra. A cada novo orador, mais inflamadas ficavam as falas e o público. Quando chegou a vez de Brizola, a multidão exultou.

"O Congresso é, hoje, um poder que está comprometido, que se compõe de uma minoria de privilegiados. Aquele Congresso não dará mais nada ao povo brasileiro. Por que não transferir a decisão para o próprio povo brasileiro, fonte de todo o poder?", discursou Brizola, incitando ainda mais a massa.

Enquanto isso, os telefonemas de Castello não paravam. Sem desgrudar da televisão, depois de falar com Costa e Silva, ligou para o general Adhemar de Queiroz:

"Você ouviu? Brizola acabou de passar atestado de golpista, pregou o fechamento do Congresso. É o fim deles", comentou Castello.

240

Naquela sexta-feira, seriam também treze os discursos, antes da tão espera-da fala do presidente. O momento havia sido preparado pelos assessores de Jango. Temendo alguma represália por parte dos adversários, a segurança presidencial convocara cerca de 6 mil homens, entre fuzileiros navais e soldados da polícia do Exército, que guardaram o palanque e ocuparam os prédios contíguos à praça, evacuados desde as quatro da tarde. Tanques de combate haviam sido dispostos ao redor do local do evento, compondo um cenário sob medida para tentar con-vencer a opinião pública de que o Exército estava a favor das reformas.

Todos os detalhes haviam sido pensados para causar o maior impacto polí-tico possível. O próprio palanque em que Jango discursaria era uma relíquia his-tórica preservada no Arsenal de Marinha. Havia sido nele que, 27 anos antes, Getúlio Vargas anunciara ao país o nascimento do Estado Novo. Uma foto do ex-presidente, por sinal, cercada de flores, ornava um dos ângulos próximos à tribuna. Quinze minutos antes das nove da noite, Jango aproximou-se do micro-fone. Todos notaram que Goulart estava pálido, suando aos cântaros, naquela noite abafada de final de verão carioca. À direita dele, estava a esposa, a bela Maria Thereza, em um vestido azul-claro de mangas curtas, bolsa e sapatos bran-cos. Era a primeira vez que ela participava de um comício do marido, sobre o qual corriam notícias, à boca solta, de que não fosse assim um modelo de fidelidade conjugal.

"Pela primeira vez na vida, achei simpático o título de primeira-dama do país", diria mais tarde uma deslumbrada Maria Thereza às amigas.

Após cerca de quarenta segundos em silêncio, olhando para o povo que o aplaudia sem parar, Jango iniciou o discurso, que duraria exatos 54 minutos. Nes-se meio-tempo, o presidente bebeu duas garrafas de água mineral e enxugou o rosto 35 vezes. Com o nó da gravata frouxo, o colarinho aberto e os cabelos em desalinho, anunciou que o governo iria decretar, de imediato, a desapropriação de latifúndios improdutivos, o controle dos aluguéis e a encampação das refinarias de petróleo particulares em todo o país. Foi um desvario. Um rojão explodiu atrás do palanque e, ao atingir uns cem metros de altura, provocou uma chuva de papéis picados sob a praça, nos quais podia-se ler o anúncio: "Jango-65". No rádio do carro, a caminho do aeroporto, Lincoln Gordon, o embaixador dos Estados Unidos, ouvia a tudo, estarrecido.

O general Castello Branco desligou a tevê. Poucos minutos depois, a campainha tocou. Quando abriu a porta, deparou-se com o coronel Vernon Walters.

"Você viu?", indagou-lhe, contrafeito, o amigo norte-americano.

"A única coisa que vi foram as foices e martelos da CGT", respondeu Castello, balançando a cabeça em sinal de desaprovação.

Jango havia dado o passo em falso pelo qual Castello Branco e os demais adversários do governo tanto esperavam. O mote "Jango-65" seria interpretado pelos militares como a prova cabal de que um golpe estava mesmo sendo arquitetado para que o presidente se perpetuasse no poder. Afinal, para concorrer às eleições marcadas para outubro do ano seguinte, Jango teria que atropelar a Constituição, modificando as regras do jogo, que não permitiam a reeleição. "A melhor coisa que pode acontecer é o sr. João Goulart tentar dar um golpe, fracassar e sofrer um impeachment", já previra um despacho oficial do embaixador inglês no Brasil, Geoffrey Wallinger, a Londres.

"O comício das Reformas foi ontem. Um grande aparato de forças, carros de combate, fuzileiros, tropas e mais tropas. O governo gastou mais de 200 milhões!", escreveu Castello, em 14 de março, ao filho Paulo. "[Foram] discursos ameaçadores; o Brizola quer ir na marra", descreveu. "Creio que haverá repercussões: invasões de terra, greves gerais e… emprego do Exército daquele jeito…", previu numa carta curta, em um trecho pontuado por reticências e subentendidos.

"O comício foi um assalto à Constituição, ao bolso e à honra do povo", definiu nas páginas da *Tribuna da Imprensa* o governador da Guanabara, Carlos Lacerda, que já havia se lançado pré-candidato udenista às eleições presidenciais previstas para o ano seguinte. Outro cardeal da UDN, o governador mineiro Magalhães Pinto, chefe civil da conspiração em seu estado e também presidenciável, achou que era a hora de agir. "Jango fez sua opção, caminha em aceleração constante por uma descida íngreme. Se lhe dermos um pequeno impulso, irá arrebentar-se lá embaixo", dissera-lhe o general Luís Guedes, braço militar da oposição a Jango em Minas Gerais.

Havia outro mineiro na lista dos pré-candidatos a presidente. Mas este, Juscelino Kubitschek, seria mais precavido, evitando comentar o assunto. De olho numa volta calculada ao Palácio do Planalto, JK preferiu, logo após o comício de Jango, recolher-se à sua fazenda. Contudo, era evidente que, de todos os lados, o cerco se fechava. "As forças da reação parecem formigas de asa, estão andando para lá e para cá, querendo levantar voo", afirmou o deputado Leonel Brizola à imprensa.

Alheio às críticas que lhe endereçavam militares e oposição civil, Goulart seguiu firme no propósito de iniciar uma série de outras grandes manifestações públicas, para atrair apoio popular às Reformas de Base. Animado com o êxito do comício da Central, apresentaria dois dias depois, a 15 de março, uma mensagem ao Congresso Nacional na qual pedia, de uma só vez, entre outras medidas, a elegibilidade dos sargentos, o direito de voto para os analfabetos e a legalização do Partido Comunista. Antes, em janeiro, havia sancionado a Lei de Remessa de Lucros, que obrigava as empresas multinacionais a remeter ao exterior apenas 10% dos ganhos no país.

"Eu não sei como não viam que, em frente à casa do general Castello, a rua Nascimento Silva, uma rua calma, estava atravancada pelo tráfego", recordaria mais tarde, ao brasilianista John W. Foster Dulles, o general Antônio Carlos Muricy. O governador mineiro, Magalhães Pinto, foi um dos muitos políticos a baterem à porta de Castello. Depois de se avistar com outros militares no Rio, Magalhães indagou ao chefe do Estado-Maior do Exército:

"General, o senhor não acha que o Exército deve reagir? Estamos prontos para apoiá-lo vigorosamente."

"O Exército não fará revolução, mas também não aceitará golpes", retrucou Castello.

"O que o senhor chama de golpe?", perguntou, com certa impaciência, Magalhães.

"O fechamento do Congresso, por exemplo, será um golpe. O Exército não o aceitará", respondeu, sereno, Castello.

"Que mais, general?", sondou o governador.

"Uma greve geral, consentida pelo governo, por exemplo, seria outro caso", argumentou Castello Branco.

O deputado baiano Aliomar Baleeiro também foi outro cardeal da UDN a procurar Castello, alarmado com o discurso de Jango.

"General, o Lampião tinha uma frase lapidar, que era mais ou menos assim: 'É preciso almoçar o cabra, antes que ele me jante'", disse Baleeiro, sugerindo que a lógica do cangaceiro cabia à situação.

Castello pediu ao deputado um pouco mais de calma. "Ele me disse que Costa e Silva, em termos francos e rudes, advertira o general Jair Dantas Ribeiro, ouvindo deste a promessa de que Jango não faria novas imprudências", escreveria mais tarde Baleeiro em suas recordações a respeito desse encontro. Na conversa, o deputado dissera ainda a Castello que, "diante do inevitável afastamento de Jango e da inevitável conturbação daí decorrente", o sucessor a ser eleito pelo Congresso Nacional deveria ser, talvez, um militar.

O relato de Baleeiro prossegue:

> Voltei-me para Castello Branco e perguntei à queima-roupa: "Sabe quem me parece reunir os requisitos e atributos para tal?". Ele fez um gesto negativo com a cabeça, e eu disse: "O senhor". Ele me olhou em silêncio. Permaneceu calado e depois se despediu, continuando eu a conversar com Adhemar de Queiroz. Antes, porém, Castello Branco me disse que a solução estava próxima.

"Um, dois, três, Brizola no xadrez! E se tiver lugar, põe também o João Goulart!" — o coro, entoado pelos alunos do Colégio Mackenzie, se somava às orações das fervorosas senhoras da União Cívica Feminina. Uma massa compacta marchava ombro a ombro em direção à praça da Sé, centro de São Paulo. Se Jango conseguira colocar 250 mil pessoas para aplaudi-lo no Comício da Central, uma articulação entre setores da Igreja, governo paulista, entidades empresariais e ruralistas davam o troco uma semana depois.

Segundo a polícia militar, meio milhão de paulistanos saíram de casa no dia 19 de março — dia de são José — para participar de uma demonstração de "repúdio ao comunismo", intitulada Marcha da Família com Deus pela Liberdade. Entre as faixas levadas pela multidão, a lembrança da Revolução Constitucionalista de 1932: "Trinta e dois mais trinta e dois é sessenta e quatro". Outras apelavam para os céus: "Nossa Senhora Aparecida, iluminai os reacionários".

"Foi um espetáculo de rara beleza, de fé e de civismo, aquela multidão cantando hinos patrióticos e rezando", definiria o general Jayme Portella de Mello, futuro chefe da Casa Militar do governo Costa e Silva. Segundo noticiaria o jornal *Folha de S.Paulo* no dia seguinte, o senador Padre Calazans pegou o microfone nas escadarias da Sé e falou à multidão que lhe acenava com lenços brancos e bandeirolas:

"Hoje é o dia de são José, padroeiro da família, o nosso padroeiro. Fidel Castro é o padroeiro de Brizola. É o padroeiro de Jango. É o padroeiro dos comunistas."

Naquele clima de histeria coletiva, o mesmo jornal informaria aos leitores que, quando a marcha ia pela altura da rua Barão de Itapetininga, a polícia revistou, a pedido do deputado Murilo de Sousa Reis, um prédio de onde havia sido atirado um balde d'água sobre os manifestantes. "Numa das janelas, aquele deputado constatou que o seu batente estava molhado e efetuou a detenção do responsável pelo escritório e de outro elemento que o acompanhava. Ambos foram conduzidos ao DOPS e só à noite foram dispensados", dizia a *Folha*.

Azar idêntico tiveram dois rapazes que, àquela hora, ali perto, transportavam no interior de um carro uma grande quantidade de ovos de galinha. "Apontados por transeuntes, que disseram que os rapazes iam jogar os ovos na multidão, os dois foram detidos e encaminhados ao DOPS. Só então foi constatado que as caixas se destinavam a um supermercado. Os dois foram dispensados", informava também o jornal paulista.

"O negócio vai se decidir nos próximos dias. Deus e a Virgem vão nos salvar do comunismo!", afirmou, aos jornalistas, o governador de São Paulo, Adhemar de Barros, outro presidenciável em aberta campanha.

Adhemar sobrevoara de helicóptero todo o trajeto da longa marcha, que, por sua iniciativa, havia sido aberta pelos clarins dos Dragões da Força Pública paulista. Enquanto o governador acompanhava tudo do alto, a esposa, Leonor de Barros, caminhava lá embaixo, braços dados com a multidão, terço e crucifixo na mão, cantando entre sorrisos de êxtase:

> *Ai, ai, ai, ai,*
> *tá chegando a hora,*
> *de o Jango ir embora.*

Um dos organizadores da marcha, o deputado Antônio da Silva Cunha Bueno, afirmaria, categórico: "Sabíamos que os militares só definiriam sua posição depois que houvesse uma manifestação pública e inequívoca de que ninguém suportava mais aquela situação". No dia seguinte, 20 de março, com efeito, passou a rodar pelos corredores dos quartéis do país uma circular reservada, com a observação "Vedada à imprensa" e assinada por Castello Branco. Em três folhas datilografadas, amparado pela "ressaca cívica" da Marcha da Família com Deus pela Liberdade, Castello lavrara ali o atestado de óbito do governo de João Goulart.

A circular, lida no auditório da ECEME pelo comandante da instituição, Jurandir Bizarria Mamede, seguia à risca a estratégia traçada havia muito por Castello: abraçar a defesa da legalidade, conferindo aos inimigos o rótulo de antidemocráticos. Assim, com base no que dizia o documento, o governo não poderia acusá-lo de subversão. Mas qualquer um poderia ler, nas entrelinhas, que aquela era a voz de um comandante convocando os soldados. Às vésperas de liderar um golpe militar que instituiria um regime de arbítrio no país, Castello defendia no texto que caberia ao Exército dar plena garantia aos poderes constitucionais para, assim, evitar uma iminente ditadura. O inferno, como sempre, eram os outros:

Rio, 20 de março de 1964
Ministério da Guerra
Estado-Maior do Exército

Do Gen. Ex. Humberto de Alencar Castello Branco,
Chefe do Estado-Maior do Exército

Aos Exmos. Srs. Generais e demais militares
do Estado-Maior do Exército e das Organizações Subordinadas.

Compreendo a intranquilidade e as indagações de meus subordinados nos dias subsequentes ao comício de 13 do corrente mês. Sei que não se expressam somente no Estado-Maior do Exército e nos setores que lhe são dependentes, mas também na tropa, nas demais organizações e nas duas outras corporações militares. Delas participo e elas já foram motivo de uma conferência minha com o Excelentíssimo Senhor Ministro da Guerra.

São evidentes duas ameaças: o advento de uma Constituinte como caminho para a consecução das reformas de base e o desencadeamento em maior escala de agitações generalizadas do ilegal poder do CGT. As Forças Armadas são invocadas em apoio a tais propósitos.

Para o entendimento do assunto, há necessidades de algumas considerações preliminares.

Os meios militares nacionais e permanentes não são propriamente para defender programas de governo, muito menos a sua propaganda, mas para garantir os poderes constitucionais, o seu funcionamento e a aplicação da lei.

Não estão instituídos para declarar solidariedade a este ou aquele poder. Se lhes fosse permitida a faculdade de solidarizar-se com programas, movimentos políticos ou detentores de altos cargos, haveria, necessariamente, o direito de também se oporem a uns e outros.

Relativamente à doutrina que admite o seu emprego como força de pressão contra um dos poderes, é lógico que também seria admissível voltá-la contra qualquer um deles.

Não sendo milícia, as Forças Armadas não são armas para empreendimentos antidemocráticos. Destinam-se a garantir os poderes constitucionais e a sua coexistência.

A ambicionada Constituinte é um objetivo revolucionário pela violência com o fechamento do atual Congresso e a instituição de uma ditadura.

A insurreição é um recurso legítimo do povo. Pode-se perguntar: o povo brasileiro está pedindo ditadura militar ou civil e Constituinte? Parece que ainda não.

Entrarem as Forças Armadas numa revolução para entregar o Brasil a um grupo que quer dominá-lo para mandar e desmandar e mesmo para gozar o poder? Para garantir a plenitude do grupamento pseudossindical, cuja cúpula vive na agitação subversiva cada vez mais onerosa aos cofres públicos? Para talvez submeter a nação ao comunismo de Moscou? Isto, sim, é que seria antipátria, antinação e antipovo.

Não, as Forças Armadas não podem atraiçoar o Brasil. Defender privilégios de classes ricas está na mesma linha antidemocrática de servir a ditaduras fascistas ou síndico-comunistas.

O CGT anuncia que vai paralisar o país, no quadro do esquema revolucionário. Estará configurada provavelmente uma calamidade pública. E há quem deseje que as Forças Armadas fiquem omissas ou caudatárias do comando da subversão.

Parece que uma cousa nem outra. E, sim, garantir a aplicação da Lei, que não permite, por ilegal, movimento de tamanha gravidade para a vida da nação.

Tratei da situação política somente para caracterizar a nossa conduta militar.

Os quadros das Forças Armadas têm tido um comportamento, além de legal, de elevada compreensão face às dificuldades e desvios próprios do estágio atual da evolução do Brasil. E mantidos, como é de seu dever, fiel à vida profissional, à sua destinação e com continuado respeito a seus chefes e à autoridade do presidente da República.

É preciso aí perseverar, sempre "dentro dos limites da lei". Estar pronto para a defesa da legalidade, a saber, pelo funcionamento integral dos três poderes constitucionais e pela aplicação das leis, inclusive as que asseguram o processo eleitoral, e contra a revolução para a ditadura e a Constituinte, contra a calamidade pública a ser promovida pelo CGT e contra o desvirtuamento do papel histórico das Forças Armadas.

O Excelentíssimo Senhor Ministro da Guerra tem declarado que assegurará o respeito ao Congresso, as eleições e a posse do candidato eleito. E já declarou também que não haverá documentos dos ministros militares de pressão sobre o Congresso Nacional.

É o que eu tenho a dizer em consideração à intranquilidade e indagações oriundas da atual situação política e a respeito da decorrente conduta militar.

General do Exército Humberto de Alencar Castello Branco.
Chefe do Estado-Maior do Exército.

Castello enviou o documento ao Ministério da Guerra e, como da outra vez, mandou junto com ele uma carta, de teor pessoal, ao ministro Jair Dantas Ribeiro. "Não se trata de um papel para lançar confusão, nem buscar solidariedade ou estabelecer polêmica", tentava Castello convencer o ministro. "[É] apenas para mostrar a gravidade que rodeia a conduta militar e para esclarecer subordinados", argumentou. "Aceite um abraço de seu velho camarada e amigo, Humberto Castello Branco." A carta, afável, dizia ainda que Castello tentara marcar uma audiência com Jair, para entregar-lhe a circular em mãos. Mas fora informado por um telefonema da chefia do gabinete do ministro que este havia acabado de ser internado no Hospital dos Servidores do Estado, para se submeter a uma intervenção cirúrgica, aproveitando os feriados da Semana Santa, que se aproximava.

Até hoje sobram suspeitas se foi a próstata ou a cautela do ministro que o tirou de cena, naqueles últimos dias do governo de João Goulart. O presidente inclusive chegara a lhe pedir que, diante da radicalização política que tomava conta do país, adiasse a tal operação. Jair não lhe deu ouvidos. Muitos consideram que tudo não tenha passado de uma saída ardilosa do ministro da Guerra para, de um lado, não trair João Goulart; e, de outro, para não ter que enfrentar os velhos companheiros de caserna.

Com Jair Dantas Ribeiro já no hospital, uma cópia da circular reservada acabou caindo nas mãos do próprio Jango. No dia seguinte, o jornalista Carlos Castello Branco — que apesar do sobrenome não tinha nenhum parentesco direto com o chefe do EME — publicou uma breve nota na célebre coluna do *Jornal do Brasil*: "O general Castello Branco expediu ordem do dia, recomen-

248

dação ou que nome tenha, aos comandos militares, advertindo-os sobre a hora presente e sobre os deveres das Forças Armadas. O documento está alcançando intensa repercussão".

Vinte e quatro horas depois, a mesma coluna estamparia um desmentido: "O general Castello Branco declara sem fundamento a informação de que fizera advertência aos generais sob seu comando a respeito da situação nacional". A nota afirmava ainda: "Considerando o general Castello Branco pessoa veraz, certamente será apócrifo o papel que, com sua assinatura, foi lido anteontem à noite, no Palácio Laranjeiras, pelo sr. João Goulart a um de seus assessores. O presidente foi ludibriado por seu serviço de informações, que lhe entregou um papel falso". Quase ao mesmo tempo, o ministro da Justiça de Jango, Abelardo Jurema, ia à televisão questionar a autenticidade do documento.

Enquanto o governo discutia se a nota reservada de Castello Branco era verdadeira ou falsa, as folhas datilografadas iam circulando de mão em mão, enviadas para o comando dos principais quartéis do país. Em poucos dias, choveram dezenas de respostas. A maioria vinha de oficiais do I Exército, sediado no Rio de Janeiro. Mas não só. Por intermédio do general Adalberto Pereira dos Santos, o próprio comandante do III Exército, Benjamin Rodrigues Galhardo, comunicava de Porto Alegre que havia considerado o documento "muito oportuno". Já o comandante do IV Exército, sediado no Recife, Justino Alves Bastos, dizia estar também "de pleno acordo" com ele. Faltava apenas, portanto, desvendar o que se passava na cabeça do comandante do II Exército, Amaury Kruel, a grande interrogação dos conspiradores.

Antes de costurar o apoio interno, Castello Branco já trataria de buscar adesão externa. Assim, fez chegar uma cópia da circular ao coronel Vernon Walters, que a repassou ao embaixador dos Estados Unidos, Lincoln Gordon. Na segunda-feira após o Domingo de Ramos, 22 de março de 1964, o documento assinado por Castello era discutido na mesa de reuniões da embaixada norte-americana. Depois de lido e relido o texto, feitas algumas considerações da parte de Walters, Gordon chegou à conclusão de que estavam diante de um fato consumado.

Em telegrama que enviaria logo depois a Washington, o embaixador garantiu ao governo norte-americano que Castello apenas esperava um pretexto político para desferir o golpe, sem com isso desviar-se um único milímetro do discurso legalista. Qualquer tropeço de Jango, àquela altura, serviria: "uma greve geral provocada pelos comunistas, outra rebelião dos sargentos, um plebiscito desautorizado pelo Congresso ou mesmo um contragolpe do governo contra as lideranças civis ou militares democráticas", enumerava o telegrama de Lincoln Gordon.

Para evitar que a imprensa desconfiasse de alguma ingerência dos Estados Unidos na política brasileira, a embaixada recomendou que Vernon Walters evitasse ser visto junto com Castello Branco por aqueles dias. Walters acatou a determinação. Passaria então de carro várias vezes, sempre à noite, pela Nascimento Silva, para sondar o ambiente. Alta madrugada, estacionava o carro e, olhando para os lados, batia à porta do general.

Enquanto isso, o pretexto para o golpe já estava a caminho.

"Quem tenta subverter a ordem são os aliados das forças ocultas que levaram um presidente ao suicídio, outro à renúncia, e tentaram depois impedir a posse de Jango. Agora eles querem impedir a realização das Reformas de Base. Não conseguirão!"

Se Castello queria um pretexto, ele agora o tinha. O discurso do Cabo Anselmo parecia feito sob encomenda. Era ele o orador mais inflamado naquela véspera de Sexta-Feira Santa, 25 de março, quando cerca de mil marinheiros compareceram à sede do Sindicato dos Metalúrgicos, para comemorar o aniversário de uma entidade ilegal. A Associação dos Marinheiros e Fuzileiros Navais, não reconhecida pela Marinha, completava dois anos. O marinheiro José Anselmo dos Santos, promovido a "cabo" pela imprensa, fustigava o imperialismo e o latifúndio, dizendo ter chegado a hora de libertar os explorados das cidades, dos navios e dos quartéis.

Na reunião, projetou-se o filme *O encouraçado Potemkin*, de Sergei Eisenstein, retratando a revolta dos marinheiros russos em 1905. A marujada rebelde identificou-se, atribuindo à própria luta um significado histórico e igualmente épico. Em solidariedade ao ato liderado pelo Cabo Anselmo, estavam ali representantes da UNE, do CGT e, em pessoa, o deputado Leonel Brizola. Na mesa dos oradores, em destaque de honra, o velho João Cândido, herói da histórica Revolta da Chibata, de 1910. No começo do século, os grumetes haviam se revoltado contra os castigos corporais na Marinha. Quase sessenta anos depois, as reivindicações não eram menos justas: direito ao voto, direito à livre manifestação, direito a melhores salários e, até mesmo, direito a casar.

O ministro da Marinha, Sílvio Mota, pressionado pelos demais almirantes, ordenou que um destacamento de fuzileiros navais seguisse até o evento, invadisse o lugar e prendesse os organizadores. Mas, próximo ao local, sob orientação do chefe, o contra-almirante janguista Cândido Aragão, apelidado de Almirante Vermelho, os fuzileiros abaixaram as armas, tiraram o capacete de combate e aderiram à rebelião. Lá dentro, gorros brancos foram atirados ao ar saudando os novos companheiros de luta. Jango, que havia viajado para passar o feriado santo na fazenda de São Borja, interior gaúcho, foi chamado às pressas ao Rio de Janeiro. Chegou na sexta-feira, à uma hora da manhã. Em vez de resolver o problema, criou outros ainda mais graves para si.

Após o pedido de demissão do ministro da Marinha, Jango nomeou para o cargo o almirante reformado Paulo Mário Cunha Rodrigues, acatando uma sugestão expressa do CGT. Em seguida, propôs um acordo com os marinheiros. Para manter as aparências, eles seriam removidos para guarnições do Exército. Mas ninguém seria punido e todas as reivindicações seriam aceitas, prometeram-lhes os emissários de João Goulart. Postos em liberdade horas depois, os marujos comemoram a vitória com uma passeata até a Candelária. No caminho, carregaram nos braços, em festa, o Cabo Anselmo e o contra-almirante Aragão.

A foto de um sorridente Aragão nos ombros da marujada, estampada em todos os jornais no dia seguinte, seria o motivo que faltava para os conspiradores saírem da toca. Tinham então mais do que um simples pretexto. O triunfo do Cabo Anselmo sobre o Ministério da Marinha era a prova definitiva de que a hierarquia das Forças Armadas havia sido quebrada. Chegara, pois, a hora de colocar a tropa na rua.

Durante todo o episódio da revolta dos marinheiros, Castello intensificara o contato com os vários núcleos da conspiração, o que logo chamaria a atenção do serviço de inteligência de Jango. Por isso, era dada como certa, nos próximos dias, a exoneração da chefia do Estado-Maior do Exército. O plano para o golpe, porém, já estava desenhado. As tropas de Minas Gerais desceriam ao mesmo tempo que as guarnições de São Paulo subissem, ambas em direção ao Rio de Janeiro. Em simultâneo, movimentos paralelos seriam detonados no Nordeste e no Rio Grande do Sul. Previam-se entre trinta e sessenta dias de luta, até se conseguir sufocar a resistência das tropas que permanecessem fiéis a Jango. Tudo iria depender da posição do II Exército de Kruel.

Para coordenar as ações, uma senha havia sido combinada. Quando Castello recebesse o comunicado da exoneração, iria se recusar a entregar o cargo. Assim, ele não deixaria a Jango outra alternativa senão a de mandar prendê-lo. A voz de prisão dada ao chefe do Estado-Maior seria, portanto, o sinal para o levante. A notícia deveria ser espalhada rápido, pelo telefone: "O doente baixou enfermaria" — era a senha combinada.

Havia outra: "O bebê acabou de nascer". O próprio Jango, porém, se encarregaria de apressar ainda mais o parto.

Na boca do lobo

Por volta de cinco e meia da manhã de 31 de março, o telefone na mesa de cabeceira tocou. Castello mal pregara o olho na noite anterior e, assim, atendeu a ligação entre bocejos, ainda deitado e vestido com o pijama de bolinhas azuis. Logo reconheceu a voz do deputado Armando Falcão, um dos articuladores civis do movimento contra Goulart.

"Alô, general? O Mourão mandou avisar que a procissão já foi pra rua."

"O que é isso, homem. Não pode ser. Ainda não é a hora", respondeu Castello.

"Sei disso, mas é verdade. O próprio Mourão acabou de me ligar. Minha mulher também ouviu o recado, pela extensão."

"Essa informação deve estar errada. De qualquer forma, vou checar. Me ligue daqui a quinze minutos."

Mal Castello pôs o telefone no gancho, o aparelho voltou a tocar. Por toda aquela manhã, seria uma ligação atrás da outra. Quando Falcão conseguiu pegar a linha de novo desocupada, recebeu o recado:

"A sua informação procede", disse-lhe Castello, com voz carregada. "Venha para cá imediatamente, por favor."

Como a casa da Nascimento Silva estava bastante visada, Castello fizera do apartamento do filho Paulo, no Leblon, o seu QG naqueles dias. Quando Armando Falcão lá chegou, já se deparou com Castello Branco acompanhado dos generais Golbery do Couto e Silva, Ernesto Geisel e Adhemar de Queiroz, todos com semblantes preocupados. Castello ainda estava ao telefone, dessa vez tentando localizar o governador de Minas Gerais, Magalhães Pinto, que, tudo indicava, evitava falar com ele. Por várias vezes, mandara os secretários informarem que não estava.

Castello ligou então para o sobrinho do governador, o banqueiro José Luís de Magalhães Lins, executivo do Banco Nacional, pertencente a Magalhães Pinto. Pediu-lhe que intercedesse junto ao tio, para que verificasse se ainda havia alguma forma de retardar a ação, pelo menos o tempo suficiente para que se articulassem iniciativas complementares no Rio de Janeiro e demais capitais. Por volta das nove da manhã, o governador resolveu atender aos seguidos telefonemas do general Castello Branco.

Castello sabia que, apesar de estarem do mesmo lado, Magalhães Pinto e Olympio Mourão Filho, comandante da IV Região Militar, sediada em Juiz de Fora, cultivavam desconfianças mútuas. Um temia que o outro tomasse à frente do movimento em Minas e assumisse sozinho os louros da provável vitória. Assim, Castello procurou apelar para tal rivalidade dissimulada, pedindo que Magalhães encontrasse um jeito de fazer Mourão recuar. O general explicou que aquela precipitação poderia colocar a perder um plano longamente preparado, pois os demais comandos ainda não estavam mobilizados o suficiente. Magalhães, todavia, respondeu que àquela altura era tarde demais. Mourão já lançara as tropas em direção à fronteira com o Rio de Janeiro.

"Se não voltarem agora, voltarão depois, derrotados", argumentou Castello

"Melhor voltar derrotado do que voltar desmoralizado", retrucou, aborrecido, o governador mineiro. Para ele, por trás do pedido de Castello, estava apenas o medo de deixar Minas Gerais representar o papel de "vanguarda heroica" do movimento.

Olympio Mourão Filho decidira pela antecipação da Operação Popeye após ouvir Jango na televisão. Na véspera, 30 de março, o presidente comparecera à sede do Automóvel Clube para uma homenagem na Associação dos Sargentos da Polícia Militar. João Goulart ignorara inclusive o conselho de seu líder na Câmara, Tancredo Neves, que o orientara a não comparecer ao evento. Antes de sair do palácio em direção ao local da homenagem, ao descer do elevador, Jango assustou-se com um vulto que apareceu de repente à sua frente e o puxou com força pelo braço. Era o deputado Tenório Cavalcante, o célebre "homem da capa preta", que também fazia uma última tentativa para dissuadi-lo daquela ideia considerada suicida:

"Não dê o primeiro tiro, presidente. Não vá ao Automóvel Clube."

Jango riu, cumprimentou o deputado, agradeceu-lhe pela atenção, mas continuou andando em direção à Mercedes oficial, que o aguardava na garagem, já protegida pelos batedores.

"Manda brasa, presidente!", incentivou, na saída, o general Assis Brasil, o chefe da Casa Militar, que até ali, 24 horas antes de Jango ser derrubado, continuava a lhe garantir que as forças reunidas em torno do governo eram bem superiores às dos golpistas.

O presidente estava cansado, abatido. Foi assim que ele apareceu para todo o país, pela tevê, sentado ao lado do contra-almirante Aragão, dos ministros militares — menos Jair Dantas Ribeiro, que estava internado e foi representado pelo chefe de gabinete, general Genaro Bontempo — e do Cabo Anselmo. Numa inusitada quebra de protocolo, um simples marinheiro dividia a mesa de honra com as maiores autoridades das Forças Armadas do país. "Era visível o constrangimento de muitos de nós, que estávamos sentindo que a presença do Anselmo era contraindicada naquele instante", escreveria Abelardo Jurema, ministro da Justiça de Jango.

Cerca de 2 mil pessoas haviam aplaudido a chegada triunfal do presidente ao auditório. Depois de mais de duas horas de discursos e homenagens por parte dos demais convidados, foi a vez do próprio Jango falar. O presidente deixou esquecido no bolso interno do paletó o texto preparado pela assessoria de imprensa, escrito em tons conciliadores, e preferiu improvisar. Aquele seria seu último discurso, assistido por Castello ao lado de Ernesto Geisel e Golbery do Couto e Silva, na casa da Nascimento Silva, já que no apartamento do filho não havia aparelho de tevê:

"Ninguém mais do que eu deseja o fortalecimento das Forças Armadas. Ninguém mais do que eu deseja a glória de nossa Marinha de Guerra. Mas a disciplina não se constrói sobre o ódio e a exaltação. A disciplina se constrói sobre o respeito mútuo entre os que comandam e são comandados", falou Jango, alertando os presentes sobre a campanha que se movia contra o governo.

"Se os sargentos me perguntassem donde surgem tantos recursos para campanha tão poderosa, eu diria simplesmente que tudo isso vem dos profissionais da remessa ilícita de lucros que recentemente regulamentei através de uma lei. É do dinheiro maculado pelo interesse enorme do petróleo internacional [...], do dinheiro que se levantou contra a encampação das refinarias, atos que pratiquei rigorosamente dentro da lei e no espírito da Lei 2004 criada pelo grande e imortal presidente Getúlio Vargas."

Foi o bastante para Olympio Mourão Filho, que resolveu ordenar a imediata movimentação das tropas. Além disso, Mourão estava indignado pelo fato de o governador Magalhães Pinto ter divulgado, naquele mesmo dia, um manifesto ao povo mineiro sem antes lhe providenciar o envio de uma cópia, como haviam combinado. "Fui um burro! Esperar manifesto do Magalhães! Deveria ter partido mesmo às oito horas de ontem, segunda-feira, e a estas horas (cerca de duas da manhã de terça-feira, 31 de março) estaria chegando ao Rio! Não sei como fiquei de antolhos, inibido, esperando um manifesto. Diabo", escreveria Mourão, no diário, pouco antes de ordenar a partida das tropas.

Na mesma página do diário, sobrariam desaforos também para o general Luís Guedes, outro conspirador, comandante da IV Infantaria Divisionária de Belo Horizonte, que para Mourão se tornara "cúmplice" do governador: "E o Guedes? Um falastrão vaidoso que aceitou o papel triste a desempenhar. Fizeram isso, bancando os heróis, porque sabiam que eu era a própria revolução. Do contrário, não se atreviam a dar um passo".

Pouco antes do insucesso no diálogo telefônico com Magalhães Pinto, Castello ligara para o general Luís Carlos Guedes, tentando arrancar apoio para a ideia de fazer Mourão dar meia-volta.

"O que vai haver aí em Minas?", perguntou Castello.

"Não vai haver. Já houve. Partimos. Deflagramos a Revolução", respondeu Guedes, já recomposto com Mourão, que inclusive o orientara a prender e depor Magalhães Pinto, caso o governador colocasse algum obstáculo à ação.

"Mas isso é uma precipitação, vocês estão sendo precipitados; vão prejudicar tudo", desesperou-se Castello.

"General, o senhor não entendeu. Falei no tempo passado: partimos", afirmou o general Guedes, que sempre acusara Castello de "fritar bolinhos" no Rio de Janeiro, engalfinhado em conversas intermináveis com políticos e empresários, enquanto as unidades de Minas não viam a hora de pegar em armas contra Jango.

Castello percebeu que não havia mais volta. Muitas guarnições espalhadas pelo país, ao tomar conhecimento das notícias que chegavam de Juiz de Fora, já estavam em plena ebulição. Para não perder o controle da situação, Castello decidiu que o melhor a fazer era desencadear as ações coordenadas previstas no plano original. Como primeira medida, telefonou para o general Antônio Carlos Muricy e deu-lhe a tarefa de ir a Minas Gerais:

"Vá lá e tente consertar as bobagens do Mourão", recomendou.

Por volta das dez da manhã, após uma nova série de ligações, Castello deixou o apartamento no Leblon e rumou para o gabinete no EME. De lá ligaria para o general Costa e Silva que, tão logo soube da movimentação mineira, já tratara de despachar mensagens cifradas para aglutinar forças nos vários estados da federação. Quando soube que Castello estava telefonando do gabinete de trabalho, localizado no prédio do Ministério da Guerra, Costa e Silva ficou estarrecido:

"Você está na boca do lobo!", exclamou.

Castello tentou passar tranquilidade. Cerca de sessenta oficiais-estudantes da ECEME faziam a sua escolta voluntária, após terem sido autorizados pelo comandante da instituição, general Jurandir Bizarria Mamede. Costa e Silva percebeu que a presença de Castello ali, em pleno prédio do Ministério, era mais do que uma simples demonstração de coragem. Logo o gesto estaria sendo interpretado pelos colegas de caserna como uma afirmação de liderança.

Assim, para não deixar que Castello usufruísse sozinho da situação, Costa e Silva rumou também para lá. "Homem de muita coragem, não quis dar parte de fraco e resolveu ir ao ministério, mas para tirar de lá o general Castello", revelaria mais tarde o general Jayme Portella de Mello, futuro chefe da Casa Militar do governo Costa e Silva. Minutos depois, outros generais, como Ernesto Geisel, Augusto César Muniz de Aragão e Estevão Taurino de Resende, também chegaram ao lugar.

Pouco após o meio-dia, Castello e Costa e Silva olharam pela janela e viram carros de combate estacionados nas imediações do Ministério da Guerra. A essa altura, o prédio estava dividido entre forças antagônicas. Do quarto ao oitavo andar, os oficiais da ECEME e do Estado-Maior, a favor do golpe, tomavam conta da situação. Nos andares inferiores, e também no nono e no décimo, onde ficava o gabinete do ministro, espalhavam-se homens fiéis ao governo. Armados de metralhadoras, os dois lados ocupavam as escadarias e esperavam por quem iria atirar primeiro. Dois lances de escada acima de onde Costa e Silva e Castello se encontravam, estava o general Morais Âncora, comandante do I Exército, nomeado interinamente por Jango como ministro da Guerra em substituição a Jair Dantas Ribeiro. Nas mãos de Âncora, estava a ordem presidencial para exonerar e prender o general Castello Branco.

Costa e Silva e Castello trataram de dividir responsabilidades entre si. Caberia ao primeiro fazer ligações telefônicas com os comandos militares, ao passo que o segundo se encarregaria dos contatos com as lideranças civis do golpe. Usando o próprio sistema de comunicações do Ministério da Guerra, os dois conseguiram fazer ligações para o país inteiro. Enquanto isso, pelo rádio, o governador da Guanabara, Carlos Lacerda, fazia uma série de pronunciamentos, nos quais dizia-se disposto a resistir ao possível ataque dos fuzileiros navais comandados pelo contra-almirante Aragão, leal a Jango. Castello decidiu então ligar para o governador e tentar convencê-lo a procurar um abrigo mais seguro:

"Bom ouvi-lo general, onde o senhor está?", perguntou Lacerda.

"Aqui, no Ministério da Guerra", respondeu Castello.

"Então o senhor já ocupou o Ministério?", comemorou o governador.

"Não, estou aqui, na chefia do Estado-Maior. O ministro está lá no gabinete dele", explicou o general.

Castello divertiu-se com o embaraço de Lacerda e aproveitou para lançar-lhe o pedido:

"Governador, eu queria fazer um apelo para o senhor abandonar o Palácio e se refugiar. O senhor está numa ratoeira e não tenho nenhum soldado para lhe ajudar no momento. A Revolução precisa de líderes, não precisa de mártires", ponderou Castello.

"General, tenho muito apreço por seu apelo, mas só há duas pessoas neste mundo que me poderiam fazer um pedido mais difícil de resistir do que o seu: minha mãe e minha mulher. Já consultei as duas e elas acham que o meu lugar é aqui."

Castello insistiu. Disse que aquilo se trataria de um sacrifício em vão. Garantiu a Lacerda que ele seria mais útil à "Revolução" vivo do que morto: quando o movimento militar fosse vitorioso, prometeu Castello, o governador com certeza retornaria ao posto ou, quem sabe, assumiria outra função, ainda mais elevada. Lacerda não se deixou seduzir e disse que não abandonaria a sede do governo da

Guanabara. Na verdade, confessaria mais tarde, desconfiava que Castello estivesse blefando, ou seja, que o general apenas quisesse, àquela altura, afastar dos holofotes da mídia uma liderança civil que pudesse ofuscar a ação dos militares.

Como Lacerda permanecia inflexível, Castello desistiu de convencê-lo a deixar o Palácio. Costa e Silva, enfim, percebeu que não conseguiria tirar Castello do prédio do Ministério. Por volta das cinco da tarde, Costa saiu, acompanhado de alguns oficiais, em direção a seu quartel general clandestino, que estabelecera na casa de um amigo civil em Botafogo. De lá, ligou para a chefia do Estado-Maior. Avisou que conseguira sair sem maiores problemas do prédio e sugeriu que Castello fizesse o mesmo, enquanto houvesse tempo.

Nessa mesma hora, o general Peri Bevilácqua, chefe do Estado-Maior das Forças Armadas, entregava a Jango um documento elaborado de comum acordo entre ele e os chefes do Estado-Maior da Aeronáutica, brigadeiro Corrêa de Mello, e do Exército, Castello Branco. O texto dizia que ainda era possível restabelecer a "unidade moral" entre o presidente e as Forças Armadas, desde que Jango fizesse a opção imediata entre governar com o apoio dos sindicatos ou dos militares. Bevilácqua sugeriu ainda que Jango impedisse a realização da greve geral anunciada pelo CGT, intervindo no movimento sindical. Enquanto o general falava, Abelardo Jurema, o ministro da Justiça, pediu licença e passou a Jango um bilhete, que o leu imediatamente:

"General, o general Mourão acaba de exigir a minha renúncia. O senhor acha isso direito?", interrompeu o presidente, recusando-se a prosseguir a conversa.

Naquele exato momento, o rádio sobre a mesa de Castello irradiava a voz de Olympio Mourão Filho. Em entrevista à Rádio Globo, o general informava que as tropas, comandadas pelo general Muricy, encontravam-se à altura do rio Paraibuna, na fronteira mineira com o estado do Rio de Janeiro. Bevilácqua ligou para Castello Branco e contou que a audiência com o presidente havia sido um fracasso. Castello resolveu então, enfim, deixar o prédio do Ministério. Cinco oficiais da ECEME, fortemente armados, formaram um escudo humano em torno dele, enquanto desciam pelo elevador. Ninguém lhes bloqueou a passagem.

O grupo seguiu até o estacionamento, onde entrou em um automóvel oficial, escoltado por um jipe apinhado de homens armados. Os dois carros saíram por um portão lateral, sem serem molestados. Cerca de seis da tarde, o general Morais Âncora ordenou que o general Almeida de Morais descesse ao sexto andar para "convidar" Castello Branco a comparecer ao gabinete. Já era tarde. Em seu diário, o general janguista Ladário Ferreira Telles Filho revelaria que, desde cedo, ao chegar ao prédio, sentira que Morais Âncora protelara ao máximo o cumprimento da ordem de prisão, só o fazendo quando tivera certeza de que o chefe do Estado-Maior havia se retirado do local.

Castello pediu ao motorista que rumasse para a Nascimento Silva. Precisava ir em casa, para tomar uma providência antes de seguir para o QG golpista, instalado no edifício Igrejinha, no número 3916 da avenida Atlântica, em Copacabana. Em suas recordações sobre esse dia, o general Murilo Gomes Ferreira, que ia no carro ao lado de Castello, escreveria: "O general comunicou-me que, a partir daquele momento, assumia o comando das ações, e iria trocar sua farda por trajes civis". De fato, Castello evitaria novas aparições públicas em trajes da caserna. Para ele, ao ingressar no território da política, a carreira militar estava encerrada. O paletó e gravata serviriam ainda para dar ares civis à quartelada, que, a essa altura, praticamente já derrubara João Goulart.

Naquela noite chuvosa de 31 de março, era a primeira vez, em quase duas décadas, que Castello e Amaury Kruel quebravam um silêncio mútuo. Com exceção de alguns cumprimentos protocolares e da correspondência oficial trocada entre ambos, sempre no exercício dos respectivos cargos, os dois não se falavam desde os entreveros na campanha da FEB, na Segunda Guerra Mundial. A lenta reaproximação foi costurada por intermédio do irmão de Amaury, o general Riograndino Kruel, que uniu de novo a dupla em nome da "luta contra o comunismo" e da velha amizade dos tempos do Colégio Militar. Uma semana antes, numa reunião secreta com a participação de Castello, Costa e Silva e Cordeiro de Farias, realizada na casa do próprio Riograndino, este se comprometera a aproximar o irmão do núcleo da conspiração.

Para Castello, tal tarefa se anunciava difícil. Além de amigo e compadre de Jango, Amaury tinha outros motivos de ordem pessoal que o ligavam ao presidente. Segundo papéis que foram suprimidos dos arquivos de Castello Branco pelo filho Paulo, João Goulart acabara de nomear o filho de Kruel agente do Loide Brasileiro, além de ter favorecido o general com financiamentos do Banco do Brasil para a compra de uma fazenda de café no Espírito Santo. A revelação de tais documentos foi feita, anos mais tarde, por Riograndino Kruel ao brasilianista

John Foster Dulles, que não a utilizaria na biografia autorizada que escreveu sobre Castello.

Assim, a adesão de Amaury Kruel, comunicada por um telefonema a Costa e Silva, foi comemorada no QG de Castello como o golpe de misericórdia contra João Goulart. Ao tomar conhecimento dela, o próprio Castello Branco faria questão de ligar para o ex-amigo íntimo:

"Como vão as coisas?", indagou Castello ao telefone, tendo ao lado um entusiasmado trio formado por Ernesto Geisel, Adhemar de Queiroz e Golbery do Couto e Silva.

"Minhas tropas estão deixando os quartéis", informou Amaury, que disse também ter tentado, até o último instante, convencer Jango a substituir os esquerdistas do governo por gente de confiança das Forças Armadas.

Com a entrada do II Exército em ação, a deposição seria, a partir dali, uma questão de horas. Jango em breve voaria do Rio de Janeiro para Brasília e, de lá, já derrotado, rumaria para o Rio Grande do Sul. Os quartéis-generais clandestinos de Castello e Costa e Silva, que abrigavam, respectivamente, os "esguianos" e os da "linha dura", passaram a trocar informações cada vez mais amiudadas. Além dos telefonemas, membros dos dois núcleos partiam para confabulações diretas.

Quando os que se encontravam no QG de Costa e Silva, em Botafogo, chegavam ao QG de Castello, em Copacabana, deparavam-se com um cenário insólito. Em vez do clima de guerra do primeiro QG, surpreendiam-se com uma atmosfera mais compatível com a de um movimentado escritório: "Vários datilógrafos trabalhavam febrilmente, com os dedos metralhando incessantemente as máquinas e com a atenção concentrada em sua tarefa", testemunharia o general Jayme Portella de Mello. "Soube-se depois que, já naquela noite, os assessores do general Castello preparavam um plano de emergência para o [futuro] governo, esperando fazer dele o sucessor de João Goulart", escreveria Portella nas recordações daquela noite.

Na verdade, os datilógrafos providenciavam cópias de um documento redigido por Golbery do Couto e Silva. Distribuídos aos quartéis e à imprensa na manhã do dia seguinte, os papéis levavam as assinaturas de Costa e Silva, Décio Palmeiro de Escobar e Castello Branco, sob o título "Manifesto dos generais da Guanabara": "Em ostensivo conluio com notórios elementos comunistas, [...] o presidente João Goulart vem-se colocando na mais flagrante ilegalidade, através de sucessivos atentados à prática justa do regime democrático", dizia o texto, que por quatro vezes repetiria a cantilena da preservação da democracia como justificativa para o golpe.

"Nessa obra de destruição de nossas mais caras tradições democráticas e cristãs, as liberdades públicas encontram-se dia a dia ameaçadas por medidas discriminatórias que impedem a livre manifestação do pensamento", prosseguia o documento. Mais adiante, afirmava que, pela Constituição, as Forças Armadas tinham por missão "defender a pátria" e "garantir os poderes constitucionais, a lei e a ordem". Por fim, vinha a exortação a todos os "camaradas do Exército Brasileiro, sem distinção de postos ou graduações": "Coesos e unidos, restauraremos a legalidade, como é de nosso dever, assegurando a plena vigência do regime democrático", prometia o manifesto, datado do dia 1º de abril.

Seria uma "Revolução" praticamente sem tiros. Ou, segundo Carlos Lacerda — numa provocação à imprensa francesa, que condenara o golpe de Estado no Brasil —, "um casamento à moda gaulesa, sem sangue". Não foi, na realidade, bem assim. Uma exceção aconteceria na Base Aérea de Canoas, no Rio Grande do Sul, onde o brigadeiro linha-dura Nélson Freire Lavenère-Wanderley assumiu o comando da 5ª Zona Aérea, logo após a derrubada de Jango. No dia 4 de abril, Wanderley chamou em seu gabinete o comandante deposto, tenente-coronel Alfeu de Alcântara Monteiro, para oficializar a destituição.

"Se ele achar de me prender, não me entrego", comentou Monteiro na cantina dos oficiais, enquanto aguardava a hora marcada para apresentar-se ao novo comando.

A "cerimônia" de transmissão de cargo foi rápida. Sentado atrás do birô que já pertencera a Monteiro, Wanderley comunicou que agora era ele quem dava as ordens por ali. Nisso, abriu a gaveta para pegar a pistola e dar voz de prisão ao ex-comandante. Com a mão ainda dentro da gaveta, informou que o tenente-coronel ficaria detido em nome da "Revolução". Monteiro recuou dois passos e gritou:

"Retire esta ordem! Eu estava defendendo a autoridade legítima, eleita pelo povo. Tu não podes me prender."

O tenente-coronel abriu a porta e saiu, esbarrando na antessala com o coronel Roberto Hipólito da Costa, o sobrinho de Castello Branco, que estava servindo naquela guarnição. Hipólito tentou lhe bloquear o caminho, mas Monteiro forçou a passagem e voltou logo em seguida, com uma pistola .45 na cintura. Entrou chispando no gabinete de Lavenère-Wanderley, que a essa altura já estava com a arma em punho. Da sala do ajudante de ordens, ouviram-se dois estampidos secos. Roberto Hipólito apressou-se em abrir a porta e deparou-se com Wanderley sangrando, ferido no ombro e na altura da orelha. Monteiro havia atirado primeiro. Hipólito não hesitou. Fuzilou-o pelas costas.

Castello tratou de abafar o episódio. O jornal *Correio do Povo*, de Porto Alegre, noticiou no dia seguinte que o corpo do coronel Alfeu de Alcântara Monteiro estava sendo velado na Base Aérea de Canoas. A causa da morte não era indicada. Em pouco tempo, Roberto Hipólito seria mandado para uma longa missão nos Estados Unidos. E Lavenère-Wanderley receberia o cargo de ministro da Aeronáutica das mãos de Castello Branco.

Em meio à partilha dos despojos do decaído governo de Jango, uma série de divisões internas já rachava o movimento. As circunstâncias e os desdobramentos da prisão do ministro da Justiça de Goulart, Abelardo Jurema, seriam uma das primeiras evidências disso. Jurema foi preso quando tentava embarcar, no aeroporto Santos Dumont, para fora do Rio de Janeiro. Levado para o prédio da ECEME, seria logo libertado, por interferência direta de Castello Branco.

Na madrugada, um telefonema do diretor da instituição, general Bizarria Mamede, comunicara a Castello que o ministro deposto prometia se retirar da vida política e, sem pronunciamentos, iria se recolher à sua residência, ficando "à disposição das forças revolucionárias". Diante disso, Castello ordenou que o soltassem. Em poucos dias, contudo, Jurema sairia do país e buscaria exílio no Peru. "A notícia de que o dr. Jurema fora libertado não ecoou bem, nem na própria ECEME nem nas hostes revolucionárias, que o consideravam responsável por muitos acontecimentos no governo que caía", recordaria o general Jayme Portella de Mello, atribuindo por isso a Castello uma "inocência" que não se coadunava com a "Revolução".

Mas as divergências internas se tornariam ainda mais explícitas com as primeiras e esperadas substituições na cúpula dos quartéis. Por indicação pessoal de Castello, Orlando Geisel, irmão de Ernesto, seria nomeado comandante da Vila Militar. Não duraria, porém, mais do que algumas horas no cargo. Logo na manhã seguinte, receberia o ato de exoneração, por recusar-se a aceitar alguns dos auxiliares designados por Costa e Silva. Naquele dia, nos corredores do Ministério da Guerra, o general Jayme Portella de Mello encontraria Ernesto Geisel furioso, aos gritos, questionando tal decisão. "Respondi-lhe, no mesmo tom de voz, que o irmão dele nunca fora um revolucionário, que havia aderido na véspera e não tinha autoridade para fazer imposições ao chefe da Revolução", relataria Portella.

Pouco antes, na madrugada, o mesmo Costa e Silva já enfrentara uma áspera discussão com outro general, Olympio Mourão Filho. O militar mineiro acabara de chegar ao Rio de Janeiro e não gostara nada do fato de as nomeações para os cargos principais do Exército estarem sendo feitas à sua revelia. Mourão, que inclusive alimentara o desejo de ser guindado ao posto de ministro da Guerra, dava como certa, quando menos, a indicação para o comando do I Exército. Mas Costa e Silva tratou de demolir logo tal pretensão, informando-lhe que o cargo já acabara de ser ocupado pelo general Otacílio Ururaí. "Costa e Silva é tão amável quanto vazio e eu estava cansadíssimo para esculhambá-lo", diria Mourão em seu diário. "Ao vencedor, as batatas", registraria, ofendido.

"Deixei aquele ambiente malcheiroso de camas de campanha, militares estremunhados de barba por fazer, sem escovas de dentes, janelas fechadas devido ao frio e à chuva e dei o fora dizendo: 'amanhã conversaremos, Costa e Silva'", recordaria ainda Mourão, a quem seria oferecida a presidência da Petrobras, prêmio de consolação que acabaria por não aceitar. Poucos dias mais tarde, o general Luís Guedes tomaria as dores de Mourão. No Rio de Janeiro, após seguir de Minas em companhia do governador Magalhães Pinto, Guedes exaltou-se em pleno gabinete do general Ururaí:

"Sai dessa cadeira Ururaí, ela é do Mourão!"

Já desde o desembarque no aeroporto Santos Dumont, Magalhães, Guedes e Costa e Silva haviam se envolvido em violenta cavaqueira:

"Não admito nenhuma ideia de separatismo!", avançou Costa e Silva, dedo em riste em direção ao governador mineiro, referindo-se aos boatos de que Minas Gerais cogitava tomar outro rumo, por não concordar com os desdobramentos do golpe. "Vocês pensam que ganharam a Revolução? Mas se não fosse minha ordem para as tropas que deixaram o Rio aderirem, ela resultaria em solução muito diferente", esbravejou.

Não demoraria muito para o clima de rivalidade generalizada entre os vencedores se impor também entre os generais Castello e Costa e Silva. Às oito horas da noite de 1º de abril, os dois haviam se abraçado no sexto andar do Ministério da Guerra, congratulando-se pela vitória e recebendo os cumprimentos dos demais generais. Nesse momento, foram abordados por Ernesto Geisel:

"Agora que a Revolução está vitoriosa, o general Castello deve assumir o Ministério da Guerra", observou Geisel.

"Não, assumo eu o comando do Exército, por ser o mais antigo dos generais presentes ao Rio", retrucou o general Costa e Silva, que convocou todos para uma reunião, no nono andar, onde ele se autoinvestiria no cargo de ministro e, também, de comandante em chefe das Forças Armadas. Uma função que, de praxe, era exercida pela maior autoridade do país, o presidente da República. Castello não reagiu. Por volta da meia-noite, antes de todos subirem ao nono andar, pediu licença para permanecer por ali mesmo, alegando ter muitas tarefas a terminar no gabinete.

Quando o grupo se retirou, Castello correu ao telefone. Só largou o aparelho por volta das três da manhã, hora em que tomou um carro oficial e foi para casa. No dia seguinte, a imprensa carioca noticiaria os preparativos para uma reunião, no Rio de Janeiro, entre os governadores que haviam apoiado o golpe. Na pauta do encontro, estava a escolha de um nome de consenso para ocupar o lugar do presidente deposto. O governador da Guanabara, Carlos Lacerda, que antes cogitara apoiar a volta do velho presidente Dutra para assumir o cargo, já adiantaria aos jornalistas que, por ele, o nome ideal passara a ser o do general Humberto de Alencar Castello Branco.

Indagados por repórteres, membros do IPES e do IBAD faziam coro: apoiavam Castello Branco. Nos próximos dias, os jornais *O Globo*, *Jornal do Brasil* e *O Estado de São Paulo* publicariam editoriais entusiasmados, defendendo a mesma ideia. Até uma certa Campanha da Mulher pela Democracia, CAMDE, lançaria um manifesto à nação, garantindo que "as mulheres do Brasil" também "queriam Castello".

"Temos o homem"

"O senhor aceita ser presidente da República?"

No número 394 da Nascimento Silva, fez-se um profundo silêncio após a pergunta lançada no ar por Adhemar de Barros, nomeado ali como o porta-voz dos governadores que haviam apoiado o golpe. Adhemar manteve a mão direita espalmada, num gesto teatral, procurando conferir um certo suspense à resposta de Castello Branco. Todos, sem exceção, permaneciam com os olhos fixos no general que, dias antes, havia dado o recado ao deputado udenista Costa Cavalcanti:

"Podem trabalhar na hipótese da minha candidatura, mas evite transmitir a versão de que estou querendo ser eleito."

Depois de alguns segundos de estudada expectativa, Castello falou aos governadores:

"Eu aceito", disse, lacônico.

Houve sorrisos, abraços, congratulações. Sem perder tempo, Adhemar retomou a palavra, insistindo na voz impostada:

"General, o senhor promete então, a todos nós, que ao final de seu governo teremos eleições livres para presidente?"

"Prometo", confirmou Castello, dessa vez sem demora.

Adhemar ainda não havia se dado por satisfeito com o jogo de cena. Voltou à carga, sempre em tom solene:

"O senhor acredita que seu nome é mesmo o ideal para unir o Exército?"

Castello achou que aquele palavrório estava começando a ficar longo e artificial demais. Respondeu que sim e, em seguida, aproveitou para perguntar o que Costa e Silva havia lhes dito sobre aquela última questão.

Os cinco governadores ali presentes informaram que o general Arthur da Costa e Silva não colocara mais nenhum obstáculo à ideia de Castello ser o presidente. Após o fracasso de uma primeira e tumultuada reunião, realizada na noite anterior, Costa e Silva decidira recebê-los em nova audiência. A conversa mudara de rumo e de tom. Se na véspera chegara a dar murros na mesa, o comandante em chefe da "Revolução" parecera naquela noite mais ameno, esforçando-se para se mostrar quase afável. Rendera-se ao fato de Castello ter conseguido reunir em torno de si um amplo leque de apoio, que incluía os principais líderes do movimento, civis e militares.

Tão logo acabara a audiência com Costa e Silva, os governadores haviam descido, em grupo, do nono para o sexto andar do Ministério da Guerra, com o objetivo de comunicar e consultar Castello Branco a respeito do assunto. Mas já não o encontraram lá. O próprio Costa e Silva havia lhes dito que Castello, sempre defensor do discurso legalista, teria se recusado a falar de política em pleno Ministério da Guerra. Com certeza estaria em casa, esperando por eles, em trajes civis.

Adhemar de Barros e os demais governadores — Ney Braga (PR), Mauro Borges (GO), Fernando Correia da Costa (MT) e Ildo Meneghetti (RS) — rumaram então para Ipanema. Dessa vez, Carlos Lacerda e Magalhães Pinto não os acompanhavam. Após os incidentes da primeira reunião com Arthur da Costa e Silva, os governadores da Guanabara e de Minas Gerais haviam decidido não dar o ar de suas graças na segunda audiência. Desconfiavam que Costa e Silva tencionava prorrogar, o mais que pudesse, a interinidade do presidente da Câmara dos Deputados, Ranieri Mazzilli, para continuar dando as cartas nos bastidores do regime.

Revoltado, Lacerda chegara a enviar uma correspondência explosiva ao general, criticando as atitudes da véspera: "Não quero participar de uma ditadura não declarada, exercida por V. Exa. por intermédio do presidente Mazzilli", escreveu Lacerda. "Amanhã, tão logo haja comunicado esta decisão ao meu secretariado, retirar-me-ei do governo da Guanabara e da vida pública", ameaçou o governador. A carta, porém, não chegaria às mãos do destinatário, interceptada a tempo por Juracy Magalhães, o ex-governador baiano, que a guardaria para o resto da vida.

Juracy acabou representando Lacerda na segunda reunião com Costa e Silva e, exercendo esse mesmo papel, acompanharia o grupo de governadores desde o Ministério da Guerra até a casa de Castello Branco. Já Magalhães Pinto, que havia retornado a Minas Gerais depois de também considerar Costa e Silva um "usurpador" do movimento, se fizera representar naquela noite pelo pessedista José Maria Alkmin, o secretário mineiro de Finanças, que já começara a articular a candidatura a vice-presidente.

Contudo, àquela altura, nem os governadores se entendiam mais entre eles. Ali mesmo, na casa de Castello, se deu um banzé quando Adhemar de Barros tentou arrancar do general o compromisso com a anulação do decreto que previa a encampação das refinarias. O governador goiano, Mauro Borges, foi contra, declarando-se ardoroso defensor do monopólio estatal. Adhemar retrucou, em termos ríspidos. Cauteloso, sem querer se indispor com nenhuma das partes, Castello Branco ouviu a tudo calado. Durante toda a arenga, permaneceria mudo, esquivando-se de qualquer polêmica àquela altura dos acontecimentos.

Diante do visível constrangimento de Castello, coube a Juracy Magalhães interromper o bate-boca, julgando-o inoportuno naquele momento. O político baiano sugeriu que, em vez de brigarem uns com os outros, os líderes ali presentes deveriam iniciar o contato com as respectivas bancadas estaduais. Já era mais do que hora de mobilizar todos os partidos em torno do nome do general à presidência. Para alívio de Castello, com essa providencial intervenção de Juracy, a tensão se desanuviou, após a ideia ser acatada por unanimidade.

Enquanto os governadores se revezavam ao telefone da casa de Castello, já pondo em prática o combinado, chegavam ali, em um mesmo carro, os deputados udenistas Bilac Pinto e Pedro Aleixo, da bancada de Minas Gerais. Os dois se faziam acompanhar ainda do jurista Carlos Medeiros Silva, que acabara de redigir o esboço de um Ato Adicional à Constituição, documento que vinham submeter à apreciação de Castello Branco. Sentado no sofá da sala, o general ouviu em silêncio a leitura do texto em voz alta, que a seu pedido foi feita por José Maria Alkmin.

Contendo onze artigos, o Ato Adicional, que depois ficaria conhecido como Ato Institucional nº 1, determinava que a eleição presidencial seria indireta, realizada por meio do Congresso Nacional dois dias após a publicação do documento. O mandato do presidente se encerraria a 31 de janeiro de 1966, com novas eleições previstas para o final de 1965. Desse modo, mantinha-se até ali a promessa de que o escolhido para ocupar o cargo seria um simples presidente-tampão, que ficaria no poder apenas o tempo que restava do mandato de Jango.

Em contrapartida, o texto concedia poderes extraordinários ao Executivo, inclusive os de demitir, mediante investigação sumária, funcionários civis e militares considerados inimigos do regime. Permitia também ao "Comando Revolucionário" cassar mandatos de parlamentares tidos como subversivos e, ainda, suprimir os direitos políticos de qualquer cidadão brasileiro pelo prazo de dez anos.

O Ato previa ainda a aprovação automática, por decurso de prazo, de todos os projetos enviados pelo presidente ao Congresso e que não fossem votados pelo Legislativo no prazo máximo de trinta dias. Havia, aliás, um casuísmo feito sob medida para Castello. Como a legislação então em vigor determinava que o chefe do Estado-Maior devia se desincompatibilizar do cargo três meses antes de concorrer a qualquer eleição, o AI-1 cuidava para que as inelegibilidades do gênero fossem abolidas.

Ao final da leitura de Alkmin, Castello levantou-se e, sem maiores comentários, disse que aprovava o documento na íntegra, sem ressalvas. Sugeriu que uma cópia fosse encaminhada a Costa e Silva, e outra a Mazzilli, em Brasília. Recomendou também que todos os políticos ali presentes trabalhassem para que tal medida fosse votada pelo Congresso Nacional, "limpando o caminho" para a posse.

Castello, que continuava a defender uma mínima aparência de ordem constitucional, não queria que o Ato fosse promulgado pelo "Comando Revolucionário" sem o devido aval do Congresso. Do mesmo modo, também não desejava sujar as mãos cassando mandatos de políticos eleitos nas urnas. Preferia que o serviço sujo fosse feito pelo próprio Costa e Silva, que inclusive já demonstrara assumido apetite em fazê-lo.

"O Ato é esse monstrengo moral e jurídico que empulhou o Congresso e manietou a Nação", escreveria poucos dias depois o jornalista Carlos Heitor Cony na crônica diária do *Correio da Manhã*. "O Alto-Comando Revolucionário, sentindo que suas raízes não são profundas, impotente para realizar alguma coisa útil à Nação, optou pela tirania", diria ainda a crônica de Cony.

Arthur da Costa e Silva ficou irritado ao tomar conhecimento de que Castello Branco, mesmo depois do movimento já vitorioso, continuava a cortejar políticos, alguns deles até mesmo considerados "inimigos da revolução". Ao passo que Castello procurava garantir o mínimo de legitimidade à candidatura, Costa e Silva julgava que os civis queriam se apossar de uma vitória cujos méritos cabia aos quartéis. Enquanto isso, a violência da repressão recrudescia. Nas páginas do *Correio da Manhã*, o cenário era descrito sem retoques: "Na Guanabara, as prisões, as invasões de domicílio, os atos agressivos e apreensão de tiragens de jornal [...] oferecem um espetáculo repulsivo que impurifica e degrada o movimento, distorcendo-lhe o sentido".

Para um dos futuros homens fortes do governo de Costa e Silva, general Jayme Portella de Mello, as negociações de Castello com a ala política eram também um "fato perfeitamente dispensável". Pois, argumentava Portella de Mello, "quem o Comando Revolucionário indicasse seria eleito, do contrário o Congresso estaria se rebelando e poderia sofrer as sanções correspondentes". Segundo ainda Portella, "a Revolução era para valer" e "o Congresso fora preservado pelo Ato Adicional por um gesto de benevolência do Comando Revolucionário".

O general Portella, arauto da chamada linha dura, tinha razão em um ponto: os nomes anunciados para disputar a presidência com Castello não lhe ofereceriam o mínimo risco de derrota. Setores do PTB, por exemplo, defendiam Amaury Kruel como o candidato do partido à presidência. Era uma tentativa, tão desesperada quanto inócua, de aglutinar a ala mais à esquerda do Exército, que andava atônita e ameaçada pelos expurgos daquele momento pós-golpe. Havia ainda alguns poucos gatos pingados que insistiam em apoiar a volta do octogenário marechal Eurico Gaspar Dutra, afiliado ao PSD, à presidência da República. Aqui e ali alguém também se aventurava a defender o nome de Olympio Mourão Filho.

A eleição, era evidente, seria apenas de fachada. O Congresso, encarregado de eleger o presidente de forma indireta, em poucos dias estaria desfalcado de algumas das mais expressivas lideranças, cassadas pelos efeitos do Ato Institucional. Mesmo assim, Castello agia como se fosse concorrer a uma disputa limpa e democrática. Além das articulações de sempre com as raposas políticas da UDN, abriu o arco de alianças com os caciques do PSD, então o maior partido do país. A imprensa favorável ao golpe já tratava a eleição como favas contadas: "Depois da fortaleza vermelha, só mesmo um Castello Branco", anunciava a manchete da revista *Edição Especial*, exposta nas bancas de São Paulo.

Por intermediação de amigos, os pessedistas Francisco Negrão de Lima e Augusto Frederico Schmidt, Castello arranjou até mesmo um encontro com o então senador Juscelino Kubitschek, que, dez dias antes da eclosão do movimento militar, havia sido indicado pelo PSD como o candidato do partido para as eleições de 1965. Todavia, com a brusca mudança no cenário político do país, o ex-presidente JK passara a fazer discretas sondagens junto ao PTB, visando ao lançamento de uma possível candidatura civil para medir forças com Castello Branco no colégio eleitoral.

Castello julgou que, caso tal candidatura civil se consolidasse, as consequências seriam imprevisíveis. Imaginou, por exemplo, que a linha dura poderia enrijecer ainda mais o regime. Após uma primeira reunião reservada com líderes do PSD — articulada pelo deputado cearense Paulo Sarasate — ficou decidido que Castello Branco e JK se encontrariam, na noite de 7 de abril, na casa de Joaquim Ramos, deputado do partido por Santa Catarina.

Foi difícil disfarçar o incômodo mútuo que transpirou, o tempo todo, no encontro entre Castello e Juscelino, reunião que contou ainda com a presença de alguns dos mais destacados cardeais pessedistas, a exemplo de Amaral Peixoto, José Maria Alkmin, Martins Rodrigues e Negrão de Lima. Castello seria bombardeado por perguntas que apontavam sempre para o mesmo alvo: o compromisso com as eleições, livres e diretas, em 1965. Em bilhete escrito ao futuro chefe da Casa Civil, Luís Viana Filho, Castello relembraria o episódio:

"Respondi que ao presidente eleito cabia cumprir a Constituição e o Ato Institucional. As perguntas foram feitas pelos deputados, tendo o senador, apenas algumas vezes, as complementado. Este, muito inquieto e com ares de quem desejava encerrar o encontro a cada instante, penteava até o cabelo. Não pedi voto nem apoio de espécie alguma", escreveu Castello, que teria ficado aborrecido pelo fato de JK olhar o relógio a cada cinco minutos durante o encontro.

"Vejo que o senador deve ter outro compromisso. Não se prenda. Por mim, ficarei, já que reservei esta noite toda para conversar com o PSD", disse Castello, após garantir a todos os presentes que passaria a faixa presidencial ao sucessor na data prevista, sem demorar-se um dia a mais que fosse à frente do governo.

O sempre bem informado Carlos Castello Branco, na coluna do *Jornal do Brasil*, noticiou que, diante das circunstâncias, Juscelino já se dizia favorável a uma candidatura militar, não se opondo se o nome escolhido fosse o de Castello Branco. Após aderir à candidatura do general, Juscelino inclusive teria procurado Tancredo Neves, para tentar convencê-lo a apoiar também a indicação de Castello Branco à presidência. O ex-líder de Jango na Câmara resistiu à ideia e disse que não votaria no candidato dos golpistas. Juscelino insistiu. Havia a promessa de eleições para dali a um ano e, quando menos, argumentou, Castello era tido nos quartéis como um intelectual. Portanto, já deveria ter lido tantos livros quanto o próprio Tancredo Neves.

"O problema, meu caro, é que ele leu os livros errados", disse Tancredo, encerrando o assunto.

Apesar do encontro entre Castello e JK ter vazado pela imprensa, o general Jayme Portella de Mello contaria que somente um mês mais tarde Costa e Silva viria a saber de tal encontro. "O general Costa e Silva deplorou a atitude de seu velho amigo, dizendo que não havia necessidade de o general Castello ter ido postular o apoio de Juscelino, homem com um passado político maculado, responsável por uma série de irregularidades, que concorreram para a situação a que foi levado o país", escreveu. "Lamentando ainda o fato, [Costa e Silva] disse que o general Castello foi envolvido pelos políticos que o cercavam e que quiseram comprometer o seu governo com o PSD e com a candidatura de Juscelino em 1965", completou.

O fato é que, garantida a adesão do PSD, decidido o nome de Alkmin para compor a chapa como vice, Castello se empenhou também em retirar do caminho a vacilante candidatura de Eurico Gaspar Dutra. Contudo, evitou sempre desgastes pessoais e políticos em relação ao velho chefe militar. Dutra, por sinal, estava aborrecido com os líderes pessedistas e com Carlos Lacerda que, após o incentivarem a lançar-se candidato, haviam pulado fora do barco e o deixado sozinho à deriva:

"Foram eles que levantaram minha candidatura. Que agora a retirem", dizia Dutra, contrariado.

Por carta, Castello apelou para o "senso cívico" do marechal e para a tese da união das Forças Armadas. A resposta de Dutra não se fez esperar e se anunciou também por carta, datada de 10 de abril de 1964. "Estou certo de que sua eleição está assegurada, e quero, antecipadamente, apresentar as minhas mais vivas congratulações pela merecida honra que vai ilustrar a sua já brilhante folha de serviços", escreveu Dutra a Castello.

Além de JK e Dutra, Castello Branco também trataria de articular o apoio de outro ex-presidente, Jânio Quadros, à candidatura. No final de fevereiro, os dois já haviam se reunido em Guarujá, no litoral paulista, quando conversaram a sós por mais de duas horas. Em 6 de abril, quando já sabia que seu nome era dado como certo na lista de cassações elaborada pelo "Comando Revolucionário", Jânio escreveu uma carta a Castello, na qual fez um apelo contundente, lamentando os rumos que o movimento tomara:

São Paulo, 6 de abril de 1964

Á Sua Excelência general de exército Humberto de Alencar Castello Branco

[...]

Vejo esta revolução vitoriosa converter-se em instrumento de rancores e conveniências de grupos e indivíduos. Em nome da lei suprema, desrespeita-se e avilta-se essa mesma lei. Arrombam-se lares, extinguem-se vidas, prendem-se cidadãos com ou sem motivos. A censura na imprensa, na televisão e no rádio silencia a quase todos, mas concede a alguns todas as torpezas. Caçam-se mandatos sobre a férula da polícia, deportam-se patrícios ou se lhes impõem residência forçada. Elaboram-se listas para destituir deputados de seus diplomas, e sugere-se subtrair a muitos o patrimônio da cidadania. Encarceram-se jornalistas, professores, operários, estudantes, intimidam-se os tribunais, reina o terror.

É nesse quadro de arbitrariedades que marginais, traidores e até peculatórios armam-se em cavaleiros de nossa fé e do próprio regime. Entretanto, nesse quadro de intolerância, de extorsões e falsidades, houve-se vossa excelência, pela voz unânime dos governadores rebelados, proposto para a presidência da República. Aceite a indicação, general. Eleito, restitua o Brasil à ordem e à lei, coíba os abusos, distinga os homens de bem dos gatunos e dos espertos contumazes. Ponha um termo às vilanias e brutalidades. Devolva aos trabalhadores a confiança destruída. Substitua o ódio pela Justiça.

J. Quadros
Ex-presidente da República

Após receber a carta, Castello ainda tentou interceder pela sorte de Jânio junto a Costa e Silva. Este, porém, mostrou-se inflexível, recusando-se a tirar o nome do ex-presidente da lista dos que seriam cassados logo após a edição do AI-1:

"Não, esse é meu. Faço questão de cassá-lo. Foi a renúncia dele que provocou toda essa bagunça no país", afirmou Costa e Silva, não deixando espaço para qualquer contra-argumentação.

Castello cedeu. Passara a adotar uma estratégia de avanços e recuos calculados, como se seguisse à risca as orientações dos manuais militares. Na caserna, costuma-se dizer que os homens da Infantaria são, de fato, os primeiros a lançar--se à ofensiva das batalhas, mas, diante de um inimigo forte, adotam a tática de recuar progressivamente, até perceberem o momento exato de partir para o contra-ataque. Castello achou que tinha terreno de sobra para ceder àquelas primeiras investidas de Costa e Silva e, assim, retrocedeu. Sabia, contudo, que precisaria ficar atento para evitar o risco de recuar muito e não chegar ao ponto de, conforme a gíria do quartel, "molhar o traseiro e as cuecas no rio".

Àquela altura, com as notícias de que a lista de cassações estava pronta, já se podia perceber que não havia clima para aprovar o texto do Ato Institucional no plenário do Congresso. O Comando Revolucionário decidiu então outorgá-lo, ou seja, editá-lo por conta própria, sem qualquer consulta ao Legislativo. Para respaldar tal gesto, buscou-se um parecer favorável do jurista Francisco Campos, o mesmo redator da Constituição de 1937, que permitira a Getúlio Vargas estabelecer o famigerado Estado Novo. Francisco Campos foi encarregado ainda de redigir um preâmbulo para o AI-1, texto que passaria à história como um dos documentos de maior vocação autoritária já escritos no país.

"A Revolução vitoriosa, como o Poder Constituinte, se legitima por si mesma. Ela destitui o governo anterior e tem a capacidade de constituir o novo governo. Nele se contém a força normativa, inerente ao Poder Constituinte. Ela edita normas jurídicas, sem que nisto seja limitada pela normatividade anterior à sua vitória." Trocando em miúdos, os líderes da "Revolução" informavam que se permitiam mudar a Constituição ao seu bel-prazer. Todo o discurso legalista que norteara as ações de Castello, assim, caía por terra.

O preâmbulo do Ato Institucional gabava-se de que, apesar de tudo, o Congresso Nacional permaneceria aberto, para "reduzir os plenos poderes" de que se achava investida "a Revolução vitoriosa". A seguir, numa lógica enviesada, afirmava: "Fica bem claro, assim, que a Revolução não procura legitimar-se através do Congresso. Este é que recebe deste Ato Institucional, resultando do exercício do Poder Constituinte inerente a todas as revoluções, a sua legitimação".

O texto arrepiaria até mesmo os "pudores democráticos" do embaixador norte-americano Lincoln Gordon, defensor do golpe desde a primeira hora. Em despacho a Washington, Gordon lamentou: "Devo confessar o considerável desalento diante dos fatos que levaram à promulgação do Ato Institucional, sob a exclusiva responsabilidade dos ministros militares". Um pouco mais adiante, no mesmo telegrama, dizia o embaixador: "A maior esperança na contenção de excessos antidemocráticos repousa no caráter e nas convicções de Castello Branco".

Porém, na cerimônia de assinatura do AI-1, no prédio do Ministério da Guerra, em 9 de abril de 1964, o próprio general Castello mostrava-se constrangido. A certa altura, ele foi cercado por jornalistas que o indagaram sobre o que achara dos termos do documento. Sem ter como se justificar, Castello evitou pronunciar-se a respeito:

"Nada tenho a declarar", foi o que se limitou a dizer, segundo informou a edição do *Correio da Manhã* do dia seguinte, 10 de abril, véspera da eleição presidencial.

Na tarde de 11 de abril de 1964, o Congresso Nacional, ou o que sobrara dele, se reuniu para eleger o novo presidente da República. Os principais líderes do governo deposto já haviam sido cassados. No dia anterior, saíra a lista com os nomes das cem pessoas que tiveram os direitos políticos extintos por um prazo de dez anos. Entre os que encabeçavam a relação estavam Luís Carlos Prestes, João Goulart, Jânio Quadros, Darcy Ribeiro, Leonel Brizola, Celso Furtado, Abelardo Jurema, João Pinheiro Neto e Miguel Arraes, deposto e preso no Recife. Nas Forças Armadas, logo o expurgo atingiria vinte generais e outros 102 oficiais de diferentes postos, todos transferidos para a reserva.

Não seriam só os políticos e os militares dissidentes as primeiras vítimas do novo regime. Na Rádio Nacional, por exemplo, Mário Neiva Filho, diretor nomeado pelo "Comando Revolucionário", afastou e denunciou como subversivos vários colaboradores e funcionários, a exemplo de Dias Gomes, Mário Lago, Nora Ney, Oduvaldo Vianna, Jorge Veiga, Herivelto Martins e Paulo Gracindo. Em Brasília, soldados da Polícia Militar invadiriam a UnB, prendendo professores e alunos igualmente acusados de subversão.

Por todo o país, militares arrombavam portas de entidades sindicais, escritórios, gráficas, editoras e residências, em busca de provas contra os "inimigos da Revolução". Jornais como o *Última Hora*, de Samuel Wainer, foram depredados. "Chegam a 4 mil os números de comunistas presos", informava a manchete do

Correio da Manhã, cujos exemplares eram retirados das bancas e queimados em pilhas nas calçadas, diante de populares.

"Conforme prometi, estou pronto para a eleição pelo Congresso, pois as cassações que tinham de ser feitas já o foram pelo Comando Supremo da Revolução, e desde o início eu declarei que não pretendo cassar ninguém durante o meu período de governo", disse Castello ao presidente do Congresso, Auro de Moura Andrade.

Às quatro da tarde, Moura Andrade abriu a sessão. Explicou que, pelos termos do Ato Institucional, a votação seria aberta e nominal. Era, entretanto, uma eleição de candidato único. Após o recuo de Dutra, Amaury Kruel também desistira, na véspera do pleito, de concorrer ao cargo. Não havia sido registrada nenhuma outra candidatura. Os trâmites legislativos, porém, foram cumpridos, o que conferia certo humor involuntário às palavras de Moura Andrade:

"Se houver candidato que obtenha a maioria absoluta da totalidade dos congressistas, será proclamado eleito. Se nenhum candidato alcançar esse resultado, repetir-se-á a votação pelo mesmo sistema, proclamando-se eleito o mais votado."

Castello precisava de 238 votos para ser eleito em primeiro escrutínio. Os expurgos e as pressões sobre o Congresso Nacional, além das articulações com PSD, UDN e uma miríade de pequenos partidos, davam-lhe uma grande margem de segurança contra as possíveis abstenções vindas da parte do PTB, ex-base de sustentação de Jango. Ir para um segundo escrutínio, ser eleito sem o voto da maioria e, ainda por cima, por um parlamento em frangalhos, poria em xeque o resquício de legitimidade que queria aparentar para o mandato. Contudo, a mais remota ameaça que pudesse houver nesse sentido se dissipou quando foi lida, em plenário, uma declaração de voto da bancada petebista:

"Tendo em vista as reiteradas declarações do general Humberto de Alencar Castello Branco, de que respeitará as liberdades democráticas e manterá o Regime Republicano Representativo, com a restauração em sua plenitude, das instituições constitucionais [...], os senadores trabalhistas deliberam, numa demonstração de confiança nesses propósitos e no passado de dignidade do ilustre militar, votar em Sua Excelência nas eleições de hoje", dizia o texto assinado pelos membros do PTB no Congresso.

Em frente à casa de Castello Branco, uma multidão já cantava o Hino Nacional e esperava para saudar o novo presidente, tão logo o resultado fosse proclamado em Brasília. Lá dentro, além do próprio Castello, assistindo a tudo pela tevê, estavam os generais Ernesto Geisel, Adhemar de Queiroz, Mascarenhas de Morais e Antônio Carlos Muricy. Mas à última hora, perto das cinco da tarde, quando já terminava a fala dos líderes de bancada e a votação iria ter início, Castello resolveu sair de casa. Atravessou a massa humana que o saudava e foi assistir à votação na casa de Nina, a irmã do meio. Contou a ela que, naquela manhã, levara flores vermelhas ao túmulo de Argentina.

Ao final, Castello recebeu 361 votos. Houve 72 abstenções, entre elas as de San Tiago Dantas e Tancredo Neves. Foram registradas 37 ausências, por causa do atraso na posse dos suplentes dos congressistas cassados. Entre os votos dados a Castello, estava o de JK. "O sr. Juscelino Kubitschek, ex-presidente da República, foi o congressista mais aplaudido no ato de votar. [...] No instante em que eu anunciei 'vai votar o senador Juscelino Kubitschek de Oliveira', as galerias prorromperam em aplausos, tendo sido necessário aguardar uns momentos para que ele pudesse anunciar o voto", descreveria Moura Andrade em suas memórias.

Houve ainda dois votos para Dutra, que não era mais candidato, e três surpreendentes sufrágios para Juarez Távora, que nunca o havia sido. Em meio aos eleitores de Távora, que representava uma posição ainda mais conservadora que a de Castello, estava o futuro governador de São Paulo, Mário Covas.

Vernon Walters foi encarregado de mandar a Washington mais detalhes sobre quem era o novo presidente do Brasil. Uma cópia da descrição está conservada na Biblioteca Lyndon Johnson, em Austin, no Texas:

Aparência pessoal: baixo, robusto. O pescoço muito curto e a grande cabeça dão a impressão de que é corcunda. Atitude em relação aos Estados Unidos: admira e aprecia o papel que a América representou a partir da Segunda Guerra como defensora da liberdade. [...] É um católico de fé religiosa profunda e genuína, indo à missa todos os domingos, pela manhã, e às vezes durante os dias de semana. Tem um mordente sarcasmo, que lhe tem valido alguns inimigos. É um intelectual brilhante e não tolera a mediocridade. Tem um sentimento de dignidade que mantém à distância as intimidades indevidas. É um tanto formal e reservado com aqueles que não conhece bem e não faz amigos facilmente. Quando provocado é capaz de revides contundentes, que os atingidos não esquecem prontamente. Não é suscetível às lisonjas e encara com certas reservas os que por esse modo tentam conquistá-lo. As referências ao nome de sua esposa quase trazem lágrimas a seus olhos.

"Defenderei e cumprirei, com honra e lealdade, a Constituição do Brasil", jurou Castello, a 15 de abril, enquanto as palmas e os gritos de "muito bem!" irrompiam no plenário e nas galerias do Congresso Nacional. "Meu governo será o das leis, o das tradições e princípios morais e políticos, que refletem a alma brasileira", completou, seguido de outros prolongados aplausos.

Veio, no discurso, a reafirmação de uma promessa:

"Meu procedimento será o de um chefe de Estado sem tergiversações no processo para a eleição do brasileiro a quem entregarei o cargo a 31 de janeiro de 1966."

"Perfeito, era o discurso de posse que todo o Brasil há muito tempo queria ouvir", comentaria depois Juscelino Kubitschek aos jornalistas.

Castello prosseguiu:

"Caminharemos para a frente com a segurança de que o remédio para os malefícios da extrema esquerda não será o nascimento de uma direta reacionária", a esse ponto, as palmas abafaram-lhe a voz.

Estava nervoso. As folhas de papel lhe tremiam nas mãos. Ajustou os óculos e continuou:

"Que cada um faça a sua parte e carregue a sua pedra nesta tarefa de soerguimento nacional. Cada operário e cada homem de empresa, estes principalmente, pois a eles lembrarei esta sentença de Rui Barbosa: 'É nas classes mais cultas e abastadas que devem ter seu ponto de partida as agitações regeneradoras. Demos ao povo o exemplo e ele nos seguirá'".

O discurso foi ouvido por 332 deputados e 58 senadores. Aos 64 anos — ou 67, conforme rezavam os documentos oficiais —, Castello Branco era, com exceção de Getúlio Vargas em 1951, o homem mais velho a assumir a presidência da República no Brasil. Enquanto falava, as costas lhe doíam, pois negligenciara o uso do colete ortopédico nas duas últimas semanas, evitando ser fotografado com ele desde que, na condição de futuro presidente, passara a ser assediado pela imprensa.

Poucos dias antes, Castello procurara o presidente do Congresso, Auro de Moura Andrade, indagando qual a roupa adequada à ocasião, adiantando que usaria trajes civis.

"O protocolo concede ao senhor a liberdade absoluta de escolha em relação a isso. Avise-nos como quer ir, que nós congressistas nos poremos de acordo com seu traje", disse-lhe Moura Andrade.

As senhoras católicas mineiras haviam confeccionado uma faixa presidencial especial, caprichosamente bordada, para que Castello a recebesse na cerimônia de posse. Uma comissão a levou a Brasília, ocasião em que foi usado o argumento de que a antiga faixa havia sido conspurcada por Jango. Assim, conforme sugeriram as devotas mulheres de Minas, o primeiro presidente após a "Revolução Gloriosa" deveria inaugurar um novo símbolo para o novo poder que se instalava por meio dela. Castello preferiu, contudo, usar a faixa oficial. Qual não foi a surpresa quando soube, por meio dos funcionários do cerimonial, que ela havia sumido de Brasília. Desde a saída apressada de Jango do palácio do Planalto, ninguém soubera mais do seu paradeiro.

Somente treze anos depois o mistério seria solucionado. Leonel Brizola confessaria ao escritor e jornalista Fernando Morais que se apossara da faixa presidencial antes de fugir do Brasil. "Comi um bom sanduíche de bordo e fui ver dentro da minha pasta: lá estava, intacto, um símbolo de nosso país, a faixa presidencial verde e amarela. Ela já andava comigo há muito tempo e a levei para o exílio", contaria, em depoimento gravado para um documentário que Morais roteirizou sobre o golpe militar de 1964. Brizola, que tencionava voltar um dia ao Brasil ostentando-a no peito, negaria a própria versão pouco tempo depois. Seja como for, os mais atentos entre os congressistas puderam perceber que a faixa bicolor passada por Mazzilli a Castello era, de fato, novinha em folha.

"Nos termos da Constituição e em nome do Congresso Nacional, declaro empossado na Presidência da República dos Estados Unidos do Brasil, Sua Excelência, o sr. Humberto de Alencar Castello Branco", anunciou Moura Andrade.

"Temos o homem", escreveria naquele dia o jornalista Carlos Heitor Cony nas páginas do *Correio da Manhã*. "Chama-se Humberto de Alencar Castello Branco, nome simpático, provinciano, digno. Não se pode querer mal a um camarada — embora general — que seja parente de José de Alencar e de Rachel de Queiroz", diria a crônica que circulou na edição de 16 de abril, dia seguinte à posse. O texto lançava uma dúvida e, ao mesmo tempo, um desafio: "Olhemos bem para a sua cara — cara dura, honesta, sem floreios, cara típica de um povo duro, honesto, sem floreios e feio. Esse homem e essa cara têm diante de si a opção mais importante de nossa época: compactuar com a tirania ou reconduzir o Brasil aos limites da lei natural e da ordem jurídica".

Muito em breve, Castello teria a oportunidade de fazer a escolha.

"A CLAVA FORTE"
Os militares no poder — 1964-65

O parafuso e a rosca

A primeira providência de Castello Branco como presidente da República foi ordenar a imediata substituição do retrato a óleo de Getúlio Vargas, na antessala do gabinete no Palácio do Planalto, por uma imagem do Duque de Caxias. A segunda, mandar trocar a confortável cadeira presidencial por outra, de espaldar duro, mais aconselhada para os problemas de coluna. Com os dois gestos, aproveitou para sugerir aos auxiliares diretos que havia chegado a era da austeridade à Capital Federal.

Contudo, a própria declaração de bens, entregue como de praxe ao Congresso na véspera da posse, seria o melhor atestado do estilo espartano. O patrimônio pessoal do novo presidente se restringia a um Aero Willys preto, modelo 1961, e um apartamento de terceiro andar na rua dos Jangadeiros, nº 28, comprado por Argentina ainda em 1946, com a herança que recebera pela morte da mãe, d. Bina. Havia também algumas poucas ações da Belgo Mineira, do Banco Nacional e da Mineração Trindade S.A., além do jazigo perpétuo da família no cemitério São João Batista, no Rio de Janeiro, onde estava enterrada a esposa. A casa da Nascimento Silva havia sido passada em inventário aos filhos, Paulo e Nieta, desde o falecimento de Argentina.

Com a posse de Castello, que dias antes se despedira do Exército e fora transferido para a reserva na patente de marechal, estava extinto o Comando

Supremo da Revolução, exercido desde 1º de abril pelo general Costa e Silva, pelo brigadeiro Márcio de Souza Mello e pelo almirante Augusto Rademaker, representantes das três corporações das Forças Armadas.

Na véspera da transmissão de cargo, todavia, seria divulgada mais uma extensa lista de cassações, que incluía dessa vez 24 militares, a exemplo do general Nelson Werneck Sodré e do almirante Aragão, além de outros 67 civis. Entre estes, o editor Ênio Silveira, dono da Civilização Brasileira, acusado de publicar livros "subversivos", e o jornalista Edmar Morel, que soube da notícia pelo rádio, ao ouvir o *Repórter Esso*.

Uma vizinha da mãe de Morel escutou a mesma notícia e correu para avisá-la: "D. Marieta! Acabei de ouvir que seu filho foi capado!"

Enquanto isso, as demissões e prisões em massa continuavam a acontecer em todo o território nacional. "A cassação de direitos políticos reduzia o indivíduo à marginalização, isolava-o como aos leprosos", recordaria Nelson Werneck Sodré. "Ela atingia, na maioria dos casos, o próprio exercício do trabalho: o professor era proibido de lecionar; o aviador, de voar; o pesquisador, de pesquisar; e assim por diante", diria o general Sodré. "A ditadura não privava os cassados apenas dos direitos políticos, mas do direito de ganhar o pão de cada dia."

No primeiro dia de trabalho no Palácio do Planalto, Castello Branco resolveu discutir a delicada situação política nacional com o amigo norte-americano Vernon Walters. Ainda eram seis horas da manhã quando Castello arrancou Walters da cama com um telefonema, convidando-o para um almoço mais tarde, ao meio-dia, no Palácio da Alvorada, residência oficial da presidência. Naquela manhã, Castello inauguraria em Brasília a tradição e o ritual da entrada triunfal do presidente pela rampa do Palácio do Planalto, ao toque de clarins e sob a continência da guarda em farda de gala.

Antes do almoço, servido no andar superior do Alvorada, Castello mostraria ao amigo estrangeiro as dependências da nova morada. Inaugurado por Juscelino Kubitschek, o palácio, embora de construção recente, já era cenário para histórias de assombração, segundo rezava o folclore político de Brasília. Dizia-se que o fantasma de Getúlio havia se mudado para lá desde os tempos de JK. E funcionários juravam já ter ouvido, no meio da madrugada, arrastados de corrente e um piano que tocava sozinho. Castello, que dizia não ter medo de espíritos do outro mundo, instalou o estúdio de trabalho na sala do tal piano, junto com os livros e os discos de música clássica.

O presidente estava impressionado mesmo era com as linhas leves e arrojadas do projeto de Niemeyer e, viúvo, sentia-se meio solitário em meio àqueles amplos espaços. Por isso, informou a Walters, chamara a filha Nieta para morar com ele, pelo menos nos primeiros três meses de governo. Após Castello queixar-se da decantada solidão do poder, o militar norte-americano entregou, nas mãos do presidente recém-empossado, um insólito e irreverente souvenir: a escultura em madeira, pintada de verde e amarelo, de um tropicalíssimo abacaxi.

"Terei muito gosto em morar aqui em 1966", disse Carlos Lacerda aos jornalistas na entrada do Alvorada. Convidado para um almoço com Castello Branco naquela segunda-feira, 20 de abril de 1964, o governador da Guanabara não perdeu a oportunidade de lembrar à imprensa que era candidato às eleições presidenciais marcadas para outubro de 1965, com previsão de posse para o vencedor no início do ano seguinte. Um dia antes do encontro entre Castello e Lacerda, o jornalista Carlos Castello Branco afirmava em sua coluna: "Não se ponha em dúvida a palavra do presidente da República de que transmitirá o poder ao seu sucessor em 31 de janeiro de 66. A transmissão será nessa data — todos acreditam".

Quem mais acreditava nisso era o próprio Lacerda. Por esse motivo, escolhera então como alvo principal da conhecida verborragia o ex-presidente Juscelino Kubitschek, o adversário potencial mais forte em um possível embate nas urnas. No entanto, no almoço do Alvorada, o assunto de Lacerda era outro. Ele não teve qualquer constrangimento em pedir para si uma providencial sinecura, com o devido carimbo do Itamaraty. Alegou que estava cansado das refregas políticas dos últimos tempos e precisava de uma licença do governo da Guanabara. Sem meias palavras, solicitou que Castello lhe financiasse uma viagem ao exterior, sob o pretexto de alguma missão oficial. Além de tirar algumas semanas de folga, aproveitaria para levar a mulher, que sofria de uma forte inflamação no ouvido, para submeter-se a tratamento médico no exterior.

"Estou na lona. Quatro anos de trabalho intenso, de tensão, de perigo, o diabo...", justificou Lacerda.

Apesar do desconforto diante da inesperada proposta, Castello deu um jeito de arranjar a tal viagem internacional, com passagens, hospedagens e todas as demais despesas pagas por conta do Tesouro. Além de se confessar eleitor cativo do político udenista, o presidente considerou que atender a um pedido dele, àquela altura, era uma forma eficaz de lhe aplacar também a língua. Poucos dias antes, Lacerda criticara pela imprensa o ministério montado por Castello. Segundo o governador da Guanabara, que de resto não havia comparecido à posse em 15 de abril, o primeiro escalão do governo, que abrigava notórios próceres do IPES e da ESG, era formado por um bando de "conservadores e entreguistas".

Assim, quando Castello reuniu a equipe para a primeira reunião ministerial do novo governo, em 23 de abril, Carlos Lacerda já embarcara para a Europa, com a missão de esclarecer a opinião pública internacional sobre os "reais e nobres motivos" do movimento militar que derrubara Jango. Em seu lugar, no governo da Guanabara, ficara o udenista Raphael de Almeida Magalhães, eleito por via indireta como vice de Lacerda, após a cassação do mandato do detentor do cargo, o petebista Elói Dutra, que em 1962 propusera uma CPI para investigar as ações do IBAD.

"A imagem da Revolução está muito deformada pela imprensa estrangeira", disse Castello a Lacerda. "Em toda parte a Revolução está se apresentando como um golpe fascista ou como um golpe norte-americano. Queria que o senhor fosse esclarecer isso lá fora. O senhor vá aos governos que entender necessário, e dê entrevistas", recomendou o presidente, informando que, como emissário oficial da nação brasileira, o governador levaria uma credencial especial para se apresentar em audiência direta com o presidente francês, Charles de Gaulle.

Com Lacerda despachado a caminho de Paris, Castello sentou, com mais tranquilidade, à cabeceira da enorme mesa de reuniões do terceiro andar do Palácio do Planalto, ladeado por todos os ministros. A data da primeira reunião coincidiu com o primeiro aniversário da morte da esposa, Argentina. Aos ministros mais íntimos, Castello deplorou a situação:

"Quando conheci Argentina, ela era uma moça bela e rica; eu, um tenente pobre e feio. Agora, que sou presidente da República, ela não está mais aqui para se orgulhar do marido e vê-lo comandar a primeira reunião do seu ministério."

À direita do presidente, conforme previa o protocolo, postou-se o general Ernesto Geisel, legítimo representante da "Sorbonne", nomeado chefe da Casa Militar. À esquerda, o advogado e escritor baiano Luís Viana Filho, membro da Academia Brasileira de Letras, deputado pela UDN e um dos associados do IPES no ministério, escolhido para chefe da Casa Civil. Ao lado de Geisel, sentou-se o ministro da Justiça, senador Milton Campos, udenista moderado, que junto com

286

o engenheiro Mauro Thibau, titular das Minas e Energia e discreto pessedista, representava Minas Gerais na equipe.

Ao apostar em nomes que pairassem um pouco acima da truculenta disputa entre UDN e PSD locais, Castello acabou desagradando aos dois principais currais da política mineira. Se a ala mais conservadora da UDN julgava que Campos, um constitucionalista, era afeito à letra das leis, portanto personalidade incompatível com um movimento revolucionário, os próprios pessedistas tinham o ministro na conta de um intelectual por demais contemplativo e desprovido de ação.

"Se o vento derrubar a cortina do gabinete dele no Ministério da Justiça, terá preguiça de chamar o contínuo para recolocá-la", espinafrou Augusto Frederico Schmidt, tentando dissuadir Castello de tal escolha. Em vão. O presidente considerou que o parcimonioso Milton Campos era o nome ideal para reimplantar, com a paciência que julgava necessária, a ordem jurídica no país. Assim encarregou o governador udenista Magalhães Pinto de convidá-lo para o cargo.

O governador cumpriu a tarefa meio a contragosto. Segundo Viana Filho, chefe da Casa Civil, Magalhães chegara a insinuar ao presidente que o melhor a fazer seria deixar que ele próprio, um experimentado homem público, conduzisse a política do governo, restringindo-se Castello Branco às questões administrativas e aos paramentos simbólicos do cargo. Castello recusou tal proposta, estabelecendo assim a primeira aresta com o governador de Minas, que em pouco tempo iria romper de vez com o governo.

Castello procurou lotear também o ministério de modo a abrigar representantes dos estados da Guanabara, São Paulo, Paraná e Rio Grande do Sul, cujos governadores, a exemplo de Magalhães Pinto, haviam sido fiéis ao golpe. Com o mesmo objetivo de formar uma equipe mais técnica do que política, conseguiu a proeza de desagradar, de novo, a todos ao mesmo tempo.

Do Rio Grande, Castello pinçou o deputado Daniel Faraco, outro ministro relacionado com o IPES, para a pasta da Indústria e Comércio, cargo na verdade cobiçado por Adhemar de Barros, que intencionava colocar à frente dele um representante da classe empresarial paulista. São Paulo teve de se contentar com a nomeação do agrônomo Oscar Thompson, igualmente identificado com o IPES e secretário estadual de Adhemar, para o Ministério da Agricultura. Enquanto isso, coubera à Guanabara o Ministério da Saúde, na pessoa do médico Raimundo de Brito — na verdade um potiguar, mas secretário de Saúde Pública de

Carlos Lacerda. Contudo, o próprio Lacerda também não ficou nada satisfeito com a escolha:

"General, o senhor me perdoe, não tenho nada a opor ao nome do sr. Raimundo de Brito, mas se ele é da sua confiança, o problema é seu. Não o tome por representante da Guanabara", foi o que Castello ouviu de Lacerda, que não conseguira esconder a frustração por não ter sido, ele próprio, indicado para algum ministério.

Viria do Paraná, mesmo também sem grandes entusiasmos da parte do governador Ney Braga, o nomeado para a pasta da Educação e Cultura, Flávio Suplicy de Lacerda, ex-reitor da universidade estadual. Tal escolha só se deu após a categórica recusa do sociólogo pernambucano Gilberto Freyre ao convite de Castello Branco para que ocupasse o posto. O autor do clássico *Casa-grande & senzala* havia sido o primeiro nome da lista de Castello, que o conhecera quando da passagem pelo comando do IV Exército, no Recife.

"O homem é um monumento à cultura. Compreendo não ter aceitado trocar seus livros pela política", lamentaria Castello ao deputado cearense Paulo Sarasate.

Ao montar a equipe, Castello herdara quatro ministros interinos nomeados por Mazzilli, que já os havia recebido por imposição direta de Arthur da Costa e Silva, ainda nos primeiros dias do golpe. Era o caso do ministro do Trabalho e Previdência Social, o técnico de carreira Arnaldo Sussekind; e o do Exterior, o diplomata Vasco Leitão da Cunha, que trazia no currículo passagens estratégicas pelas embaixadas brasileiras em Havana e Moscou. Na mesma situação, no pacote herdado por Castello do Comando Supremo da Revolução, vieram também o ministro da Fazenda e o da Guerra. O primeiro era o economista Octávio Gouveia de Bulhões, crítico da política econômica de Jango e mais um nome associado ao IPES. O segundo, ninguém menos do que o próprio Costa e Silva.

As outras duas pastas militares, Marinha e Aeronáutica, foram ocupadas pelo almirante Ernesto de Mello Baptista e pelo brigadeiro Nélson Freire Lavenère-Wanderley. O primeiro Castello conhecera quando estivera no Comando Militar da Amazônia. O outro protagonizara, junto ao coronel-aviador Roberto Hipólito da Costa, o sangrento episódio da Base Militar de Canoas, no Rio Grande do Sul, no qual morrera o oficial Alfeu de Alcântara Monteiro.

Também teriam assento na mesa de reuniões ministeriais os dois primeiros comandantes da ESG: Juarez Távora e Cordeiro de Farias, revolucionários históricos, verdadeiros sobreviventes dos tempos heroicos da rebeldia nos quartéis no início do século XX. A Juarez foi reservada a pasta da Viação e Obras Públicas; a Cordeiro, ofertado um ministério extraordinário, o da Coordenação dos Organismos Regionais.

Por fim, fechando a lista, havia o economista Roberto Campos, assíduo conferencista da mesma ESG, considerado uma espécie de superministro, encarregado de conduzir uma nova pasta, criada em especial para ele: o todo-poderoso Ministério do Planejamento e Coordenação Econômica, cujos escalões intermediários foram ocupados por membros do IPES. Ex-embaixador do Brasil nos Estados Unidos, ardoroso defensor do capital externo e da livre iniciativa, Roberto Campos receberia da esquerda um apelido do qual jamais conseguiria se desvencilhar, carregando-o até o último de seus dias: Bob Fields.

Formando dupla com o titular da pasta da Fazenda, Octávio Bulhões, Roberto Campos teria nas mãos a responsabilidade de traçar, na ponta do lápis, uma austera política econômica para o novo governo. O cenário não era animador. A inflação projetada para o ano já rompera a marca dos 100%. Os índices de crescimento despencavam enquanto os investidores estrangeiros, escaldados pela política externa independente e pelas Reformas de Base de Jango, haviam sumido do mapa. O país, portanto, estava à beira da insolvência.

"O Brasil ficou entre um capitalismo sem incentivos e um socialismo sem convicção", sentenciou Roberto Campos aos demais ministros, logo na primeira reunião de Castello com a equipe.

Praticamente toda a pauta daquele encontro se resumiu ao diagnóstico da situação econômico-financeira, explicada em detalhes por Roberto Campos. Muitos ministros chegaram a se encolher nas cadeiras. "Sou o síndico de uma massa falida", escreveria o próprio Castello ao filho, Paulo. A terapêutica sugerida por Roberto Campos era amarga: arrocho salarial, para conter a demanda e para sinalizar um panorama favorável aos empresários; extinção dos subsídios sobre o petróleo e o trigo; fim dos tabelamentos que provocavam o desabastecimento nas prateleiras dos supermercados; incentivo às exportações por meio da desvalorização do cruzeiro em relação ao dólar; e, por fim, para atrair investidores internacionais, estímulo ao capital de risco no país. As medidas, estava claro, não seriam nada populares.

Castello foi advertido por Roberto Campos de que o receituário ortodoxo geraria inevitáveis ondas de insatisfação em meio à opinião pública. Chegou-se a argumentar, na reunião, que somente um presidente eleito por vias indiretas teria mesmo condições de levar a cabo um programa rigoroso daqueles. De qualquer modo, apesar de o Ato Institucional garantir a aprovação de projetos do governo por decurso de prazo, o Congresso precisaria ser convencido da necessidade imediata das medidas econômicas, que deveriam ser postas em prática com a maior urgência possível. Ao final daquela primeira reunião, enquanto todos se despediam com semblantes de preocupação, Costa e Silva chegou-se a Castello e soltou a frase, carregada de ironia e censura:

"Está vendo? Você não quis ser ditador..."

"Há comunistas no Brasil?", indagou à queima-roupa o repórter do jornal francês *Le Monde* a Carlos Lacerda, que acabara de desembarcar no aeroporto de Orly.

"Evidentemente. Eles estão vivos, nós não os matamos", foi a resposta, em francês, do governador da Guanabara, já cercado por jornalistas.

"Como vai a caça às bruxas por lá?", insistiu o repórter.

"A única bruxa que conheço é o sr. Beuve Movey, proprietário do *Le Monde*, que faz feitiçarias nas páginas de seu jornal", rebateu Lacerda.

Os repórteres, atônitos, tentaram se defender:

"Nossa profissão deve ser respeitada aqui, pois representamos os jornais mais objetivos da França", protestou um deles.

Lacerda não deu tempo para a próxima fala:

"Se os senhores dizem que a burguesia brasileira, como disse o *Le Monde*, não permite que um governo moderado de esquerda permaneça no poder, e ainda chamam a isso de ser objetivo, eu chamo isto de mentira."

Com o estilo polêmico de sempre, a estreia da missão oficial de Lacerda não podia ter sido mais explosiva. Os jornalistas, mesmo indignados, perceberam que tinham ali um material quente nas mãos. Assim, continuaram a provocar o emissário da "Revolução":

"Senhor governador, nós na Europa o julgamos um derrubador de presidentes. Por que não é posto logo na presidência do Brasil?"

"Creio que há outro derrubador de presidentes mais ilustre do que eu, o general De Gaulle, a quem respeito muito, mas fez cair um presidente, antes de mim."

Já que o assunto passara a ser o presidente francês, os jornalistas quiseram saber o que Lacerda esperava da viagem oficial já marcada por De Gaulle ao Brasil.

"Espero apenas banquetes e discursos...", respondeu o governador da Guanabara.

Voltando ao tema das cassações, um jornalista indagou:

"O senhor crê que a depuração no Brasil está terminada?"

"Não houve depuração", reagiu Lacerda. "Houve algumas prisões e cassação de mandatos de deputados. Nós fizemos muito menos que vocês, após a Revolução Francesa. Não fuzilamos ninguém. Não tivemos a guilhotina."

"O senhor acha que o general Castello Branco tem apoio popular das massas no Brasil?", perguntou outro repórter.

"Creio que sim", afirmou Lacerda, logo emendando um pensamento em outro: "Quanto a apoio popular, creio que o presidente João Goulart ficou aliviado, por assim dizer. Vi o seu grande e largo sorriso ao chegar ao Uruguai. Nunca vi mesmo um exilado tão sorridente..."

"O senhor acha que se o ex-presidente voltar ao Brasil será preso?"

"Como ladrão, sim."

"Se a decisão coubesse ao senhor, o que faria?"

"Eu o enviaria à França e o condenaria a ler as correspondências do *Le Monde*."

A entrevista chegara ao fim. Mas um repórter tinha uma última pergunta a fazer:

"Será o presidente Castello mais um presidente que o senhor derrubará?"

"Eu não creio. Não se faz cair uma pera, quando ela já está madura..."

Enquanto Lacerda soltava o verbo na Europa e era ignorado por De Gaulle, que se recusou a recebê-lo, o Brasil fervia. Os Inquéritos Policiais Militares (IPMS) prosseguiam no processo implacável de degola dos ditos "subversivos". Em 27 de abril, havia sido criada a Comissão Geral de Investigação (CGI), comandada pelo marechal Estevão Taurino de Resende e encarregada de centralizar todos os inquéritos contra os inimigos do regime. Em entrevista à imprensa, Taurino de Resende advertia, ameaçador:

"A força militar ainda não se recolheu ao quartel."

Três dias antes da criação da temida CGI, o editorial do *Correio da Manhã* criticava o Ministério da Educação e Cultura por ter baixado uma portaria exigindo atestado ideológico dos funcionários. A tal portaria determinava que os servidores das repartições públicas ligadas ao MEC declarassem as preferências políticas e, mais ainda, que comunicassem aos superiores os nomes de amigos e conhecidos que professassem "ideologias subversivas". Estava institucionalizada a delação, ou seja, "regulamentado o dedo-durismo", conforme definiria Stanislaw Ponte Preta, pseudônimo do jornalista Sérgio Porto.

Pelos jornais, começava também a transpirar a dissidência explícita entre os generais ligados a Castello e os adeptos da linha dura, atrelados a Costa e Silva. A 24 de abril, o colunista Carlos Castello Branco escrevia: "O governo do marechal Castello Branco, enquanto não se afirmar como instrumento de realização dos ideais construtivos da Revolução de abril, corre o risco de ter sua autoridade contestada pelos próprios coautores da jornada cívico-militar que o gerou". No *Correio da Manhã*, Carlos Heitor Cony seria mais explícito: "Ficamos sabendo que tanto o marechal Castello Branco como o honrado ministro da Justiça não são os homens fortes da situação. Não mandam. São mandados".

Indagado pela imprensa sobre o que corria nos bastidores do Palácio do Planalto, o deputado Costa Cavalcanti discordaria da versão corrente:

"O presidente Castello Branco está no pleno exercício das suas funções e da sua autoridade", argumentou o deputado, para quem a maior prova a tal afirmação estava no fato de Castello decidir, pessoalmente, pelo deferimento ou não de cada pedido de cassação feito pela Comissão Geral de Investigação.

A declaração do deputado não abafou os rumores a respeito, embora o assunto das cassações passasse a monopolizar o noticiário. O AI-1 estabelecera o limite máximo de sessenta dias, contados após a posse de Castello, para que fosse efetuada a "Operação Limpeza". O prazo, portanto, encerrava-se a 15 de junho. A aproximação da data só aumentava a pressão para que novos políticos se somassem aos já defenestrados pelo regime na primeira hora. Castello, pressionado pela linha dura, ainda tentava tranquilizar a base aliada no Congresso, formada por UDN, PSD, PSP e PDC, além dos partidos nanicos. Castello prometia que as cassações, se houvessem, se restringiriam apenas aos casos comprovados de corrupção e "subversão".

"Ninguém será cassado de surpresa. Todos os casos serão rigorosa e honestamente investigados, nos termos da lei", garantiu Castello, em audiência oficial concedida a políticos pessedistas.

No gabinete de Castello, acumulava-se a pilha de processos e pedidos de expurgo. Os governadores, em particular os de Minas Gerais e do Rio Grande do Sul, haviam enviado ao Palácio do Planalto as próprias listas, onde enfileiravam, sem qualquer justificativa, os nomes de notórios adversários políticos.

"O senhor sabe o que é isto aqui?", perguntou Castello a Raphael de Almeida Magalhães, o dedo apontado para a montanha de processos. "É a soma das perversidades brasileiras. Todo mundo que tem um inimigo, que tem contas para acertar com alguém, manda denúncia para cá. E desaba tudo sobre mim", lamentou.

"Isso está pior do que a Inquisição", queixou-se de outra feita Castello, em almoço reservado, ao deputado Armando Falcão.

O início do fatídico mês de junho seria marcado, logo no primeiro dia, pela lei assinada por Castello que reduzia o direito de greve no país. Após ter as principais lideranças arroladas em IPMS, os sindicatos sofriam nova derrota. A medida fazia parte do plano governamental de enfraquecer e desarticular as entidades classistas, reduzindo os riscos de protestos organizados contra as medidas anti-inflacionárias idealizadas por Roberto Campos.

A quinze dias do encerramento do prazo final das cassações, as especulações rondavam os corredores do Congresso. Comentava-se que o processo contra Juscelino Kubitschek já estava assinado e carimbado sobre a mesa do presidente. Os grupos militares mais exaltados teriam imposto a decisão, pois haviam considerado inadmissível deixar que JK passasse incólume pelos expurgos e, dessa forma, se tornasse o favorito para as eleições de outubro do ano seguinte. O ministro da Justiça, Milton Campos, negava tudo. Dizia não ter conhecimento sobre qualquer nova cassação.

Entretanto, a CGI designara cerca de sessenta oficiais para fazer uma devassa completa na vida pública e privada de Juscelino. As acusações iam de enriquecimento ilícito à importação ilegal de um automóvel para a esposa, de farra com o dinheiro público durante a construção de Brasília à compra de feijão podre quando do exercício da presidência. Havia ainda a acusação de que JK oferecera 20 milhões de cruzeiros pelos votos dos comunistas para se eleger senador. Os investigadores chegaram até a desencavar a ficha médica de Juscelino quando este, quarenta anos antes, prefeito de Belo Horizonte, se internara no Hospital São Lucas, na capital mineira. Havia boatos de que, em vez de uma operação de apendicite, ele havia sido alvo à época de um misterioso tiro no braço.

A 25 de maio, Juscelino soltara contundente nota à nação: "O processo terrorista escolhido por meus adversários não provocará a minha retirada. Querem derrubar não só um candidato, mas o próprio regime democrático". Um dia depois disso, 26 de maio, em São Paulo, Costa e Silva tratou de dar a resposta, em entrevista à imprensa. "O pronunciamento do sr. Kubitschek me pareceu muito semelhante ao discurso do sr. Jango em 30 de março, no Automóvel Clube." Obviamente, os jornalistas quiseram saber se, ao comparar as duas situações, o ministro da Guerra estava afirmando que o destino de Juscelino também já se encontrava selado. Mas o general deu a entrevista por encerrada e deixou a pergunta no ar.

Naquele dia, Costa e Silva havia ido a São Paulo na companhia do próprio Castello Branco, para participarem juntos de uma homenagem oferecida por Assis Chateaubriand, o Chatô, dono dos Diários Associados, à "Revolução Redentora". Castello achou que era uma boa oportunidade para uma aparição pública ao lado do ministro da Guerra e aceitou de bom grado o convite. No caminho de volta ao aeroporto, os dois foram acompanhados no carro oficial pelo governador paulista Adhemar de Barros. O assunto das cassações veio à baila.

"Como é, presidente, você cassa ou não cassa o Kubitschek?", aproveitou para perguntar Costa e Silva, como se quisesse fazer de Adhemar de Barros uma providencial testemunha para a resposta de Castello.

"Trataremos disso mais tarde", cortou o presidente, aborrecido com a capciosa pergunta.

Já no avião, de volta a Brasília, Castello desabafou:

"Costa, você não deveria ter falado sobre aquilo na frente do Adhemar, ele é um boquirroto."

Castello tinha visível constrangimento em tratar do assunto. Em reuniões reservadas no Palácio do Planalto, tentara tranquilizar os principais líderes do PSD quanto ao destino político de JK. Mas, aos poucos, as declarações a respeito de uma possível cassação oscilaram da mais veemente negativa a um impenetrável silêncio. A 28 de maio, por exemplo, ele se encontrara com o líder pessedista Amaral Peixoto, ocasião em que descartou qualquer represália quanto ao ex-presidente. Dois dias depois, em conversa com Raphael de Almeida Magalhães, não seria assim tão enfático. Disse apenas que "faria o possível" para preservar a cabeça de Juscelino.

Amaral Peixoto começou a temer pela sorte de Kubitschek após a noite de

3 de junho, ao final de um jantar no Palácio do Alvorada. À mesa, durante a refeição, Castello Branco evitou qualquer alusão a respeito. Preferiu falar o tempo todo sobre o sogro de Peixoto, Getúlio Vargas, que, sabia-se, nunca fora seu assunto predileto. Na saída, ao despedir-se do convidado, Castello enfim comentou:

"Nos próximos dias será tomada uma decisão muito importante para o Brasil. Estou certo de que o senhor compreenderá."

Peixoto pediu para que o presidente fosse mais claro. Mas este preferiu mudar de assunto e fazer um dos típicos gracejos, apontando para o Volkswagen do líder pessedista:

"Para um homem de tamanha importância, o senhor anda em um carro excepcionalmente pequeno..."

Ernesto Geisel abriu o lacre do envelope pardo e retirou lá de dentro o calhamaço. Passou os olhos pelas páginas e balançou a cabeça. Chegou a esboçar alguns comentários, mas o chefe de gabinete do Ministério da Guerra, general Jayme Portella de Mello, esquivou-se e disse que era apenas o mensageiro do documento, não sabia nada do conteúdo.

"Portador não merece paulada", reclamou Portella.

Enquanto Geisel levantou do birô para levar o dossiê contra JK ao gabinete de Castello, Portella de Mello rumou de volta ao Ministério. Mal chegou lá, enquanto ainda comunicava a Costa e Silva que acabara de fazer a entrega, o telefone tocou. Era Castello, pedindo para que o ministro da Guerra fosse ao Palácio do Planalto, de imediato.

"O negócio vai pegar fogo", observou Costa e Silva a Portella.

De fato, chispou faísca na reunião entre o presidente e o ministro. Costa e Silva disse que, diante das evidências relatadas no dossiê, não abria mão da cassação de Juscelino. Castello contra-argumentou. A repercussão internacional seria nefasta. Iriam acusá-los de ditadores botocudos, de comandarem uma republiqueta de bananas. Costa e Silva permaneceu inflexível. Não iria permitir que, após derrubarem um governo, pudores daquele gênero viessem pôr tudo a perder. Não iria entregar o país de mão beijada a Kubitschek. E aproveitou para, enfim, cobrar satisfações de Castello Branco sobre o encontro secreto que este tivera com o ex-presidente, dias depois do golpe já vitorioso.

Após a saída do ministro da Guerra, Castello ficou sozinho no gabinete.

Tinha uma decisão difícil nas mãos. Se cassasse Juscelino, como queria a linha dura e os partidários de Carlos Lacerda, perderia o apoio fundamental do PSD no Congresso. O rompimento da base aliada poderia provocar uma aliança entre pessedistas desgostosos e o PTB, criando um entrave em relação aos projetos do governo. Isso, por consequência, levaria à necessidade de se decretar novas medidas de exceção, visando diminuir ainda mais as prerrogativas do parlamento. Seria uma marcha a ré no caminho para a normalidade jurídica do país.

"Com que cara vou passar para a História?", era uma das perguntas mais constantes de Castello aos auxiliares.

Por outro lado, não cassar Juscelino significaria desprestigiar os colegas de farda. Fato que colocaria a já débil unidade das Forças Armadas em perigo, abrindo o flanco para a desmoralização do movimento ou, quem sabe, para o enrijecimento além da conta. A linha dura poderia, inclusive, se sentir provocada a passar por cima da autoridade do presidente. Castello pensava dentro da lógica da estratégia militar, calculando os pontos positivos e negativos de cada um dos movimentos a desfechar. Era preciso saber se, àquela altura do combate, o melhor seria avançar ou recuar, ceder ou conquistar.

"Castello Branco é o mecânico dessa geringonça, ele sabe que se apertar demais o parafuso, espana a rosca", comentaria Geisel com o general Muricy.

Enquanto isso, havia ainda dezenas de outros processos a analisar. Até mesmo um grupo de senhoras católicas mineiras encaminhara requerimento a Castello Branco, pedindo mais rigor para as punições contra os "subversivos locais". No arquivo pessoal de Castello existe um documento que reproduz o seu parecer, dado de próprio punho, sobre vários pedidos de cassação, todos recusados por ele. Dos que aprovou, porém, tratou de não deixar registros.

A primeira recusa de Castello foi em relação ao expurgo político do então senador Afonso Arinos: "Sou absolutamente contrário. Não", escreveu o presidente sobre a folha de rosto do relatório. Na capa do dossiê contra Evandro Lins e Silva, ministro do Supremo Tribunal Federal (STF), anotou: "Esquerdista que se aconchega a Goulart. Pertence ao grupo que pensava fazer do comunismo um instrumento de sua política esquerdista. A cassação dará resultados negativos no seio da justiça e da política. Não fará comunismo, estou certo. Decisão: não".

Tratamento idêntico recebeu o pedido de cassação de outro membro do STF, Hermes Lima: "Não. Considerações perfeitamente iguais às que fiz quanto a Evandro Lins. Solução também igual". Já sobre o processo contra o deputado petebista Doutel de Andrade, que manifestara o voto contra Castello na eleição presidencial do mês anterior, o comentário foi lacônico: "Não. Não. Castello". Já no caso de San Tiago Dantas, de quem havia sido amigo na juventude, preferiu uma anotação mais extensa: "Grande responsável pela institucionalização de Goulart. Esquerdista por carreirismo. Julgo, no entanto, imprópria a cassação. Decisão: não".

O comentário mais longo de todos, entretanto, Castello reservaria para indeferir a cassação dos direitos políticos do jornalista Carlos Heitor Cony, seu crítico contumaz: "Não vejo razão para cassar-lhe o mandato. É, às vezes, insolente e, quase sempre, mentiroso. Tem atacado desabridamente o ministro da Guerra e enuncia ideias que desrespeitam as Forças Armadas. Contra mim, formula insultos: o presidente é um 'pau-mandado' na mão de seus subordinados. Em vez de retirar-lhe os direitos políticos, o que muito o valorizaria, prefiro deixá-lo com seus artigos. A revolução sairá ganhando".

No dia 8 de junho, Castello divulgou uma lista com o nome de quarenta pessoas que teriam os direitos políticos suspensos por dez anos, contados a partir daquela data. Era a segunda que soltava desde que assumira a presidência. A primeira, ainda em maio, atingira 34 cidadãos brasileiros. Viria uma terceira, com outros 71 nomes, assinada em 15 de junho, a data-limite prevista pelo Ato Institucional. Entre os cassados "mais graúdos" das três listas estavam o governador do Pará, Aurélio do Carmo, e o do Amazonas, Plínio Coelho, além de dois ex--ministros de Jango, Expedito Machado e Wilson Fadul, e três secretários de Mauro Borges, governador de Goiás, que havia apoiado o golpe, mas passara a ser acusado de abrigar comunistas na equipe.

A linha dura achou pouco. Considerou que Castello havia sido "frouxo" demais. Os radicais só ficaram menos contrariados com a cassação, naqueles dias, de um "peixe grande", o ex-presidente Juscelino Kubitschek.

"O senhor vai se arrepender de votar no Castello", previra, dois meses antes, o senador Vitorino Freire, falando a JK.

O crime perfeito

"Quando falam mal de mim, presidente, não como, não bebo, nem durmo", observou um amuado Carlos Lacerda a Castello Branco.

O governador da Guanabara, recém-chegado da viagem ao exterior, mal tocou no filé de peixe com salada de legumes. Cardápio frugal, conforme exigia o presidente. Também em nome da austeridade, os almoços e jantares no Palácio eram regados a água ou a suco de frutas. Vinho, e sempre nacional, só em ocasiões muito solenes. Já a única garrafa de uísque existente em todo o Alvorada era privativa de Roberto Campos, mimo reservado pelo presidente ao superministro do Planejamento.

Castello, demonstrando grande apetite naquela tarde, rebateu de pronto a observação de Lacerda:

"Pois saiba, governador, que quando falam mal de mim, como, bebo e durmo muito bem", disse o presidente com ar de pilhéria, para logo fechar a carranca e arrematar a frase: "E principalmente quando é o senhor quem fala mal de mim...".

Lacerda esboçou um sorriso amarelo. Afirmou então que cuidara de trazer ao presidente uma cópia dos discursos que fizera durante a viagem:

"É para evitar explorações alheias em relação ao que eu tenha dito lá fora", explicou.

O anfitrião agradeceu a gentileza, mas informou que já conhecia o conteúdo de todos os pronunciamentos de Lacerda no exterior.

"Tenho a gravação de todos eles, governador", disse Castello.

"Por que tanto interesse assim no que eu digo, presidente?", quis saber, desconfiado, Lacerda.

"Primeiro pela admiração que lhe devoto. Segundo, porque, em política, sou seu aluno. Terceiro, governador, por uma questão de defesa pessoal."

Castello não estava blefando. Recém-criado por ele, o Serviço Nacional de Investigações (SNI), comandado pelo general Golbery do Couto e Silva, mantivera o gabinete da presidência informado de cada passo de Lacerda no estrangeiro. Montado sob inspiração da doutrina de Segurança Nacional da ESG, o SNI viria a se tornar um grande centro de espionagem política, com infiltrações em várias entidades civis e militares. Grampeava telefones, plantava escutas secretas em gabinetes e escritórios, aliciava funcionários e os transformava em informantes. O serviço, que herdou o arquivo do IPES, instalou a sede no Rio de Janeiro, possuindo também uma central de operações na sala 17 do quarto andar do Palácio do Planalto.

A viagem de Lacerda, que incluiu no roteiro França, Alemanha Ocidental, Inglaterra, Portugal e Estados Unidos, havia sido monitorada. Gravações de telefonemas dele ao Brasil, cópias de telegramas, transcrições de entrevistas e discursos. Não escapou nada. Tudo chegava à mesa do presidente. Inclusive a reação contrária de Lacerda ao amplo projeto de reforma política enviado naqueles dias por Castello aô Congresso Nacional. O chamado "Emendão" à Constituição Federal previa, entre outros pontos, o direito de voto do analfabeto, a elegibilidade dos sargentos e a necessidade de maioria absoluta para as próximas eleições presidenciais.

O projeto de Castello, criticado por Lacerda, era uma espécie de Frankenstein político. A extensão do direito de voto aos analfabetos, por exemplo, era proveniente de antiga e notória aspiração das esquerdas. Meses antes, quando fora endossada por Jango, havia sido tachada de demagógica e "perigosamente subversiva". A elegibilidade dos sargentos era velho cavalo de batalha a atormentar a caserna, controvérsia que provocara rachaduras profundas e então recentes na hierarquia dos quartéis. Já a tese da maioria absoluta, ao contrário, era uma bandeira histórica da ala mais conservadora da UDN, que a empunhara mais de uma vez, num passado dali também não muito distante, para tentar azedar as posses de Getúlio e Juscelino.

Lacerda, o principal líder udenista, que antes defendera com vigor a tese da maioria absoluta, desta feita investiria, com o mesmo e inflamado ímpeto, na luta contra ela. Considerava a ideia de ressuscitar tal discussão um casuísmo mal dissimulado, um empecilho posto em seu caminho rumo à presidência. O governador da Guanabara criticaria ainda os demais pontos do "Emendão", para ele uma maneira atabalhoada que Castello encontrara para angariar simpatia e solidariedade da população e, de tal modo, tirar a atenção da opinião pública para as duras medidas econômicas em curso.

Nos campos de guerra da Itália, Castello constatara a importância das manobras diversionistas, as ações paralelas desfechadas em combate para tirar a atenção do inimigo em relação ao alvo real da batalha. Naquele momento, de fato, o velho marechal parecia adequar, mais uma vez, a estratégia militar ao mundo da política. A queda do poder de compra dos salários, o reajuste das tarifas públicas e o aumento dos impostos, junto ao fim da lei que limitava a remessa de lucros para o exterior, eram algumas das medidas do receituário de Roberto Campos que, naquele momento, estavam sendo impingidas à população.

"Se fosse combater a inflação com aumento real dos salários, eu ganharia o Nobel de Física, pois teria descoberto a maneira de se criar a matéria do nada", comentaria, anos depois, Roberto Campos.

Lacerda tinha, assim, um alvo fácil para o qual mirar:

"A solidariedade do povo com a Revolução depende da solidariedade da Revolução com o povo. Não é com definições e fórmulas mágicas que se demonstra essa solidariedade e se conquista a outra. Há que aumentar a produção, melhorar o abastecimento e conter o custo de vida", discursaria Lacerda poucos dias após chegar ao Brasil e reassumir o governo da Guanabara.

Nas páginas do *Cruzeiro*, David Nasser, jornalista que havia apoiado o golpe, disparava baterias na mesma direção: "Que espécie de revolução é esta que estuda o aumento do Imposto de Renda sobre o assalariado e liberta as empresas da sobrecarga dos lucros extraordinários? Que triste, que infeliz revolução é esta que onera em mais 30% o Imposto de Consumo, atingindo todas as classes, e retira os subsídios do petróleo, do trigo e do papel? Estamos diante de uma revolução de canibais. A revolução comendo a própria revolução".

300

Outra mensagem de Castello ao Congresso Nacional, pedindo a extinção sumária da União Nacional dos Estudantes (UNE), entidade considerada pelos militares uma "escola de subversão", também provocaria críticas contundentes da parte de Lacerda. "A UNE tem uma tradição que deve ser aproveitada e não destruída. Fechá-la porque ela foi ocupada por comunistas é como se fechássemos a República porque Goulart foi presidente", comparava o governador da Guanabara.

Os ânimos estavam em efervescência. As centenas de expurgos políticos, o rompimento das relações diplomáticas com Cuba, a prisão indiscriminada de intelectuais, artistas e jornalistas, além da própria criação do misterioso SNI, tudo ajudava a aquecer o caldeirão político. A temperatura dentro do governo não era mais amena. O episódio da cassação de JK, por exemplo, provocara um princípio de implosão no próprio ministério de Castello.

O guru econômico, Roberto Campos, escrevera um parecer contrário ao expurgo de Juscelino, de cuja equipe econômica também participara, e ameaçou demitir-se do cargo. "Cheguei em casa emocionalmente arrasado", escreveria Campos em suas memórias, *Lanterna na popa*. Mas o pedido de demissão do superministro não foi aceito por Castello, que o convenceu de que era muito cedo para desertar. Já Oscar Thompson não chegaria a esquentar a cadeira no Ministério da Agricultura. Foi exonerado dois meses após a posse, rotulado de "incompatível com o espírito revolucionário", segundo o veredicto do presidente.

Em artigo publicado pelo *O Globo* em 27 de maio, o poeta Augusto Frederico Schmidt dilataria o coro dos que alertavam Castello para os rumos do governo: "Não basta combater a corrupção passada, caçando os numerosos culpados e mesmo alguns inocentes; não é construtivo, também, a exclusiva caça ideológica; o que me parece mais grave é o carreirismo, são os emblemáticos, mesmo os limpíssimos, os que detêm o surto renovador com ação retardatária e amortecedora da mediocridade".

O "Emendão" passou a ser visto por analistas políticos como uma providencial cortina de fumaça, artifício tático para encobrir as reais preocupações palacianas: com a campanha para as próximas eleições presidenciais na rua, o governo não sabia como pôr em prática o leque de reformas econômicas sob tamanha pressão e em prazo tão exíguo. Estava-se no segundo semestre de um ano pré-eleitoral e, em breve, o cenário político seria tomado pela corrida para as urnas. Assim, não demorou muito para a ideia começar a ser gestada nos bastidores de Brasília: a prorrogação do mandato de Castello Branco.

A prorrogação, que contrariava todas as promessas feitas por ele desde a posse, passou a ser encarada como a única forma de evitar uma provável derrota do regime nas eleições marcadas para o ano seguinte. Desde o início, o próprio Castello veio a público para se dizer contrário a qualquer tentativa de lhe espichar, um dia que fosse, a estadia no Planalto. Mas ele também não desconhecia que, do lado de fora da porta do gabinete, todos os auxiliares tramavam nesse mesmo sentido.

Os militares ligados à ESG, mais próximos ao presidente, argumentavam que pouco mais de um ano e meio — período que restava do mandato iniciado por Jânio Quadros e não terminado por João Goulart — era muito pouco tempo para "pôr a casa em ordem". Em especial se o governador da Guanabara continuasse a insuflar a população com discursos incendiários.

Já os da linha dura, ante a crescente onda de impopularidade do governo, não queriam correr o risco de entregar o poder a um civil. Particularmente se esse civil se chamasse Carlos Lacerda, tido por eles como "ciclotímico". Por seu turno, políticos com assumido desejo pela presidência, caso de Magalhães Pinto e Adhemar de Barros, consideravam a prorrogação uma forma de colocar em banho-maria o visível favoritismo de Lacerda.

Quando ainda se encontrava no exterior, Carlos Lacerda soube dos boatos sobre o possível alongamento do mandato de Castello. Compreendeu que ele próprio seria o mais atingido pelos que tramavam a prorrogação. De lá mesmo, passou a disparar uma série de telefonemas e telegramas indignados para seu vice, Raphael de Almeida Magalhães, em exercício no governo da Guanabara.

"É uma traição à Revolução! Não estou disposto a aceitar isso de maneira nenhuma! Não abro mão das eleições e da minha candidatura! Vou cobrar isso do Exército! E cobro isso em primeiro lugar do Castello Branco! Considero imoral e traiçoeira a ideia de prorrogação do mandato dele!"

Almeida Magalhães, aflito, recomendava a Lacerda mais cautela com as palavras:

"Governador, esses telefonemas, esses telegramas que o senhor está mandando..."

"E vou continuar mandando-os! Antes que o Castello saiba pelo SNI, trate você de dizer a ele o que acho a respeito dessa história toda."

Com efeito, cada vírgula era interceptada pelo SNI e enviada ao gabinete da presidência. Um relatório redigido por Golbery fez uma previsão categórica:

302

"Dentro dessa situação, o sr. Carlos Lacerda romperá em curto prazo (três a quatro meses) com o governo federal, porque precisa de uma bandeira, e a bandeira oposicionista de ataque, que é a que mais lhe convém, só poderá ser a da pureza revolucionária contra supostos desvios ou incapacidade do governo Castello Branco". À margem de tal documento, de próprio punho, o presidente assentou o seguinte comentário: "Perspectivas sombrias".

Em conversas reservadas, o general Costa e Silva tentou convencer Castello a abraçar, sem pudores, a tese de ampliação do próprio mandato. Não se importasse com o preço político que porventura tivesse que pagar em nome da continuidade do regime. O ministro da Guerra garantiu que inclusive já catequizara parlamentares influentes, a exemplo de Daniel Krieger, líder do governo no senado, Filinto Müller, presidente do PSD, além dos governadores Magalhães Pinto e Adhemar de Barros. Todos apoiariam de bom grado a decisão.

Castello, contudo, repeliu a proposta. Demonstrou idêntica reação ao ser consultado a respeito pelos generais Cordeiro de Farias e Ernesto Geisel. Chegou a ameaçar com a possível renúncia, caso a medida fosse aprovada no Congresso à sua revelia. A recusa levou Cordeiro a pedir ao presidente para que, caso não quisesse assumir a paternidade da medida, pelo menos silenciasse sobre o tema, evitando emitir declarações em contrário.

Algumas semanas antes, o deputado Amaral Peixoto oferecera a Castello Branco a alternativa de abrir caminho no Congresso em prol da prorrogação, desde que fosse revista a cassação de Juscelino. Castello irritou-se com a proposta e disse que uma decisão independia da outra. De todo modo, reiterou que se opunha a qualquer articulação para lhe ampliar o tempo de governo. Avisou que não autorizava nenhum ministro, deputado ou senador a fazê-lo em seu nome.

Por essa época, Lacerda viajou a Brasília ao lado de Raphael de Almeida Magalhães e de seu secretário de Planejamento, Hélio Beltrão, para sondar a posição da bancada udenista sobre a prorrogação. Cara a cara com o governador da Guanabara, os deputados e senadores do partido se mostraram reticentes, sem externar com clareza como votariam em relação a uma imaginável emenda sobre o tema. No caminho de volta ao Rio de Janeiro, no avião, o secretário Hélio Beltrão voltou-se para Lacerda e comentou:

"Carlos, o presidente Castello Branco fala que é contra a prorrogação.

A bancada da UDN diz que não tem nenhuma responsabilidade na iniciativa. Mas, assim mesmo, a emenda vai passar. É um crime sem autoria, cujo alvo é a sua candidatura. Um crime perfeito, enfim."

Logo a seguir, em 18 de junho, a pretexto de discutir o "Emendão" que enviara ao Congresso, Castello reuniu em almoço os deputados udenistas Paulo Sarasate e Pedro Aleixo, além do presidente do partido, Bilac Pinto. Na tarde do mesmo dia, recebeu a parcela da bancada pessedista que não rompera com o governo após o expurgo de JK. A assessoria de imprensa do governo divulgou que, nos dois encontros, o presidente não admitiu que a conversa enveredasse pelo tópico da prorrogação. Deu-se, entretanto, fenômeno no mínimo curioso: quanto mais negava a hipótese de dilatar o mandato, mais os aliados — desde os mais sinceros aos circunstanciais — articulavam para lhe aumentar o tempo à frente do poder.

"Vai-se generalizando a impressão de que, se o marechal Castello Branco não pleiteia a prorrogação, a aceita, deixando livres seus amigos para pleiteá-la", observou o jornalista Carlos Castello Branco, com a habitual precisão. "Há os que argumentam não pretender ele a prorrogação, pois do contrário ter-se-ia expressado no estilo singelo do 'quero já'. E há os que, partindo da falta de clareza, invocam um quase perverso maquiavelismo que ornaria a personalidade secreta do presidente", analisou o colunista do *Jornal do Brasil*.

Mas o mesmo *JB* logo também compraria a ideia da prorrogação, tratando de preservar ao máximo o presidente das esperadas estocadas de adversários: "É inatacável a posição moral do marechal Castello Branco no episódio da prorrogação de seu mandato", diria o periódico carioca, em editorial. Toda a articulação, aliás, parecia feita sob medida para não provocar maiores arranhões na imagem de Castello. Mas tão exageradamente sob medida que acabou dando na vista.

Aproveitou-se uma viagem do presidente a Fortaleza, em 19 de março, dia de São José, padroeiro dos cearenses, para que um parágrafo adicional sobre a prorrogação fosse incluído no "Emendão" remetido ao Congresso. Castello, ao lado do editor José Olympio, convidado de honra da comitiva presidencial, revia os cenários de infância enquanto, no Rio de Janeiro, na biblioteca particular de Afonso Arinos, redigia-se o texto final da subemenda da prorrogação, a ser assinada pelo senador udenista João Agripino. Uma única frase fora suficiente: "Os mandatos dos atuais presidente e vice-presidente da República estender-se-ão até 15 de março de 1967".

304

"Uma parte do Congresso que votou no presidente Castello Branco por medo dos tanques agora pretende prorrogar-lhe o mandato por medo do povo!", afirmou, sempre corrosivo, Carlos Lacerda.

"É deplorável que o marechal diga que não quer e seus confidentes o apresentem como querendo. Isso não é sério, é o ato mais impopular que se poderia praticar contra a Revolução", avaliava telegrama de Lacerda ao senador Auro de Moura Andrade, presidente do Congresso Nacional. "Além de contrariar compromisso expresso do Ato Institucional e a vontade declarada do presidente Castello Branco, a propalada prorrogação constitui um ato de covardia diante do povo que desejou a Revolução e somente beneficia os oportunistas e sinistros aventureiros que novamente se conluiam para roubar do povo a revolução que o libertou", escreveria também o governador da Guanabara, dessa vez a Bilac Pinto.

Na sequência, Lacerda exigia de Bilac que fosse convocada uma reunião da executiva do partido para discutir a prorrogação. A resposta do presidente udenista viria igualmente dura: "Cumpre-nos ponderar-lhe que os processos dialéticos destrutivos que costuma empregar contra os adversários não devem ser adotados contra nossos próprios companheiros", escreveu Bilac. "Ninguém, nem mesmo Vossa Excelência, com seu fulgurante talento, será capaz de liderar nosso partido e captar apoio mediante táticas terroristas."

A entourage palaciana não se acanhava mais em pregar, pelos microfones e câmeras de tevê, o adiamento das eleições. No dia 14 de julho, em Belo Horizonte, o governador mineiro Magalhães Pinto, sob aplauso de Costa e Silva, afirmou que não havia "clima" para o país ir às urnas. Vinte e quatro horas depois, também em Minas Gerais, Carlos Lacerda daria o troco em longa entrevista às câmeras da TV Itacolomy:

"Dizia-se que as reformas de base eram absolutamente necessárias e que o povo as exigia. Houve uma revolução e agora, em vez de reformas de base, exige-se que o povo não vote, como condição da democracia. Alguém entendeu alguma coisa? Eu confesso que não entendi nada e não sou tolo nem amador nesta matéria", protestou.

Sem tomar fôlego, prosseguiria:

"Obriga-se um homem honrado e digno, como é o presidente Castello Branco, a ser um perjuro. Este homem assumiu o poder dizendo: 'Entregarei o governo no dia 31 de janeiro de 1966 a quem for eleito no dia 3 de outubro de 1965'. Um Ato Institucional foi promulgado, com base nessa data, nesse compromisso, nessa eleição, nessa posse. E agora, de repente, se diz: 'não, isto não valeu, a palavra de um general do Exército não conta para nada, esse homem se enganou ou foi leviano ou nem sabia o que estava dizendo'."

Às vésperas da votação da emenda constitucional, um repórter que cobria o Palácio do Planalto interpelou o general Olympio Mourão Filho, que acabara de sair do gabinete de Castello:

"General, o senhor veio tratar da prorrogação do mandato do presidente?"

"Meu filho, em matéria de lei, sou uma vaca fardada."

O repórter, o veterano Ronan Soares, apelou para o contínuo do Palácio, que saíra do gabinete junto com Mourão:

"Você ouviu o que o general disse?"

"Não ouvi nada. Sou um boi à paisana", afirmou o contínuo.

Um dia após a entrevista de Lacerda em Belo Horizonte, o Congresso Nacional se reuniu em sessão noturna para votar, em primeiro turno, a emenda da prorrogação. Os expurgos, como sempre, prometiam aprovação tranquila, em particular no Senado, favorável à subemenda. Na Câmara, seriam necessários 205 votos a favor, o equivalente à maioria absoluta da casa. Tão logo pressentiram que não havia o número suficiente de deputados em plenário, os prosélitos da prorrogação desencadearam uma operação de guerra.

Enquanto a votação era protelada, por meio de longos discursos e questões de ordem, telefonemas eram disparados no meio da noite, em busca dos deputados faltosos. Já passava de uma hora da madrugada quando a votação teve início. Muitos parlamentares haviam sido tirados da cama e convocados pelas lideranças a comparecer ao plenário. Muitos, com cara de sono, chegaram quando a chamada nominal já havia iniciado.

No Senado, a subemenda passou com folgas. Foram 43 votos a favor e seis contra. Na Câmara, quando faltavam vinte minutos para as cinco da manhã, foi chamado o último deputado. Resultado: 204 votaram pela prorrogação e 94 em contrário. A subemenda estava derrotada por um único voto. A oposição comemorou com palmas, gritos e palavras de ordem. Inconformado, o senador Daniel Krieger tomou o microfone e argumentou que, por causa dos expurgos, a Câmara se achava desfalcada de quatro parlamentares e, assim, 204 votos já constituíam a maioria absoluta.

Foi um escarcéu. O tumulto tomou conta do plenário. Na confusão, o deputado Luiz Bronzeado pediu a palavra e disse que seu voto havia sido computado errado. Dissera "sim" e fora registrado "não". Diante das vaias e dos protestos da oposição, o presidente do Congresso, Moura Andrade, declarou então que a subemenda da prorrogação estava aprovada por exatos 205 votos a favor.

"Isso é uma imoralidade!", gritavam os lacerdistas.

No dia seguinte, os jornais publicaram uma nota oficial assinada por Carlos Lacerda. "Para chegar aos 205 votos foi preciso demorar durante a votação, acordar pessoas em casa, trazê-las quase debaixo de vara para votar. Nunca, em nenhuma das mais tumultuadas Câmaras de Vereadores do Brasil, se assistiu a tão vergonhoso espetáculo como o desta madrugada em Brasília", dizia a nota.

"Tenho a certeza de que ninguém estará mais humilhado nesse país, mais envergonhado da conduta do Congresso, do que o presidente Castello Branco, ao saber em que condições o Congresso, nessa madrugada, votou a prorrogação do seu mandato, caçando deputados na Casa ou nos corredores para tangê-los como gado para dentro do curral em que se transformou a Câmara dos Deputados."

Para tentar aplacar a fúria de Carlos Lacerda antes da votação do segundo turno da reforma eleitoral, o governo atacou em duas frentes. A primeira, articulada pelo próprio Castello, consistiu em novos convites para almoços no Alvorada. Enquanto o presidente tentava aplacar os humores de Lacerda, dedicando a ele doses parcimoniosas de intimidade e peixe frito, os auxiliares palacianos iam mais longe. Segundo revelaria mais tarde Luís Viana Filho, chefe da Casa Civil, a outra frente de ações para arrefecer o arrojo de Carlos Lacerda se deu por meio de uma série de encontros entre o governador e alguns dos militares mais fiéis a Castello. Realizadas na casa do deputado Armando Falcão, tais reuniões variavam em torno de um assunto central: a possível oferta do Ministério da Educação para Carlos Lacerda.

O governador sentiu-se tentado. Tanto que, no dia 22 de julho, data em que a subemenda da prorrogação foi de novo à votação no Congresso, o jornalista Carlos Castello Branco escreveu: "As conversas do governador Carlos Lacerda com o general Ernesto Geisel e o coronel Meira Matos parecem ter conduzido o governador a uma atitude discreta em relação à votação em segundo turno da emenda prorrogacionista, ao mesmo tempo em que se identificaram pontos de vista comuns em relação à necessidade de consolidar o movimento revolucionário e dinamizar certas áreas do governo ainda não atingidas pelo que se chama de espírito da Revolução".

O mesmo Carlos Castello Branco, reproduzindo o que ouvira das "melhores fontes de Brasília", revelaria deliciosos detalhes de diálogos travados entre o presidente e o governador, em um dos tantos almoços no Alvorada. Conduzindo a conversa de modo hábil, evitando falar em ministério ou recusando-se a confirmar qualquer decisão nesse sentido, Castello tentava parecer amistoso ao convidado. Era um colóquio típico entre dois potenciais adversários, em estado de alerta, estudando um ao outro, tentando adivinhar, mutuamente, as verdadeiras intenções por trás das palavras que deixavam escapar:

"Dr. Lacerda, o que, afinal, o senhor espera do meu governo?"

"Espero, marechal, que o senhor faça um governo semelhante ao de Venceslau Brás."

Castello não resistiu à tentação do chiste. Lembrou que, à época do presidente Venceslau, ninguém menos do que Maurício de Lacerda, deputado oposicionista e pai do governador da Guanabara, dissera que o país estava entregue a um "governo de bananas".

"Foi nesse tempo também, governador, que seu pai introduziu no vocabulário político do país o verbo 'avacalhar' e o adjetivo 'avacalhado'", observou Castello.

"Não é isso, presidente. O que quero dizer é que seu governo deve ser de transição", emendou Lacerda.

Ao final do almoço, Castello revelou-lhe uma correspondência que havia enviado ao senador Daniel Krieger, datada do dia 13 de julho, antevéspera da batalha no plenário do Congresso Nacional. A carta continha uma série de declarações taxativas do presidente contra a prorrogação. "Sou contra a prorrogação do mandato do atual presidente da República por entender que não ajuda o aperfeiçoamento das instituições políticas brasileiras e, ao mesmo tempo, pelo resguardo pessoal que devo ter em relação ao assunto", dizia certo trecho da carta escrita por Castello.

E continuava: "A vocação do continuísmo é um fator de perturbação política. Vejo também o fundamento que tanto robustece a autoridade do presidente, qual seja o de um mandato que, além da força legal, deva ter também a legitimidade da origem ou de condições políticas já consagradas. Creio que esse aspecto é muito discutível na prorrogação sugerida". Pelos jornais, Lacerda cobrou expli-

308

cações de Krieger pelo fato de o senador não ter dado conhecimento da carta antes da subemenda ter sido votada pelo Congresso. Mas, a essa altura, era tarde demais.

O segundo turno da votação foi um passeio: 294 deputados votaram a favor e apenas 39 votaram contra. Castello ganhava assim, com sobras, mais um ano de governo. O outro ponto mais polêmico da reforma eleitoral, o voto dos analfabetos, que havia sido aprovado em primeiro turno, caiu na segunda votação. Na verdade, tal questão tinha sido apenas um recurso tático, usado pelo governo para atrair a boa vontade de setores do PTB para a reforma eleitoral. A medida, que não fora levada a sério pela própria base aliada, tornara-se peso morto após a certeza de que a prorrogação seria aprovada.

No dia 24 de julho, o presidente Castello Branco falou para todo o país, em cadeia nacional de rádio, pelo microfone da *Voz do Brasil*:

"Pessoal e politicamente, preferiria terminar o meu mandato a 31 de janeiro de 1966. Aqueles que lideraram e apoiaram a prorrogação parecem desejar que o governo, com o acréscimo do mandato, tenha mais tempo para reajustar a administração, consolidar a fundo a ordem jurídica, corrigir o mais possível a inflação, restabelecer as condições da melhor marcha do desenvolvimento, terminar a proposição de reformas, dando a tudo uma fase mais ampla de início de aplicação", discursou Castello, dizendo que se rendia a um "fato consumado": "Procuro discernir o que me cumpre fazer. Não quero desertar do destino da Revolução. Decido pelo acatamento à deliberação do Congresso Nacional".

Segundo Luís Viana Filho, cujas obrigações de praxe incluíam a de polir os discursos do presidente, suprimira-se um parágrafo do discurso original, por sugestão do general Ernesto Geisel. O trecho cortado, de acordo com Viana, seria o seguinte: "Identifico todos os acusadores. São quase os mesmos que, de 1930 para cá, têm ido aos bivaques dos granadeiros como alvoroçadas vivandeiras provocar extravagâncias do poder militar".

A linguagem até podia parecer cifrada aos que não tinham intimidade com os jargões da caserna. Mas a mensagem era mais do que certeira. Bivaques, vale dizer, são os estacionamentos das tropas durante uma campanha militar. Granadeiros, os combatentes que seguem à frente dos regimentos. E, por fim, vivandeiras, as mulheres que acompanham de perto a marcha das tropas, para obter e conceder certo tipo de favores aos soldados.

Geisel achou que qualquer referência a alguma "vivandeira alvoroçada" podia ser interpretada como alusão a Carlos Lacerda. Castello convenceu-se de que o corte, apesar de doloroso para ele, era justificado pela prudência. Mesmo assim, julgou a frase tão boa que a incluiu em uma palestra que concedeu em agosto, falando apenas aos pares, no auditório da ECEME.

A essa altura, Castello Branco já tinha conhecimento de outra carta enviada por Lacerda a Bilac Pinto, na véspera da votação do segundo turno da emenda da prorrogação. "Confesso a minha impaciência, mais do que a minha revolta. Estou farto, meu caro amigo, e um pouco cansado de ver antes, dando a impressão de ver demais", escrevera o governador da Guanabara ao presidente da UDN. Aquela seria uma mensagem profética: "Bilac, numa palavra: votada a prorrogação, não haverá eleição nem em 66 nem tão cedo".

Na mesma carta, Lacerda, que findou não ganhando ministério algum, arriscou ainda mais uma das certeiras predições: "Votando a prorrogação, o Congresso está votando pela ditadura militar que fatalmente se estabelecerá no país, faltando apenas saber quem será o ditador. Pois, certamente, não será o marechal Castello Branco".

Quatro dias depois da aprovação da emenda constitucional, na tarde de 26 de julho, o general Arthur da Costa e Silva era homenageado pela Câmara de Vereadores de Goiânia, agraciado com o título de cidadão goianiense. À noite, um banquete de quinhentos talheres foi oferecido naquela cidade ao ministro da Guerra, que apesar do horário compareceu com os característicos óculos escuros. Na ocasião, o deputado Alfredo Nasser tomou a palavra e argumentou que o sucessor de Castello também deveria ser um general, pois a "Revolução" precisava de mais tempo para se consolidar. E, entre brindes e aplausos de todos os comensais, lançou o nome de Costa e Silva a presidente da República.

A Medusa decepada

"Diga a esse menino que o Exército não tortura."

O recado de Castello foi passado pelo cunhado, Hélio Vianna, ao jornalista Márcio Moreira Alves, a propósito de uma série de matérias estampadas com destaque nas páginas do *Correio da Manhã*. As reportagens, a maioria escrita por Moreira Alves, expunham a face mais hedionda do regime implantado após o movimento de 1º de abril: a violência física e psicológica infligida aos presos políticos nos cárceres de todo o país. Os casos descritos eram aterradores. Como o do sargento Manuel Alves de Oliveira, suspeito de "subversão", encontrado morto no Hospital Militar de Triagem, no Rio de Janeiro, após ser preso e espancado por soldados do Exército.

As denúncias de tortura terrificavam o país no momento em que Castello recebia do Congresso Nacional o beneplácito para mais um ano de poder. Uma das primeiras notícias veiculadas sobre o assunto revelou, em 14 de julho, os maus-tratos sofridos por mais de cinquenta presos políticos, mantidos incomunicáveis, famintos e maltrapilhos, a bordo do navio *Raul Soares*, fundeado no porto de Santos e transformado em presídio-flutuante. Destes, apenas dezenove tinham prisão preventiva decretada.

Logo se seguiriam as denúncias feitas por parentes e amigos de encarcerados nas dependências da Divisão de Polícia Política e Social (DPPS), na Guanabara. Uma das técnicas mais comuns utilizadas pelos torturadores era o chamado "pau de arara", no qual a vítima era amarrada e suspensa no ar, pela parte interna dos joelhos e cotovelos, em uma barra de ferro roliça. De cabeça para baixo, era então submetida a pancadas e choques elétricos nos órgãos genitais e no ânus. Entre agosto e setembro de 1964, o tema renderia manchetes frequentes: "Presos confirmam torturas", "Cinco casos de tortura já comprovados no Recife", "Sargento morreu jogado do 7º andar", "Denunciadas torturas na Bahia".

Na crônica de 2 de junho, Carlos Heitor Cony já publicara dramática carta de Dilma Aragão, uma das filhas do almirante Aragão, militar que permanecera fiel a Jango até o último momento: "Após 58 dias de incontida saudade e profunda tristeza, consegui avistar-me com meu pai", dizia a mensagem. "Vale lembrar que meu pai é um vice-almirante que perdeu a batalha. Encontrei-o relegado a uma condição tão deprimente que só um verme cheio de peçonha mereceria ter", prosseguia. "Senhores que mandam no momento em minha terra, peço-lhes de joelhos, não clemência, mas justiça! [...] O espectro de homem que vi chora e ri desordenadamente e não consegue articular duas frases sequer, no mesmo assunto. O desespero me faz pedir, por esmola, que cobrem o crime político de um ser humano, mas na condição de seres humanos."

Ao lado da tortura física e psicológica, a repressão fechava o cerco também contra artistas e intelectuais. No dia 18 de setembro, o *Correio da Manhã* noticiava que os escritores Dias Gomes, Alex Viany, Geir Campos e Ferreira Gullar, entre outros, tiveram as casas invadidas por oficiais do Exército. "Em todos os casos, levaram consigo cartas pessoais, livros, fotos e originais de livros que estavam sendo elaborados, não deixando de remexer e espalhar a papelada das gavetas e não permitindo que os seus habitantes tomassem qualquer nota dos materiais que estavam sendo roubados", informava o jornal. Na sanha de encontrar provas de subversão, os militares encarregados de tais operações chegariam a confiscar, na casa de Ferreira Gullar, livros sobre a arte cubista, julgando que se tratava de material de propaganda ideológica da revolução cubana.

Menos de um mês depois, o mesmo *Correio da Manhã* publicaria o fac-símile de um documento elaborado por três professores da USP — Moacir Amaral Santos, Jerônimo Geraldo de Campos Freire e Teodureto de Arruda Souto —, no qual eram denunciados à reitoria os nomes de colegas de magistério tidos como responsáveis pela "infiltração de ideias marxistas" naquela universidade e que, por esse motivo, deveriam ter os direitos políticos suspensos. Na lista dos mais de trinta acusados, estavam Fernando Henrique Cardoso, Florestan Fernandes, Caio Prado Jr. e Paul Singer.

Sob o título "Tortura e insensibilidade", o editorial do *Correio da Manhã* de 1º de setembro marcaria com um protesto o aniversário de cinco meses do golpe: "Todos os dias, desde o 1º de abril, o público e as autoridades tomam conhecimento, com detalhes cada vez mais precisos e em volume cada vez maior, de atentados contra o corpo e a mente de prisioneiros culpados e inocentes. No entanto, desde o 1º de abril, o silêncio pesa por sobre esses crimes. Não há uma explicação, uma nota, um protesto sobre as denúncias".

Pressionado pela avalanche de matérias na imprensa, Castello pediu explicações ao ministro da Guerra. Como a maior parte das denúncias era proveniente do Nordeste, Costa e Silva limitou-se a solicitar informações ao comandante do IV Exército, Antônio Carlos Muricy. Este, após ouvir os subordinados, declarou que tudo aquilo não passava de uma cambulhada de notícias tendenciosas, desprovidas de qualquer fundamento. Foi esse o comentário sintético que Costa e Silva devolveu a Castello. O presidente, não satisfeito, ordenou que o chefe da Casa Militar, Ernesto Geisel, investigasse a procedência das denúncias de torturas nos porões do regime. Costa e Silva não gostou. Considerou que, naquele instante, tivera a autoridade atropelada:

"Em quem você confia mais, Castello, no seu ministro da Guerra ou nos jornais?"

Apesar da resistência de Costa e Silva, Castello Branco despachou Geisel para visitas de inspeção aos principais focos das denúncias. O chefe da Casa Militar voou então para Recife, Fernando de Noronha — onde se encontrava preso Miguel Arraes —, São Paulo e Rio de Janeiro. Porém, a despeito de todas as evidências em contrário, a missão comandada por Geisel concluiu que não havia nenhuma ocorrência comprovada de tortura, a não ser alguns casos isolados, atribuídos a "excessos" típicos das primeiras horas de qualquer movimento "revolucionário". Ninguém seria punido.

Uma cultura de resistência começava, no entanto, a aflorar na contracorrente da repressão. No Teatro de Arena, no Rio de Janeiro, estrearia por aqueles tempos o show *Opinião*, escrito por Oduvaldo Vianna Filho, Armando Costa e Paulo Pontes, com direção de Augusto Boal. No palco, estava presente a marca da diversidade cultural brasileira. O nordestino João do Vale dividia a cena com o sambista de morro Zé Kéti e a musa da bossa nova, Nara Leão. Nem toda a doçura, típica da voz de Nara, conseguiria disfarçar a indignação contida nos versos do samba que dera nome ao espetáculo:

Podem me prender,
podem me bater,
podem até deixar-me sem comer,
que eu não mudo de opinião.

A referência à tortura era explícita. Castello, admirador de musicais e peças de teatro, passaria longe. Preferiria assistir a concertos de música erudita e às montagens de grandes clássicos da dramaturgia universal. Destes, era assíduo frequentador. Chegava sempre depois de iniciado o espetáculo, quando aproveitava as luzes apagadas para entrar sem chamar a atenção. Mas dispensava os camarotes e preferia assistir a tudo da plateia. Comprava duas cadeiras contíguas, sempre próximas ao corredor. Sentava na da ponta e deixava a outra vazia, para evitar que um possível vizinho do lado o importunasse.

Certa vez, quando assistia a uma montagem de *Os pequenos burgueses*, de Górki, no teatro da Maison de France, foi surpreendido pela atriz Tônia Carrero, que se sentou ao lado dele e o cumprimentou. No intervalo, o presidente pediu que Tônia o levasse até os camarins, para ajudá-lo a fugir do possível assédio do público e, ao mesmo tempo, para que pudesse conhecer os atores. Uma das atrizes, Ítala Nandi, teria aproveitado a ocasião para fazer uma provocação a Castello.

"Presidente, com que personagem da peça o senhor mais se identifica?"

Castello compreendeu a insinuação, riu e safou-se com esta:

"Eu sei que a senhora acha que é com o personagem interpretado por Eugênio Kusnet, aliás um grande ator, que faz o papel do sr. Bessemenov, o velho reacionário. Mas só me sinto parecido com ele na idade. Em meu posto, como eu poderia me identificar com um homem que é contra o progresso?"

O presidente fez uma pausa e acrescentou:

"A senhora que tome o cuidado para não ser identificada com o seu personagem, que é uma mulher muito leviana…"

Além das denúncias de torturas e de perseguições políticas, aquele segundo semestre de 1964 seria marcado também pelas acirradas discussões em torno da política econômica implantada pelo governo federal. Após a vitória da subemenda da prorrogação, com um ano a mais pela frente além do prazo previsto, Castello sentiu-se à vontade para tirar do papel o chamado Programa de Ação Econômica do Governo, o PAEG, projeto de longo fôlego arquitetado pela equipe de Roberto Campos e Octávio Bulhões. "É um plano para matar os pobres de fome e os ricos de raiva", definiria Carlos Lacerda.

O fato é que a suspensão das eleições presidenciais do ano seguinte foi considerada, pelo governo, como uma oportunidade para pôr em prática o PAEG, sem o risco de possíveis interrupções e acidentes de percurso. Tratava-se de uma ambiciosa ideia de planificação total da economia, com cronograma de execução desenhado até 1966. A ideia era a de entregar o país, ao final desse prazo, saneado financeiramente, com o desenvolvimento a pleno vapor e a inflação domada. O programa ainda previa a diminuição dos desníveis entre as regiões brasileiras e entre os diferentes setores da economia, além do estímulo ao mercado interno de bens duráveis, o que combateria o espectro do desemprego.

Amparado em dezenas de gráficos e tabelas, destinados a explicar estatísticas e traçar projeções, o calhamaço em que resultara o PAEG delineava cada passo futuro do governo. A essa época, entre os oposicionistas, tornou-se popular a anedota que contava a história de certa professora que teria pedido ao aluno para conjugar o verbo planejar. "Eu planejo, tu planejas, ele planeja...", respondeu, sem hesitar, o garoto. "Muito bem. E que tempo é esse?", perguntou então a mestra, que em seguida teria ouvido do aluno: "Tempo perdido, professora!".

Os governadores Magalhães Pinto e Carlos Lacerda seriam alguns dos críticos mais ferozes do PAEG. Os dois consideravam que o plano de Roberto Campos representava intervenção indevida do Estado na economia, e chegavam a compará-lo ao rígido planejamento econômico da União Soviética. Lacerda escreveria então duas longas cartas a Castello, tentando mostrar ao presidente a inexequibilidade do programa. "O planejamento econômico global exige, como condição de êxito, o Estado totalitário. Só prospera depois de abolida a livre empresa", escreveria o governador da Guanabara. "Esse programa é a planificação da leviandade", completaria.

Para tentar convencer a classe política e a opinião pública da suposta pertinência de suas teses, Roberto Campos por várias vezes prestaria esclarecimentos sobre o PAEG, tanto no Congresso Nacional quanto em entrevistas na tevê. Lacerda, contudo, não se renderia aos argumentos: "Quando, no planejamento global de um regime totalitário, se promete baixar o custo de vida e ele não baixa, os responsáveis são destituídos e vão para a Sibéria. Aqui, são prestigiados e vão para a televisão", diria o governador da Guanabara nas cartas a Castello.

"Temos no PAEG até a projeção das galinhas que botam ovo", ridicularizaria Lacerda, referindo-se às previsões contidas no documento a respeito da produção de alimentos no país. "Podemos estar tranquilos. A postura acusará uma saudável regularidade. A um saldo de 50 milhões de dúzias de ovos em 1964 correspondem outros 50 milhões em 1965 e os mesmos 50 milhões em 1967. Nesse planejamento, pelo menos as galinhas cumprirão seus compromissos — esperemos." A carta seguia adiante, no mesmo diapasão: "Quanto ao leite, eis o que diz o Programa de Adivinhação Econômica: leite em 1964, oferta e procura equilibradas. Em 1965, também. Se há fila do leite, portanto, não é culpa dos técnicos do Planejamento. Eles deram leite. As vacas é que escondem o delas".

Outras medidas de ordem econômica adotadas por Castello também encontrariam na figura de Lacerda o mais ferrenho opositor. Entre elas, a compra pelo governo das concessionárias estrangeiras de energia elétrica no país. Era uma polêmica antiga, iniciada ainda no governo de João Goulart, que anunciara a encampação federal das companhias que atuavam no setor. Jango negociara com o governo dos Estados Unidos uma indenização de 135 milhões de dólares pela nacionalização da American and Foreign Company, a AMFORP, que detinha o controle de dez empresas elétricas, distribuídas pelo território nacional. Desde aquela época, a transação já havia sido denunciada como uma "negociata" por Lacerda e pelo próprio Leonel Brizola, que acusavam os Estados Unidos de empurrar "ferro-velho" ao Brasil por preço de ouro. Diante de tais denúncias, Jango recuara e o acordo havia gorado.

Com Castello Branco no poder, os Estados Unidos estavam querendo, enfim, decidir a fatura. Assim, o governo norte-americano condicionou um polpudo programa de empréstimos ao Brasil à resolução do caso AMFORP. Castello, em nome da preservação do crédito externo brasileiro, foi obrigado a criar uma comissão interministerial para estudar o assunto e acabou aprovando a controvertida negociação. Assim, as dez empresas de energia foram incorporadas à Elétrobras. Lacerda acusou Roberto Campos de mediar a operação para aparecer bem diante dos "patrões" norte-americanos.

Como contrapartida, porém, o governo brasileiro obteve o compromisso de que a AMFORP investiria no país, sob forma de empréstimos à mesma Eletrobras, uma bolada de recursos quase idêntica ao valor da transação. Seguir-se-iam a isso mais dois empréstimos, um do Tesouro americano e outro do Banco Internacional de Reconstrução e Desenvolvimento (BIRD), no total de 70 milhões de dólares, para a necessária expansão do setor elétrico no país. Porém, a elevação das contas mensais de energia pagas pelo cidadão comum — medida usada pelo governo para adequar as tarifas públicas a patamares mais realistas à nova situação — seria um alvo fácil para a oposição. Em especial porque a majoração das tarifas veio acompanhada da entrada em vigor de uma complicada fórmula de reajuste salarial, que fulminaria o poder de compra dos trabalhadores.

A hermética fórmula posta em prática pela equipe econômica utilizava, entre as variáveis para o cálculo dos reajustes anuais dos salários, uma relação entre a média do que fora recebido pelo trabalhador nos dois anos anteriores, os ganhos de produtividade e a expectativa de inflação futura. Como os índices inflacionários previstos pelo governo ficavam sempre aquém do real, os salários iam encolhendo. A diluição do 13º salário em duas parcelas, pagas a partir de então no final de cada semestre, também foi uma maneira encontrada pelo governo para conter o consumo e tentar barrar a inflação.

Foi nessa época que os brasileiros passaram a conviver com termos econômicos, até então desconhecidos, no dia a dia. Expressões como "correção monetária" e "Obrigações Reajustáveis do Tesouro Nacional", as ORTN, foram incluídas no vocabulário da classe média, parcela da população mais atingida pelas medidas produzidas pelo laboratório econômico de Roberto Campos.

Enquanto exigia que a população apertasse o cinto e, assim, fornecia munição para os adversários internos, a política econômica de Castello passou a ter, em contrapartida, o aval externo de Washington e, também, do mercado financeiro mundial. Em um primeiro momento, o Fundo Monetário Internacional, adepto de "tratamentos de choque", chegara a considerar o receituário de Roberto Campos pouco rigoroso. Mas logo os observadores do FMI se convenceriam dos resultados do "tratamento gradualista" posto em prática pelo governo brasileiro. Com o sinal verde do Fundo, o país obteria a rolagem da dívida com os credores externos e a consequente obtenção de novos empréstimos estrangeiros. Aplainava-se assim o terreno para o chamado "milagre brasileiro" dos governos militares seguintes, surto de desenvolvimento baseado em uma política de endividamento crescente.

Polêmica não menos ruidosa do que a compra da AMFORP seria provocada pela decisão de Castello de, numa canetada, decretar a quebra do monopólio estatal da exploração de minérios no país. Com isso, empresas privadas, inclusive estrangeiras, passavam a ter o direito de se dedicar à extração de jazidas em subsolo brasileiro. O objetivo do governo tinha nome e sobrenome certos. A norte-americana Hanna Mining Company lidava com antiga pendenga judicial que, após inflamada campanha da imprensa nacionalista, determinara a desapropriação de suas jazidas de ferro no Brasil. O decreto de Castello vinha sob encomenda para a resolução do impasse, permitindo à Hanna continuar operando no país. "Em uma palavra, um grupo estrangeiro se apropriou das riquezas minerais brasileiras e de Minas Gerais, sem nada pagar", reclamaria o governador Magalhães Pinto em carta a Castello.

Castello retrucaria, também por escrito: "Parece-me, senhor governador, que o meio certo pelo qual o povo mineiro obterá o nível industrial pelo qual tão legitimamente anseia e que, pela informação que tenho, vem valentemente perseguindo, é precisamente o de abrir à livre iniciativa a exploração intensiva e extensiva de suas receitas potenciais para sua receita financiar as indústrias de transformação". Tratado pela *Tribuna da Imprensa* como o "escândalo do século", o caso Hanna colocaria mais uma vez Lacerda em contraposição a Castello.

Isso porque a Hanna passou a pleitear a construção de um porto privado na baía de Sepetiba, no Rio de Janeiro, para escoar a produção para o exterior. Lacerda, que defendia que os embarques deveriam ser monitorados por um único porto, controlado pelo governo da Guanabara, lançou suspeitas sobre supostos interesses escusos de dois ministros envolvidos na questão: Roberto Campos, do Planejamento, e Mauro Thibau, das Minas e Energia. O primeiro, em 1960, havia trabalhado na Consultec, empresa que prestara assessoria à Hanna. O segundo, no mesmo ano, havia sido contratado pela empresa para avaliar possíveis negócios com o governo brasileiro. "Não fizemos a Revolução para o sr. Roberto Campos entregar a indústria nacional a grupos estrangeiros", diria Lacerda à imprensa.

Castello resolveu responder a Lacerda por carta, dizendo que a acusação contra dois ministros atingia a honra do presidente da República. "Expresso meu profundo pesar por perder o concurso de um dos mais autênticos e históricos revolucionários, e, ao mesmo tempo, ganhar um adversário." A ruptura entre os dois parecia, portanto, definitiva. Mas a intermediação do jornalista Júlio de Mesquita Filho, diretor do jornal *O Estado de S. Paulo*, preservou as relações entre o governador da Guanabara e o presidente da República. O próprio Mesquita, após uma conversa de três horas a portas fechadas com Lacerda, levou uma carta deste a Castello, na qual afirmava que divergências pontuais não caracterizavam quebra de confiança. "Não rompi com ninguém", diria então Lacerda aos jornalistas.

Contudo, durante todo aquele semestre, a relação entre Castello Branco e Carlos Lacerda permaneceria crítica. Em outubro, às vésperas da convenção nacional da UDN, o presidente resolveu repetir a tática de acenar com um possível cargo para Lacerda no governo. Dessa vez, para a manobra não cair no vazio, o próprio Castello faria o convite. Antes, Bilac Pinto, presidente do partido, fora encarregado de sondar o espírito do governador a respeito do assunto:

"Não diga nada a ninguém, porque o Castello não quer que ninguém ainda saiba, mas ele tem um convite para lhe fazer. Só quero que você esteja preparado para um convite muito sério", confidenciou-lhe Bilac.

Poucos dias depois, Lacerda voltou a ser procurado por um emissário do Planalto. Dessa vez, o deputado Armando Falcão:

"Não comente nada, nem em casa, porque o presidente faz questão de conservar o mais rigoroso sigilo. Ele quer surpreendê-lo com a notícia, mas a mim ele já contou que vai convidá-lo para a chefia da delegação brasileira na ONU."

Após saber que a comissão de frente desempenhara seu papel e não ouvira qualquer objeção à proposta, Castello ligou para Lacerda. Convidou-o para uma visita ao Palácio. "Ele me recebeu numa sala lá em cima, numa mesa de mármore, ele sentado na cabeceira e eu do lado, o telefone entre nós dois", recordaria o governador. Após algum circunlóquio, o presidente lhe sugeriu que ninguém no país poderia representar melhor os brasileiros na Assembleia Geral da ONU do que o próprio Lacerda.

Numa evidente tentativa de amolecer o vaidoso interlocutor, Castello derramou-lhe alguns elogios. Teceu loas sobre a eloquência, sofisticação intelectual e espírito público. Era mesmo, enfim, o nome ideal para a função. Só restava um problema: a data coincidia com a convenção da UDN, na qual o governador esperava ser confirmado como candidato oficial do partido às eleições presidenciais, remarcadas para 1966.

Lacerda entendeu a manobra. Queriam tirar-lhe do país no momento da convenção udenista, para mais uma vez inviabilizar-lhe a candidatura. Sem fugir do figurino, dando prosseguimento ao jogo de cena que ambos representavam, o governador agradeceu o convite, disse que se sentia honrado com ele, mas não abria mão de participar da convenção partidária.

Disse mais: havia se informado com o ministro das Relações Exteriores, Vasco Leitão da Cunha, e pelos seus cálculos haveria tempo suficiente para participar da convenção e, em seguida, viajar para a abertura da Assembleia Geral da ONU. Caso o presidente tivesse alguma dúvida, ligasse para o próprio Leitão da Cunha, argumentou o governador. O telefone, apontou, estava ali do lado. Constrangido, Castello tomou do aparelho e ouviu o ministro lhe explicar que o evento nas Nações Unidas havia sido adiado, por discordâncias entre os governos dos Estados Unidos e da União Soviética sobre questões ainda ligadas à Guerra da Coreia.

"Vou ser franco com o senhor. Quero mandar para a ONU uma grande voz do Brasil; não quero mandar o candidato de uma facção", observou Castello.

"Bom, presidente, eu vou para a convenção da UDN, o senhor fique à vontade para tomar sua decisão", despediu-se Lacerda.

Poucos dias depois, o governador da Guanabara receberia carta em papel timbrado da presidência da República. O presidente reiterava o convite, mas mantinha o ponto de vista de que o representante brasileiro na ONU não poderia ser o candidato de um partido. Como Lacerda havia lhe deixado à vontade, caso entendesse, para voltar atrás, Castello informava que o convite ficava sem validade. No dia 8 de novembro, a convenção da UDN indicava Carlos Lacerda como candidato às próximas eleições presidenciais.

"O povo não pode morrer de fome para salvar a moeda", era a frase, pinçada do discurso de Lacerda, que os jornais estampariam na manhã do dia seguinte.

Quando o general Charles de Gaulle abriu os braços para cumprimentar Castello, foi impossível não reparar na enorme diferença física entre os dois. O contraste chegava a ser cômico. Os quase dois metros de altura do presidente francês dobraram-se ao meio para saudar os meros 1,67 m do pequenino colega brasileiro. Era a primeira vez, desde o golpe de abril, que um chefe de Estado estrangeiro pisava em território nacional. A visita, porém, seria um solene malogro.

De Gaulle, que fazia um tour pela América do Sul, viera com o objetivo de propor aos países latinos uma espécie de "terceira via" à polarização internacional exercitada pelas duas grandes potências, Estados Unidos e União Soviética. Castello estendeu-lhe o tapete vermelho e fez todos os rapapés oficiais de praxe. Até mudou-se para um apartamento funcional em Brasília para que o visitante se acomodasse no Alvorada. Na passagem de De Gaulle pelo Rio de Janeiro,

Castello, após assumir a presidência, troca a farda pelo paletó, tentando conferir ares civis ao regime.

Ao lado, em pronunciamento à nação, por meio do programa *A Voz do Brasil*. Abaixo, conduzindo reunião do ministério, ladeado por Ernesto Geisel, chefe da Casa Militar, e Luís Viana Filho, chefe da Casa Civil.

As universidades, centros de resistência ao governo de Castello Branco, foram alvo de ações repressivas. Acima, ocupação policial da Universidade de Brasília (UnB), em 11 de outubro 1965. Abaixo, a invasão das tropas à Faculdade Nacional de Medicina (atual UFRJ), em 23 de setembro de 1966.

O ditador em solenidade militar (acima) e a bordo do porta-aviões *Minas Gerais* (ao lado), sorrindo para disfarçar a crise instalada entre a Marinha e a Aeronáutica, que resultaria na exoneração de dois ministros militares.

Um dos principais apoiadores do golpe, Carlos Lacerda cumprimenta Castello, em 1964, antes de se tornar um dos principais adversários do governo.

Juscelino Kubitschek, que havia votado em Castello na eleição presidencial indireta, chega para depor no Inquérito Policial Militar, depois de ter os direitos políticos cassados.

Duas charges de Appe sobre a cassação dos direitos políticos de adversários do regime.

A corrosão dos salários dos trabalhadores também foi alvo das charges políticas contra Castello.

Acima, Castello passa a tropa em revista; ao lado, em visita ao Maranhão, na companhia de José Sarney, então governador do estado.

O escritor Antonio Callado, um dos "Oito da Glória", grupo de intelectuais que vaiou Castello na abertura da reunião da Organização dos Estados Americanos (OEA), no Rio de Janeiro.

Castello em jantar com Gilberto Amado, Juracy Magalhães, Austregésilo de Athayde, Macedo Soares e Negrão de Lima, entre outros.

Devido à pequena estatura de Castello, os fotógrafos oficiais do Palácio eram orientados a retratá-lo em ângulo mais favorável, de baixo para cima; contudo, em certas ocasiões, como na visita do presidente francês Charles de Gaulle, o artifício não pôde ser posto em prática.

O alto-comando militar segue Castello: dois deles irão sucedê-lo na presidência, Costa e Silva e Ernesto Geisel, respectivamente o terceiro e o quinto na fila que desce a escadaria.

Castello amarra fita em mastro da bandeira brasileira, durante solenidade militar.

Passeata estudantil contra o acordo entre o Ministério da Educação e a United States Agency of International Development, que incluía o fim gradativo do ensino gratuito.

O chefe da Casa Militar, Ernesto Geisel, acompanhado de Castello, em carro presidencial e em solenidade de gala, ostentando medalhas e condecorações.

Ao lado, Costa e Silva, líder da chamada "linha dura", acompanha Castello em viagem aérea; abaixo, a charge de Fortuna ironiza a antecipação da candidatura do general à sucessão, contra a vontade do próprio presidente.

Provérbio do Dia: Não deixe para o ano que vem o que pode fazer neste.

Na descida da rampa do Palácio do Planalto (acima) e na rua Nascimento Silva, poucos dias após deixar a presidência.

No saguão de embarque do aeroporto do Galeão, no Rio de Janeiro, antes de tomar o voo que o levaria para a terra natal, o Ceará.

O avião Piper Aztec, prefixo PP-ERR, no qual Castello embarcara em Quixadá, após cair nas imediações de Fortaleza.

franqueou-lhe também as dependências do Palácio Laranjeiras e foi se instalar numa suíte do Copacabana Palace. Mas, diante do alinhamento irrestrito do Brasil com os Estados Unidos, não podia dar ouvidos a tal proposta. Dos encontros entre os dois, restou apenas um vasto anedotário, cultivado pelo próprio presidente brasileiro.

Pelo menos duas histórias eram repetidas por Castello à exaustão aos interlocutores mais próximos. Ambas narradas com aquele tom de seriedade que antecedia suas mais inspiradas pilhérias. A primeira historieta reproduzia um suposto diálogo entre os dois chefes de Estado. A certa altura, De Gaulle teria dito que sempre nutrira certa curiosidade política por conhecer os ditadores latino-americanos, tendo já várias vezes se interrogado por qual motivo eles seriam tão numerosos ao longo da história do continente. Castello olhou-o de alto a baixo e disparou:

"Senhor presidente, um ditador sul-americano é um homem, não necessariamente um militar como nós dois, que acha extremamente agradável agarrar o poder e extremamente desagradável deixá-lo. Eu largarei o poder a 15 de março de 1967. E o senhor, que planos tem para isso?", teria devolvido Castello, com idêntico veneno.

A outra história, que se espalhou pelos corredores de Brasília, dizia respeito a uma hilária troca de presentes entre Castello Branco e De Gaulle. O primeiro, para mostrar a "pujança da indústria brasileira", oferecera ao visitante um Volkswagen de fabricação nacional. O presidente francês, todavia, com seu corpanzil, tivera dificuldades para entrar no pequeno carrinho, na hora de posar para o fotógrafo oficial do governo. Como desforra, ao constatar que o presidente brasileiro era alvo de chacotas por não ter pescoço, De Gaulle teria deixado de lembrança a Castello um bonito, mas para ele inútil, cachecol.

As duas histórias viraram piada de rua. Naquele ano, a passagem-relâmpago pelo país de outro nome da política internacional também não escaparia incólume aos gracejos de Castello. Em 2 de dezembro, um avião da Iberia Airlines aterrissou de surpresa no aeroporto do Galeão, no Rio de Janeiro. A bordo, viajava Juan Domingo Perón, presidente deposto da Argentina, que partira do exílio em Madri para tentar, a partir do Brasil, uma volta a Buenos Aires. A Casa Rosada, sede do governo da Argentina, solicitou ao Itamaraty para que bloqueasse, a qualquer preço, a sequência daquela "insolente" viagem. Castello atendeu ao pedido transmitido pela embaixada do país vizinho e ordenou que a comitiva de Perón fosse mandada de volta para território espanhol. Como sinal de protesto, em Buenos Aires, os peronistas queimaram retratos de Castello em praça pública.

"Tomara que tenha sido um retrato meu, muito feio, que anda sendo publicado por aí na imprensa", disse Castello, ao ser indagado a respeito pelos jornalistas.

Castello tentava mostrar que mantinha o humor ferino em forma, mas uma úlcera passara a lhe roer as entranhas. No Palácio, o presidente se submetia a pesado tratamento médico, enquanto explodiam protestos de estudantes contra o governo. Em novembro, Castello assinou a Lei 4464, que controlava as eleições no movimento estudantil e impedia as entidades de se envolverem com assuntos de política. Conhecida como Lei Suplicy, em referência ao ministro da Educação, Flávio Suplicy de Lacerda, as novas regras gerariam mais protestos. Estudantes sairiam em passeata amordaçados, reivindicando o direito à livre manifestação.

Ao mesmo tempo, as denúncias de tortura recrudesciam. De Goiás, chegavam impressionantes relatos de violência. Os acusados de subversão, chamados a depor nos Inquéritos Policiais Militares instaurados naquele estado, eram postos por vários dias em regime de incomunicabilidade. Quando enfim eram libertados, muitos apresentavam o corpo coberto por hematomas e ferimentos. A lista de horrores, como sempre, era extensa e variada. Incluía pancadas no estômago, esmagamento de órgãos genitais, choques elétricos, afogamentos, queimaduras de pontas de cigarro, injeções no ouvido e unhas arrancadas.

Uma longa e detalhada carta, datada de 11 de outubro e escrita por uma das vítimas, o médico e professor Simão Kossobudski, chegou a ser remetida ao gabinete do presidente da República. O médico narrou a via-crúcis a que foi submetido nas dependências do 10º Batalhão de Caçadores, comandado pelo tenente-coronel Danilo Darcy da Cunha, militar linha-dura, encarregado de coordenar os IPMS em Goiás. Referindo-se a Castello como "Digníssimo presidente", Kossobudski, descendente de poloneses radicados no Brasil, contou toda a sua história.

"Fui detido, algemado e em seguida jogado dentro do compartimento da caixa-d'água, algemado num poste de ferro, junto a um grande motor diesel. [...] Iria ficar junto do motor dois dias", descreveria. O funcionamento do tal motor lançava gás carbônico e elevava a temperatura do cubículo, produzindo ainda um ruído ensurdecedor. Durante o interrogatório que se seguiu, os militares disseram a Kossobudski que a esposa e o filho também se encontravam detidos e, caso ele não resolvesse colaborar, os dois seriam os que mais sofreriam as consequências. "Me puseram um saco na cabeça, dando socos e murros no meu abdome e costas", narrou na carta a Castello.

Após mais alguns dias de agressões, os militares simularam o fuzilamento do médico. "Durante mais de meia hora sob ameaça de dois parabéluns militares (Colt .45) encostados na minha cabeça, começou a coação armada. Eu deveria correr e eles então me matariam; outro sargento estava com ordens para atestar o meu suicídio", escreveu. A carta terminaria com um pedido quase patético: "Querido e Exmo. sr. presidente e marechal: tudo o que lhe peço, com fé nos passos de V. Exa., que me ouça por esta carta e que se faça a justiça".

"Se o senhor confessar tudo, eu lhe solto e lhe devolvo o emprego. O nosso objetivo é o Mauro", teria ouvido o advogado João Batista Zacariotti, cuja esposa registraria em cartório a narrativa das torturas por ele sofridas no mesmo 10º Batalhão de Caçadores. Zacariotti havia exercido o cargo de subchefe da Casa Civil do governo de Goiás. E Mauro, a quem havia se referido o torturador, era o governador daquele estado, Mauro Borges.

A carta de Kossobudski resultou no afastamento do tenente-coronel Danilo Darcy da Cunha da direção dos IPMS em Goiás. Foi substituído pelo general Riograndino Kruel, chefe da Polícia Federal. Contudo, em vez de apurar as denúncias de tortura, o governo federal fechou ainda mais o cerco contra Borges, que nos primeiros dias do golpe chegara a participar da célebre reunião dos governadores com Costa e Silva. Borges, contudo, sempre fora visto com desconfiança pela linha dura, por causa da posição em 1961, quando apoiara a posse de João Goulart durante a crise desencadeada pela renúncia de Jânio Quadros. Acusado de acobertar comunistas na administração, sobre ele também recaía a suspeita de manter rocambolescas articulações com guerrilheiros cubanos e, até mesmo, com supostos agitadores lituanos.

A principal prova de tais articulações de "subversão internacional" seria o depoimento de um polonês preso em Goiânia, um certo Paulo Gutko, considerado pelos militares um espião comunista e o elo entre o governador e a "Operação Lituânia". Entretanto, a acusação caiu por terra na hora marcada para a apresentação do "espião" pelos militares à imprensa. Após ser submetido a vários dias de tortura, o polonês teve naquele momento um ataque nervoso e, fora de si, lambuzou o corpo inteiro com as próprias fezes. Pacato tradutor e professor de línguas estrangeiras, Gutko sofria havia muito tempo de distúrbios mentais. As pancadas e a pressão psicológica sofridas na prisão haviam agravado ainda mais o quadro clínico.

Castello Branco recebeu duas cartas escritas de próprio punho por Mauro Borges, nas quais tentava mostrar ao presidente os abusos que estavam sendo cometidos em Goiás. Na primeira delas, Borges ainda lembrou-lhe que participara de todas as conversas entre os governadores nos dias seguintes ao golpe: "Assegurada, por graça de Deus, a vitória incruenta da Revolução, parti imediatamente para o Rio de Janeiro, onde tomei parte ativa nas articulações políticas que deram como resultado a eleição de Vossa Excelência".

Na segunda carta, vendo que o caso já descambava para final pouco favorável a si, chamaria a atenção de Castello para as denúncias de tortura no estado. "A população desta capital, à *una voce*, comenta que no presídio, no qual se transformou o quartel do 10º Batalhão de Caçadores, nas vizinhanças de Goiânia, vem sendo praticada violência física contra pessoas detidas para quebrantar-lhes as vontades, para obrigar as vítimas da violência a dizerem aquilo que não sabem, a denunciarem inocentes, a delatarem", escreveu Mauro Borges ao presidente. Seu destino, contudo, já estava definido pelo Ministério da Guerra.

"O ministro Costa e Silva tinha aconselhado ao presidente Castello a fazer a intervenção em Goiás, pois os inquéritos lhe davam substância suficiente para a execução da medida", escreveria em suas lembranças do episódio o general Jayme Portella de Mello, então chefe de gabinete do Ministério da Guerra. "O presidente, porém, relutava em fazer a intervenção", testemunharia Portella.

Em 15 de novembro, noticiou-se um roubo de fuzis e munições, ocorrido durante a madrugada em um depósito do Exército em Anápolis, interior goiano. O fato seria atribuído a uma conspiração coordenada por Mauro Borges. Segundo a versão oficial, o governador goiano pretendia desencadear uma ação armada para permanecer no poder. Foi o suficiente para Castello Branco ordenar o deslocamento de parte do batalhão da própria Guarda Presidencial para Anápolis. Determinou ainda que o general José Nogueira de Paes, comandante da 11ª Região Militar, sediada em Brasília, transferisse a sede do comando para Goiânia, para ficar de absoluta prontidão, no epicentro dos acontecimentos.

Borges, cercado, recorreu ao Supremo Tribunal Federal (STF) com o pedido de um habeas corpus preventivo. O tenente-coronel Danilo Darcy da Cunha, afastado dos ipms, mas ainda à frente do 10º Batalhão de Caçadores, decidiu insur-gir-se contra a possibilidade de o Supremo pronunciar-se a favor do governador e, de imediato, ameaçou colocar a tropa na rua. Foi contido a tempo pelo general Nogueira de Paes, seu superior hierárquico, que lhe deu voz de prisão. O tenente--coronel, porém, recusou-se a aceitá-la. Em vez de mandá-lo para o xadrez, o general esmoreceu e convidou-o a acertar a pendenga em Brasília, no gabinete do chefe da Casa Militar, Ernesto Geisel.

Nesse meio-tempo, após a defesa feita pelo jurista Sobral Pinto, o stf decidiu aprovar, por unanimidade, o pedido de habeas corpus para o governador de Goiás. Com o governo federal temporariamente derrotado, Castello escreveu uma nota à nação, lavrada em tom ponderado, lamentando a deliberação do Supremo.

"Isso aqui está muito fraco, parece água com açúcar", teria avaliado Geisel ao ler o texto original do presidente.

A nota acabou substituída por outra, mais radical. Esta insistia na tese de supostas ligações do governo goiano com "redes de organizações internacionais interessadas na subversão da ordem constitucional e social do Brasil". Para expli-car as constantes denúncias dos jornais às arbitrariedades em Goiás, a nota divul-gada pela assessoria da presidência da República afirmava que a opinião pública estava sendo confundida por meio de uma "inexplicável campanha de publicida-de", financiada por "vultosas quantias de origem desconhecida". O texto encer-rava dizendo que o presidente prometia aos brasileiros cumprir seu dever e erra-dicar aquela "ameaça contra a democracia".

No livro *O golpe em Goiás*, publicado no calor da hora, dali a menos de um ano, o governador Mauro Borges classificaria a nota de "panfletária" e "imprópria de um chefe de Estado". "Para mim, foi uma decepção", escreveu. "O presidente, especialmente no caso de Goiás, perdeu a última oportunidade de afirmar-se como intérprete e catalisador dos sentimentos democráticos que permitiram a unidade das forças nacionais em 31 de março de 1964. Tornou-se prisioneiro de poucos e de si mesmo", avaliaria Borges, para quem a tal nota à nação, assinada por Castello, "parecia surgir, no sistema articulado de pressão, como uma impo-sição da chamada linha dura ao presidente".

A 26 de novembro, Castello determinou a intervenção federal em Goiás. Mais uma vez, para manter as aparências de legalidade, a decisão presidencial foi submetida à aprovação pelo Congresso Nacional. O próprio Costa e Silva cuidou de marcar um encontro com o presidente da Câmara, Ranieri Mazzilli, para recordá-lo de que o parlamento continuava funcionando apenas por uma "concessão do governo revolucionário". Segundo o general Portella de Mello, testemunha da reunião, Costa e Silva dissera a Mazzilli que sob hipótese alguma o governo abriria mão da intervenção: "Ele lembrou-lhe que a Revolução havia preservado o Congresso e queria que ele permanecesse aberto". No Senado, a intervenção foi aprovada por 42 votos a oito. Na Câmara, onde as disputas eram sempre mais acirradas, a vitória foi de 192 votos contra 140.

Assim como Mauro Borges, a imprensa da época atribuiu a intervenção em Goiás a uma vitória da linha dura, que parecia ganhar cada vez mais espaços dentro do governo. Em um artigo publicado no *O Globo* em 15 de dezembro, o poeta Augusto Frederico Schmidt tentava justificar a posição de Castello: "O presidente não quer se chocar com a tempestade, prefere contorná-la". E mais adiante: "Professor de Estado-Maior, dos mais competentes em estratégia, sabe muito bem Castello Branco como deve comportar-se para atingir o seu objetivo. Ele sabe onde se deve conter, onde se deve submeter, onde precisa agir".

Relatórios secretos do SNI, intitulados de "impressões gerais" e "estimativas", informavam a Castello que o governo estava sendo alvo de fogo cruzado. De um lado, a "oposição antirrevolucionária" das tradicionais forças de esquerda; de outro, "a linha dura, os grupos econômicos insatisfeitos e os políticos oportunistas". Datada de 15 de dezembro de 1964, a *Estimativa nº 2* avaliava que o grupo da linha dura, "por mais que dificulte o governo em sua tarefa administrativa e em seus declarados propósitos de normalização total da vida nacional, não tem possibilidades de abalar o governo, podendo, no máximo, criar incidentes que obriguem a maior desgaste da autoridade presidencial".

Contudo, o SNI chegava a considerar que, naquele momento, a linha dura tinha um papel importante a desempenhar, ainda que involuntariamente, a favor do próprio governo. A existência dela serviria para inibir a ação de determinados setores das forças de esquerda. É o que defendia a *Estimativa nº 2*: "A linha dura exerce, por sua simples presença e pelo potencial de ação muito exagerado que a opinião pública sensacionalista lhe empresta, um efeito natural e salutar de contenção sobre grupos menos afoitos da contrarrevolução".

Nas páginas do *Cruzeiro*, David Nasser faria avaliação menos positiva: "A cabeça de Mauro Borges foi oferecida, numa bandeja, à Justiça Militar. Se olharmos bem para ela, veremos que não é a cabeça do Mauro. É a cabeça de Castello Branco", escreveu. "E o presidente não pode fazer o papel de um boneco na presidência, sob pena de todos nós, democratas incuráveis, termos de retificar o conceito que formamos de sua inteligência, de seu patriotismo, de sua coragem e de sua democracia", continuava Nasser, para arrematar: "A cabeça maior que esse governo dentro do governo há de decepar, no último ato, será uma cabeça sem pescoço. E não haverá Medusa mais feia que a cabeça de Castello Branco exibida por um ambicioso general da linha dura".

"ÉS TU, BRASIL"

À sombra da linha dura — 1965

Nos tempos do Febeapá

"Com o aparelho que modestamente apresento a esta Assembleia, humanizamos o processo da morte. O mecanismo se abre automaticamente. A lâmina cai como um raio. A cabeça salta, o sangue jorra; era uma vez um homem."

No meio do palco, debaixo de um facho de luz, o ator Paulo Autran incorporava o papel de Dr. Guillotin, o célebre inventor da guilhotina, um dos símbolos mais cruéis da Revolução Francesa. O tablado logo se iluminava e, ao lado de Autran, aparecia Nara Leão, acompanhada do violão, cantarolando um samba de Noel Rosa:

A verdade meu amor mora num poço,
É Pilatos lá na Bíblia quem nos diz,
E também faleceu por ter pescoço
O infeliz autor da guilhotina de Paris.

A plateia ria à solta. Paulo Autran, ao lado da atriz Tereza Rachel, retomava então o texto, arrancando mais gargalhadas do público:

"Enfim, em épocas difíceis é assim mesmo; só não corre perigo quem não tem pescoço…"

Os militares não gostaram nada da piada. Ameaçaram fechar o teatro e prender os atores. O caso virou notícia até no *New York Times*. O jornal norte-americano informou que o espetáculo *Liberdade, Liberdade*, escrito por Millôr Fernandes e Paulo Rangel, caíra nas graças do público carioca, seguindo o rastro do absoluto sucesso de *Opinião*, que, após dois meses de temporada no Rio, estava sendo exibido para casas cheias em São Paulo.

"Essas produções refletem o amplo sentimento existente entre os jovens intelectuais brasileiros de que o regime do presidente Humberto Castello Branco, com sua forte posição anticomunista, é hostil à liberdade cultural e intolerante quanto a críticas de esquerda no que se refere às condições econômicas e sociais do País", avaliou o periódico nova-iorquino.

O próprio Castello Branco, porém, impediu que o espetáculo fosse retirado de cartaz. Tratou do assunto em carta pessoal a Costa e Silva, datada de 2 de junho de 1965, na qual pedia para que o ministro da Guerra procurasse conter as rédeas da linha dura à frente dos IPMS. "Anuncia-se abertamente que oficiais ligados aos encarregados de inquéritos desejam liquidar com o teatro que leva uma peça *Liberdade*. Tratei imediatamente de informar-me sobre a natureza da representação. O DOPS da Guanabara a examinou e a julgou sem inconveniência para a ordem pública e sem conteúdo subversivo", observou Castello.

O fato é que o governo federal cairia no ridículo caso decidisse pela proibição do espetáculo. Se o fizesse, estaria censurando Sócrates, Abraham Lincoln, Castro Alves, Carlos Drummond de Andrade, Cecília Meirelles e Manuel Bandeira, entre outros, de cujas obras Millôr e Paulo Rangel haviam tomado emprestadas citações para montar o texto da peça, uma bem-humorada colagem que tinha como tema a liberdade de expressão.

Sorte idêntica, porém, não teve a encenação do clássico grego *Electra*, no Teatro Municipal de São Paulo. Naquele mês de junho, agentes do DOPS paulista invadiriam a tradicional casa de espetáculos para prender o autor da peça. No caso, Sófocles, falecido no ano 406 a.C. O fato seria registrado com humor corrosivo pelo jornalista Sérgio Porto, o Stanislaw Ponte Preta, no livro *Febeapá, o Festival de Besteira que Assola o País*. O acadêmico Tristão de Ataíde, indignado com a onda de terrorismo cultural em voga, diagnosticaria: "A maior inflação nacional é de estupidez".

Castello Branco avisou na carta a Costa e Silva: "O Riograndino [Kruel] mandou também o mais inteligente e o mais revolucionário de seus auxiliares espiar e ouvir o espetáculo". O olheiro oficial do governo saiu do teatro com a convicção de que proibir *Liberdade, Liberdade* seria um gesto temerário. "As ameaças de que oficiais vão acabar com o espetáculo são de aterrorizar a liberdade de opinião", observou então Castello ao ministro da Guerra. "Ainda há mais", prosseguiu, "há oficiais que mandam apreender livros. Isso só serve para baixar o nível intelectual da revolução, pois, além de nada adiantar, constitui um ato governamental só usado em países comunistas ou nazistas."

No ano anterior, apenas em São Paulo, o DOPS apreendera 25 mil exemplares de publicações consideradas subversivas. O porteiro da Biblioteca Mário de Andrade, na capital paulista, encontrara certa manhã, na entrada do prédio, duas malas atulhadas de livros considerados "perigosos" pelo regime militar. Alguém tratou de se livrar deles, antes que o Exército fizesse uma devassa na biblioteca particular. Imagina-se que, sem ter coragem de jogá-los fora ou mesmo queimá--los, o leitor misterioso os abandonara na porta da instituição.

A carta de Castello a Costa e Silva fazia ainda um apelo para que, naquele momento em que os militares radicais pareciam partir para a ofensiva, pelo menos fosse mantida a imagem de que a cúpula dos quartéis permanecia unida e coesa. "Eu penso que devemos aparecer, comandantes do Exército, você e eu, como um só bloco, com uma só decisão e com um só modo de ação. Isso necessariamente em benefício do Exército, das Forças Armadas, do Governo e da Revolução." Para tanto, recomendava Castello, era preciso segurar a linha dura, que passara a ser reconhecida — e a se assumir — como uma "força autônoma" dentro do regime: "A 'força autônoma' precisa ser, com a necessária oportunidade, devidamente esclarecida, contida e, se for necessário, reprimida".

Enquanto Castello procurava refrear os militares mais extremados, *Liberdade, Liberdade* continuaria a satirizar aquele regime contraditório, em que a repressão ostensiva convivia com uma imprensa livre. A certa altura do espetáculo, o palco ficava iluminado. Um dos atores, Oduvaldo Vianna Filho, chegava bem próximo à plateia e, sarcástico, advertia:

"Quem avisa amigo é: se o governo continuar permitindo que certos parlamentares falem em eleições; se o governo continuar deixando que certos jornais façam restrições à sua política financeira; se continuar deixando que alguns políticos mantenham suas candidaturas; se continuar permitindo que algumas pessoas pensem pela própria cabeça; se continuar deixando que os juízes do Supremo Tribunal Federal concedam habeas corpus a três por dois; e se continuar permi-

tindo espetáculos como este, com tudo que a gente já disse e ainda vai dizer —
nós ainda vamos acabar caindo numa democracia!"

De repente, as luzes de cena se apagavam. No escuro, ao fundo, ouvia-se
apenas o tímido violão dedilhado por Nara.

A referência a "juízes do Supremo Tribunal Federal concedendo habeas
corpus a três por dois" era explícita. O trecho, saído da pena ácida de Millôr Fernandes, havia sido inspirado em uma das principais crises que Castello tivera que
enfrentar com relação à linha dura, naquele início de 1965, quando o golpe completava o primeiro ano de vida. Em 19 de abril, para irritação da ala mais radical
dos quartéis, o STF tinha julgado procedente o pedido do jurista Sobral Pinto em
favor da libertação de Miguel Arraes, havia um ano enclausurado em Fernando
de Noronha. A linha dura, que considerava Arraes um dos símbolos maiores da
subversão no país, pôs-se em prontidão.

Dias antes, o coronel Ferdinando de Carvalho, responsável pelo IPM que investigava as ações do Partido Comunista, tratou de transferir o prisioneiro e
trancafiá-lo na Fortaleza de Santa Cruz, no Rio de Janeiro, com o claro objetivo
de impedir o cumprimento da iminente decisão judicial. De pronto, os militares
providenciaram a toque de caixa novos inquéritos para colher o depoimento de
Miguel Arraes, na tentativa de prorrogar-lhe ao máximo o tempo de prisão. O
Supremo, contudo, manteve a ordem para soltá-lo, justificando que a punição
havia sido excessiva e sem amparo legal.

O general Édson de Figueiredo, chefe do Estado-Maior do I Exército, recusou-se a cumprir a determinação do Poder Judiciário. O presidente do STF, Ribeiro da Costa, não teve alternativa senão a de expedir um mandado de prisão contra o general linha dura. Castello decidiu intervir antes que o caso derivasse para
um confronto institucional. Assim, chamou a ambos, o desembargador Ribeiro
da Costa e, depois, o general Figueiredo, para conversas reservadas no Palácio
Laranjeiras. Das conversas, saiu a negociação para que o general não fosse preso
e, ainda, para que nenhuma repreensão constasse em seus documentos militares.
Em contrapartida, Arraes deveria ser posto em liberdade. A linha dura, novamente, estrilou.

Os responsáveis pelos IPMS na Guanabara ameaçaram entregar o cargo em
sinal de protesto. No Congresso, o deputado Costa Cavalcanti, revoltado, afirma-

va que o presidente acabara de liquidar a "Revolução". O próprio Costa e Silva criticou a libertação de Arraes. Lacerda, aproveitando-se da situação para cortejar os radicais, classificou os membros do Supremo de "criminosos que se arvoram em juízes". Os membros da Liga Democrática Radical, a LÍDER, organização de extrema direita, foram ainda mais longe: sob o comando do coronel Osnelli Martinelli, que se jactava de ser "o mais duro da linha dura", sequestraram Arraes e o mantiveram prisioneiro em um quartel da polícia do Exército.

Após receber um telegrama de Sobral Pinto denunciando o ocorrido, Castello voltou a ordenar que Arraes fosse posto em liberdade. A ordem do Planalto foi cumprida. Todavia, cada vez mais pressionado pela linha dura, o presidente logo anunciaria que o governo estava examinando a possibilidade de enviar ao Congresso uma emenda constitucional que cancelava as imunidades dos ex-governadores. Miguel Arraes percebeu que continuava a ser um alvo fácil e, assim, buscou refúgio na embaixada da Argélia. De lá, partiria para o exílio, após lançar duro manifesto em que se recusava a responder a novos IPMS e acusava Castello Branco de capitular diante das investidas dos radicais. Mas estes, na realidade, estavam furiosos com o presidente, por ele ter autorizado o Itamaraty a conceder o salvo-conduto para Arraes embarcar ao exterior.

Nos pátios dos quartéis, começaram a correr rumores de que se articulava um movimento para depor Castello. Armava-se um golpe dentro do golpe.

A tensão na caserna já custara ao presidente Castello Branco a cabeça de dois ministros militares, o da Marinha e o da Aeronáutica, que haviam entrado em colisão. Na verdade, a querela entre as duas forças era antiga e se arrastava desde o governo de Juscelino Kubitschek, quando fora comprado pelo Brasil um velho porta-aviões, dos tempos da Segunda Guerra, à Marinha britânica. O *Vengeance*, rebatizado aqui de *Minas Gerais*, foi adquirido por 82 milhões de cruzeiros, preço considerado exagerado por uma embarcação tida como sucateada para os padrões internacionais. O comediante Juca Chaves não perderia a oportunidade de transformar o polêmico negócio em mais uma de suas célebres marchinhas:

O Brasil já vai à guerra
comprou porta-aviões.
Um viva pra Inglaterra

de 82 milhões
— ah, mas que ladrões!

A celeuma entre Marinha e Aeronáutica se deu porque ambas disputavam o direito de equipar o *Minas Gerais* com aeronaves de combate. Os almirantes defendiam a necessidade de uma força aérea própria, sob seu comando direto, para prover o navio. Já os brigadeiros argumentavam que "tudo o que voava" pertencia a eles:

"Teve asa, não foi passarinho, é nosso", diziam os oficiais da Força Aérea Brasileira.

A crise esquentou naquele início do governo de Castello, quando o porta-aviões foi escalado para participar, no segundo semestre de 1964, da Operação Unitas, treinamento anual que envolvia forças marítimas de vários países do continente americano. À época, Castello tentou uma solução salomônica e recomendou que a Marinha não utilizasse aeronaves próprias, devendo empregar na operação apenas aviões cedidos pelos Estados Unidos. O efeito, porém, foi o oposto. O primeiro a pedir demissão foi o diretor-geral da Aviação Naval, José Santos de Saldanha da Gama. E a Aeronáutica informou que todas as aeronaves da Marinha passariam a ser consideradas desde então "Objetos Voadores Não Identificados", ou seja, óvnis.

As hostilidades mútuas tornaram-se habituais. Aviões da FAB davam voos rasantes sobre cerimônias oficiais da Marinha, provocando tumulto entre os presentes. E helicópteros da chamada Aviação Naval respondiam invadindo o espaço aéreo considerado privativo da Aeronáutica. No início de dezembro, em Tramandaí, Rio Grande do Sul, o confronto assumiu ares de quase tragédia. Um helicóptero da Marinha, prefixo 7001, que fazia o trajeto do Rio de Janeiro para a lagoa dos Patos, foi cercado, apedrejado e metralhado por militares da Aeronáutica.

Ao fazer um pouso para abastecimento em um campo da Força Aérea Brasileira, o piloto Anísio Chaves, capitão de corveta, havia recebido ordem para abandonar o aparelho. Mas não levou em conta a advertência e tentou decolar. Tiros e pedradas danificaram o motor e as hélices do helicóptero. Ao ser comunicado do ocorrido, Castello mandou um general, Waldemar Levy Cardoso, apurar o caso, o que resultou no pedido de exoneração do próprio ministro da Aeronáutica, Lavenère-Wanderley, insatisfeito com o fato de as investigações terem sido feitas fora do âmbito do ministério.

No lugar de Lavenère, foi nomeado o major-brigadeiro Márcio de Souza Mello, o "Melo Maluco", que ganhara tal apelido ainda na juventude, pelas famosas e arrojadas acrobacias que fazia em um pequeno teco-teco. Porém, não chegou a esquentar a cadeira de ministro. Permaneceria apenas três semanas na função. Pediu também exoneração ao ser pressionado pelo restante da corporação, que estava decidida a comprar a briga com o governo e levá-la às últimas consequências. Castello, colérico, chegou a cogitar a inusitada nomeação de um general do Exército para o cargo, mas acabou optando por uma solução estratégica: designou para o lugar o velho marechal do ar Eduardo Gomes, o sobrevivente dos "Dezoito do Forte".

O prestígio e o respeito de que desfrutava Gomes, o jovem rebelde que se tornara um senhor conservador e udenista, pareciam sob medida para encerrar a antiga crise. Porém, a tensão se agravaria ainda mais, com novo pedido de demissão, agora do ministro da Marinha, Mello Batista, após o presidente ter afirmado que, por motivos de economia, não era favorável à criação de uma força aérea naval. Em pouco mais de um mês, Castello era obrigado a fazer a quarta mudança na ala militar do ministério. A instabilidade em área tão sensível provocava ainda mais abalos nos quartéis.

O cargo vago com a saída de Mello Batista seria ocupado pelo almirante Paulo Bosísio, que antes respondera pela presidência da Comissão Geral de Investigações (CGI), em substituição ao marechal Taurino de Resende. Taurino, aliás, representava mais uma baixa na dança das cadeiras que atingia os escalões militares do governo. O marechal linha dura havia sido exonerado da CGI ainda em julho de 1964, após o filho, Sérgio de Resende, professor da Universidade Católica de Pernambuco, ter sido preso por distribuir entre os alunos um manifesto contra o governo.

Durante a transmissão de cargo a Bosísio, Mello Batista deixou registrado o descontentamento e o protesto. "A ordem de desembarcar os aviões da Marinha e entregá-los será dada por outro almirante ou por outro ministro que não eu", diria em certo trecho do discurso de despedida. Em 27 de janeiro de 1965, para insatisfação dos almirantes, Castello enfim assinou o decreto que transferia os aviões da Marinha para a FAB, alegando que o país não tinha condição de arcar com o aparelhamento e a manutenção de duas forças aéreas. E mandou avisar à direção do Clube Naval que mandaria fechar a entidade caso ela insistisse em realizar reuniões em desagravo à decisão presidencial.

Com o Exército contaminado pela ação da linha dura, a Marinha em estado de quase conflagração e a Aeronáutica sentindo-se poderosa além da conta, Castello pensou em fundir os três ministérios militares em uma única pasta, o Ministério da Defesa, para abafar os focos de indisciplina e equilibrar a correlação de poder entre eles. Roberto Campos e Octávio Bulhões vieram a público para aplaudir a proposição, que ademais representaria uma considerável racionalização dos orçamentos das Forças Armadas.

"Castello Branco gostaria de ver concretizada a ideia sem mais delongas. E para o Ministério da Defesa seria nomeado um civil, neutralizando de saída o argumento de que o órgão centralizador se transformaria num feudo do Exército", analisaria à época a revista *Visão*. O assunto, contudo, foi engavetado no nascedouro. A simples menção a ele, em discursos, entrevistas e palestras do presidente, ouriçou ainda mais os membros das três corporações. E foi rechaçada por um veemente Costa e Silva.

A pesquisa do Ibope era demolidora. Dentre os entrevistados pelo instituto de pesquisa, 44% consideravam que Carlos Lacerda era o homem público que melhor encarnava os ideais do movimento deflagrado em 1964. Apenas 21% responderam que esse homem seria Castello. Os demais, 35%, afirmaram não ter opinião formada sobre o assunto. Outro índice da sondagem, que pretendia medir o "prestígio político" do presidente em relação a alguns profissionais da vida pública, era ainda mais preocupante para o governo. Lacerda obteve 45%. Castello, míseros 4%, muito atrás de Juscelino, com 32%, e pouco abaixo de Jango, com 5%.

A pesquisa acionou o alerta nos corredores palacianos. Estavam marcadas para outubro daquele ano eleições diretas para governadores de onze estados da Federação: Alagoas, Goiás, Guanabara, Maranhão, Mato Grosso, Minas Gerais, Pará, Rio Grande do Norte, Paraíba, Paraná e Santa Catarina. A impopularidade do governo foi encarada como o prenúncio de fragorosa derrota nas urnas. Só haveria duas formas de impedir o vexame: decretar eleições indiretas, realizando-as por meio das assembleias estaduais, ou esticar o mandato dos governadores que estavam em exercício.

"O ministro Costa e Silva era contrário à tese da eleição direta, pois achava que se corria o risco de ter novamente nos governos dos estados os inimigos da

Revolução. [...] Ele, insistentemente, falou ao presidente Castello sobre a inconveniência da eleição direta. Mas o presidente disse que ainda não tinha uma ideia firmada de como conduzir o pleito", recordaria o general Jayme Portella de Mello. Contudo, segundo o então chefe da Casa Civil do governo, Luís Viana, Castello Branco logo tomaria a decisão. Recomendaria inclusive ao ministro da Justiça, Milton Campos, que fosse ao plenário da Câmara comunicar aos deputados que as eleições diretas daquele ano estavam canceladas.

Para evitar desgastes ainda maiores, Castello procurava protelar a resolução do problema. A fórmula proposta por ele era paliativa e diversionista: realizar-se-iam eleições indiretas para governadores, naqueles onze estados, mas para um mandato-tampão de apenas um ano. Com o pretexto de fazer todos os mandatos coincidirem entre si, prometiam-se eleições diretas e gerais para 1966, quando se encerraria o período dos demais governadores e do próprio presidente da República. O problema é que nada garantia, um ano mais tarde, que as regras fossem mais uma vez alteradas em pleno andamento do jogo.

A decisão presidencial estava tomada e o discurso do ministro da Justiça já escrito, quando uma carta de Lacerda a Castello provocou a reviravolta geral da situação. "A não realização de eleições estaduais este ano — inspirada sobretudo na miragem da coincidência de mandatos — me parece um erro contra o aperfeiçoamento da democracia", escreveu o governador. "Uma vez que oficialmente se afirma a inconveniência da realização das eleições, a solução é a adoção pura e simples da fórmula que o Congresso adotou em relação ao mandato presidencial: a prorrogação", prosseguiu. "O melhor, o certo, o corajoso, o democrático é realizar eleições", defendeu Lacerda.

A carta teria deixado Castello aborrecido. O original, conservado no arquivo sob a guarda da ECEME, traz os trechos transcritos acima sublinhados em lápis vermelho e as margens tomadas por pontos de exclamação. "O presidente recebeu a carta no Rio de Janeiro, ficou muito contrariado e apressou o retorno a Brasília", observou o general Portella de Mello. "No domingo, quando chegou a Brasília, era visível a irritação do presidente", anotou Luís Viana Filho. "Ele pediu ao ministro [Milton Campos] para anunciar na Câmara que as eleições seriam diretas", completou Viana. O povo, portanto, iria às urnas. Seria quase um julgamento público da "Revolução". Foi a vez de o ministro da Guerra exasperar-se. "A decisão do presidente inquietou vários de seus amigos e a área militar revolucionária, deixando o general Costa e Silva profundamente preocupado com o que pudesse ocorrer", conta o general Portella de Mello.

Uma constatação era evidente. Não haveria tempo suficiente para providenciar qualquer maquiagem para melhorar a imagem do governo antes das eleições. O funcionalismo público, por exemplo, era uma das principais fontes da impopularidade de Castello. Naquele ano de 1965, os servidores federais quedariam estarrecidos com a notícia de que, a despeito da inflação, não receberiam nenhum centavo de reajuste salarial. Para equilibrar as contas públicas, informou Roberto Campos, o governo só trataria de tal assunto em 1966.

A classe empresarial, comprimida pela recessão provocada pelas medidas anti-inflacionárias, também protestava. A voracidade fiscal do governo, apertando o cerco contra sonegadores e aumentando taxas e impostos, ajudava a compor o cenário de insatisfação no meio das classes produtoras. Proliferavam concordatas e pedidos de falência pelo país. Assim, duas das principais bases de sustentação civil do golpe — empresários e classe média — sentiam-se atraiçoadas.

A onda de insatisfação não se restringia aos centros urbanos. No segundo semestre de 1964, Castello enviara ao Congresso Nacional um projeto de reforma agrária que desagradara tanto trabalhadores rurais quanto fazendeiros. Considerado tímido demais por uns, e "uma violência contra o direito à propriedade" por outros, o chamado Estatuto da Terra foi alvo de ataques também no Congresso Nacional, criticado pela própria base de apoio do governo. O udenista Bilac Pinto seria um dos primeiros algozes do projeto, que previa a taxação progressiva dos latifúndios improdutivos. Os proprietários rurais, que também haviam apoiado a derrubada de João Goulart, logo ingressariam no cordão dos descontentes.

O envio de jovens soldados brasileiros, a pedido dos Estados Unidos, para atuarem numa "força interamericana de paz", na República Dominicana, desgastaria ainda mais a imagem do presidente brasileiro perante a opinião pública. Um grupo de intelectuais, entre os quais Barbosa Lima Sobrinho, Jorge Amado, Joel Silveira, Antonio Callado, Di Cavalcanti e Alceu Amoroso Lima, lançou manifesto para patentear a "mais veemente repulsa ante a atitude assumida pelo governo brasileiro, em cumplicidade com a odiosa intervenção armada dos Estados Unidos".

Além dos clamores da sociedade civil, também viriam protestos fardados por causa do envio de soldados brasileiros para a República Dominicana. Rademaker, o ex-ministro da Aeronáutica, ainda agastado com Castello, foi uma das principais vozes militares a criticar, pela imprensa, o modelo de organização das tropas nacionais mandadas ao exterior. Pelas declarações, acabaria punido com prisão domiciliar de dois dias. Todo o clima de tensão generalizada encontrava terreno fértil para as investidas da linha dura. Em junho, a LÍDER sentia-se à vontade para lançar também um manifesto, no qual tratava Castello de mero "delegado do Comando Supremo da Revolução" e exigia o endurecimento total do regime.

Em simultâneo, o coronel Osnelli Martinelli, "o mais duro dos duros", foi aos jornais para criticar a falta de pulso do presidente. Estava claro àquela altura que ou Castello tomava uma atitude urgente ou veria o governo escorregar para o caminho sem volta da anarquia militar. Tentou decidir-se pela primeira opção. Despachou uma ordem de prisão para o coronel Martinelli, que ficaria detido por trinta dias no Forte de Copacabana. Contudo, Magalhães Pinto e Carlos Lacerda entraram em cena para turvar ainda mais o ambiente. O primeiro criticou a prisão do coronel. O segundo chegou a visitar Martinelli na prisão, levando consigo o secretário estadual de Segurança, Gustavo Borges, e uma profusão de jornalistas, para transformar a visita em fato midiático.

Acossado pelos críticos, que surgiam das mais variadas procedências e exibiam os mais variados matizes, Castello tratou de garantir algum apoio pelo menos no Congresso Nacional. O primeiro passo para tanto foi trabalhar a candidatura de Bilac Pinto para a presidência da Câmara, em substituição a Ranieri Mazzilli, que havia sete anos vinha sendo reeleito para a função. Uma operação delicada, que significava afastar Mazzilli sem indispor ainda mais o PSD contra o governo. Tudo correu como previu Castello, auxiliado na manobra pelo general Cordeiro de Farias, que a essa altura já se transformara em um dublê de militar e político, com livre trânsito entre as principais rodinhas do plenário do Congresso. Bilac Pinto bateu Mazzilli por 200 votos a 196.

Depois disso, Castello tratou de alinhavar um amplo arco de alianças com políticos de quase todos os partidos — inclusive o PTB —, o que possibilitou a criação do chamado Bloco Parlamentar Revolucionário, um verdadeiro "batalhão de choque" governista, rolo compressor capaz de garantir apoio sistemático às mensagens do Executivo enviadas ao Congresso Nacional. Os auxiliares mais próximos a Castello começaram a notar que o marechal, que dedicara a vida inteira ao Exército, começava a criar gosto e demonstrar pendores para a arte da política. Ainda que suas metáforas nesse terreno fossem ainda todas militares:

"Não farei uma operação de cadete, mas sim de Estado-Maior", teria avisado Castello aos assessores quando da articulação do Bloco Parlamentar Revolucionário.

Costa e Silva, e de resto toda a linha dura, via com crescente desconfiança a aproximação de Castello Branco ao mundo político. Isso embora o próprio ministro da Guerra, desde que fora lançado candidato à substituição de Castello, passasse a receber cada vez mais deputados e senadores no gabinete, numa tática clara de cultivar futuras adesões. Mas o que incomodava mesmo Costa e Silva era que, em vez de se manter acima das questões políticas, Castello parecia ter prazer em enfronhar-se nelas.

A esse respeito, o general Jayme Portella de Mello comentaria: "O ministro [Costa e Silva] sempre insistia com o presidente para se manter dentro da Revolução, porquanto ele era, acima de tudo, um chefe revolucionário, e não propriamente um presidente eleito de acordo com os ditames constitucionais". Todavia, as advertências do ministro da Guerra seriam em vão. "Ele [Castello] não queria assim se considerar, mas sim como um presidente legitimamente eleito", observaria, em tom de censura, o braço direito de Costa e Silva.

Uma carta anônima, guardada por Castello no arquivo pessoal, dá ideia do nível de desagrado que, às vésperas das eleições estaduais, a linha dura passara a cultivar em relação a ele. Datada de 23 de setembro de 1965, com carimbo postal do Rio de Janeiro, o autor da carta apresentava-se apenas como "um professor militar". E escrevia: "Não foi surpresa para o signatário dessas linhas a sua incompetência e felonia, só seria surpreendente se o senhor não fosse da mentalidade reiuna do Estado-Maior, sempre cheia de pretensão, estupidez e ignorância, que fez dos oficiais sumamente ridículos e insuportáveis. Presumidos, autossuficientes, só eles mesmos se julgam cousas do outro mundo, crânios."

No mesmo tom, sempre uma oitava acima como era comum à linha dura, o tal "professor militar" continuava: "Portanto, não é de estranhar que o governo que o senhor vai desenvolvendo apresente o rancor da reiuna estado-maioral. Pequenino, medíocre, nada de grande poderia ser esperado de seu governo, mas o que mais espanta é que até torpezas e canalhices estejam sendo praticadas na presunção de finura política". Era a mais legítima expressão das críticas dos extremistas da linha dura, até mesmo quando partia para a estrita ofensa pessoal: "Dizem mesmo que o senhor passou a julgar-se bonitão, inteligente, estadista, literato etc.".

"Nunca alguém o conheceu como revolucionário nas muitas revoluções que já houve no país. O senhor foi sempre um acomodado", dizia a carta, que a seguir enumerava o rosário de queixas que a ala mais à direita dos quartéis desfiava contra Castello: "Deixar que se extinguisse a ação punitiva do Ato Institucional sem que houvesse sido feita a higienização política e moral do país; marcar eleições, sem que houvesse terminado aquela higienização; haver se submetido demais na política externa (remessa de tropas para o exterior); haver se curvado covardemente ao STF; prender encarregados dos IPMS, deixar de lado os chefes revolucionários, tão revolucionários ou mais do que o senhor".

A carta revelava ainda que os acenos de Lacerda à linha dura faziam efeito: "É conhecida a sua inveja ao Carlos Lacerda, que, além de um político capaz, inteligente, ativo e trabalhador, nunca lhe deu qualquer importância. O senhor tem prejudicado muito Carlos Lacerda, mas, no final, o senhor voltara à planície e ao pijama". Ao rodapé da última página, a carta trazia a seguinte observação: "Aqui vão alguns apelidos pelos quais o senhor é conhecido — Caxinguelê, Quasímodo, Aleijadinho, Corcunda de Notre-Dame, Encolhido, Enfezado, Aborto da Natureza, Feto Macho, Miserabilidade Orgânica, Caso Teratológico, Pequeno Monstro, Torto Sem-Pescoço, Nanico Disforme, Cabeça-Chata Involuída".

O autor anônimo terminava com uma ameaça: "Mas as safadezas serão punidas e, como traidor, o sr. será enforcado. Não importa que o senhor não tenha pescoço, que seja um horrendo Quasímodo, a justiça um dia será feita".

"Eles não voltarão"

O erro havia sido o de escolher uma casta freirinha para dirigir um espetáculo de striptease. Essa foi a frase que Castello mais ouviu naquela primeira semana de outubro, quando o ministro da Justiça, Milton Campos, pediu exoneração. Campos entregou o cargo logo no primeiro dia do mês, quando desconfiou que o regime caminharia para os braços da linha dura. Sairia antes da hora, para não ter que fazer o serviço sujo. O presidente, contudo, pediu-lhe tempo. Melhor seria deixar que passassem as eleições, marcadas para dali a apenas dois dias, 3 de outubro, antes de alardear mais uma baixa no ministério.

"Não divulgue o teor de sua carta de demissão antes de segunda-feira, quando pelo menos as eleições de domingo já serão um fato consumado", solicitou Castello.

O presidente debatia-se em dilema íntimo. Os assessores notaram que ele deixara de assobiar a melodia da folclórica "Mulher rendeira", como antes costumava fazer, sempre de manhã cedo, ao iniciar mais um dia de trabalho. Reduzira-se também a frequência das visitas do neto preferido, João Paulo, de seis anos, ao Palácio do Alvorada. Os dias, afinal, pareciam-lhe cada vez menores. Largara ao meio a leitura do romance *O senhor embaixador*, de Erico Verissimo. À noite, antes de dormir, não conseguia concentrar-se mais na audição de seus discos de Bach. Na realidade, sabia que o governo encontrava-se à beira do abismo. Ceder às pressões da linha dura significava transformar-se, de uma vez por todas, em mera marionete dos radicais. Não dar ouvidos a eles, por outro lado, seria o mesmo que decretar a própria deposição.

"Um ministro pode se afastar quando tem constrangimentos de continuar no cargo; já o presidente não pode fazê-lo", teria lhe dito Milton Campos, ao entregar a carta de demissão.

Campos, porém, aceitou a ponderação para permanecer mais alguns dias no cargo de ministro. Mas, enquanto começava a esvaziar as gavetas do gabinete, o substituto já estava definido. Castello mandara telegrama chamando de volta ao Brasil o general Juracy Magalhães, que nos primeiros dias após o golpe havia sido nomeado embaixador nos Estados Unidos. O presidente deu a Juracy a nova tarefa. Como ministro da Justiça, deveria mobilizar os líderes partidários no Congresso e, com habilidade, tentar negociar uma solução para a crise política que surgiria com a vitória quase certa da oposição nas urnas. "Era preciso que eu fosse capaz de fazer milagres", escreveria Juracy em suas memórias. "Nem meus santos teriam conseguido me ajudar, mas tentei."

Quando as urnas enfim se abriram, o resultado não fugiu ao previsto. O governo havia sido derrotado em Minas Gerais e na Guanabara, os dois principais estados que estavam elegendo novos governadores. Em Minas, o vitorioso havia sido Israel Pinheiro, pessedista e amigo íntimo de Juscelino Kubitschek. Na Guanabara, o triunfo coubera a Francisco Negrão de Lima, ex-prefeito do antigo Distrito Federal, também ex-ministro de JK. "Os adversários da Revolução não tomarão posse", alardearam os líderes da linha dura, que ameaçaram invadir os locais de apuração e queimar os votos durante a contagem. No asfalto em frente ao prédio do Ministério da Guerra, militares haviam providenciado uma inscrição em gigantescas letras brancas: "Eles não voltarão".

Castello, que insistira na realização das eleições estaduais pela via direta, estava cada vez mais indisposto junto à ala radical dos quartéis. De nada adiantara a manipulação grosseira do Palácio do Planalto para impedir candidaturas consideradas "perigosas" ao regime. Seguindo a estratégia de aplacar a fúria da linha dura, o governo protagonizara um festival de casuísmos, destinado a afastar da disputa nomes que, aos olhos dos radicais, representavam um retorno aos tempos anteriores ao golpe. Uma emenda à Constituição tornara inelegíveis todos os candidatos lançados pela oposição.

Foi o caso, por exemplo, de Hélio de Almeida, ex-ministro de Jango, nome escolhido pela coligação PSD-PTB para concorrer ao governo da Guanabara. Para barrar-lhe a candidatura, o governo federal decidiu que seria considerado inelegível quem houvesse exercido o cargo de ministro no período compreendido entre 23 de janeiro de 1963 e 31 de março de 1964. Já para tirar do caminho a candidatura de Sebastião de Almeida, ex-ministro de JK, ao governo de Minas Gerais, providenciou-se um dispositivo tornando inelegível quem respondesse a acusações de abuso do poder econômico em eleições anteriores.

Como haviam sido lançadas suspeitas nesse sentido a Sebastião de Almeida quando de sua eleição para deputado, o registro foi recusado pelo Tribunal Superior Eleitoral. O problema é que o texto original da emenda previa que, em relação ao abuso do poder econômico, apenas os casos já julgados e condenados seriam alvo da inelegibilidade. Castello resolveu a dificuldade em dois tempos, mandando retirar da emenda a palavra "condenados".

"Era mais honesto se houvessem simplesmente decretado a inelegibilidade de todos os Almeidas, Hélios e Sebastiões", ironizou o deputado pessedista Nelson Carneiro.

Afastada a possibilidade da candidatura de Hélio de Almeida, uma coligação de oposição — formada pelo PTB, PSD e PSB — lançou o nome do marechal Henrique Teixeira Lott ao governo da Guanabara. Castello reuniu os ministros militares e disse que a candidatura de Lott, que se posicionara contrário à derrubada de Jango, provocaria graves inquietações nos quartéis. Logo depois, em um jantar no Alvorada, tendo como convidados Geisel, Golbery e Cordeiro de Farias, a cabeça de Lott seria servida em sobremesa.

Nesse jantar, decidiu-se a melhor forma de impedir a homologação da incômoda candidatura. Não seria difícil para Castello afastar do páreo o antigo desafeto. Pouco antes, Lott havia requerido transferência do título de eleitor para Teresópolis, onde passara a residir. Assim, seu nome foi enquadrado no dispositivo que exigia domicílio eleitoral no local da disputa. O marechal ainda tentou, a todo custo, desistir da transferência solicitada, mas o Tribunal Superior Eleitoral, orientado por Castello, decidiu que o processo, uma vez aberto, não poderia mais ser revisto.

Com Lott também alijado da disputa, a oposição lançaria enfim o nome de Negrão de Lima à eleição na Guanabara. Em relação a este, Castello não alimentava maiores restrições. Além de ser velho amigo e confidente de adolescência, Negrão era tido como um moderado, incapaz de estabelecer confrontos diretos com o governo federal. A condescendência de Castello foi interpretada por Carlos Lacerda como um apoio espúrio da presidência ao candidato pessedista. O governador chegou a acusar Castello de fazer aliança com a esquerda para evitar a vitória do udenista Carlos Flexa Ribeiro, candidato lacerdista.

"A circunstância de os comunistas estarem também apoiando o sr. Negrão de Lima não perturba em nada o presidente da República", disse Lacerda à imprensa, em entrevista coletiva no dia 22 de setembro.

Tais palavras, às vésperas das eleições, produziram o efeito desejado no seio da linha dura — e coincidiram com a notícia da volta de Juscelino ao Brasil. Mal pôs os pés no país, ainda na pista de pouso do aeroporto do Galeão, o ex-presidente receberia uma intimação para depor no IPM que investigava as atividades comunistas em território nacional. Mas, em contrapartida, seria saudado por uma multidão que o acompanhou em cortejo festivo pelas ruas do Rio de Janeiro. Os acenos de JK foram respondidos com chuvas de papel picado e lenços brancos, em um cortejo que parou o trânsito. A linha dura, impaciente, considerou que era chegada a hora de agir. A esse tempo, um panfleto passou a correr pelos quartéis: "Foi para isso que você, sem medir sacrifícios, cooperou com o movimento de 31 de março?".

Na terça-feira, 5 de maio, dois dias após as eleições, quando a abertura dos primeiros votos já anunciava a vitória da oposição em Minas Gerais e na Guanabara, o Regimento de Reconhecimento Mecanizado, na Vila Militar, decidiu colocar os tanques na rua para prender Negrão de Lima e depor Castello Branco. O presidente passara a ser considerado pelos oficiais mais exaltados como um "traidor da Revolução".

No dia 6, pela manhã, Costa e Silva foi ao gabinete de Castello no Palácio Laranjeiras. Comunicou ao presidente o ocorrido na Vila Militar e informou que a investida do Regimento de Reconhecimento Mecanizado fora contida, à última hora, pelo comandante, o coronel Plínio Pitaluga. Mas as insatisfações na tropa ainda eram grandes, e ameaçavam se espalhar por outras guarnições. Havia notícias de que os quartéis de Minas Gerais e de São Paulo também se encontravam em estado de ebulição. Para prevenir possíveis levantes, o ministro da Guerra havia ordenado aos comandos que ficassem em permanente vigilância e prontidão.

Castello mostrou-se preocupado. Estava prevista para aquela tarde, na mesma Vila Militar, uma solenidade em homenagem à já mitológica tomada de Monte Castello. E havia informações seguras de que os oficiais mais exaltados, aproveitando a ocasião, estavam dispostos a fazer uma manifestação contra o presidente. Costa e Silva, aliás, fora escalado como principal orador do evento. Pelo que pudera apurar o serviço de inteligência do governo, a linha dura esperava que o ministro da Guerra fizesse um discurso contrário à posse de Israel Pinheiro e Negrão de Lima, o que aprofundaria a cisão entre ele e o presidente. Seria uma espécie de réquiem para o governo de Castello Branco.

Mas, no encontro no Palácio Laranjeiras, Costa e Silva garantiu que não atiçaria ainda mais a crise. Prometeu a Castello que faria um discurso de conciliação, afirmando a absoluta fidelidade ao presidente. Assegurou que abortaria qualquer iniciativa golpista da parte dos radicais. Se fosse preciso, observou, morreria dentro de um tanque, mas enquanto vivesse não permitiria que o governo fosse deposto.

"Fique tranquilo, vou segurar a rapaziada", asseverou o ministro, antes de se despedir do presidente, apertando-lhe a mão.

"Pois então vá lá, Costa, siga para a linha de frente", respondeu, agradecido, Castello.

Ao general Jayme Portella de Mello, Costa e Silva confidenciaria os verdadeiros motivos para segurar, naquele momento, os ânimos da linha dura:

"Não farei o jogo do Carlos Lacerda, que quer me afastar do Castello e abrir caminho para seguir sozinho no ano que vem. Estamos com minha candidatura a presidente assegurada e não tenho por que jogá-la fora justamente agora."

Na Vila Militar, antes do discurso oficial, Costa e Silva já tratou de jogar água na fervura das especulações, ao falar para os jornalistas presentes ao evento:

"Não cabe às Forças Armadas decidir se deve ou não se dar posse aos vencedores das eleições do último final de semana. Elas não têm esse poder. A decisão é exclusivamente do presidente. E as Forças Armadas o apoiam incondicionalmente. É mentira tudo que for veiculado em contrário. Estamos com a situação sob absoluto controle e o ambiente é de perfeita calma."

As palavras de Costa e Silva frustraram os oficiais da Vila Militar. Lacerda, que mandara olheiros para a solenidade, também não gostou de saber que o ministro da Guerra havia feito um discurso contemporizador. Insatisfeito, o governador da Guanabara foi aos jornais e afirmou que Castello planejava destruir

348

os dois principais líderes civis da "Revolução" — no caso ele próprio e Magalhães Pinto — para, em seguida, afastar Costa e Silva do caminho. Lacerda chegou a sugerir que Castello Branco, repetindo um truque muito parecido com o que tentara antes com ele, acenava dessa vez com a hipótese de oferecer uma embaixada ao ministro da Guerra:

"O que me diz de fazer da sua senhora uma embaixatriz?", teria indagado o presidente a Costa e Silva, segundo a versão de Lacerda.

A história era verdadeira, confessaria o próprio general ao braço direito, Portella de Mello. Mas, à época, a proposta havia sido rechaçada de imediato. Depois disso, garantia, Castello nunca mais se atrevera a tocar em tal assunto. Dentro do carro, na volta da solenidade da Vila Militar, tendo ao lado Portella e o tenente-coronel Mário Andreazza, Costa e Silva também revelou que, em troca daquele apoio público, iria exigir uma série de medidas mais rígidas para "dar prosseguimento à Revolução".

"Missão cumprida, presidente", informou o ministro ao ser recebido de novo no Palácio Laranjeiras.

Castello, que não era dado a manifestações públicas de emoção, abraçou Costa e Silva. E, segundo noticiou a imprensa da época, chegou a chorar no ombro do ministro da Guerra, que acabara de salvá-lo da destituição.

O deputado Paulo Sarasate aconselhou Castello a não subir naquele avião. O presidente, contudo, insistiu. Aceitara de antemão o convite para ir a Bagé, no Rio Grande do Sul, onde falaria aos oficiais do quartel-general da 3ª Divisão de Cavalaria, sediado naquela cidade. Não desistiria de um compromisso já confirmado. Em momento de crise, aproveitaria a ocasião para transmitir ao Exército a sua palavra de comando e, também, de tranquilidade.

Mas era exatamente esse um dos maiores temores de Sarasate. A reação dos oficiais era uma incógnita. Para o deputado, o presidente estava se expondo a duplo risco: ser recebido com hostilidade e, pior que isso, ter o avião interceptado em pleno voo. Afinal, não eram poucos os boatos que davam conta de que existia um plano secreto da linha dura para assassiná-lo. Castello não dava ouvidos a eles. Atribuía tais rumores aos que, semeando uma atmosfera de terror, queriam apenas intimidá-lo, para impedi-lo de prosseguir à frente do governo.

Conforme previra Castello, apesar da tensão que deixara em terra, a viagem seguiu tranquila, sem qualquer incidente. A fala aos oficiais de Bagé, porém, provocou reações ambíguas. Num discurso permeado por recados, uns mais explícitos, outros menos, o presidente parecia disposto a mostrar que ainda tinha o controle da situação:

"Para se combater o perigo comunista, não se pode vestir a nação com a camisa de força do nazismo, maltratando os brasileiros através de um regime em que alguns civis desejam segurar na espada dos militares para, ditatorialmente, passar a lâmina nos patrícios que contrariam as suas ambições", discursou Castello.

O presidente, firme, prosseguiu, tocando no ponto nevrálgico, aquele que de fato inquietava os quartéis: "A proposta para a realização de eleições em onze estados foi uma resultante de vários e ponderáveis motivos de ordem política e nacional. É injusta a apreciação de que o presidente tomou uma atitude omissa e irresponsável de lavar as mãos, deixando o país a rumos aleatórios".

A esse ponto, o discurso de Castello daria uma guinada, em clara tentativa de pacificar os humores da linha dura. Ele anunciou que estava sendo providenciada uma série de medidas para conter o avanço dos adversários do "movimento democrático de abril". Eram as medidas que Costa e Silva, na conversa com Portella e Andreazza, dissera que iria exigir do presidente: "Não podemos, absolutamente, deixar à solta as tentativas de restauração de homens, meios e regimes afastados pela Revolução. O governo, inexoravelmente, as combaterá".

A voz era de Castello Branco, mas o conteúdo parecia ter sido ditado por Costa e Silva. O final daquele exercício de ventriloquismo político foi coberto por aplausos. De volta a Brasília, o presidente procurou retomar o velho hábito de dormir em pleno voo, para tentar compensar as poucas horas de sono que tivera nas últimas noites. Não conseguiu, contudo, pregar o olho. Não eram as ameaças de um suposto atentado que o afligiam. Mas a certeza de que o governo talvez moldasse ali a imagem que deixaria para o julgamento da história. "É extremamente difícil dizer se um presidente da República, em determinadas circunstâncias, agiu exatamente como deveria ou se apenas agiu como podia", analisaria mais tarde o jornalista Carlos Castello Branco.

Enquanto o avião presidencial cruzava os céus em direção a Brasília, os assessores do Palácio do Planalto debruçavam suas atenções no projeto de emenda constitucional que previa o endurecimento do regime. O texto, entre outros pontos, facilitava a intervenção federal nos estados, ampliava a autoridade de auditorias militares no julgamento de casos de subversão e, ainda, tirava do Judiciário o poder de decidir sobre processos abertos com base no Ato Institucional nº 1. Costa e Silva achou que tais medidas ainda eram muito tímidas e sugeriu que elas fossem aprofundadas e impostas na forma de um segundo Ato Institucional. Na verdade, o ministro da Guerra já havia até mesmo encomendado uma minuta do AI-2 ao jurista Vicente Rao e a passara às mãos de Castello.

"É amargo, mas é o único remédio eficaz para a crise", dissera Costa e Silva.

O presidente, preocupado com a aparência legal, preferiu submeter a emenda elaborada pelos assessores à aprovação do Congresso. Todavia, logo em poucos dias, após os primeiros contatos e articulações com deputados e senadores, ficou claro que o governo não obteria os votos suficientes para tanto. Costa e Silva alertou Castello Branco. Uma derrota no Legislativo só ampliaria o espectro da crise. O ministro da Guerra insistiu para que a minuta do Ato Institucional elaborado por Vicente Rao fosse oficializada. Castello hesitava.

Em meio ao impasse, Milton Campos pediu uma reunião reservada com o presidente e afirmou que, diante das circunstâncias, não poderia mais protelar a saída definitiva do governo. Em 11 de outubro, dez dias após o pedido original de demissão, entregou o cargo, em caráter irrevogável. Quarenta e oito horas depois, a proposta de emenda constitucional do Executivo seria protocolada no Congresso Nacional.

"Deixo-lhe apenas uns envelopes de aspirina para as dores de cabeça", disse Campos ao chefe da Casa Civil, Luís Viana Filho, que ocuparia de modo interino o Ministério da Justiça até a oficialização do nome de Juracy Magalhães.

Os analistas políticos eram unânimes. A emenda talvez até obtivesse maioria no Senado, mas não haveria jeito de passá-la na Câmara dos Deputados. O chamado Bloco Parlamentar Revolucionário encontrava-se esfacelado e não haveria mágica capaz de fazê-lo marchar unido em torno de questão tão polêmica. O AI-2, defendido por Costa e Silva, passou a ganhar novos adeptos dentro do governo. Castello ainda resistia. Enviou Cordeiro de Farias e Juracy Magalhães, já investido no cargo de ministro, para novas articulações entre os congressistas.

"É verdade que está se preparando, nos bastidores do palácio, um segundo Ato Institucional?", indagou o senador Afonso Arinos a Juracy.

"Ignoro totalmente esse assunto", desconversou o novo ministro da Justiça. "Quem lhe falou sobre isso?"

"Ora, os jornalistas não falam em outra coisa", respondeu Arinos.

A menos de uma semana da votação, o colunista Carlos Castello Branco vaticinaria: "Nos meios políticos, a eventual decisão do presidente, de recorrer a atos de arbítrio revolucionário para impor medidas que o Congresso venha a rejeitar, não repercute como atitude capaz de desenhar, na história, o retrato do marechal Castello Branco como um homem forte". O jornalista prosseguiria: "O presidente recuaria às fontes do sectarismo militar, sectarizando o seu governo e tornando-se simples expressão de uma minoria radical". Apesar de escrita no calor da hora, a análise de Carlos Castello Branco era, mais uma vez, irretocável. "Com isso, o presidente fecharia as portas para um diálogo construtivo com as diversas correntes de opinião que seguidamente se foram afastando da órbita da autoridade presidencial, que poderá ilhar-se de maneira irreversível."

Na realidade, Castello já se tornara uma ilha. A solidão do poder, como nunca, se abateria a partir de então sobre ele.

"O poder é mesmo terrível, quem não o exerce acaba vítima dele", diria então o deputado Ulysses Guimarães.

Enquanto isso, Juscelino era alvo de massacre psicológico. O ex-presidente da República foi submetido a uma série interminável de interrogatórios, maratonas de depoimentos que chegavam a demorar dez horas seguidas. Sentado em um pequeno banquinho sem encosto, era obrigado a ouvir gravações dos próprios discursos da campanha presidencial de 1955. O inquisidor, quase sempre um coronel do Exército, tentava arrancar confissões de desvio de dinheiro público e de supostas ligações com líderes comunistas. Indignado, o advogado Sobral Pinto decidiu escrever um telegrama a Castello Branco, exigindo para JK um tratamento mais adequado a um ex-chefe de Estado:

Atos desrespeitosos que atingem presentemente o sr. Juscelino Kubitschek de Oliveira, antes de ferirem a sua pessoa desprestigiam o cargo por ele exercido. Não pode V. Exa. esquecer ter sido eleito pelo Congresso Nacional, com a colaboração leal e sincera do chefe incontestável do PSD, seu antecessor na chefia do Estado brasileiro. A roda da fortuna é caprichosa. Amanhã V. Exa. poderá sofrer atentados e desrespeitos iguais ao que está sofrendo, neste instante, o criador de Brasília.

Castello ordenou que Luís Viana Filho escrevesse uma resposta a Sobral Pinto. "Quanto aos caprichos da roda da fortuna, que todos sabem versátil, o senhor presidente da República, além de submeter-se à sua proverbial fiscalização, pede sempre a Deus que o ajude a não roubar o povo nem trair a segurança da nação", rebateu o texto com papel timbrado do Palácio do Planalto.

Juscelino continuaria a responder aos interrogatórios diários. Em duas semanas, seria submetido a um total de sessenta horas de inquirição. A estressante rotina só teve fim quando um eletrocardiograma diagnosticou um princípio de ataque no coração do ex-presidente, que chegara a perder cerca de dez quilos naqueles dias. Alquebrado, com a pressão alta e vítima de depressão, JK soube então que, no Rio de Janeiro, um busto dele havia sido derrubado na Cinelândia.

"Avise ao presidente que a nossa paciência está se esgotando."

O recado foi dado em telefonema do general Dutra de Castilho, linha dura que comandava a Divisão de Paraquedistas, ao coronel Dilermando Monteiro, subchefe de Gabinete de Costa e Silva. Naquele dia, 20 de outubro, o presidente do Supremo Tribunal Federal, desembargador Ribeiro da Costa, concedera uma entrevista à imprensa na qual criticava a emenda constitucional enviada por Castello ao Congresso. Entre as medidas previstas no projeto do governo, incluíra-se um parágrafo ampliando de onze para dezesseis o número de membros do STF. Um artifício para impedir que o Executivo continuasse a colecionar derrotas na corte suprema do país.

"Nunca se viu isso em nações civilizadas. Já é tempo dos militares compreenderem que nos regimes democráticos eles não exercem o papel de mentores da nação", falou Ribeiro da Costa aos jornalistas.

A resposta, violenta, viria dois dias depois. No dia 22 de outubro, participando de uma solenidade militar em Itapeva, interior de São Paulo, Costa e Silva transformou o discurso em um ataque direto ao presidente do STF. Tendo Castello ao lado na tribuna de honra, o ministro da Guerra exaltou-se, bateu no peito e arrancou aplausos febris da tropa:

"O Exército tem um chefe, não precisa que outros lhe digam como proceder. Que o presidente do Supremo cuide lá das suas atribuições que nós, militares, cuidamos das nossas."

"Manda brasa, ministro!", gritava a plateia, formada por oficiais de todas as patentes.

Castello Branco considerou que o discurso estava acima do tom recomendável a um palanque oficial. Ao vociferar contra o presidente do STF, na presença do próprio presidente da República, o ministro da Guerra estabelecera uma grave crise institucional, caracterizando um choque aberto entre poderes. Porém, alheio à surpresa do chefe da nação, Costa e Silva prosseguiu, fazendo uma observação final que deixaria Castello ainda mais constrangido:

"Alguns dizem que o presidente é politicamente fraco, mas isso não interessa, pois ele é militarmente forte", encerrou assim Costa e Silva a inflamada preleção, após pedir desculpas públicas a Castello Branco, caso o presidente houvesse julgado que ele houvera passado dos limites na sua fala.

Preocupado, mas sem querer demonstrar qualquer divisão diante da tropa, Castello respondeu:

"O general Costa e Silva, num gesto de muito apreço a seu chefe, pediu que eu o desculpasse, caso tivesse extravasado por demais nas suas expressões. Tenho a dizer a Sua Excelência que não me senti desrespeitado."

"Ali, o ministro reconquistou o terreno perdido em 5 de outubro, na Vila Militar, quando se pronunciou apoiando o governo Castello Branco, no advento das eleições estaduais. Readquiriu assim a plena liderança na classe", avaliaria o general Portella de Mello. A linha dura festejou o pronunciamento de Costa e Silva e a aparente atitude passiva do presidente. Castello, mais uma vez, recuara. No íntimo, alimentava uma última esperança de conseguir os votos necessários para a aprovação da emenda constitucional e, dessa forma, fortalecer-se politicamente e, quem sabe, evitar o novo Ato Institucional. Cordeiro de Farias e Juracy Magalhães passaram a fazer tentativas desesperadas de convencer os parlamentares a votar a favor do governo.

"O presidente não faz pressão, não faz ameaças, nem sequer faz apelos, mas deseja deixar claro que considera indispensável, para a preservação das instituições e a segurança da República, a aprovação da emenda constitucional", disse Juracy aos líderes da Câmara e do Senado. Por meio dos jornalistas, lançou ainda a derradeira advertência: "Isso não quer dizer que o governo não tenha outros meios para alcançar seus objetivos".

Era a senha para o AI-2. Um dia antes da votação da emenda constitucional, Castello chamou o senador Afonso Arinos para um jantar no Alvorada. Na ocasião, perguntou-lhe se conhecia a diferença entre uma batalha de posições e a batalha campal. Arinos, curioso, balançou a cabeça e afirmou que não tinha a menor ideia sobre o assunto.

"A batalha de posições é aquela que se trava com pleno conhecimento do terreno, dos acidentes geográficos, da topografia. Faz-se um plano levando em conta esse conhecimento e trava-se o combate apoiado nele. Quando, no entanto, o general ignora a natureza do terreno e precisa dar combate, parte então para a batalha campal, sem saber o que vai encontrar pela frente."

Arinos ficou olhando para Castello, tentando compreender o que ele estava querendo dizer com aquilo. Na hora do cafezinho, enfim, veio o esclarecimento, que revelava a dúvida e a angústia que envolvia o presidente:

"Vou me lançar a uma batalha campal...", comentou.

Naquele dia, em off, Juracy explicou para alguns repórteres qual era a exata situação que Castello Branco e o governo se encontravam em relação à linha dura:

"Não se está dizendo ao Congresso: se você não fizer isso, eu te quebro a cara. O que se está dizendo é: se você não fizer isso, eles nos quebram a cara."

Passava da meia-noite quando o senador Daniel Krieger ligou para Castello. Feitas todas as projeções, a liderança do governo chegara à conclusão de que a emenda seria rejeitada na votação da manhã seguinte, 27 de outubro. Não havia qualquer chance de vitória. Poucos minutos depois, Cordeiro de Farias também ligou para o presidente, para dar-lhe idêntico diagnóstico. Castello passou a noite insone. Às seis e meia da manhã, telefonou para Juracy Magalhães e convocou-o para uma reunião no gabinete dali a duas horas, com a presença dos três ministros militares. Ligou também a Pedro Aleixo, líder do governo na Câmara, com uma última orientação:

"Retire nossos senadores e deputados do plenário, para que não haja votação. Não quero editar algo que o Congresso tenha previamente rejeitado."

Foi um pandemônio. Pedro Aleixo seria vaiado pelos deputados que consideraram vergonhosa a manobra governista de esvaziar o parlamento para cancelar a sessão. Enquanto a oposição protestava, chegou ao Congresso a notícia de que Castello estava conclamando a base aliada para comparecer ao Palácio do Planalto. A imprensa também havia sido convocada, o que era sinal de que o presidente iria fazer algum pronunciamento importante à nação.

Às onze horas da manhã, ladeado por todo o ministério, numa sala apinhada de funcionários, parlamentares e jornalistas, Castello anunciou que a partir da-

355

quele momento entrava em vigor o Ato Institucional nº 2. O documento havia sido redigido pelo jurista Nehemias Gueiros, com sugestões diretas de Costa e Silva e dos demais ministros militares. O ar-condicionado mostrou-se insuficiente para tamanha multidão. Todos suavam dentro dos paletós, embora o ministro da Guerra apresentasse um semblante tranquilo e não demonstrasse qualquer incômodo dentro da farda verde-oliva. Em cadeia nacional de rádio, Castello então falou:

"A Revolução brasileira, como qualquer movimento nacional, está sujeita a contingências, até mesmo a circunstâncias várias. As contingências têm sido apreciadas e umas e outras que tenham o sentido do revanchismo, reacionarismo e de contrarrevolução devem ser afastadas."

A fala do presidente foi curta. Todos repararam que, entre os tantos presentes, ele era o que mais suava. O rosto molhado brilhava, refletindo o flash dos fotógrafos. As olheiras profundas também foram outro detalhe notado pelos jornalistas que cobriam a cerimônia. Depois das rápidas palavras, Castello passou a íntegra do texto do AI-2 para que Luís Viana Filho o lesse aos presentes. "O Ato era longo, a sala torrava e corri à solta na leitura, irradiada para todo o país", relembraria Viana. Após um preâmbulo verborrágico, em que se afirmava que "não pode haver paz sem autoridade", viriam os 33 artigos que institucionalizariam a vitória da linha dura.

Entre outras medidas, extinguiam-se todos os partidos políticos do país, concediam-se amplos poderes ao Executivo para decretar o estado de sítio e intervir nos estados, aumentava-se o número de membros do STF, suspendiam-se as garantias constitucionais de funcionários públicos e militares, reintroduzia-se a possibilidade de cassação de direitos políticos de qualquer cidadão brasileiro por dez anos e, por fim, tornavam-se indiretas as eleições presidenciais dali por diante. "O presidente da República resistiu durante meses seguidos a editar um novo Ato Institucional e terminou por fazê-lo, assinando o mais drástico de todos", diria Carlos Castello Branco em sua coluna do *Jornal do Brasil*.

"Somente o papa faz um Ato desses e assim mesmo dizendo-se inspirado por Deus", confidenciaria depois, abatido, o próprio marechal Castello a Luís Viana Filho.

"Após o ato solene da assinatura do novo diploma revolucionário, o ministro Costa e Silva não escondia a satisfação, enquanto o presidente Castello mostrava-se visivelmente contrafeito", observaria um insuspeito general Jayme Portella de

Mello. Castello ainda tentara introduzir dois novos artigos ao AI-2, ambos abreviando o próprio mandato. Um deles marcava as eleições presidenciais já para a primeira quinzena de dezembro, dali a menos de dois meses. O outro previa a posse do novo presidente para 15 de março do ano seguinte. Os assessores mais próximos, entre eles Luís Viana, Geisel e Golbery, aconselharam-no a desistir da ideia. Acabaram convencendo-o de que era cedo para entregar o país a quem quer que fosse, antes de providenciar as reformas necessárias.

À última hora, contudo, Castello acrescentou por conta própria um parágrafo adicional ao Ato, escrito por ele à mão. Com uma única linha de texto, vetava qualquer possibilidade de se pensar na sua reeleição: "O atual presidente da República é inelegível para o próximo pleito". Era uma cláusula extra que serviria para lhe aplacar a consciência e evitar possíveis interpretações de que acalentava algum projeto continuísta. Àquela altura, todos sabiam que Costa e Silva tornara-se, em definitivo, o sucessor natural e, desde então, o homem mais poderoso da República.

"De qualquer modo, a grandeza do Ato Institucional está nesse parágrafo", disse Castello ao ministro da Saúde, Raimundo de Brito, que fez uma última tentativa para dissuadi-lo de incluir a frase que o tornava inelegível.

Um dia antes da assinatura do AI-2, Juracy Magalhães havia convocado no Rio de Janeiro uma reunião reservada com um grupo de editores e donos de jornal. Avisou-lhes que o governo não mais permitiria a divulgação de entrevistas com políticos cassados pelo regime. Também não admitiria que os órgãos de imprensa se referissem ao "poder revolucionário" como uma ditadura. Por fim, o governo não aceitaria a publicação de textos assinados por jornalistas que tivessem perdido os direitos políticos. Quem ousasse desobedecer seria punido com rigor.

"Protestarei veementemente se você tentar me fazer despedir jornalistas que perderam seus direitos políticos mas trabalham para mim", afirmou, de chofre, Roberto Marinho. A frase do dono de O Globo entraria para o folclore político brasileiro com tons ainda mais impetuosos: "O senhor que cuide dos seus comunistas; eu cuido dos meus".

"A lei será cumprida. Você e o jornalista serão punidos. Ambos são responsáveis", foi o troco dado pelo ministro da Justiça de Castello a Marinho, segundo transcrição literal do diálogo publicado, à época, pelo jornal alternativo Revolution.

O fato é que, a partir dali, o acabrunhado Castello Branco deixaria de realizar os costumeiros encontros com jornalistas no Palácio do Alvorada. "Foi uma pena,

Castello era um conversador agradável, malicioso e bem-humorado", recordaria Villas-Bôas Corrêa, então um dos interlocutores preferidos do presidente entre os homens de imprensa. "No constrangimento dos recuos, interrompeu os almoços com os repórteres políticos que prometera amiudar. Entendemos seus escrúpulos", lamentaria Villas-Bôas.

O casaco do general

Castello desceu do carro presidencial e andou alguns poucos passos em direção à entrada do Hotel Glória, no Rio de Janeiro, onde faria o discurso de abertura da reunião extraordinária da Organização dos Estados Americanos, a OEA. Avesso a grandes aparatos de segurança, o presidente não recuou e pisou ainda mais firme quando viu um grupo de oito manifestantes aproximar-se dele e, vaiando-o, desenrolar a faixa escrita em letras vermelhas: "OEA — Queremos liberdade!".

Os "Oito da Glória", como ficariam conhecidos por aqueles dias, eram todos intelectuais de prestígio nacional: os escritores Antonio Callado e Carlos Heitor Cony; os cineastas Glauber Rocha, Joaquim Pedro de Andrade e Mário Carneiro; o jornalista Márcio Moreira Alves; o teatrólogo Flávio Rangel e o ex-embaixador Jayme Azevedo Rodrigues.

"Filho da puta!", gritou Cony, olhando nos olhos do presidente.

"Ditador! Ditador! Ditador!", os outros atalharam em coro.

Castello ficou atônito. Os policiais do DOPS caíram sobre os manifestantes e os empurraram para dentro dos camburões estacionados ali perto. Foram todos presos. Enquanto isso, a segurança presidencial rodeava o chefe e o conduzia para o interior do hotel. Lívido, Castello precisou de alguns minutos para se recuperar do susto. Não lidava bem com as vaias. Oito meses antes, havia sido vítima delas pela primeira vez desde que assumira o cargo. Na saída de uma aula inaugural na Faculdade de Arquitetura do Rio de Janeiro, fora apupado por cerca de cinquenta estudantes e, por isso, chegara perturbado a um almoço, marcado para logo depois, na Livraria José Olympio.

Contudo, para Castello, dessa vez a situação fora muito pior. Nem tanto pela estrepitosa vaia ou por ter sido xingado com palavrões cabeludos por um grupo seleto de artistas, intelectuais e jornalistas. O que mais o incomodava, naquele instante, enquanto subia na tribuna para proferir o discurso aos representantes da OEA, era ter sido chamado de ditador. Para ele, a palavra soava como uma ofensa ainda mais grave do que o velho apelido, Quasímodo.

"Estamos empenhados em uma grande tarefa de renovação democrática neste país", discursou, naquele fim de tarde de 17 de novembro de 1965, menos de um mês após ter assinado o AI-2.

A data marcada para a posse dos governadores eleitos se aproximava. Ainda que parecesse demasiado tarde, Castello Branco sentia a necessidade de conter a linha dura. Após a assinatura do segundo Ato Institucional, o governo passara, de forma nítida, a ser identificado pela imprensa como um mandato a serviço do autoritarismo. Na opinião dos analistas políticos e observadores internacionais, o país marchava a passos largos para uma ditadura assumida. Essa era também a opinião do embaixador dos Estados Unidos, Lincoln Gordon, que a expressou ao próprio Castello numa reunião de duas horas, no Palácio Laranjeiras, realizada a 2 de novembro, feriado de Finados. Para Gordon, o maior defunto do dia era a democracia brasileira.

Em telegrama a Washington, o embaixador lamentara o fato de Castello ter recuado demais ao avanço da linha dura. A Casa Branca, porém, respondeu que permaneceria numa posição de absoluta neutralidade em relação ao que acontecia no Brasil. O Departamento de Estado dos Estados Unidos avaliava que qualquer recriminação pública, da parte de autoridades norte-americanas, poderia resultar na retirada das tropas brasileiras da República Dominicana. Contudo, com a devida autorização de Washington, Gordon não se absteve de expressar o descontentamento na conversa privada que manteve com Castello Branco no Rio de Janeiro.

"O senhor está muito pessimista, não cairemos na ditadura", retrucou Castello.

O presidente parecia seguro do que dizia. Para ele, o AI-2 havia demarcado o limite extremo dos recuos táticos. "Tem cabido ao marechal Castello Branco ceder sempre, nas horas de crise, para conter a pressão militar num nível suportável", analisaria Carlos Castello Branco. "Receia-se, contudo, que o presidente, desta vez, não tenha campo à retaguarda para ceder, recuar e compor. Ficou sem terreno às suas costas para manobras de salvação."

Na linguagem da caserna, a infantaria molhara as cuecas no rio. A partir de então, tratava-se de depor as armas ou partir para a ofensiva, recuperar o terreno perdido. "Os militares da linha dura estariam, pela primeira vez, na situação de medir sua própria responsabilidade, pois, não podendo recuar o presidente, caberia a eles a vez de dar um passo atrás", calcularia o colunista político do *JB*. Para seguir adiante, entretanto, Castello precisaria pôr em ação uma série de movimentos concatenados para, de um lado, fortalecer-se politicamente e, de outro, impor voz de comando aos quartéis.

Castello planejou uma grande reforma no ministério. A manobra era simples: trocaria os técnicos de carreira por políticos profissionais, capazes de atrair novas forças e correntes para o governo. Como o AI-2 extinguira todos os partidos então existentes, outra ação indispensável seria reunir notórios adversários regionais em um único e novo grande partido nacional. Castello imaginava que, caso conseguisse se colocar à frente desse complicado processo de reorganização partidária, teria de volta a liderança original que, nos últimos tempos, vira escapar-lhe.

Para impor comando à caserna, Castello necessitaria lançar mão de manobras bem mais arriscadas. A primeira delas seria afastar de postos-chave dos quartéis os principais expoentes da linha dura. O velho recurso das transferências de oficiais incômodos, sempre para guarnições distantes do centro nervoso do país, seria o meio mais eficaz para tal fim. Em segundo lugar, Castello teria que minar o terreno para impedir a oficialização da candidatura de Costa e Silva a presidente. Essa, sem dúvida, era a operação mais sujeita a riscos e acidentes de percurso. Uma espécie de novo Monte Castello em seu caminho.

De fato, o velho marechal planejava todos os passos, como um estrategista que esquadrinha os lances do mais decisivo dos combates. Ao contrário do que dissera ao senador Afonso Arinos, voltara à guerra de posição, em vez de recorrer à imprevisível batalha campal. E começaria por se lançar a um dos alvos mais difíceis: fazer o cerco e garrotear a linha dura. Não havia tempo a perder. Recebera notícias seguras de que os coronéis encarregados pelos IPMS estavam preparando um movimento para depô-lo, caso insistisse em permitir a posse de Negrão de Lima no governo da Guanabara. Telegramas enviados a Washington por agentes da CIA indicavam que o governador mineiro, Magalhães Pinto, estava em permanente contato com os artífices da conspiração.

Em 24 de novembro, em Alagoinhas, interior da Bahia, Castello disparou o primeiro torpedo em direção aos radicais. Para garantir que faria o barulho esperado, a assessoria de imprensa do Palácio do Planalto havia convidado e embarcado para o evento dezenas de repórteres dos maiores jornais do país.

"Há quem anuncie a insurreição. Preferimos enfrentá-la, sem contorná-la. Não reconhecemos nenhuma força autônoma nos meios militares do país. Se existe, que procure medir suas dimensões e passe da conspirata dilatória para a ação aberta", disse Castello ao microfone, em tom de desafio.

Três dias depois, o *Jornal do Brasil* publicou uma carta aberta a Castello Branco, assinada pelo tenente-coronel Francisco Boaventura Cavalcanti Júnior, chefe do Estado-Maior da Divisão de Paraquedistas. "Senhor presidente. Vislumbra-se no citado trecho do discurso de Alagoinhas que V. Exa. tem conhecimento da inquietação no meio militar. A inquietação existe, é crescente e tem causa justa", dizia a carta.

"Os revolucionários sinceros, com os olhos voltados para milhões de brasileiros, não privilegiados, que ainda sofrem em consequências dos desmandos dos governos passados, não compreendem a posição intransigente assumida por V. Exa. ao defender a posse, na direção de vários estados, de legítimos continuadores da obra de corrupção e subversão no país", escreveu ainda Boaventura, que concluía, impositivo: "As leis para a proteção dos objetivos da Revolução estão ao dispor de V. Exa. e a linha dura aguarda, com impaciência, sua decisão".

Após fazer o inimigo sair da trincheira, Castello providenciou o fogo direto. Fez ver a Costa e Silva que, por uma questão de manutenção da hierarquia e da disciplina, Boaventura teria que ser punido de modo exemplar. Assim, o tenente--coronel foi detido e, junto com ele, os coronéis Osnelli Martinelli e Hélio Lemos, que lhe haviam prestado solidariedade. Em seguida, o trio seria transferido do Rio de Janeiro e seus integrantes distribuídos em diferentes estados da federação. Boaventura foi mandado para Natal, Martinelli para Salvador e Lemos para Bagé, no Rio Grande do Sul. Castello ganhara a primeira batalha.

Outro oficial linha dura que desejava enquadrar era o coronel Ferdinando de Carvalho, encarregado do IPM que investigava as ações do Partido Comunista no país. O coronel Ferdinando, extrapolando da missão, insistia em pedir a prisão preventiva de Negrão de Lima, acusando-o de ter fornecido dinheiro a membros do PCB para que transportassem eleitores no pleito de outubro. Castello enviou Juracy Magalhães como uma espécie de patrulha avançada para tentar dissuadir o coronel daquela cruzada. Como resposta, Ferdinando mostrou-lhe uma imensa pilha de documentos que continham supostas provas do envolvimento do governador eleito com as esquerdas. Entre os papéis, estavam algumas fotos da campanha, nas quais Negrão aparecia no palanque ao lado de alguns líderes trabalhistas.

"Até eu tenho fotos ao lado dessa gente em comícios, e ao que me consta não sou comunista", teria dito Magalhães ao coronel Ferdinando.

Castello Branco determinou ao procurador da Justiça Militar, Eraldo Gueiros, que o processo fosse cozido em banho-maria, esticando-se os prazos de sua tramitação até que Negrão assumisse, de fato, o cargo de governador. Costa e Silva não pôs obstáculos. Pretendia oficializar a candidatura antes do fim do ano e, assim, não tumultuaria um cenário que lhe parecia favorável após a decretação do AI-2 — dispositivo que, aliás, previa a possibilidade de uma futura intervenção nos estados hostis ao futuro governo, sem maiores dificuldades legais.

No dia 5 de dezembro, um domingo, ocorreu enfim a transmissão de poder na Guanabara. Ninguém da administração de Carlos Lacerda compareceu à solenidade. O próprio Lacerda inclusive já havia abandonado o governo estadual, após o AI-2 ter decidido que as eleições presidenciais do ano seguinte seriam indiretas. Recomendou ao vice, Raphael de Almeida Magalhães, que também não passasse o bastão a Negrão de Lima, que assim acabou recebendo o cargo de governador das mãos do presidente do Tribunal de Justiça, Martinho Garcez Neto. Negrão de Lima não encontraria nem mesmo as galinhas dos jardins do palácio, levadas pelos partidários do governo anterior. Os quadros e até as máquinas de escrever haviam desaparecido.

O presidente Castello Branco, como já se esperava, também não se fez presente à cerimônia, mas mandou Juracy Magalhães como representante oficial. Dentro e fora do prédio da Assembleia Legislativa, 2 mil agentes de segurança haviam sido designados para dar cobertura ao evento, pois se temia algum atentado, disparado à última hora pela linha dura. Mas nem ela resolveu aparecer. Dois dias depois, o processo contra Negrão de Lima foi arquivado. O governo ultrapassara o que os próprios assessores apelidavam de "cabo das tormentas". Castello Branco conseguira, temporariamente, acuar os radicais.

Quatro dias depois da posse de Negrão de Lima, o presidente contrariou de novo a linha dura, ao permitir que Juscelino Kubitschek, ainda com a saúde abalada pelos massacrantes interrogatórios a que fora submetido, deixasse o país junto com a esposa, sob escolta armada, em direção a Nova York. Ao mesmo tempo, na condição de comandante das Forças Armadas, providenciou uma série de alterações em postos de comando nos quartéis, impingindo relevantes baixas às hostes do inimigo.

Castello retiraria, por exemplo, o general Ururaí, notório linha dura, da chefia do I Exército e lhe daria como prêmio de consolação uma vaga no Supremo Tribunal Militar. Para substituir Ururaí, promovera a quatro estrelas o então general de divisão Adalberto Pereira dos Santos, futuro vice-presidente do governo Geisel. Para comandar a Vila Militar, eterno palco de insurreições armadas, Castello chamou o general Jurandir Bizarria Mamede, um dos mais confiáveis membros da chamada "Sorbonne". Por fim, para a chefia do III Exército, designou o general Orlando Geisel, outro fiel castellista, desafeto pessoal do ministro da Guerra.

O presidente construía em torno de si um dispositivo que lhe desse a segurança e a tranquilidade necessárias nos últimos quinze meses de governo. Costa e Silva não descuidaria de guarnecer também o seu lado do front. Trouxe de Washington, onde então atuava como adido militar, o general Emílio Garrastazu Médici, que inclusive viria a ser seu sucessor na presidência da República. Médici assumiu o comando da 3ª Região Militar, sediada em Porto Alegre. Ao mesmo tempo, o ministro da Guerra impediu que Castello enviasse o general Jayme Portella de Mello, o dedicado chefe de gabinete, para uma missão no exterior. Os dois lados, portanto, acumulavam munição.

Com o recuo da linha dura, Castello Branco arriscou um primeiro ataque indireto a Costa e Silva. Como pretexto, utilizou um projeto que, todos sabiam, o presidente acalentava desde os tempos em que exercera a chefia do Estado-Maior do Exército. O tal projeto, cuja elaboração foi confiada a Ernesto Geisel, sob supervisão direta de Castello, continha três pontos básicos: a extinção do posto de marechal, a limitação do período em que os generais deveriam permanecer na ativa e, ainda, a fixação de um prazo para que os militares se desligassem da caserna ao assumir funções civis. Era a chamada Lei da Inatividade, que naquele momento tornava o ministro da Guerra um alvo fácil de ser atingido.

Era bem verdade que, em tese, a Lei da Inatividade era impessoal e corres-

364

pondia a antigas convicções de Castello Branco. Alguns dos pontos, como o afastamento imediato dos quartéis daqueles oficiais que ingressassem na política, eram derivados das velhas reivindicações do Coronel Y, o pseudônimo que o jovem Castello utilizara, nos anos 1930, para assinar a série de artigos na *Gazeta do Rio*. Ninguém podia, pelo menos nesse aspecto, acusá-lo de incoerência histórica.

Os outros pontos do projeto também eram defensáveis perante a opinião pública. O marechalato, por exemplo, transformara-se em uma sinecura concedida a militares em fim de carreira que lhes multiplicava o soldo, provocando evidente distorção de rendimentos entre a base e a cúpula da caserna. Extingui-lo, pois, era quando menos um gesto de austeridade no trato com o dinheiro público. Com a limitação do período em que os generais poderiam permanecer na ativa antes de vestir o pijama, pretendia-se evitar a permanência de verdadeiros "dinossauros" no topo dos quartéis, incentivando-se assim uma constante renovação das tropas.

Contudo, maliciosamente, Castello aproveitou as discussões sobre a Lei da Inatividade e sugeriu o prazo máximo de treze anos para um general ser transferido à reserva. E recomendou que, a partir de julho do ano seguinte, fosse extinto o cargo de marechal. A proposta atingia em cheio os interesses de Costa e Silva, que em outubro completaria a idade compulsória para permanecer na ativa. Isso significava que, se quisesse ter direito ao marechalato, o ministro da Guerra teria de pedir transferência para a reserva em julho, portanto três meses antes das eleições indiretas do ano seguinte. O plano de Castello parecia perfeito.

Costa e Silva, entretanto, ficou furioso. Numa reunião com o presidente, junto aos demais ministros militares, bateu na mesa e disse que se sentia atingido com aquela hipótese. Castello, cauteloso, ensarilhou as armas. Percebeu que não podia partir para o ataque frontal e, mais uma vez, esperou um momento mais propício para a próxima ofensiva. Dias depois, quando assinou o texto definitivo da Lei da Inatividade, Castello havia orientado Geisel a fixar em outubro o prazo para o fim do posto de marechal. Na guerra de posição, cedera de novo alguns metros ao adversário, mas não batera em retirada.

Enquanto planejava o próximo ataque aos flancos da candidatura Costa e Silva, o presidente decidiu que era hora de atuar na outra frente de batalha, a política. Além de um providencial reordenamento das forças que o apoiavam, a planejada reforma ministerial seria uma forma de eliminar o peso morto e os focos de tensão interna. Castello chegou a cogitar a substituição completa da equipe, opção que foi sugerida pelo chefe da Casa Civil, Luís Viana Filho, e pelo ministro da Justiça, Juracy Magalhães. Caberia a Juracy tomar a iniciativa de propor aos colegas a clássica demissão coletiva, com a intenção de deixar o presidente à vontade para escolher os novos auxiliares. Como vantagem adicional ao estratagema, Costa e Silva se veria obrigado a se afastar também do governo, perdendo grande parte do poder de fogo.

Castello, ainda assim, preferiu tratar cada caso de forma isolada. Não queria abdicar de alguns ministros, em particular os da equipe econômica. Com as medidas ortodoxas, a dupla Campos e Bulhões havia conseguido obter, pela primeira vez em muitos anos, um saldo positivo na balança comercial brasileira e derrubar a inflação para a casa dos 45%, quase a metade dos 87% do ano anterior. O índice de crescimento, 2,7%, continuava bem aquém dos 6% previstos no PAEG, mas Roberto Campos, a despeito da grita geral de empresários e trabalhadores contra a recessão na qual o país estava imerso, permanecia intocável à frente do Planejamento.

"Santa Tereza dizia que é melhor estar perto do inferno, mas a caminho do céu, do que estar perto do céu, mas a caminho do inferno", justificara-se o superministro, em entrevista à revista *Manchete* naquele ano.

O primeiro a ser exonerado foi o ministro da Educação, Flávio Suplicy de Lacerda. Autor da malfadada Lei Suplicy, o titular do MEC se desgastara no embate com os estudantes e, em especial, no episódio do fechamento da UnB, em outubro daquele ano. Cerca de duzentos professores haviam pedido demissão e os estudantes tinham entrado em greve, em protesto contra as constantes intervenções militares na universidade.

Para tentar cooptar o escorregadio Magalhães Pinto para o arco de alianças, Castello pediu que Juracy convidasse o governador mineiro, em fim de mandato, para o cargo deixado vago com a saída de Suplicy. A oferta, porém, foi recusada. Pedro Aleixo, líder do governo na Câmara, acabaria nomeado para o MEC. Mas Castello estava disposto a seguir ampliando as bases nos estados e escalou outro governador, Ney Braga, do Paraná, para a pasta da Agricultura, no lugar do discreto Hugo Leme.

Outro técnico a ser mandado embora mais cedo, convidado a ceder a cadeira para um político profissional, foi o ministro do Trabalho, Arnaldo Sussekind, substituído pelo deputado gaúcho Walter Peracchi Barcelos, filiado ao PSD, partido que Castello tentava trazer de volta para o leque de alianças. Já o engenheiro paulista Paulo Egídio Martins ficaria com o Ministério da Indústria e Comércio, o que significaria a inclusão tardia de um representante de São Paulo na equipe econômica do governo. Contudo, a mudança que mais provocaria ondas de boataria seria a realizada na pasta da Justiça.

O senador Mem de Sá, do pequenino PL, político que não escondia de ninguém sua aversão radical a Costa e Silva, foi escolhido para substituir Juracy Magalhães, que após a rápida passagem pelo Ministério da Justiça receberia a pasta das Relações Exteriores. Juracy tentou emplacar o deputado Armando Falcão para ocupar o lugar, mas Castello foi contra:

"Tenho muito apreço pelo Falcão, mas já tem cearense demais no governo: eu, você e o Juarez [Távora]."

Castello teria que desmentir de público, por várias vezes, e sem nunca convencer os interlocutores, que a nomeação de Mem de Sá fazia parte de uma estratégia armada para bombardear a candidatura do ministro da Guerra, que a cada dia parecia mais forte. Indagado pela imprensa sobre o assunto, um velho deputado udenista, o mineiro José Bonifácio, cunhou uma metáfora futebolística que os assessores de Costa e Silva repetiriam, com gosto, dali por diante:

"Na hora do pênalti, se você tem o Pelé no time, vai mandar outro bater?"

O avião presidencial viajava de Brasília ao Rio de Janeiro, no dia 20 de novembro, quando o deputado cearense Paulo Sarasate rabiscou algo em um guardanapo de papel e o passou a Castello. Durante todo o voo, lotado de políticos, a grande discussão era sobre qual o nome com que se batizaria o novo partido de sustentação do governo. Havia três opções em pauta: Aliança Nacional Renovadora, Aliança Renovadora Democrática e Aliança Renovadora Nacional. Para a última, Sarasate cunhara uma sigla e acabara de rabiscá-la ao presidente. Castello gostou do que leu. Estava decidido. Surgia a ARENA.

Naquele mesmo dia, Castello assinaria um ato complementar ao AI-2, no qual ficava estabelecido que as novas agremiações partidárias teriam o prazo máximo de 45 dias para se organizar. Exigia-se que, para obter o registro provisório, cada uma delas contasse com o mínimo de 120 deputados federais e pelo menos vinte senadores entre os afiliados. Matematicamente, portanto, haveria chances para se formarem três grandes partidos, já que o Congresso Nacional contava com um total de 409 cadeiras na Câmara e outras 66 no Senado. Mas, para evitar fissuras na base aliada, o governo tirou do bolso do colete o artifício da sublegenda, criando a ARENA 1 e a ARENA 2, o que acomodou inimigos regionais no mesmo balaio partidário.

Os petebistas procuravam aliados de última hora para formar o Movimento Democrático Brasileiro, o MODEBRA, uma frente de oposição que depois seria rebatizada de MDB. Correndo por fora, Carlos Lacerda tentava em vão organizar o Partido Renovador Democrático, sob a insólita sigla de PAREDE. Enquanto isso, a ARENA continuava a aliciar parlamentares dos treze partidos extintos, provocando um estouro da manada em direção a seus quadros. Em poucos dias, conseguira filiar dois terços do Congresso Nacional.

"É preciso pôr um paradeiro nisso, estão invadindo a ARENA. Ainda agora havia um turco forçando a porta e tive que afugentá-lo para não entrar", ironizaria Paulo Sarasate, em provável alusão ao senador petebista Carlos Jereissati, pai do futuro governador do Ceará e senador Tasso Jereissati.

O partido governista foi tão assediado que não sobraram parlamentares em número suficiente para formar o MDB. Por alguns dias, o país ficou sob a ameaça de ter um partido único. Castello se reuniu então com Juracy Magalhães, Cordeiro de Farias e Pedro Aleixo para encontrar uma forma de solucionar o impasse. Era preciso que existisse uma oposição, ainda que figurativa. O presidente pensou em editar novo ato complementar, reduzindo as exigências para a constituição dos novos partidos. Mas a solução definitiva para o caso seria ainda mais surreal: a ARENA emprestou alguns dos seus deputados e senadores para que MDB conseguisse o registro provisório.

Em pouco mais de dois meses de combate, Castello parecia ter conseguido vitórias em uma guerra na qual, durante mais de um ano e meio de governo, só sofrera reveses. Ao ministro Juracy Magalhães, fez um breve inventário das conquistas. Procedera a uma bem urdida renovação de forças no ministério e, para completar, construíra as bases para a formação de uma poderosa frente partidária, aparentemente imbatível. Bloqueara os ataques fulminantes da linha dura e limpara os principais comandos militares de potenciais adversários. Conquistara, enfim, todos os objetivos a que se propusera. Faltava-lhe apenas a batalha final: aniquilar as pretensões presidenciais do ministro da Guerra.

"Estou cansado e creio que mereço passar alguns dias no Ceará, em Messejana, de papo para o ar, na beira da lagoa", avisou, porém, aos auxiliares, na véspera do Natal.

Foi seu maior erro tático. Esperaria a virada do ano para começar a articular a sucessão. Calculou que nada de extraordinário aconteceria nos dias seguintes. Costa e Silva marcara uma viagem ao exterior, a partir da primeira semana de janeiro, e ficaria fora do país por mais de um mês. Assim, Castello imaginou que, durante todo esse período, o terreno ficaria livre. Despreocupado, suspendeu fogo e rumou para o Ceará. Na bagagem, levou roupas leves e uma lista secreta de presidenciáveis, na qual catalogava os possíveis substitutos em três categorias distintas: militares, civis e "anfíbios".

O general Mamede, que Castello colocara no comando da Vila Militar, e o general Adhemar de Queiroz, que recebera de suas mãos a presidência da Petrobras, eram os principais candidatos entre os militares. Já Bilac Pinto, que obtivera de Castello ajuda para conquistar a presidência da Câmara, e Pedro Aleixo, escolhido para ser o novo ministro da Educação, eram os preferidos entre os civis. Quanto aos "anfíbios", as predileções do presidente dividiam-se entre Juracy Magalhães e Cordeiro de Farias, que havia muito tinham deixado os quartéis e assumido o papel de articuladores políticos do governo. Na hora apropriada, Castello iria decidir-se por um daqueles seis nomes. Por enquanto, resolvera fazer de Messejana o seu "repouso do guerreiro".

Mas o presidente não contava com o ataque-surpresa coordenado, à retaguarda, entre o general Jayme Portella de Mello, em Brasília, e o tenente-coronel Mário Andreazza, no Rio de Janeiro. Os dois decidiram oficializar a candidatura de Costa e Silva, com o consentimento do próprio, na tradicional solenidade de fim de ano do Ministério da Guerra. Como de praxe, o ministro seria recebido com homenagens e discursos festivos, o que consistiria numa oportunidade ideal para pôr o plano em prática.

Enquanto Castello Branco se balançava em uma rede branca às margens da lagoa de Messejana, toda a oficialidade do Rio de Janeiro se reunia, na tarde de 30 de dezembro, no Salão Nobre do Ministério da Guerra. Costa e Silva, aplaudido de pé, entrou no recinto acompanhado do chefe de gabinete e dirigiu-se para o lugar de honra. Conforme Portella de Mello e Andreazza haviam combinado, o orador oficial do evento, general Nilo Guerreiro Lima, lançou a frase que incendiaria a plateia:

"Não há ninguém melhor para dar prosseguimento ao governo austero do marechal Castello Branco do que o velho e companheiro amigo, o ministro da Guerra, general Arthur da Costa e Silva."

Nunca aquele salão assistira a reação igual a que se seguiu. As palmas, delirantes, perduraram no ar por intermináveis minutos. Costa e Silva sorria, acenava para a plateia, e os aplausos recrudesciam. Uma pesquisa divulgada pela imprensa naqueles dias indicaria que possuía cerca de 85% da preferência dos quartéis. Ao final da cerimônia, Portella de Mello e Andreazza levaram o deputado Costa Cavalcanti, que estava entre os presentes, até o gabinete do ministro da Guerra. Queriam que um parlamentar fosse o primeiro a ouvir a confirmação oficial da candidatura do general.

"Pode espalhar a notícia em primeira mão. Diante de tamanha manifestação de apreço, não posso decepcionar os que confiam em mim. Sou candidato", foi o que Cavalcanti ouviu da boca do próprio Costa e Silva.

Entretanto, contrariando os planos de Portella de Mello, depois que saiu dali o deputado esquivou-se dos jornalistas e dos próprios colegas de Congresso. Agiu assim por temer que qualquer outro gesto fosse confundido com alguma espécie de represália. Afinal, dias antes, fora chamado por Castello ao Palácio Laranjeiras, durante a crise provocada pela carta que o irmão, o coronel linha dura Boaventura Cavalcanti, publicara no *Jornal do Brasil*. Irritado, sentado atrás da mesa de mármore, o presidente o desafiara:

"Ouvi dizer que o senhor está anunciando que vão virar a mesa. Pois vire, vire agora que eu quero ver!", exclamara Castello, apontando para a pesada bancada de trabalho.

A notícia de que Costa e Silva assumira a candidatura chegaria aos jornais por meio de outro deputado, Anísio Rocha, eleito pelo PSD de Goiás e já com bilhete marcado para ingressar no MDB. Amigo de Costa e Silva, Rocha tratou de espalhar a novidade à imprensa. Em Messejana, Castello quase caiu da rede quando soube, através do rádio, que o ministro da Guerra lhe tomara a dianteira. Mandou que arrumassem suas malas e voltou para o Rio de Janeiro.

"Você se precipitou", advertiu Castello, tão logo encontrou Costa e Silva.

"Não acho. Sondei vários generais a respeito do assunto e recebi deles o devido apoio. Vou até o fim", respondeu o ministro da Guerra, lembrando de avisar ao presidente que ele não precisava se preocupar mais em emprestar-lhe o casacão contra o frio, conforme prometera antes. Levaria para a viagem à Europa outro, que Amaury Kruel já lhe oferecera.

"O seu ficaria mesmo muito apertado em mim", comentou Costa e Silva, na saída, ao despedir-se.

A guerra entre os dois estava declarada.

"ENTRE OUTROS MIL"
A batalha da sucessão — 1966-67

Inimigos íntimos

"Vou ministro e volto ministro."

A frase do general Costa e Silva, dita aos jornalistas que o cercaram no aeroporto do Galeão, foi entendida como uma declaração de força e como um desafio aberto ao marechal Castello Branco. Era 6 de janeiro, Dia de Reis, e o ministro da Guerra embarcava para a Europa, debaixo de insistente chuva de boatos. Dizia-se, à boca solta, que o presidente iria se aproveitar de sua ausência para lhe fulminar a candidatura. Portella de Mello e Mário Andreazza, preocupados, eram favoráveis ao cancelamento da viagem. Na manhã daquele mesmo dia, ao nomear o chefe do Estado-Maior do Exército, Décio Palmeiro Escobar, como ministro interino, Castello deixara no ar um comentário que atiçara ainda mais as especulações:

"Agora o presidente pode substituir o ministro da Guerra tranquilamente, sem que isso, como acontecia antes, gere uma crise no país", disse Castello, no discurso de improviso.

A imprensa se encarregou de juntar as duas frases e fazer da crise uma fratura exposta. Mais tarde, Costa e Silva ainda tentaria argumentar que haviam distorcido suas palavras, que apenas respondera à indagação de um repórter sobre se estava viajando já na condição de candidato à presidência da República. Mas a contenda entre ele e Castello, que vinha sendo assunto dos colunistas políticos, passou a ser estampada nas manchetes de todos os jornais do país. Somou-se a isso o ostensivo aparato militar organizado para saudar o embarque do ministro da Guerra. Como não haviam conseguido evitar a viagem, Portella e Andreazza trataram de transformá-la em um pomposo acontecimento político.

Com certo exagero, os organizadores divulgaram que cerca de 3 mil pessoas, a maioria militares das três forças — Exército, Marinha e Aeronáutica —, estavam presentes ao Galeão naquela noite. Porém, é fato que quase todos os generais e oficiais superiores das unidades sediadas no Rio de Janeiro realmente prestigiaram o embarque do ministro. Também não era pequeno o número de civis dividindo espaço com as fardas verdes, brancas e azuis. Estavam lá, agitando bandeirolas do Brasil e fotos de Costa e Silva, empresários, políticos, donas de casa e as tradicionais criancinhas em uniforme escolar.

"Se o senhor não demitir o Costa e Silva imediatamente, não vai poder fazer isso mais tarde", observou Juracy Magalhães a Castello.

Mas, em vez de mandar datilografar a exoneração de Costa e Silva, o presidente preferiu mandar chamar ao Palácio Laranjeiras, quatro dias depois, o ministro interino, Palmeiro Escobar; o comandante do I Exército, Adalberto Pereira dos Santos; e o general Portella de Mello. O último, contudo, não compareceu, alegando que estava em Brasília e não chegaria a tempo para a reunião. Somente aos dois primeiros, portanto, Castello disse que a candidatura do ministro da Guerra havia sido lançada à sua revelia e, mais ainda, que não admitiria receber pressões da área militar quanto à sucessão. Advertiu que não aceitaria que se fizesse propaganda no meio da tropa, pois queria manter o Exército bem longe das rinhas políticas. E de forma alguma consentiria que as dependências do Ministério da Guerra fossem transformadas em escritório de campanha eleitoral:

"Não permitirei que se repita a mesma coisa que aconteceu na época do Lott. O nono andar não vai ser conspurcado novamente."

De Brasília, Andreazza e Portella de Mello enviavam emissários aos quatro cantos do país, auscultando os prováveis aliados e sondando as possíveis resistências, tanto na caserna quanto nos meios políticos e empresariais. Para manter Costa e Silva informado de tudo o que se passava durante sua permanência no exterior, os dois auxiliares despachavam-lhe relatórios minuciosos e sistemáticos. Ciente de todos os movimentos do Planalto, e diante da evidência de que Castello não estava mesmo disposto a acolher sua candidatura, o ministro da Guerra chegou a dizer a jornalistas na Europa que, caso não lhe fosse dada a legenda da ARENA, não se constrangeria em, sem demora, bater às portas do MDB.

"Vocês escolham se eu me candidatarei como cristão ou como leão", era o trocadilho da moda, baseado no nome do partido governista, que setores do Congresso passaram a atribuir a Costa e Silva.

Como bom jogador de pôquer que era, o ministro da Guerra talvez blefasse, para sentir as cartas do adversário. Castello, o estrategista, encontrara um adversário à altura. Se o marechal agia como se estivesse comandando os movimentos de uma batalha, Costa e Silva parecia igualmente desenvolto, mas como se estivesse sentado a uma das habituais mesas de carteado. Castello não quis arriscar toda a munição em um único alvo. E o general linha dura guardava alguns ases escondidos sob a manga, pois começara de fato a ganhar simpatizantes na oposição.

Antigos afiliados do PSD que haviam se bandeado para o MDB, por exemplo, passaram a ver na candidatura de Costa e Silva uma maneira de ir à forra contra Castello Branco e contra os udenistas, a maioria deles agora abrigados sob as asas largas da ARENA. De Minas Gerais, Magalhães Pinto, que ainda não se filiara a nenhuma agremiação, mandava recados expressos aos emedebistas, dizendo que, com a ajuda deles, toparia coordenar um movimento de apoio a Costa e Silva e de oposição ao governo federal. Até o fato de a candidatura do ministro da Guerra, no apagar das luzes do ano anterior, ter sido oficializada à imprensa por meio de um político da oposição — Anísio Rocha, que se filiara ao MDB — parecia outro sinal de que não seria por falta de fichas que o general sairia do jogo.

Castello decidiu partir para o combate corpo a corpo. No dia 26 de janeiro, mandou cópias para os comandos militares de um extenso memorando reservado, intitulado "Aspectos da sucessão presidencial", mas apelidado pelos assessores palacianos de "A Bíblia da Sucessão". O texto era longo, mas objetivo, sem deixar margens para ambiguidades ou interpretações: "Alguns elementos radicais do Exército — uns se dizem da linha dura, outros dispostos à ditadura, alguns vinculados a setores políticos inconformados — desejam precipitar as operações da sucessão, mesmo com a divisão das Forças Armadas", dizia um trecho.

"Em meio desse ânimo, elementos da candidatura Costa e Silva propugnam, por conta própria, a sua intempestiva adoção. Vê-se, então, um lançamento desordenado, pois, antes e fora da ARENA. Não consideram a existência de responsáveis pela política nacional, inclusive o presidente da República", queixava-se Castello. Em seguida, o documento passava a citar algumas das ações dos articuladores políticos do ministro da Guerra que considerava inaceitáveis: "Incursão no meio da oposição em busca de adeptos. Apresentação de aspectos de oposição ao governo. Agitação dos meios militares para a formação de pressão crescente e triunfante".

Castello aproveitou também para enumerar as três principais dissensões que disse ter enfrentado ao longo de todo o governo: primeiro, os militares que prefeririam ter "enveredado pela ditadura"; segundo, os que quiseram lançar, "com a antecipação de dois anos", a candidatura de Carlos Lacerda; e, por fim, os que não se conformavam por ele não ter entregue a coordenação política do governo a Magalhães Pinto. "Logo, qualquer candidatura não pode partir desses grupos ou surgir com a participação deles. É um raciocínio simples, mas muito racional", argumentava o presidente.

Ao final do documento, Castello Branco impunha cinco princípios básicos a serem cumpridos pelos candidatos que quisessem contar com o apoio do governo: a candidatura deveria ser oficializada no tempo certo, teria que ser gestada no ventre da ARENA, não poderia recorrer à pressão militar para se impor, não faria de nenhum ministério um centro de propaganda e, finalmente, comprometer-se-ia a acatar os princípios da "Revolução". Numa linguagem bastante inteligível a Costa e Silva, eram aquelas as regras do jogo.

Os assessores do ministro da Guerra trataram de conseguir uma cópia do documento, que logo vazaria para a imprensa, e enviaram-na para a Europa. Cuidaram de avisar ainda a Costa e Silva que, por sugestão de Mem de Sá, o novo ministro da Justiça, Castello passara a trabalhar com a possibilidade de, por meio de um golpe de mão, impedi-lo de ser candidato. Para tanto, bastaria que o presidente se servisse de uma firula legal. O AI-2 decretara que as eleições presidenciais deveriam ser realizadas "até 3 de outubro". Nada impedia, portanto, que fossem convocadas antes daquela data. Caso antecipasse o pleito e, ao mesmo tempo, mantivesse a exigência de seis meses para a desincompatibilização dos candidatos que ocupassem cargo público, Castello tornaria Costa e Silva inelegível.

Da Alemanha, o ministro da Guerra recomendou cautela aos auxiliares. Castello parecia ter, enfim, uma boa sequência do mesmo naipe nas mãos. Melhor não pagar para ver. O mais aconselhável era trocar algumas cartas com a mesa. Foi assim que, nesse meio-tempo, o presidente da ARENA, senador Daniel Krieger, foi convidado a dividir uma garrafa de uísque com alguns partidários da candidatura de Costa e Silva. O encontro, realizado no apartamento do senador José

Cândido Ferraz, em Brasília, contou com a participação do também senador Dinarte Mariz e do general Portella de Mello. Depois de alguns goles, Krieger relatou aos demais que almoçara naqueles dias com Castello no Palácio Laranjeiras, quando fizera ver ao presidente que a disputa entre ele e o ministro da Guerra só estava servindo para alimentar intrigas nos quartéis.

"O que o presidente me disse que não aceita é a pressão militar", observou o senador, em tom de inconfidência.

Krieger, amigo de Costa e Silva, aconselhou Portella a trabalhar também junto a oficiais próximos ao presidente, mas com cautela para não agravar as tensões e nem irritar ainda mais os assessores do Planalto. Lembrou que Castello se mostrava sempre muito sensível quando o assunto dizia respeito à unidade das Forças Armadas, e talvez aquela fosse uma boa linha de argumentação para dobrá-lo aos poucos. Ou seja, era preciso generalizar a crença de que, como Costa e Silva tomara a iniciativa de dar as cartas primeiro, qualquer novo nome que entrasse na disputa depois dele dividiria o Exército. Aquela conversa regada a doses generosas de dezoito anos seguiria noite adentro e, ao final, quem curtiria a ressaca dela seria o abstêmio presidente.

A primeira dor de cabeça veio com a resposta, escrita pelo ministro interino da Guerra, Décio Palmeiro de Escobar, ao memorando sobre a sucessão. Escobar, em carta pessoal a Castello, argumentava com firmeza que as Forças Armadas não podiam ficar de fora das discussões eleitorais naquele momento crítico em que vivia o país. Em seguida, porém, ponderava: "Sempre existiram elementos extremados e poderiam ocorrer atos impensados e manifestações de indisciplina, mas nem Costa e Silva nem qualquer outro líder os incentivaria", escreveu.

"Meu propósito é lutar contra esse clima de suspicácia, que tende a se agravar e que tanto mal fez à harmonia que deve reinar no âmbito da família revolucionária", continuava Escobar, escolhendo as palavras certas para se fazer ouvir por Castello. "São evidentemente chocantes, desarrazoadas, injustas, lamentáveis as críticas ao presidente. Mas não desconfie da lealdade do ministro ou dos generais em missão de comando", pedia.

No penúltimo dia de janeiro, Castello cancelou a folga de domingo dos auxiliares diretos e os reuniu para uma conversa sobre a sucessão. Informou-lhes que, após ter consultado vários colegas de farda, decidira dar uma oportunidade para que Costa e Silva, quando voltasse de viagem, mostrasse que estava disposto a seguir as regras contidas no documento que escrevera havia poucos dias.

O presidente disse reconhecer que o ministro da Guerra não era o candidato ideal, mas temia fazer eclodir uma crise nas Forças Armadas, caso lançasse outro militar para lhe fazer frente. Caberia a Costa e Silva, portanto, submeter-se à "Bíblia da Sucessão" para que a bandeira branca entre os dois fosse erguida.

"O que está em jogo, meus caros, é a sagrada unidade das Forças Armadas", advertiu Castello Branco, para desalento geral.

O general Ernesto Geisel achou que Castello tomara a decisão errada:

"Vamos vender o futuro por uma solução precipitada do presidente. Pouco importava que houvesse crise agora, essa crise que estão querendo evitar. Prefiro até que haja. E, se eles ganharem, que venham e assumam a responsabilidade do governo", disse o chefe da Casa Militar a Luís Viana Filho.

Castello, porém, ainda tinha munição estocada. Para isso, nomeara Bilac Pinto embaixador brasileiro em Paris. Assim, garantia ao ex-líder udenista uma providencial quarentena, tornando-o uma espécie de reserva de contingência, a qual poderia lançar mão numa circunstância de esgotamento da solução militar. Aos mais chegados, o presidente dizia acalentar a ideia de, se possível, ter um civil como sucessor. O lançamento premeditado da candidatura de Costa e Silva, contudo, dificultara os planos.

Mas, naquela reunião dominical, o presidente não tocou em tal assunto. Pelo contrário, discutiu com assessores o texto de um novo Ato Institucional, o AI-3, a ser publicado nos próximos dias. Na verdade, o texto era quase um apêndice do draconiano ato anterior, regulamentando algumas de suas omissões, como as regras para as próximas eleições estaduais. Com a justificativa de evitar a quase convulsão de outubro do ano precedente, o novo dispositivo tornava indiretas também a escolha dos governadores dali por diante e, além disso, criava para as capitais estaduais aquele que mais tarde viria a ser conhecido como "prefeito biônico", o prefeito não eleito, indicado pelo governador.

"O Ato Institucional nº 3, hoje assinado pelo marechal Castello Branco, é um dos documentos mais tristes de que se tem notícia na história nacional", diria o editorial do *Correio da Manhã*, explicitando mais uma das tantas contradições daquele governo: "Cada vez que o marechal Castello Branco pretende defender-se contra a ditadura radical, dá um golpe que atinge o país inteiro e, principalmente, a democracia".

Em entrevista ao *Jornal do Brasil*, o deputado Martins Rodrigues, pessedista convertido ao MDB, afirmou que o país parecia anestesiado pelo argumento de que a melhor maneira de evitar a ditadura era implantá-la.

"Eles dizem isso tão naturalmente, e com tanta ênfase, que às vezes a gente fica se perguntando se não somos nós que estamos errados", comentou o deputado.

Outros artigos do AI-3 interessariam a Costa e Silva, pois, ao contrário do que sugerira Mem de Sá, ficava determinado que as eleições presidenciais ocorreriam, de fato, em outubro. E o novo prazo de desincompatibilização era ainda mais favorável ao ministro da Guerra, pois fora reduzido de seis para apenas três meses antes do pleito. Assim, o general Arthur da Costa e Silva poderia seguir dando ordens no ministério até julho. Em compensação, as pretensões de outros dois militares, pré-candidatos às eleições estaduais, os generais Justino Alves Bastos e Amaury Kruel, haviam sido eliminadas, com o artigo que exigia um mínimo de dois anos de domicílio eleitoral.

Tanto o linha dura Bastos, que pretendia concorrer ao governo do Rio Grande do Sul, quanto Kruel, que aspirava disputar as eleições em São Paulo com o apoio do MDB, não atendiam a tal regra. Castello, de caso pensado, afastara a possibilidade de qualquer candidatura fardada no âmbito dos estados. Mas abrira o flanco para Costa e Silva continuar a marcha em direção à presidência. Entregando os anéis para não perder os dedos, o presidente submetia o ministro da Guerra a um último e radical teste de confiança mútua.

"O general Costa e Silva terá de pleitear o apoio da ARENA, na esperança de que o dispositivo militar submisso ao presidente da República o acolherá", avaliava o jornalista Carlos Castello Branco. "O marechal Castello Branco, por seu turno, deverá dar ao candidato a cobertura política adequada, na certeza de que o general Costa e Silva não faltará ao compromisso de manter a orientação do governo a que pertence nos seus itens essenciais, da política econômico-financeira e da política externa." Parecia o confronto final entre o estrategista e o jogador de cartas. "Resta saber até que ponto o general Costa e Silva confiará no conjunto do dispositivo presidencial e até que ponto dará ouvido a seus assessores político-militares, que o advertem para a hipótese de estar sendo atraído para uma cilada, a uma espécie de festim antropofágico da Sorbonne", observava o colunista.

Duas semanas depois da publicação do novo Ato Institucional, o ministro da Guerra voltou ao Brasil e foi recebido no Galeão por uma multidão ainda maior do que aquela que fora se despedir dele. Os organizadores divulgaram que, dessa vez, o número de pessoas chegava a quase 4 mil. Mais uma vez o número parecia exagerado, mas no dia seguinte a imprensa registraria a "grande massa dourada" que marcara o evento, referindo-se aos ornamentos dos quepes dos oficiais-generais presentes ao aeroporto. Além das bandeirinhas verde-amarelas, foram distribuídos entre os presentes leques de papel com o retrato de Costa e Silva que, na altura do peito, trazia um mapa do Brasil e os seguintes dizeres: "Um coração que bate pelo povo, pela nação e pela democracia".

Mal pôs os pés no chão, ainda do saguão do aeroporto, Costa e Silva ligou para Castello Branco:

"Eu não sou criança, farei tudo de acordo com você", prometeu.

A candidatura precoce de Costa e Silva não era a única preocupação de Castello naquele início de 1966. Por esses dias, o presidente travava outras três grandes batalhas, igualmente estratégicas para o governo. A primeira delas, deflagrada nos desvãos da diplomacia internacional, mais se assemelhava a uma luta entre o pequenino Davi e o gigantesco Golias: o presidente dos Estados Unidos, Lyndon Johnson, estava enviando ao Palácio do Planalto uma série de cartas oficiais, e em todas elas insistia no mesmo ponto: queria tropas brasileiras para lutar ao lado dos soldados norte-americanos no Vietnã.

Uma segunda batalha era travada aqui mesmo, nas ruas do país: os protestos estudantis estavam extrapolando os muros das universidades e ganhando as praças públicas das grandes capitais. E, dessa vez, o governo não podia nem mais atribuir tais manifestações aos "comunistas e baderneiros" de sempre. Pacatas senhoras de classe média, as mesmas que durante o governo de João Goulart haviam saído às ruas para protestar contra o avanço da "esquerda ateia", agora promoviam marchas em que evocavam Deus e a família contra a carestia e contra a "satânica" política econômica de Roberto Campos.

A terceira batalha era quase uma briga de foice, e se dava nos bastidores do Legislativo. Parlamentares da recém-criada ARENA já ameaçavam trocar tabefes numa canibalesca disputa pela presidência da Câmara dos Deputados. Ex-udenistas e ex-pessedistas, obrigados a um casamento de conveniência, não conseguiam se entender em torno da eleição da mesa diretora. Em meio a um vendaval de insultos, a bancada governista barganhava cargos com o MDB, contrariando a orientação do presidente da República.

Cada uma dessas pelejas exigiu o envolvimento e o esforço pessoal de Castello. O "caso Vietnã", por exemplo, não era novo. Desde o ano anterior, por meio do embaixador Lincoln Gordon, os Estados Unidos vinham assediando o Brasil e exigindo uma tomada efetiva de posição do país sobre os destinos do conflito. Os norte-americanos não se contentavam mais com as tradicionais declarações brasileiras de apoio à intervenção armada no Sudeste asiático. Queriam carne humana para substituir os soldados que começavam a ser massacrados pelos vietcongues. Depois do precedente do envio de tropas nacionais à República Dominicana, Lyndon Johnson sentiu-se no direito de solicitar do país, em julho de 1965, a sua cota de sacrifício para completar o efetivo de mais 80 mil homens do chamado "mundo livre", isto é, dos países aliados, que os Estados Unidos desejavam mandar para enfrentar os comunistas do outro lado do planeta.

Castello postergava o envio de soldados e, para compensar, mandava toneladas de medicamentos e café brasileiro para os jovens norte-americanos em combate. Em 15 de dezembro de 1965, Gordon encontrara-se com Castello no Palácio Laranjeiras e reiterara o pedido por uma ajuda "mais ativa". Os Estados Unidos queriam dispor de um efetivo de 400 mil homens para defender o Vietnã do Sul contra o avanço dos "vermelhos" do Vietnã do Norte. Castello disse que iria levar o assunto em consideração, mas de fato continuaria postergando, em um delicado jogo de paciência, cuja má condução poderia ocasionar, a qualquer momento, a suspensão dos empréstimos norte-americanos ao país. No início de 1966, Johnson mandaria novas cartas a Castello, que, em resposta, remetia mais remédios, mais café e mais apoio verbal.

Enquanto exercitava o malabarismo diplomático, Castello enfrentava a fúria dos protestos estudantis, a maioria decorrente do polêmico acordo entre o Ministério da Educação e a USAID, sigla da United States Agency of International Development. O acordo MEC-USAID, de junho de 1965, previa uma completa reforma universitária brasileira, com base no sistema educacional norte-americano, que incluía o fim gradativo do ensino gratuito e, além disso, a ênfase em cursos tecnológicos em detrimento da área de humanidades. O governo argumentava que o país em desenvolvimento necessitava mais de engenheiros do que de filósofos e sociólogos. Os estudantes reagiam e diziam que estavam sendo boicotados os cursos que formavam os cidadãos mais conscientes e críticos.

No início de março de 1966, uma passeata estudantil em Belo Horizonte foi dissolvida pela polícia, a base de tiros e golpes de cassetete. Os manifestantes re-

383

vidaram com disparos de estilingues e se refugiaram na Igreja de São José, que seria invadida pelos militares, arrancando de lá os estudantes. A repressão gerou círculos concêntricos de revolta. Em 18 de março, cerca de 2 mil alunos de universidades paulistas fizeram uma marcha em resposta à violência oficial, gritando palavras de ordem contra o governo. Uma semana depois, 3 mil estudantes cariocas se reuniram em frente à Faculdade de Filosofia da Universidade do Brasil, depois rebatizada de Universidade Federal do Rio de Janeiro. "Se são fortes, abram as urnas", diziam as faixas de protesto.

Castello não conseguiria conter os estudantes, cada vez mais organizados. Concentrou-se então em tentar conter os rebeldes da ARENA no Congresso. Com a saída de Bilac Pinto para a embaixada brasileira na França, criara-se uma feroz disputa interna para sucedê-lo, na qual os governistas se engalfinhavam pelo poder. Para evitar o que julgava ser a erosão prematura do partido, o presidente da República chamou ao Planalto um grupo de deputados que, aderindo a uma tática do MDB, prometiam obstruir a votação da mesa diretora:

"Vocês querem jogar fora a água da bacia com o menino dentro?", indagou-lhes Castello, irritado.

A reprimenda palaciana surtiu efeito. Quando a Câmara votou a composição da nova mesa, em 2 de março, todos os sete cargos — presidente, dois vice-presidentes e quatro secretários — ficaram na mão dos arenistas. A composição de última hora incluía notórios desafetos dos extintos PSD e UDN. Mas nenhum dos membros era emedebista, o que deixava a minoria na incômoda — e pouco democrática — situação de não ter representantes na mesa legislativa. Era, no mínimo, uma quebra do histórico princípio da proporcionalidade.

Quando surgiram rumores de que o Planalto, para garantir votações menos tumultuadas, preparava um novo rol de cassações no parlamento, comentou-se que a malfadada lista deveria incluir mais nomes do MDB do que da ARENA, e entre os emedebistas, mais deputados do velho PTB do que do PSD.

"Nem nas cassações o governo respeita a proporcionalidade", brincou, sem achar tanta graça assim da própria piada, o emedebista Martins Rodrigues.

Depois do giro pelo exterior, Costa e Silva preferiu deixar passar o Carnaval para sentar a poeira e dirigir-se a Castello Branco. Toda a imprensa nacional estava ávida para cobrir o encontro, que inclusive poderia decidir o rumo da direção do país nos próximos anos. Jornalistas fizeram plantão na porta do Palácio para documentar a chegada do ministro da Guerra. O clima de excitação também era compartilhado pelos prosélitos dos dois lados, que tentavam prever qual seria a atitude de cada um quando se vissem novamente frente a frente. A linha dura achava que Costa e Silva iria sair dali com a faixa presidencial no peito, enquanto os auxiliares de Castello davam como certo que, dessa vez, o presidente enquadraria o ministro.

Para manter a liturgia do cargo, Castello Branco decidiu receber Costa e Silva, em audiência formal, no Palácio do Planalto e não no Laranjeiras. Luís Viana Filho, de um lado, e Jayme Portella, de outro, contariam mais tarde versões diversas do episódio, ambos dizendo tê-las ouvido dos respectivos chefes. As duas histórias, porém, convergem em um ponto: foi uma conversa difícil, marcada por cobranças mútuas, mas que evoluiu de um tom áspero para uma prudente troca de amabilidades.

Ao entrar na sala do presidente, o ministro da Guerra teria sentado e, aparentando tranquilidade, iniciado a prestação de contas da longa viagem. Mas Castello cortara-lhe a fala e fora direto ao ponto. Agitado, o presidente teria reclamado mais uma vez da precipitação do lançamento da candidatura e censurado em especial a atuação do general Portella de Mello, que transformara o gabinete do ministério em um comitê eleitoral. O clima teria esquentado quando Costa e Silva retrucara, cobrando explicações sobre alguns pontos do memorando divulgado por Castello na sua ausência.

Quando o diálogo parecera descambar para o bate-boca improdutivo, os dois lados teriam resolvido baixar o tom. Castello dissera que o ministro bem que poderia ter esperado a volta da Europa para tratar com ele da candidatura, numa conversa amena e amigável. Costa e Silva respondera que o presidente não devia ter se mostrado tão surpreso e contrariado, pois o lançamento tornara-se natural diante do apoio recebido da parte dos muitos camaradas. De qualquer modo, concluíra o ministro, estava disposto, como bom soldado, a acatar as regras definidas por Castello.

"Achei-o mais cauteloso do que conciliador" — foi a avaliação que o presidente fez depois aos auxiliares, segundo anotações do diário de Luís Viana.

Ao final, os dois chefes militares combinaram chegar juntos à porta do gabinete, para demonstrar aos presentes a maior cordialidade possível. Assim, na saída, diante do olhar estupefato de todos, abraçaram-se e, entre sorrisos, troca-ram leves tapinhas nas costas.

"Até mais ver, senhor ministro!"

"Até mais ver, senhor presidente!"

A linha dura ficou frustrada com a "submissão" de Costa e Silva, que saiu dali jurando fidelidade ao presidente e afirmando que seguiria à risca as orienta-ções recebidas. Já a "Sorbonne" achou que Castello havia sucumbido às imposi-ções do ministro da Guerra. Houve a ameaça de debandada geral no ministério. Cordeiro de Farias disse que não ficava mais no governo. Mem de Sá também pediu para ser exonerado. Geisel e Golbery decidiram entregar os respectivos cargos. Mas todos permaneceram, após pedido pessoal de Castello.

"Ou o senhor acha que o Costa e Silva serve e o quer, ou o senhor tem um compromisso com ele do qual não pode se livrar, ou o senhor tem medo de uma divisão e agitação", escreveu Cordeiro em uma magoada carta de demissão en-viada a Castello. "Ficou evidente que a candidatura Costa e Silva, se preservava a união das Forças Armadas, certamente dividia o governo", anotou Luís Viana, que em breve deixaria o ministério para concorrer às eleições majoritárias em sua terra natal, a Bahia.

Castello parecia cada vez mais isolado. Poucos dias depois, sobre a mesa de trabalho, queimava-lhe as mãos o ato de exoneração do próprio irmão, Lauro Castello Branco, que seria demitido do cargo de diretor de Arrecadação do Mi-nistério da Fazenda. Lauro, imprevidente, aceitara um automóvel de presente durante um banquete oferecido a ele, no luxuoso restaurante Fasano, na capital paulista, por funcionários do departamento. O episódio havia rendido acaloradas denúncias na Assembleia Legislativa de São Paulo. A deputada Conceição de Costa Neves chegara a sugerir a instauração de um IPM para investigar o caso, sob a acusação de favorecimento ilícito ao irmão do presidente da República. Em 2 de abril, pesaroso, Castello assinou a exoneração de Lauro.

Corriam boatos de que o presidente sofrera um enfarte naqueles dias. Reba-te falso. Eram as dores na coluna que voltavam a incomodá-lo. Ao assumir o cargo, Castello trocara o pesado colete ortopédico por outro, mais discreto. O aparelho, contudo, não estava mais dando conta do problema. As dores nas pernas eram cada vez mais fortes e frequentes. O médico, dr. Américo Mourão, receita-va-lhe doses elevadas de medicamentos. Havia quem apostasse que o presidente não chegaria inteiro ao final do governo.

"Pau neles, tio!"

Eram nove horas da manhã e o avião que traria o general Costa e Silva ao Recife deveria chegar a qualquer momento. Em meio à multidão que esperava o candidato da ARENA à presidência da República no aeroporto Guararapes, o guarda-civil Sebastião Tomaz de Aquino notou uma maleta preta abandonada, junto às cabines telefônicas e a uma banca de jornal. Sebastião, mais conhecido como "Paraíba", ex-campeão do Santa Cruz Futebol Clube, pensou que alguém a havia esquecido ali e resolveu levá-la para o balcão de achados e perdidos.

Ao pôr as mãos na valise, porém, ela explodiu. O estrondo tomou conta do aeroporto e provocou uma correria geral. Quando a fumaça baixou, viu-se o tamanho do estrago. Em meio aos estilhaços, o corpo do vice-almirante Nelson Fernandes, que dirigia o escritório da CHESF no Recife, estava caído no chão, com o crânio esfacelado. Ao lado dele, jazia o jornalista Edson Régis, secretário do governo de Pernambuco, que tivera um rombo aberto no meio do abdômen. Cerca de outras quinze pessoas ficaram feridas. O tenente-coronel Sylvio Ferreira da Silva sofrera uma fratura exposta no ombro esquerdo e perdera quatro dedos da mão. Paraíba, com escoriações generalizadas pelo corpo, escapara por milagre, mas logo teria a perna direita amputada devido à gravidade dos ferimentos.

Poucos segundos antes da explosão, os alto-falantes do aeroporto anunciavam que o avião que traria Costa e Silva sofrera uma pane em Fortaleza. Como a presidência da República não colocara nenhuma aeronave oficial à disposição do candidato em sua campanha pelo país, ele viajava sempre em avião de carreira. O general, que naquele dia iria embarcar na escala de um voo da VASP em João Pessoa, decidira então fazer de carro o trajeto de pouco mais de 120 quilômetros que separava a capital paraibana do Recife. A decisão, de não esperar mais o aparelho que continuava retido em Fortaleza, talvez tenha lhe salvado a vida naquela manhã de 25 de julho de 1966.

As investigações sobre o atentado não chegaram a nenhum resultado. Alguns suspeitos foram presos, mas todos seriam soltos, depois de submetidos a violentos interrogatórios, sem que fosse arrancada nenhuma prova que os incriminasse. O caso tornou-se um profundo mistério. Desde o primeiro momento, os militares acusavam os comunistas pelo ato terrorista. Mas, nos quartéis, existia também a desconfiança de que oficiais da linha dura eram os verdadeiros responsáveis pela bomba. Nas semanas anteriores, uma série de declarações de Costa e Silva havia irritado os radicais. Em um encontro com correspondentes estrangeiros, o general dissera que era a favor das eleições diretas para presidente da República. Na ocasião, afirmara que iria disputar um pleito pela via indireta para se submeter às regras do jogo traçadas por Castello Branco com a assinatura do AI-2.

"Minha grande tarefa será humanizar a Revolução" — era a sua principal promessa de campanha.

O caso da bomba no Recife só seria esclarecido mais de trinta anos depois, quando o sociólogo Herbert de Souza, o Betinho, revelou que a ação foi coordenada por militantes da Ação Popular (AP), organização de extrema esquerda da qual ele havia sido um dos principais dirigentes. Após romper com o proscrito Partido Comunista, a AP passara a defender a luta armada como única alternativa para combater o crescente endurecimento do regime. Seria o primeiro ensaio de um movimento que levaria à clandestinidade e à morte um punhado de jovens que acreditaram em combater a violência política com ações de terrorismo e guerrilha urbana.

Mas, à época do atentado, em especial por causa do posterior véu de silêncio que o cobriu, ficou a infundada suspeita de que havia ali o dedo da linha dura. De fato, a insatisfação dos radicais com Costa e Silva passara a ser tamanha que não foi difícil atribuir-lhes o plano macabro para assassiná-lo. Após o histórico encontro de fevereiro com Castello, em Brasília, o general cumprira o prometido e evitara fazer pronunciamentos públicos em torno da sucessão. O que não signi-

388

ficava que os auxiliares diretos, especialmente Portella de Mello, não continuassem em campanha aberta. Mas ele próprio, Costa e Silva, submeteu-se ao ritual exigido pelo presidente. Aguardou inclusive o referendo da ARENA, em fins de maio, para só então retomar a candidatura de modo mais ostensivo.

Em meados de abril, quando já ficara claro que o ministro da Guerra estava cumprindo a sua parte no trato, uma entrevista dada por Juracy Magalhães à *Visão* sinalizava que o Planalto passara a digerir a sua candidatura. "De todos os nomes cogitados, apenas um, o do ministro Costa e Silva, teve repercussão política real e duradoura", dissera Juracy à revista. "Sua candidatura poderia oferecer perigos de duas naturezas: primeiro, apresentar-se sob a forma de imposição militarista [...], segundo, tomar um rumo de candidatura de oposição ao governo Castello Branco", ponderara. "Esses dois embaraços foram, contudo, completamente afastados, pela sabedoria com que se conduziram o presidente da República e seu ministro da Guerra."

Logo depois, Paulo Sarasate anunciou apoio a Costa e Silva.

"Você é meu termômetro", disse o ministro da Guerra, pelo telefone, a Sarasate, dando a entender que considerava aquela adesão como o sinal de que, enfim, Castello dera sinal verde para os auxiliares o apoiarem.

Porém, preocupado em revestir a candidatura de Costa e Silva com uma aura de legitimidade democrática, Castello se encarregou de elaborar uma lista sêxtupla, que submeteu aos diretórios estaduais da ARENA, a quem coube escolher um dos nomes para ser aclamado pela convenção do partido. A lista, mera formalidade, pois depois do apoio do Planalto todos de antemão já sabiam o resultado da consulta aos diretórios, era composta, além de Costa e Silva, por Adhemar de Queiroz, Cordeiro de Farias, Bilac Pinto, Ney Braga e Etelvino Lins. Adhemar entrou no rol sem sequer ter sido consultado a respeito. Bilac Pinto aceitara fazer o papel de ilustre figurante. Ney Braga e o ex-governador de Pernambuco, Etelvino Lins, entraram à última hora, apenas para fazer número. Cordeiro recusou-se a compactuar com a farsa e, além de exigir que seu nome fosse retirado da relação, entregou o cargo, dessa vez em caráter irrevogável.

"Você sabe que o Costa vai afundar o país, pois é um incapaz, e eu não quero tomar parte nisso", disse ele a Castello.

Como era esperado, Costa e Silva foi o nome indicado por 90% das comissões executivas do partido. De nada adiantou todo o desdém que Cordeiro de Farias, e de resto toda a "Sorbonne", nutria por ele. Aquele homem rude, de

pouca leitura e tosco intelectualmente, havia passado a perna em todos os vaido-
sos estrategistas da Escola Superior de Guerra. O "sargentão", o "casca-dura" —
como a ele se referiam Geisel e Golbery — conseguira se impor, primeiro pela
força, depois por inequívoca demonstração de habilidade e paciência política.
Nem mesmo todo o vasto anedotário criado em torno dele, uma coleção interminável de piadas que ridicularizavam a sua notória falta de erudição, fora suficiente para arredá-lo do caminho.

"Vão dizer agora que não sei assinar meu próprio nome", dissera certa vez
a Mário Andreazza, ao rubricar às pressas, e sem óculos, um documento que este
lhe trouxera em despacho.

Faltava escolher, contudo, o candidato a vice. Mais uma vez, o ministro da
Guerra curvou-se à decisão de Castello, aceitando que Pedro Aleixo, homem de
confiança do presidente da República, fosse o companheiro de chapa. A 26 de
maio, a dupla Costa-Aleixo foi aclamada, na convenção da ARENA, por 329 votos,
de um total de 361 delegados. No discurso, já como candidato oficial, Costa e
Silva prometeu restabelecer a ordem constitucional, criticou o voto de cabresto,
pregou a reforma agrária, combateu os monopólios e recriminou os lucros exor-
bitantes do capital estrangeiro. Embora tenha dito que, "para bem servir o povo,
é necessário às vezes contrariá-lo", jurou que uma de suas principais missões era
restituir aos brasileiros o direito de escolher os seus representantes.

Na realidade, a marcha dos acontecimentos faria com que Costa e Silva e
Castello experimentassem, até certo ponto, surpreendente troca de posições. Enquanto o primeiro, com uma fala de verniz democrático, angariava a simpatia de
parcelas expressivas da opinião pública, o segundo amargava o ônus das medidas
impopulares e duras que tomava à frente da administração. De repente, Castello
passara a ser sinônimo de recessão; Costa e Silva, de esperança na retomada do
desenvolvimento. Nessa brusca inversão de papéis, por extensão, Castello passara a ser o "duro"; Costa e Silva, o "democrata", aquele que, aproveitando-se até
mesmo do fato de não ser reconhecido como um homem letrado, dizia ter "cheiro de povo".

"O ministro da Guerra, general Costa e Silva, disse ao sr. Paulo Pimentel,
governador do Paraná, que uma de suas principais metas, se chegar à presidência
da República, será a redemocratização do país. Acrescentou que desejará ter seu
sucessor eleito por voto direto", noticiou o *Correio da Manhã*.

Enquanto a estrela de Costa e Silva subia, a de Castello despencava. "Já se constatou o que ocorreu no caso da escolha de Castello Branco para presidente, em abril de 1964. Ele não era o homem de inteligência que se supunha. Houve um trágico erro de cabeça. A sua estava longe de ter miolos de um intelectual, do homem de doutrina que se imaginava", escreveu Assis Chateaubriand, o dono dos Diários Associados. "Era apenas um erudito, isto é, o que devora livros, armazena conhecimentos, acumula estoques de fatos, entesoura cabedais literários e científicos, vive com os olhos em cima dos livros, lendo sem cessar. Mas para digerir coisa nenhuma. Engole erudição até ficar empanzinado, o ventre timpânico, a morrer indigesto", fuzilou Chatô.

Em julho, quando Castello Branco anunciou novas listas de cassações, a imagem de governante autoritário cristalizou-se. Com a proximidade das eleições para governadores, ficava patente que a oposição conseguiria eleger alguns governadores, mesmo com a nova camisa de força das eleições indiretas. Prevendo a derrota, Castello cassou o mandato de dezenas de deputados, alijando as assembleias legislativas das principais lideranças oposicionistas.

No Rio Grande do Sul, por exemplo, o MDB, formado por ex-trabalhistas ligados a Jango e Leonel Brizola, tinha assegurada a vitória de seu candidato, Cirne Lima. Resultado: a cassação desceu o cutelo sobre sete deputados, entre emedebistas e dissidentes do partido do governo, deixando o terreno livre para a eleição de Walter Peracchi Barcelos, o ministro do Trabalho de Castello. Mem de Sá recusou-se a assinar os expurgos e afastou-se do cargo: "Sinto que não posso continuar no Ministério da Justiça, porque me falecem hoje, fora os méritos que sempre me faltaram, as condições mínimas para dar cumprimento, como compete ao titular dessa pasta, à linha cardeal da política do governo", escreveu na carta de demissão a Castello. No lugar, seria nomeado o jurista Carlos Medeiros Silva, um dos autores do texto do AI-2.

Para evitar outras possíveis surpresas eleitorais, em 18 de julho, o governo baixou novo Ato Complementar ao AI-3, decretando a "fidelidade partidária", que proibia os deputados de votarem contra o candidato de seu partido. Como as últimas cassações haviam deixado a ARENA com maioria em todas as assembleias legislativas, Castello acabara de decidir as eleições por decreto. O MDB protestou e decidiu que não participaria de um jogo de cartas marcadas: o partido resolveu, em bloco, se abster de votar, tanto nas eleições para governador quanto no colégio eleitoral que iria escolher o novo presidente da República. Lideranças emedebistas se apressaram em afirmar aos jornalistas que o boicote não significava nenhum desagravo ao candidato Costa e Silva, mas sim aos métodos utilizados por Castello para elegê-lo.

Os parlamentares do MDB ameaçaram uma renúncia coletiva dos mandatos, com o objetivo de chamar a atenção da opinião pública internacional para o que estava acontecendo no Brasil. Castello endureceu ainda mais. Mandou avisar ao Congresso Nacional que qualquer renúncia por motivo de protesto contra o governo seria enquadrada na Lei de Segurança Nacional e, mais ainda, que os autores teriam os direitos políticos cassados.

Coube aos estudantes, mais uma vez, expressar o descontentamento contra as medidas de arbítrio. Com o Congresso de joelhos, o movimento sindical mutilado pelas intervenções e a imprensa ameaçada, a universidade tornou-se o principal foco de protesto contra o governo de Castello Branco. No final de julho, 5 mil policiais tentaram impedir um congresso clandestino da UNE em Belo Horizonte, que teve de ser realizado dentro de um convento franciscano, com os frades servindo de escudo humano para proteger os estudantes. Setores da Igreja Católica, cuja ala mais conservadora dera apoio incondicional ao golpe em 1964, passavam a denunciar os excessos do regime, tendo como principal porta-voz o arcebispo do Recife e Olinda, d. Hélder Câmara, parente distante do presidente.

"Eles pensam que ainda estão no tempo do Brizola", comentou o deputado Costa Cavalcanti.

Católico devotado, Castello exasperou-se quando viu que setores influentes do clero desfiavam rosários de queixas e acusações contra o governo. Numa audiência ao secretário da Conferência Nacional dos Bispos do Brasil (CNBB), d. José Gonçalves da Costa, chegou a perder o controle e chamar de "palhaçada" um júri simulado, levado a efeito numa igreja mineira, em que o presidente da República havia sido condenado por unanimidade por crimes de lesa-pátria. Nessa mesma época, d. Hélder Câmara divulgava uma Declaração dos Bispos do Nordeste, na qual se denunciavam perseguições policiais contra estudantes e trabalhadores da região. Dessa vez, Castello não se contentou em queixar-se ao bispo.

O presidente foi à forra quando de uma viagem ao Recife. Ao discursar no auditório da Universidade Federal de Pernambuco, criticou, sem citar ninguém nominalmente, "elementos que pretendem usar o sofrimento dos nordestinos como motivo de propaganda e agitação". D. Hélder, que inclusive havia conversado com o presidente no dia anterior, sentiu-se atingido. "O encontro pessoal da tarde de domingo último pareceu-me cordial e deixou-me a impressão de que V. Exa. realmente desejava pôr um termo nos equívocos que vêm surgindo entre militares e bispos do Nordeste", escreveu d. Hélder ao presidente.

O arcebispo dizia-se decepcionado: "O discurso de V. Exa. na manhã do dia 15 de agosto — a ser fiel o resumo divulgado pela imprensa — parece-nos inamistoso, com indisfarçáveis e injustas alusões à Declaração dos Bispos. Em vão ficamos esperando alguma nota da Secretaria de Imprensa da presidência desfazendo intrigas que encontraram, nas palavras de V. Exa., excelente ponto de partida", reclamou d. Hélder. "Ficamos, Excelência, em uma situação difícil: a esclarecimentos prestados em caráter privado, seguem-se, ao que parece, acusações públicas."

Castello encerraria o assunto com uma carta solene na aparência e ferina no conteúdo: "Não vejo por que haja esperado 'alguma nota da Secretaria de Imprensa da Presidência desfazendo intrigas', que ignoro inteiramente. Embora não infenso a desfazê-las, na realidade costumo ser a elas insusceptível", escreveu. "Daí a serenidade com que vejo pastores evangélicos dirigirem-se a Vossa Reverendíssima hipotecando-lhe solidariedade na 'luta contra a opressão e a favor da justiça para os oprimidos e os perseguidos', sem que tão injusta agressão ao governo e à Revolução encontre o menor gesto de desaprovação dos que bem conhecem quanto ela se distancia da verdade." Por fim, afirmava o presidente: "Não há, porém, por que pretender que Vossa Reverendíssima se julgasse no dever de vir a público desfazer intriga tão mesquinha em vez de aceitá-la como tributo de admiração".

Dos Estados Unidos, o sobrinho de Castello, Roberto Hipólito da Costa, vibrava com as cassações, com a repressão aos estudantes e com as respostas às críticas da ala progressista da Igreja: "Estou realmente feliz com nosso caro tio presidente", dizia, numa carta datada de 25 de julho, postada em Washington. "Vibrei com as cassações nas áreas menos brasileiras — as fronteiras gaúchas —, que de Getúlio a Jango usaram e abusaram do bom povo brasileiro para uso próprio", comemorava. "A lei da Fidelidade Partidária evitará conchavos, corrupção e mercenarismo. Pau neles, tio! É a única linguagem que entendem."

O governo, porém, continuava a colecionar baixas, civis e militares. Em agosto, após ter a candidatura a governador de São Paulo inviabilizada pelo dispositivo do domicílio eleitoral, Amaury Kruel foi surpreendido com a repentina transferência para o Rio de Janeiro. Para mantê-lo longe da política, Castello lançava mão da mesma arapuca na qual Jango tentara envolvê-lo: tirou Kruel do comando do II Exército e ofereceu a ele o cargo de chefe de Estado-Maior do Exército. Kruel, contudo, percebeu a manobra e recusou-se a aceitar a "promoção". Por meio do novo ministro da Guerra, Adhemar de Queiroz — que substituíra Costa e Silva quando da desincompatibilização —, o presidente mandou avisar que a transferência era irrevogável.

Kruel preferiu ir para a reserva, ainda a tempo de beneficiar-se da condução automática ao posto de marechal. Mas, a 11 de agosto, lançou um enérgico manifesto, no qual lamentava o fato de o país ter mergulhado em uma ditadura. "Atualmente o inimigo mora nas próprias entranhas da Revolução", declarou. No documento, criticava ainda as últimas cassações, classificadas por ele como um "instrumento para eleger candidatos do agrado pessoal do chefe do Poder Executivo". Era a ruptura definitiva.

Riograndino Kruel ainda tentou interceder a favor do irmão junto a Castello Branco, mas foi em vão. O presidente mostrou-se irredutível. Em sinal de solidariedade, Riograndino pediu demissão do cargo de chefe do Departamento Federal de Segurança Pública. Castello perdia mais um auxiliar e, pior que isso, mais um amigo. Em vez de vestir o pijama, Amaury Kruel decidiu filiar-se ao MDB e disputar uma vaga de deputado federal pela Guanabara, conseguindo os votos suficientes para ocupar uma suplência, sendo efetivado no ano seguinte.

Antes dos irmãos Kruel, o general linha dura Justino Alves Bastos já havia sido outro ativo protagonista de 1964 a romper com o governo. Em maio, Alves Bastos participara de um churrasco, no qual fizera pesados comentários à decisão de Castello de manter a exigência do domicílio eleitoral de dois anos. O general não notou que um repórter gravara toda a sua fala, publicada no dia seguinte com estardalhaço. De imediato, Castello o chamou a Brasília e lhe comunicou que estava exonerado do cargo de comandante do III Exército. No lugar, colocou Orlando Geisel. Revoltado, o general retirou-se da cena pública.

"Tenho apenas duas coisas a declarar. Primeiro, fiz boa viagem. Segundo, não me procurem para prestar declarações", limitou-se a dizer o discreto Orlando Geisel, ao desembarcar em Porto Alegre, para assumir a função que herdara de Alves Bastos.

Entre as alas civis que haviam apoiado o golpe, depois das ruidosas rupturas

394

de Carlos Lacerda e Magalhães Pinto, a terceira maior baixa para o governo foi a do governador de São Paulo, Adhemar de Barros. Desde a decretação do AI-2, a qual classificara de "dose pra elefante", Adhemar entrara em atritos com Castello. Com a extinção do PSP, feudo político que comandava em São Paulo desde os anos 1940, teve dificuldade de compor com os ex-udenistas na formação da ARENA paulista. Como consequência, passou a defender a volta do pluripartidarismo e chegou a lançar um manifesto exigindo a renúncia do presidente.

Acabou cassado, em 5 de junho, por corrupção. Adhemar, que tornara célebre o bordão do "rouba, mas faz", teria institucionalizado a propina de 10% em todas os contratos do governo paulista. Sobre ele também recaía a grave denúncia de que havia prometido cerca de 35 milhões de cruzeiros, algo em torno de 20 mil dólares, para azeitar a mão de cada deputado que votasse no candidato indicado por ele para sua sucessão.

As acusações de corrupção no governo paulista eram antigas, mas, diante do prestígio político do governador, Castello sempre se fizera de míope. Dizia-se haver um acordo tácito entre os dois: o presidente esquecia o passado e Adhemar, que tanto sonhara em ocupar o Planalto, esquecia do futuro. Mas o governador paulista acabou oferecendo o próprio pescoço ao carrasco quando anunciou que lançaria nova edição das famosas "adhemaretas", títulos da dívida pública, com juros muito mais convidativos que os papéis emitidos pelo governo federal. Roberto Campos previu um terremoto na política econômica nacional e Castello decidiu-se pela degola do mandato do governador.

A cassação já estava decidida quando o chefe de gabinete do Ministério da Justiça, Leitão de Abreu, descobriu que o AI-2 não previa a cassação de mandatos executivos, e sim apenas legislativos. Mas isso não seria problema para um governo que se caracterizara em fabricar leis e decretos da noite para o dia. Castello ordenou a Leitão da Cunha, o descobridor do "defeito de fabricação" do Ato Institucional, que redigisse um Ato Complementar para corrigi-lo.

"No fundo, chegamos à conclusão que fizemos a Revolução contra nós mesmos", lamentou o governador cassado, que foi obrigado a passar o cargo ao vice, Laudo Natel.

Na véspera, Castello Branco reunira-se com Golbery para avaliar o impacto político da cassação de Adhemar de Barros. Na ocasião, aproveitara para consultar o chefe do SNI sobre os efeitos positivos que a conquista da Copa do Mundo daquele ano poderia trazer para o governo. As perspectivas eram alvissareiras, mas até os deuses da bola pareciam ter abandonado o presidente. Depois de dois títulos consecutivos, em 1958 e 1962, o Brasil daria vexame na Inglaterra. Em vez de trazer o sonhado tricampeonato, o escrete canarinho seria eliminado ainda na primeira fase, sofrendo duas "lavadas", da Hungria e de Portugal, pelo mesmo humilhante placar de 3 x 1.

Restavam a Castello Branco um consolo e um alívio: ele chegara a recomendar ao SNI, caso o Brasil trouxesse o caneco, que ficasse de olho em Pelé. Tinha receios de que o craque, que se dizia "apolítico", fosse cooptado pelas esquerdas. Com a eliminação do torneio, tal "perigo" estava afastado. Castello, que não entendia coisa alguma de futebol, pelo jeito também não entendia nada de Pelé.

O movimento estudantil declarou a data de 22 de setembro de 1966 como o "Dia Nacional de Luta Contra a Ditadura". A ideia pegou. A impopularidade de Castello Branco descera a níveis catastróficos. Para piorar a situação, no início daquele mês, o governo federal decretara o fim da estabilidade, benefício concedido à época a qualquer trabalhador brasileiro que completasse dez anos de trabalho na mesma empresa — após esse prazo, o funcionário não podia ser mais demitido.

Em substituição à regra da estabilidade, considerada uma conquista histórica da classe trabalhadora, o governo federal propôs a criação do Fundo de Garantia por Tempo de Serviço, o FGTS. Os líderes trabalhistas, mesmo aqueles que haviam sido colocados como interventores no lugar dos antigos sindicalistas, reclamaram contra a novidade, gerando nova maré de hostilidades a Castello. O discurso do presidente também não ajudava:

"Nosso velho vocabulário político, assim como a nossa velha prática administrativa, abusou da expressão 'direitos adquiridos'. É tempo de nos lembrarmos um pouco mais dos deveres descumpridos", advertiu Castello, lendo um texto escrito por Roberto Campos e que só conseguiu angariar ainda mais antipatias para a medida.

O próprio ministro do Planejamento, através de rádio, jornais e tevê, também se esforçou para convencer a população de que as mudanças trariam vantagens aos trabalhadores. Pelo raciocínio do guru econômico de Castello, a estabilidade, que parecia ser uma benesse para os assalariados, representava na verdade uma bomba-relógio de efeito perverso. Afinal, os empregados, muitas vezes, eram

396

demitidos poucos meses antes de completar os dez anos de casa. Com o FGTS, argumentava Roberto Campos, além de se proteger os assalariados a qualquer tempo da hipótese de demissão sem justa causa, o governo recolheria das empresas recursos para engordar o Banco Nacional da Habitação, o BNH, instituição criada por Castello para financiar moradias populares.

Mas Roberto Campos e o governo haviam atingido o ponto máximo de descrédito. A bancada do MDB no Congresso Nacional se opôs à criação do FGTS e obstruiu o quanto pôde a votação da mensagem governamental. Após trinta dias de tentativas frustradas de levar a matéria a plenário, Castello promulgou em 13 de setembro a nova lei por decurso de prazo, com base no que previa o AI-2. Empurrada assim goela abaixo dos trabalhadores, a legislação ficou ainda mais antipatizada, concedendo ainda mais munição para os estudantes e o programado Dia Nacional de Luta Contra a Ditadura.

Uma notícia de primeira página do *Correio da Manhã* sobre uma manifestação no Rio de Janeiro, ainda no dia 16 de setembro, já dava conta do clima que se instalava com a proximidade do programado Dia Nacional: "As violências e brutalidade da polícia, que prendeu 104 estudantes e detonou dezenas de bombas de gás lacrimogêneo, não conseguiram intimidar os estudantes e acabaram revoltando o povo, que revidou o assalto dos guardas lançando vários objetos dos edifícios próximos e apedrejando os soldados nas ruas".

Na data marcada pelo movimento estudantil, 22 de setembro, as passeatas e os choques com militares se propagaram por todo o país. As ruas centrais de São Paulo, Belo Horizonte, Brasília e Curitiba, entre outras capitais, transformaram-se em praça de guerra. Em Goiânia, os militares apresentariam o corpo de um cabo de Polícia Militar, Raimundo de Carvalho Andrade, que teria sido morto em meio a um tiroteio com os manifestantes.

Seria no Rio de Janeiro o maior embate daquele dia. Cerca de seiscentos estudantes ocuparam o prédio da Faculdade Nacional de Medicina e, logo em seguida, foram cercados pelas tropas da Polícia Militar e do Exército. Os soldados apertaram o cerco e os manifestantes subiram todos ao terceiro andar. Já era madrugada do dia 23 quando a polícia recebeu, do próprio Ministério da Educação, a ordem para desocupar o local.

"Os estudantes devem buscar os partidos, não as universidades, quando quiserem tratar de política", declarou o novo ministro, Raimundo Muniz de Aragão, substituto de Pedro Aleixo, que precisara se desincompatibilizar para se candidatar a vice na chapa encabeçada por Costa e Silva.

Dispostos em um corredor polonês, espancados com golpes de cassetetes, os estudantes retirados à força da Faculdade de Medicina foram transportados como prisioneiros para o campo de futebol do Botafogo. Lá, foram deitados de cara para a grama, com as duas mãos na cabeça. A pancadaria daquela noite passaria à história como "O Massacre da Praia Vermelha". O governo atribuiria boa parte da responsabilidade pelos distúrbios à ação da imprensa, que, ao ampliar para "dimensões irreais" o movimento estudantil, teria promovido o "incitamento à subversão".

Quatro dias depois, na primeira eliminatória do Festival de Música Popular Brasileira, o cantor Jair Rodrigues levantaria o público cantando "Disparada", de Geraldo Vandré e Théo de Barros. No mês seguinte, a música arrebataria o primeiro lugar do festival, dividindo o prêmio com "A banda", de Chico Buarque, cantada pelo próprio Chico, ao lado de Nara Leão. Mas eram mesmo os versos de "Disparada" — pedindo aos ouvintes que preparassem o coração para as coisas que iriam contar — a trilha sonora por excelência daqueles fatídicos dias de setembro de 1966:

> Gado a gente marca,
> Tange, ferra, engorda e mata,
> Mas com gente é diferente.

Em 3 de outubro, Costa e Silva fazia aniversário. Completava 68 anos e Castello lhe deu duas gravatas de presente.

"Comprei logo duas, para não dizerem por aí que lhe dei *uma gravata*", brincou Castello, fazendo um gesto simulando o golpe em que se sufoca o adversário com o braço.

Mas o melhor presente que Costa e Silva recebeu naquele dia foi mesmo a sua eleição para a presidência da República. Candidato único apresentado ao Congresso Nacional, teve 295 votos a favor e nenhum contra. O MDB, com exceção do deputado Anísio Rocha — que votou em Costa e Silva e logo depois seria expulso do partido —, cumpriu a promessa e, além de não apresentar candidato, retirou-se do plenário sob protesto. Vestido de preto da cabeça aos pés, João Herculino, vice-líder emedebista, subiu à tribuna e se disse de luto pela morte da democracia no país. Costa e Silva revidaria:

"Há quem fale em ditadura, mas, numa ditadura, o ditador não se deixa substituir", discursou já como presidente eleito, definindo-se como "um cidadão de profundas convicções democráticas".

Castello Branco assistiu à votação no Alvorada, sozinho, pela tevê.

"Vão substituir um presidente sem pescoço por outro sem cabeça", foi, segundo a escritora Rachel de Queiroz, a piada que o próprio Castello tratou de espalhar naquela tarde.

Se correr o bicho pega, se ficar o bicho come

Já era noite alta quando, direto do gabinete de Castello, o ministro da Guerra, Adhemar de Queiroz, tomou o telefone e passou as instruções para o coronel Meira Matos, que poucos dias antes retornara da República Dominicana. A ordem era evacuar o Congresso. Não deixar nenhuma vivalma lá dentro.

"A missão que o presidente lhe confiou tem que ser cumprida até o amanhecer. Mas, antes, o próprio presidente quer dar-lhe uma palavra", avisou Queiroz, passando o aparelho, o único em todo o Palácio equipado com misturador de vozes, para dificultar possíveis grampos.

"Coronel? Entendeu bem a missão?", indagou Castello.

"Entendi, presidente."

"Tem alguma pergunta?"

"Não, presidente."

"Então vá lá e cumpra as ordens."

Na madrugada, dezenas de caminhões do Exército, da Aeronáutica e dos Fuzileiros Navais se dirigiram ao Congresso Nacional. Os carros despejaram centenas de soldados em uniforme de combate. Armados de metralhadoras automáticas, eles ocuparam o extenso gramado que circunda a Praça dos Três Poderes. Deitados ao chão, em posição de ataque, apontaram as baionetas em direção ao prédio do Legislativo, cuja rampa estava iluminada pelos faróis das viaturas. Mais

400

atrás, a artilharia pesada, formada por tanques e canhões de grosso calibre, também mirava o Congresso, aguardando as ordens do coronel Meira Matos.

Lá dentro, um nervoso grupo de 78 deputados percebeu que a água do prédio havia sido cortada. Poucos minutos depois, interrompeu-se também o fornecimento de energia. Era a tática de guerra para minar-lhes a resistência. Às escuras, a tensão aumentou. Logo todos os telefones do lugar seriam igualmente bloqueados. No gabinete iluminado apenas por luz de velas, o presidente da Câmara dos Deputados, Adauto Cardoso, tirou do bolso o vidrinho de remédio e engoliu algumas drágeas — as últimas que restavam no fundo do frasco.

As horas avançavam. Já era quase quinta-feira e desde a sexta da semana anterior os deputados estavam de vigília no Congresso. Tudo começara quando Adauto Cardoso, a 12 de outubro, se recusara a aceitar a cassação de mais seis deputados federais, acusados de corrupção por causa de cartas trocadas — e interceptadas pelo governo — com os ex-presidentes João Goulart e Juscelino Kubitschek. Naquele mesmo dia 12, poucas horas antes do anúncio dos expurgos, o presidente da Câmara, arenista de quatro costados, estivera com Castello, que lhe dissera não haver nenhuma decisão a respeito do assunto. Aliviado, Cardoso saíra do Palácio garantindo aos jornalistas que os boatos de novas cassações eram infundados. Surpreendido com a decisão presidencial que desmentia suas declarações, decidiu rebelar-se.

"Foi o presidente quem mentiu", afirmou aos jornalistas um dos deputados incluídos na lista de degola, Doutel de Andrade.

Doutel seria preso, mas logo posto em liberdade, após um pedido de habeas corpus. Enquanto isso, Adauto Cardoso assegurou à imprensa que, contrariando a determinação de Castello Branco, manteria os deputados cassados em pleno exercício dos mandatos. Para tanto, organizou aquela espécie de vigília cívica. Providenciou colchonetes, armazenou comida e conclamou os colegas a não arredarem pé do Congresso. A maioria dos correligionários arenistas debandou, mas boa parte da bancada do MDB atendeu à convocação.

Julgando-se com a autoridade ameaçada, Castello solicitou ao ministro da Justiça, Carlos Medeiros da Silva, que encontrasse alguma solução negociada para a crise. Medeiros, contudo, sugeriu que o presidente lançasse mão da prerrogativa de fechar o Congresso, conforme previa os dispositivos do AI-2. Às seis horas da tarde do dia 19, Castello convocou os ministros militares e mostrou a eles o texto de um novo Ato Complementar, que ordenava o imediato recesso do

Legislativo. À noite, o presidente ligou para o coronel Meira Matos e, por intermédio de Adhemar de Queiroz, deu-lhe as instruções para evacuar o Congresso.

O sol ainda não surgira em Brasília naquela tensa quinta-feira, 20 de outubro, quando se ouviu o apito estridente de Meira Matos. Às 5h07 da manhã, o coronel dava o sinal aos soldados para o início da invasão. Os pelotões, em bloco, avançaram.

"Civis para fora!" — era a palavra de ordem.

Adauto Cardoso, ex-udenista, cristão-novo entre os oposicionistas, postou-se à frente dos colegas:

"Eu represento o poder civil!", exclamou o deputado.

"Pois eu represento o poder militar!", devolveu Meira Matos, que ordenou aos parlamentares que se perfilassem e, em fila indiana, mostrassem as identificações. Após retirar todos os deputados do Congresso, o coronel entrou em contato, pelo rádio, com Castello, que passara a noite acordado, acompanhando os desdobramentos da ação.

"Tudo conforme o senhor ordenou: ninguém sofreu um único arranhão", informou Meira Matos.

Não era verdade. O governo Castello, mais uma vez, é quem saíra arranhado do episódio. "O insulto, o baixo nível dos pronunciamentos, baixos pelo tom insólito e pelo tipo de conduta pessoal, tudo compromete a dignidade parlamentar e a harmonia entre os poderes", diria a nota oficial assinada pelo presidente, tentando justificar a ocupação do parlamento por tropas militares. "O presidente Castello Branco cometeu todos os erros possíveis e imaginários nas suas relações com o Congresso Nacional", afirmou, entretanto, o *Correio da Manhã*.

"Quando a todo mundo parecia que o presidente já não mais poderia causar surpresas, evidenciou-se o contrário, com o chefe do governo promovendo cassações que nem os seus correligionários mais chegados têm condições de explicar", dizia o editorial de 21 de outubro do jornal carioca. "A decisão presidencial de determinar o recesso do Congresso e a captura — por um coronel — dos novos cassados que a Câmara protegia, é um ato de violência inútil. Que adianta ao presidente mostrar que pode cometer outra violência?"

"Castello acaba de fazer aquilo que acusou Goulart de tentar fazer: acabar com a eleição direta e fechar o Congresso", comentou Carlos Lacerda.

"Um homem de direita, que já foi de esquerda, se une a um homem de esquerda, para fins de direita." Essa foi a definição da escritora Rachel de Queiroz, nas páginas de *O Cruzeiro*, para a Frente Ampla, uma surpreendente composição de forças sugerida por Carlos Lacerda a ninguém menos do que João Goulart, até então figadal desafeto, que se encontrava no exílio uruguaio. Não satisfeito, Lacerda foi a Lisboa cortejar outro de seus inimigos juramentados, Juscelino Kubitschek, com o objetivo de formar um bloco de oposição civil a Castello.

"Assim como o aliado de hoje pode ser o inimigo de amanhã, o inimigo de ontem pode ser o aliado de hoje", explicou-se Lacerda à revista *Manchete*.

"Na realidade, cada um acha que está enganando o outro", comentou Castello, a respeito do inusitado trio.

Lacerda, mais franco-atirador do que nunca, tentou atrair ainda Jânio Quadros e Magalhães Pinto para a sua Frente Ampla. Sem sucesso, resolveu pregar a antecipação da posse do presidente eleito: "Costa e Silva talvez seja ainda mais desejado pelos corruptos do que pelos honestos. Mas todos o querem — porque querem ver o Brasil livre de Castello Branco, o Desastrado", disse no artigo intitulado "Carta a um amigo fardado", publicado na *Tribuna da Imprensa*.

"Goulart tinha apoios; Juscelino, popularidade. Castello só tem a força — nada mais. Pois até o respeito que ele tinha perdeu, com a impunidade dos que o adulam, a corrupção a seu redor, a birra, o capricho, a falsidade e a traição que caracterizam o seu temperamento tortuoso e mau", escreveu Lacerda. "Só há um meio de restabelecer o entendimento que não pode deixar de existir: é dar posse imediata ao chefe militar que o Exército escolheu e o Congresso elegeu", concluía o ex-governador da Guanabara.

Em 28 de outubro, com o Congresso ainda fechado, o marechal Arthur da Costa e Silva foi diplomado presidente no Palácio Monroe, no Rio de Janeiro. No discurso, o presidente do Senado, Auro de Moura Andrade, comparou Costa e Silva ao britânico rei Arthur e, do mesmo modo, o parlamento brasileiro à Távola Redonda: "O rei Arthur foi tão amado pelo seu povo que se tornou grandemente esperado, ao ponto de nascer o adágio: Esperar por Arthur".

Como, a exemplo de Lacerda, muitos não se contentavam em apenas "esperar por Arthur", a tese de antecipação da posse criava corpo e arrebanhava adeptos. Por via das dúvidas, Castello Branco sugeriu que Costa e Silva fizesse outra viagem internacional, com o objetivo de apresentar as credenciais no exterior. Foi a vez de brotarem novos rumores sobre um suposto golpe continuísta, que afastaria o presidente eleito do caminho para Castello se perpetuar no poder.

"É melhor dar posse logo a ele [Costa e Silva] do que fazer de Castello um ditador. Nenhum ditador é bom. Mas Castello é o fim! E você sabe disso, como Costa e Silva também", defendia Carlos Lacerda na provocativa "Carta a um amigo fardado". Para Lacerda, a antecipação seria a única forma de "restabelecer a normalidade política" no país, pondo um termo à eterna tensão entre o presidente que saía e o que entrava: "O Brasil não pode ficar à mercê da disputa surda e pessoal entre dois marechais da reserva que se detestam e fingem que se dão bem".

Mas Costa e Silva acatou a sugestão de Castello Branco e viajou a 14 de dezembro. Oito dias antes, Castello decretou mais um Ato Institucional, o AI-4, que transformava o Congresso Nacional, mesmo desfigurado pelas cassações, em uma improvisada Assembleia Nacional Constituinte. O AI-4 determinava que os parlamentares em final de mandato voltassem do recesso e, em apenas um mês e doze dias, votassem o anteprojeto de uma nova Constituição, encomendado pelo governo a um grupo de juristas — Levi Carneiro, Orozimbo Nonato, Miguel Seabra Fagundes e Themístocles Brandão Cavalcanti. O anteprojeto, considerado pelo Planalto excessivamente liberal, foi reescrito pelo ministro da Justiça, Medeiros da Silva. "Congresso deve aprovar às pressas carta autoritária", foi a manchete do *Correio da Manhã*.

De fato, o texto da nova Carta Magna — que, segundo Afonso Arinos, chocava tanto pelo autoritarismo quanto pelos barbarismos gramaticais e erros de concordância — ampliava ainda mais o poder do presidente da República, incorporava os principais dispositivos dos Atos Institucionais anteriores e, numa flagrante omissão, não continha sequer o tradicional capítulo dos direitos e garantias constitucionais dos cidadãos.

Caso o Congresso não votasse o anteprojeto no tempo exíguo que lhe fora imposto, ou seja, 41 dias, incluindo sábados, domingos e feriados de Natal e Ano--Novo, o mesmo AI-4 determinava que o texto seria outorgado pelo presidente da República da maneira que estava, sem qualquer emenda ou reparo. Quando, logo na primeira sessão após o recesso forçado, em 12 de dezembro, o deputado Afrânio de Oliveira pediu esclarecimentos sobre esse aspecto, o presidente do Senado, Auro de Moura Andrade, explicou ao plenário:

"Se o Congresso votar até lá, a Constituição está aprovada, porque foi devidamente votada. Mas se o Congresso até lá não votar, está aprovada também, porque não foi votada."

Nessa época, o grupo Opinião colocava em cartaz um novo sucesso. O título do espetáculo, escrito pela dupla Oduvaldo Vianna Filho e Ferreira Gullar, parecia feito sob medida para a ocasião: *Se correr o bicho pega, se ficar o bicho come.*

Choviam cartas ao presidente. Protestos, pedidos de emprego, felicitações, críticas. Castello fazia questão de, ao final do expediente, levar muitas delas para o gabinete no Alvorada. A algumas, após a triagem prévia dos assessores, tratava de responder pessoalmente, em vez de providenciar a protocolar resposta-padrão, agradecendo a correspondência. Naqueles dias, chegou uma carta diferente, que ele separou do resto da pilha de papéis e a guardou em sua gaveta de documentos pessoais. Era uma carta de amor. Enviada de Alegrete, Rio Grande do Sul, era assinada por uma certa Zulmira R. da Silva, jovem de 23 anos, que se dizia apaixonada pelo presidente:

Alegrete, 24 de julho de 1966

Ao presidente Umberto [sic] Castello Branco

Com o coração em júbilo, verdadeiramente feliz, trago ao vosso conhecimento os meus sentimentos pelo senhor.

Confesso que não tenho fortuna, uma vez que esta não é a nobreza de uma criatura. Apesar de ser o senhor uma elevadíssima pessoa e ter muitíssimas coisas a nos separar, considero tais barreiras vencíveis e transponíveis. Não nasci num lar abastado, mas sim num lar enriquecido de um espírito cristão e tranquilidade. Sou jovem, de 23 anos apenas, mas tão logo apaixonei-me pela vossa pessoa ao conhecê-lo através de fotografias [Castello sublinhou a frase com lápis vermelho]. Não tenho expressão para descrever o que sinto, mas procuro fazer com que estas linhas representem o meu sentimento.

É por isso que, respeitosamente, tenho a honra de ser admiradora sincera. Que o nosso Deus dirija sua preciosa vida.

Chamo-me Zulmira [O nome foi circulado por Castello, com caneta azul].

Não se têm notícias sobre uma possível resposta do presidente. Mas a carta pareceu tocar-lhe, pois permaneceria guardada junto aos papéis de estimação. Viúvo, Castello enfrentava os últimos meses de governo mergulhado em profunda solidão. O aparelho de tevê do Alvorada estava quebrado havia meses. Nunca fora mandado ao conserto. Desde que Argentina morrera, ele abandonara o costume de assistir aos programas de humor de que ela tanto gostava. Os telejornais também não o animavam. No tempo em que os jornalistas ainda eram convidados para almoços no palácio, chegara a brincar com Heron Domingues, o apresentador do *Repórter Esso*, dizendo-lhe que vinha evitando ligar a tevê durante o programa, apresentado pela extinta Tupi:

"Sua voz cavernosa adora dar más notícias", comentou, rindo, Castello.

O retrato de Argentina permanecia sobre a mesa de trabalho, na cabeceira da cama, na carteira dentro do bolso. Por isso, ficou furioso quando lhe mandaram um recorte de um jornal do Recife. Um colunista social pernambucano noticiou que o presidente iria abandonar o luto fechado e ficar noivo. "Foi chocante para mim, pelo inesperado e pela grosseira inverdade", escreveu então Castello ao amigo Hélio Ibiapina Lima. Pensou em enviar ao jornal um desmentido, mas teve medo de apenas duplicar o alcance da nota original. "Peço-lhe, com discrição, que desminta a notícia para meus conhecidos", recomendou a Ibiapina.

Sem a mulher, com poucos amigos íntimos, o presidente refugiava-se na companhia dos parentes. Sempre que recebia em audiência o genro Salvador Diniz, um dos assessores especiais para assuntos econômicos, tratava de começar a reunião perguntando-lhe pelo neto predileto, João Paulo. O jornalista Luiz Fernando Mercadante, à época escrevendo um perfil de Castello Branco para a revista *Realidade*, testemunhou um diálogo entre ele e Diniz, interrompendo ao meio uma sisuda audiência palaciana: "Só por um momento, em todo o dia, o presidente esquecera a República. Recebia o assessor para assuntos econômicos, quando tirou os óculos, fez que ia limpá-los e perguntou interessado: Como está o João Paulo?", escreveu Mercadante.

Além do neto, os deleites da mesa continuavam a ser um dos últimos prazeres de Castello. O paladar permanecia priorizando as delícias das frutas e da culinária nordestina. Adorava, por exemplo, receber sapotis, seriguelas, pitombas, muricis e cajus de presente. O mesmo Mercadante narrou o momento em que Castello interrompeu outra importante reunião, no Palácio Laranjeiras, com os ministros Roberto Campos e Octávio Bulhões. "Repentinamente, ele pegou o telefone e ligou para a empregada", descreveu o jornalista.

"Olha, prepara um curau com o milho verde que me mandaram ontem; vamos levá-lo a Brasília ainda hoje e servir pra turma", avisou o presidente.

Os relógios avançavam, céleres, para a meia-noite. O dia 21 de janeiro de 1967, um sábado, data-limite para a votação da nova Constituição, estava terminando. Durante os trabalhos das últimas semanas, mais de 1600 emendas haviam sido apresentadas ao texto original, o que exigiu um volume de trabalho incompatível com o apertado calendário. Como consequência, naquele dia em que se extinguia o prazo fatal, cerca de trezentas matérias ainda não haviam sido votadas. Debaixo de alguns protestos, o senador Moura Andrade apelou para a votação simbólica: as matérias seriam divididas em três grandes blocos e aprovadas em conjunto.

"Cada artigo desses é uma armadilha", ainda tentou advertir o deputado Martins Rodrigues.

O problema é que, ainda assim, o regimento previa a leitura da íntegra de todo o documento, item por item. Os deputados, extenuados após dias e noites de acirradas discussões em plenário, constataram que, mesmo mantendo aquele ritmo alucinado, seria impossível acabar a sessão antes da meia-noite. A certa altura, Moura Andrade levantou a manga do paletó e olhou para o pulso. No mostrador do relógio dourado, o ponteiro maior avançava, ameaçador, sobre o menor. Menos de dez minutos para zero hora.

O presidente do Senado não teve dúvidas: mandou o chefe dos contínuos parar os relógios do Plenário. Como o país estava vivendo sob o horário de verão, Moura Andrade alegou que ainda havia pelo menos mais uma hora de trabalho pela frente. O ardil deu certo. Quando encerrou-se a votação, deu-se a ordem para que os relógios fossem religados. Pelo horário oficial de Brasília, faltavam nove minutos para uma da manhã. Mas, no Congresso Nacional, ainda eram nove para meia-noite. A Constituição havia sido votada a tempo.

"Para efeito de conhecimento de todos, hoje e sempre, chamo atenção para que os trabalhos se encerraram nove minutos antes da hora astronômica, ou seja, no verdadeiro fuso horário, de acordo com o relógio do plenário", declarou Moura Andrade ao microfone.

Castello Branco se divertiu quando soube do artifício. Comparou o episódio ao final do romance *A volta ao mundo em 80 dias*, que lera na infância. Para ele, no entanto, a melhor notícia daquela madrugada era a de que iria entregar o país ao sucessor sob a égide de uma nova Constituição, aprovada pelo Congresso Nacional. Mais uma vez, a aparência de "normalidade democrática" havia sido preservada. Após a solenidade oficial de promulgação da nova Carta, em 24 de janeiro, Castello recebeu um grupo de congressistas no gabinete do Palácio do Planalto.

"Hoje, Vossas Excelências asseguraram ao Brasil a Constituição possível e adequada à época em que vivemos", disse-lhes.

Naquele mesmo dia, porém, o *Correio da Manhã* se encarregou de bombardear o novo texto constitucional: "Hoje, 24 de janeiro, será promulgada a Constituição, apelido da nova carta outorgada. Ela instaura um neo-Estado Novo e constitucionaliza uma ditadura que se implantou pela audácia de um grupo armado. É a ata de um conluio, não um texto digno de respeito nacional", dizia o editorial do matutino oposicionista. No *Jornal do Brasil*, o colunista político Carlos Castello Branco, menos virulento com as palavras, mas igualmente crítico, escreveu: "A nova Constituição caracteriza-se como um Ato Institucional, que poderia até mesmo receber o número da série inaugurada em outubro do ano passado".

Os castellistas, contudo, agarravam-se ao argumento de que o presidente estava cumprindo a antiga promessa de "institucionalizar a Revolução". O raciocínio endossado pelo grupo ligado a Castello Branco era, no mínimo, paradoxal: com a justificativa de impedir que Costa e Silva se lançasse aos braços da linha dura, deixariam de herança a ele uma legislação já autoritária, pois imaginavam que aquela seria uma espécie de linha máxima, a qual o regime jamais se permitiria ultrapassar.

"Embora os castellistas tivessem conseguido um vago compromisso de Costa e Silva com a continuidade política, a probabilidade de isso ser cumprido era muito remota", observou o brasilianista Thomas Skidmore. "Desse modo, dedicaram seus últimos meses a limitar a liberdade de ação do próximo governo. Assim é que tentaram criar uma nova estrutura legal que protegesse o Brasil contra excessos quer de direita, quer de esquerda", escreveu Skidmore em *Brasil: De Castello a Tancredo*. Na realidade, a menos de dois meses do final do mandato, Castello via-se às voltas com mais uma das tantas contradições em que seu curto e tumultuado governo mergulhara: com o suposto objetivo de limitar os atos de exceção por parte do sucessor, ele próprio cuidara de "legalizar" o arbítrio.

* * *

Pelos jornais, Carlos Lacerda já o chamara de "deusinho mesquinho", de "torta e esquisita figura" e chegara a dizer que ele "era mais feio por dentro do que por fora". Os chargistas também haviam sido implacáveis, retratando-o com traços que lhe realçavam ainda mais a característica feiura. Mais do que isso, muitos jornalistas o haviam tratado de "ditador". A imprensa denunciara a violência policial contra os estudantes, levantara suspeitas sobre a honestidade da equipe econômica, ridicularizara suas vacilações diante da linha dura. No arquivo pessoal, Castello colecionava tais críticas com quase o mesmo desvelo que reservava às cartas e aos retratos de Argentina.

Sentira-se incomodado, mas, até ali, nunca cogitara impor freios à imprensa. Com exceção daquele malfadado encontro de Juracy Magalhães com os donos de jornais em janeiro de 1966, de modo geral, a imprensa trabalhou livremente durante o governo de Castello Branco. Por isso, os jornalistas foram pegos de surpresa com a notícia de que o presidente estava enviando para o Congresso o projeto de uma nova Lei de Imprensa, que previa inclusive pena de prisão, no caso de veiculação de notícias consideradas falsas. "Recusamo-nos a acreditar que o governo esteja de fato cogitando de uma nova Lei de Imprensa", diria o editorial do *Jornal do Brasil*.

"Até aqui, conforme o testemunho inteiro da nação, o presidente Castello Branco tem-se empenhado em manter praticamente intocada a liberdade de imprensa no país, mesmo quando o processo revolucionário atravessou as suas crises mais graves", constatava o jornal carioca. O acadêmico Austregésilo de Athayde também se dizia espantado: "O governo revolucionário até aqui pode alegar, entre alguns títulos de honra, o de ter podido realizar o seu programa sem ferir a liberdade de imprensa".

Ainda dessa vez, Castello preferiu encaminhar a proposta ao combalido Congresso, em vez de regulamentar a "Lei da Mordaça" por decreto. Mesmo assim, a repercussão negativa foi inevitável. "Imprensa unida conclama o país para derrotar a lei celerada", bradava em manchete o *Correio da Manhã*, que reproduziu a 7 de janeiro um manifesto assinado pela direção de dezoito publicações cariocas, entre as quais se incluíam *O Cruzeiro, O Globo, Jornal do Brasil, Tribuna da Imprensa, Última Hora, O Dia, Manchete, Jornal dos Sports* e o próprio *Correio*.

O assunto rendeu notícias além-fronteiras. O Instituto Internacional de Imprensa, em Zurique, na Suíça, protestou em carta endereçada a Castello. A Sociedade Interamericana de Imprensa seguiu o mesmo caminho. Seguiram-se declarações indignadas da Associação Brasileira de Imprensa (ABI) e da Federação Nacional dos Jornalistas (FENAJ).

"Se a Lei de Imprensa já estivesse em vigor, todos os jornais do país teriam seus diretores aprisionados", argumentou o paulistano *Jornal da Tarde*, para em seguida afirmar: "Os ministros do governo Castello são especialistas em mentir e os jornais transcrevem suas declarações". Textos como aquele logo estariam com os dias contados na grande imprensa brasileira. Em 21 de janeiro de 1967, o Congresso Nacional aprovou a mensagem do Executivo. Poucos dias depois, em 10 de fevereiro, a Lei de Imprensa seria sancionada pelo presidente.

"O governo não deseja a truculência. Trata-se apenas de defender a verdade, garantir a voz de uma objetiva defesa e assegurar um processo em que o acusador e o acusado tenham tratamento igual", defendeu Castello, em entrevista coletiva. Ninguém saiu convencido. Mas a partir de então se tornara mais perigoso questionar a palavra do próprio presidente da República.

Consta que, ao governante em final de mandato, até o café do Palácio é servido frio. Pois foi nesse período que Castello decidiu esquecer os "pudores democráticos" e desandou a assinar decretos-leis, um atrás do outro, de forma quase compulsiva, sempre com a justificativa de providenciar "anticorpos" para o possível desmanche que viria a seguir. Naquele mês de fevereiro, quando não havia mais tempo para enviar coisa alguma ao Congresso, seriam mais de duzentos decretos.

Naquele vendaval de canetadas de última hora, entre outras tantas medidas, Castello plantou as bases de uma ampla reforma administrativa, que submetia a lenta e pesada máquina do Executivo a rígidos mecanismos de planejamento, coordenação e controle. Igualmente por decreto, seriam criados ministérios, como o das Comunicações e o do Interior. As novidades eram numerosas e ambíguas demais para serem digeridas pela classe política e, mais ainda, pela população. Uma das deliberações mais estratégicas na área da política econômica — e uma das mais impopulares — foi a criação do Cruzeiro Novo. Após o Carnaval, Castello surpreendeu o país ao decretar feriado bancário e instituir a nova moeda, que já nascia desvalorizada em relação ao dólar.

"O país está aturdido. O povo, perplexo, inseguro, agitado. O culpado se chama Humberto de Alencar Castello Branco, sob cujas ordens instaurou-se a desordem, isto é, a folia legiferante", observou o editorial do *Correio da Manhã*. "Ontem, usando do expediente de reter o *Diário Oficial* para publicação, [Castello] baixou mais um aluvião de papelório legislativo, sobre a nação e sobre a cabeça do marechal Costa e Silva", criticava o jornal, a despeito da Lei de Imprensa.

No bojo daquele balaio de decretos-leis, o governo viu-se obrigado a determinar também novos expurgos. Dias antes de Castello assumir o governo, ainda em 1964, Costa e Silva e o Comando Revolucionário haviam "limpado o terreno" para ele, antecipando uma série de cassações que, deixadas para depois, desgastariam a imagem de um presidente em começo de mandato. Pois chegara a hora da retribuição, o momento de pagar a dívida com o mesmo preço.

No final de fevereiro, a quinze dias da transmissão do cargo, foram suspensos os direitos políticos de mais 44 cidadãos brasileiros. Costa e Silva, que continuava a fazer discursos em nome da "humanização do regime", não precisou sujar as mãos antes da hora. As de Castello já estavam calejadas para assumir mais aquele ato de arbítrio. Contudo, ainda não era o fim.

Apenas dois dias antes de passar a faixa presidencial a Costa e Silva, através do Decreto-Lei nº 314, Castello deixou como última herança de seu governo uma draconiana Lei de Segurança Nacional. A nova lei, inspirada na doutrina da Escola Superior de Guerra, amparava-se no binômio da "Sorbonne": desenvolvimento e segurança. Ficavam estabelecidas severas punições para os acusados de propaganda subversiva, de ofender a honra ou a dignidade dos chefes de Estado e, ainda, de incentivarem greves nos serviços públicos. A justiça militar passava a ter poderes para julgar civis e os jornais e revistas podiam ter sua circulação suspensa por trinta dias.

"Na verdade, jamais, nem mesmo nos piores momentos da atuação política do governo que ora termina seu mandato, poderíamos imaginar até que ponto o marechal Castello Branco planejava avançar, em sua determinação de liquidar definitivamente o regime democrático desta nação", diria o editorial do *Jornal da Tarde*. "Ontem, o marechal Castello Branco assinou o decreto-lei que institui no país o conceito de Segurança Nacional criado pela 'Sorbonne'. Está, pois, instaurado aquilo que o ministro da Justiça definiu, no sentido lato, como princípio de guerra interna, isto é, o princípio segundo o qual as ameaças à segurança do país não provêm de fora e, sim, do comportamento do próprio povo", analisaria o *Correio da Manhã*.

Era a hora do balanço final. Enquanto Castello despedia-se dos funcionários dos palácios do Planalto e Alvorada — guardas, jardineiros, secretárias, cozinheiros e telefonistas —, a imprensa continuava a expor o saldo político do tempo dele à frente do poder em Brasília. A conta era negativa. "O sr. Castello Branco despede-se do governo com o garrote definitivo das liberdades políticas do país", era, por exemplo, a síntese feita pelo *Correio da Manhã*.

O colunista Carlos Castello Branco seria uma das poucas vozes dissonantes a esse respeito: "Os erros que o presidente acumulou nos três anos de mandato não terão sido voluntários, mas certamente terá tido ele a plena consciência dos descaminhos e desvios pelos quais enveredou e que o levaram a dar à sua presença no governo um tom e um caráter incompatíveis com o padrão ideal que terá traçado para si mesmo", avaliou o jornalista.

Já Assis Chateaubriand, dono dos Diários Associados, escreveria um artigo no qual tratava de providenciar um epitáfio antecipado para o presidente que deixava o cargo: "O epitáfio do marechal Castello Branco deve ser curto. Aliás, sendo o defunto grosso e feio, o tamanho deverá ser mesmo pequeno", escreveu Chatô, que diagnosticava: "O novo governo recebe o governo da mão de outro, que exauriu o mercado interno e pôs em fuga o externo, um governo que infligiu à sua gente os piores vexames sem contudo defender a moeda, cada vez mais aviltada. O saldo que se apresenta é este: ele é um soldado bisonho, que parte com sua turma de coveiros. O alto sexagenário poderá ficar resumido num singelo título, mais ou menos assim: administrador de cemitérios".

Na mesma data da publicação do artigo de Chatô, 15 de março, Brasília cobriu-se de verde e amarelo. Os hotéis estavam com as reservas esgotadas. Ônibus e aviões continuavam a chegar superlotados de todos os lugares do país. A bandeira nacional tremulava das janelas de prédios e nas antenas dos carros. Uma multidão se postou à frente do gramado do Congresso Nacional, onde seria realizada a solenidade de transmissão de cargo. Lá dentro, as galerias estavam tomadas por convidados especiais, enquanto as gerais eram tomadas por populares. "Parece até que estamos numa democracia", comentou o colunista político do *Jornal do Brasil*.

Na hora de passar a presidência a Costa e Silva, quebrou-se uma tradição: Castello não estava portando a faixa presidencial, como era previsto pelas regras do cerimonial. Foi preciso que um funcionário a trouxesse à tribuna numa almofada de cetim verde. "Houve quem dissesse que ele teria falado que não passaria aquele símbolo ao substituto. O fato foi muito observado pelos presentes", lembraria o general Jayme Portella de Mello, escolhido como chefe da Casa Militar do novo governo. "O presidente Costa e Silva fez que não percebeu e, em seguida, pronunciou o seu discurso de posse", escreveria o general.

Mas foi mesmo o discurso de Castello o que provocou maiores comentários da imprensa no dia seguinte. "Não quis nem usei o poder como instrumento do despotismo. Não quis nem usei o poder para glória pessoal ou a vaidade fácil dos aplausos", declarou em sua última fala como presidente à nação. "A frase, pronunciada enfaticamente pelo marechal Castello Branco, ao fazer as suas despedidas, com o ministério presente, reflete a face hipócrita do governo que encarnou", observaria o editorial do *Correio da Manhã*. "Seria excesso de inconsciência? Um lance de narcisismo? Seria, no entanto, perda de tempo diagnosticar o homem que deixa o governo sem deixar saudades."

Era o fim de 1065 longos dias. Não havia mesmo muito a comemorar. A inflação estacionara em 40%, um índice quatro vezes maior do que previra o PAEG. Já as concordatas e falências, segundo os dados das próprias classes produtoras, cresceram em 70% nos três anos de governo de Castello. Um cenário ruim para os pequenos e médios empresários, mas pior ainda para os trabalhadores: os salários haviam sofrido uma queda real de 25% do poder de compra. Contudo, havia números ainda mais dramáticos: o do balanço das punições. Foram 116 cassações de direitos políticos, 1574 demissões de funcionários públicos acusados de subversão, 526 aposentadorias forçadas, 165 transferências compulsórias de militares para a reserva.

Castello deixara o governo, mas ainda carregava nas costas o peso de tais números na manhã de 15 de março, quando, com o semblante sério, desceu pela última vez a rampa do Palácio do Planalto, ao lado de um sorridente Costa e Silva, que acenava para a multidão. Ao final da rampa, os dois trocaram um abraço protocolar. Depois, Costa e Silva deu meia-volta e, ainda sorrindo, debaixo de aplausos, caminhou em direção ao novo local de trabalho. Já era, oficialmente, o 27º presidente da história do Brasil.

Sem olhar para trás, e sempre com ar grave, Castello entrou no carro que o aguardava e pediu ao motorista que seguisse direto para o Hotel Nacional, onde estava hospedado havia alguns dias, desde que desocupara o Alvorada para que o novo morador pudesse se instalar. Por volta das três da tarde, voou em direção ao Rio de Janeiro. O apartamento 202 da Nascimento Silva, 518 — a mesma rua da antiga casa —, o aguardava para uma nova vida, agora na condição de cidadão comum. Planejava dedicar-se à leitura dos clássicos da literatura universal e, também, escrever suas memórias.

No dia seguinte, guiando o próprio Aero Willys, fez uma visita ao cemitério São João Batista, onde estava enterrado o corpo de Argentina. Alguns fotógrafos, que queriam registrar os primeiros momentos do ex-presidente fora do cargo, seguiram o automóvel com as máquinas em punho. Ao portão do cemitério, porém, Castello parou e, com calma, pediu aos fotógrafos que não o seguissem. Disse que preferia, pelo menos naquele instante, ficar sozinho. Os repórteres se entreolharam e, num acordo tácito, resolveram atendê-lo. Guardaram o equipamento fotográfico e, sem discutir, deixaram-no seguir em paz.

Castello agradeceu-lhes a compreensão, baixou os olhos e, com passos lentos, entrou no cemitério. Nas mãos, levava um buquê de flores vermelhas.

"À LUZ DO CÉU PROFUNDO"
A morte veio do ar — 1967

Fazenda Não-Me-Deixes

Após o almoço, mal se espreguiçou na rede branca, Castello Branco desatou a roncar. O mormaço, que aumentava a modorra daquela tarde típica do sertão cearense, o fizera trocar as características mangas compridas por uma inusitada camisa esporte. Ao pé da rede, um chinelo de couro cru substituía os habituais sapatos fechados. Ali, em Quixadá, a 172 quilômetros de Fortaleza, na fazenda da escritora Rachel de Queiroz — resquício dos antigos feudos caboclos da família Alencar —, Castello teve a sesta embalada por sons que o levaram de volta à infância: o mugido de alguma vaca de ancas ossudas, o zurrar barulhento dos jumentos, o latido de um cachorro magro correndo atrás de galinhas no terreiro.

Pouco antes, à mesa, esquecera da dieta recomendada pelo médico e regalara-se com o cozido de cabrito, preparado com pirão e feijão-verde, no velho fogão a lenha da fazenda. Abusou da sobremesa, entregando-se sem culpas a generosas colheradas de doce de leite caseiro com fatias de queijo de coalho. Rachel diria ao marido, Oyama de Macedo, que nunca vira Castello assim tão feliz. Após deixar a presidência, sem o peso do cargo nas costas, ele dera início a um longo roteiro sentimental, que começara pela Europa e terminava ali, no interior calorento do seu Ceará.

Em 15 de maio, setenta dias após transferir o poder a Costa e Silva, embarcara para o outro lado do Atlântico e fora saciar o antigo desejo de conhecer a vila de Castello Branco, berço dos antepassados em terras portuguesas. De lá, levou na bagagem um punhado de informações para o irmão Candinho, colecionador de dados sobre a árvore genealógica da família. Após alguns dias flanando em Lisboa, Castello viajou a Paris, onde foi recebido por De Gaulle e fez questão de visitar o apartamento em que morara, trinta anos antes, com Argentina e os dois filhos, Paulo e Nieta.

Na companhia de Bilac Pinto, embaixador brasileiro na França, realizou um périplo afetivo pelos mesmos museus, livrarias, parques e restaurantes que conhecera ao lado da esposa, antes da Segunda Guerra Mundial. Era como se fizesse um mergulho no passado, reconstituindo cenários que trouxessem Argentina de volta ao mais íntimo convívio. "Oh, como ela adorava a Europa", escreveu então, saudoso, ao médico Otávio Pontes, antigo amigo do casal.

Em junho, de regresso ao Brasil, Castello decidiu que prosseguiria naquela busca de um tempo para sempre perdido. Convidou os irmãos Candinho, Beatriz e Nina para uma viagem coletiva, no mês seguinte, ao Ceará. Além de rever outras tantas paisagens da época de menino, sugeriu como um dos pontos do roteiro uma visita ao túmulo dos pais e do avô, o velho Tristão Antunes de Alencar, cujos corpos estavam enterrados no pequeno cemitério de Messejana. Marcou-se a data de embarque para 13 de julho, uma terça-feira. Antes de partir, pelo telefone, combinou para quatro dias depois da chegada o almoço na propriedade de Rachel de Queiroz em Quixadá, a fazenda Não-Me-Deixes.

"Esta viagem não está começando bem", comentou Castello às irmãs, enquanto tomava um café, para ajudar a passar o tempo, na lanchonete do Galeão.

O avião que os levaria até Fortaleza após duas escalas, uma em Salvador, outra no Recife, apresentou problemas técnicos e decolou, do Rio de Janeiro, com atraso de quase duas horas. Durante todo esse período, um impaciente Castello aguardou sentado em um dos bancos de madeira do aeroporto, o que nos dias seguintes lhe traria, como consequência, fortes dores na sempre problemática coluna. O desconforto se agravou, ainda mais, na viagem ao sertão do Ceará.

O então governador cearense, Plácido Aderaldo Castelo, havia colocado à disposição do ex-presidente um avião bimotor, pertencente à frota oficial do estado, para levá-lo até Quixadá. De lá, poderia pegar um jipe e seguir numa estrada de terra, por apenas quatro quilômetros, até a fazenda de Rachel. Contudo, a gentileza do governador, que lhe abreviaria em mais de quatro horas a viagem, foi recusada por Castello Branco, pois temia que o fato fosse explorado pela imprensa. Não queria ver seu nome envolvido em denúncias de que aceitara um favor pessoal às custas dos cofres públicos. Preferiu vencer mesmo por terra, a bordo de um pequeno trole a vapor, os mais de 150 quilômetros que separam Fortaleza de Quixadá.

O que poderia ter sido uma viagem aérea de 35 minutos acabou se transformando, assim, em cinco horas de um sacolejante percurso pelos trilhos da Rede Ferroviária Federal. Junto com Castello, seguiram Candinho, o major Manuel Nepomuceno de Assis — oficial da 10ª Região Militar que lhe fazia as vezes de informal ajudante de ordens — e a professora cearense Alba Frota, velha amiga de Rachel de Queiroz. A pedido de Castello, Nina e Beatriz haviam permanecido em Fortaleza, pois o irmão julgou não ser de bom-tom levar tão grande comitiva, sem prévio aviso, para almoçar em casa alheia.

Por volta das onze da manhã, enfim, com o corpo moído pela extenuante viagem, Castello Branco saltou na abrasadora Quixadá, município caracterizado por uma paisagem incomum, onde pontificam gigantescos monólitos naturais, dos mais variados formatos, expostos ao sol do sertão central cearense. Para piorar, o improvisado caminho de terra batida até a sede da fazenda encontrava-se em estado precário, o que provocou novos solavancos no jipe mandado para apanhar os visitantes na cidade. Na beira da estrada carroçável, os matutos com enxada na mão saudavam o conterrâneo, tão ilustre quanto estropiado.

As dores que lhe torturavam as costas, porém, foram esquecidas durante o afetuoso encontro na varanda de Não-Me-Deixes. Já de longe, a vista da pequena casa branca com portinhas azuis, junto à lagoa cercada por ipês-amarelos e por uma verde plantação de algodão, parecia sugerir a Castello um colorido e patriótico oásis em meio à caatinga. O cheiro que vinha da cozinha também deu ânimo novo ao fatigado viajante, que ao descer do carro logo puxou de dentro da sacola de mão os presentes que havia trazido de longe: uma garrafa de uísque escocês para Oyama e, para Rachel, um perfume comprado na recente viagem a Paris.

"Tinha medo de morrer e não conhecer Não-Me-Deixes", brincou Castello.

À mesa, na hora do almoço, Rachel de Queiroz quis saber do amigo se era verdade o que andavam noticiando os jornais de Fortaleza. Se Castello estava mesmo pensando em se candidatar a senador pela ARENA do Ceará. O ex-presidente soltou um muxoxo e descartou qualquer novo envolvimento com a política.

Apesar da negativa, o ex-assessor de imprensa, José Wamberto, revelaria anos mais tarde que, naqueles mesmos dias em que se encontrava no Ceará, Castello havia lhe telefonado, cogitando romper o silêncio a que se impusera a respeito do governo Costa e Silva.

Se Castello Branco estava mesmo disposto a quebrar a promessa de não se pronunciar sobre o sucessor, isso jamais se saberá. Após a soneca na rede armada em um dos quartos da fazenda, as dores nas costas começaram a torturá-lo novamente. Castello decidira que, mesmo a contragosto, seria forçado a aceitar a oferta do governador e, sem outro jeito, retornaria para a capital cearense de avião.

Avisou então a Rachel que iria até a sede do município, onde marcara um encontro com o deputado Armando Falcão para o final daquela tarde, e de lá ligaria para Fortaleza, solicitando a aeronave. A comitiva dormiria na fazenda do deputado e, se possível, na manhã seguinte, logo bem cedo, voaria para a capital. Castello confidenciou a Oyama que não suportaria outras cinco horas infernais de viagem a bordo do desconfortável trole a vapor. Nisso, Rachel ainda tentou convencê-lo a ficar mais algum tempo na fazenda, em vez de regressar no avião do governo. O amigo podia ficar em Não-Me-Deixes o quanto fosse necessário, até sentir-se um pouco mais disposto para enfrentar o caminho de volta.

"O que é isso? Você está com algum pressentimento, Rachel?", indagou, curioso, Castello.

"Homem, você já viu alguma mulherzinha macho que nem eu ter pressentimento?", respondeu, rindo, a amiga.

Castello acordou às cinco e meia da manhã daquele 18 de julho de 1967 ouvindo as badaladas do sino da capelinha da Casa de Repouso São José, no alto da Serra do Estevão, vinte quilômetros a oeste da sede de Quixadá. Na tarde anterior, a planejada visita a Armando Falcão terminara em desencontro, pois o deputado entendera que havia marcado de pegá-los, na cidade, apenas ao final do dia seguinte. A solução foi rumar para o alto da serra e se hospedar à noite em um antigo colégio beneditino, transformado em pequeno e sossegado hotel mantido por uma irmandade de freiras.

Ao levantar-se, Castello não esqueceu o hábito militar de arrumar a própria cama. Só então abriu a janela e vislumbrou a paisagem que se descortinava do alto da serra. Lá embaixo, avistava-se o grande açude do Cedro, construído na

420

virada do século, ao lado da magnífica pedra da Galinha Choca, formação rochosa que é um dos principais cartões-postais do sertão cearense. O céu estava encoberto pelas nuvens, o que frustrou um pouco Castello, que esperara assistir à visão do nascer do sol na Serra do Estevão. Dos males, contudo, o menor. Para os cearenses do sertão, acostumados ao sol que destrói as plantações e mata o gado de fome e de sede, tempo bonito é mesmo aquele com cara de chuva.

"Está bonito pra chover", comentou Castello à hora do café, após ter assistido à missa na capelinha do antigo colégio beneditino.

Vestido em um terno de linho branco, aquela era uma das primeiras vezes que Castello largava o luto fechado em público. Ainda se queixava das dores nas costas, mas se sentia mais leve ao respirar os ares da serra, alegre pela temperatura mais amena e pela recepção carinhosa que teve por parte das freiras da Casa de Repouso. Naquela viagem marcada por recordações da infância, contou-lhes que elas faziam-no lembrar de irmã Inês, a professora que sempre acreditara nele, quando todas as outras o julgavam um caso perdido. Ao final, já na despedida, fez questão de se deixar fotografar ao lado delas e do padre que rezara a missa minutos antes. Seria a sua última foto em vida.

A mudança no clima provocara um ligeiro atraso na chegada do avião a Quixadá. O piloto, Francisco Celso Tinoco Chagas, o "mestre" Celso, explicou que chovia forte quando saíra da capital, o que o impedira de levantar voo no horário previsto. Do mesmo modo, Castello e a comitiva também chegaram atrasados à pista de pouso, pois a velha Rural Willys azul e branca, que os transportara até lá, pifara o motor no meio do caminho.

"Deu o prego", anunciara o motorista, com uma expressão genuinamente cearense.

Já passava das oito e meia da manhã quando o piloto avisou que estava tudo pronto para a partida. Enquanto o copiloto, Emílio Moura Chagas, filho de mestre Celso, cuidava de acomodar a bagagem dos passageiros, o major Nepomuceno de Assis ajudava Castello a entrar, com dificuldades, no pequenino avião, um Piper Aztec, prefixo PP-ETT. O acidentado percurso do alto da serra até o campo de pouso, sempre em estrada esburacada, somado à pane na Rural, havia lhe comprometido de vez a coluna. Com as nuvens das primeiras horas da manhã já dissipadas, o calor começava de novo a se pronunciar, aumentando-lhe a sensação de mal-estar.

Castello sentou-se e apertou os cintos do banco à esquerda, atrás do piloto. À sua direita, acomodou-se a professora Alba Frota, no banco posterior ao do copiloto. Na terceira e última fila de poltronas, sentaram-se Candinho e o major Assis. Mestre Celso conferiu os instrumentos e anunciou a decolagem aos passageiros. Ainda em terra, procurando uma posição mais confortável na cadeira, Castello pediu que sobrevoassem o açude do Cedro e, depois, fizessem um leve rasante sobre Não-Me-Deixes. O piloto fez o sinal de "ok" e o PP-ETT começou a rodar na pista sem pavimentação que servia ao improvisado "aeroporto" de Quixadá. Eram nove da manhã quando o pequeno avião ganhou velocidade e, enfim, alçou aos céus. O voo seria reconstituído, em detalhes, anos depois, pelo pesquisador Pedro Paulo Menezes Neto.

Fizeram uma decolagem suave, já sob um céu sem nuvens. Céu de brigadeiro, no jargão dos aeroportos. O experimentado mestre Celso estava acostumado a subidas e descidas pelo território cearense, em pistas em situação bem pior do que aquela. As suas 26 mil horas de voo, consideradas uma garantia de viagem tranquila, haviam feito dele o piloto preferido do próprio governador do estado. Do alto, dizia conhecer cada palmo do sertão, cruzando os ares sempre em companhia de políticos influentes, nas corriqueiras viagens aos currais eleitorais do interior.

Em seus voos pelo Ceará, Castello sempre procurava se distrair adivinhando aspectos da paisagem de sua terra. Com a ajuda de mestre Celso, ele e o irmão Candinho tentavam identificar os rios, açudes, serras e lagoas que sobrevoavam a 280 quilômetros por hora e à altura-padrão de cerca de 7 mil pés, o equivalente a 2100 metros de altitude. Trinta minutos depois, por volta de nove e meia da manhã, mestre Celso comunicou-se com a torre de comando em Fortaleza, informando sua exata posição e pedindo autorização para a aterrissagem. Lá embaixo, dava para se avistar o município de Acarape, a cinquenta quilômetros de Fortaleza. Em pouco mais dez minutos estariam com os pés no chão, informou o piloto a Castello.

O PP-ETT iniciou então os procedimentos de descida, reduzindo a altitude para 1500 pés, ou seja, 450 metros. Mestre Celso estava autorizado pela torre de comando a aterrissar pela pista 13-31 do aeroporto Pinto Martins, que em poucos minutos já podia ser avistada pela tripulação e pelos passageiros. Lá embaixo, também era possível distinguir as águas da lagoa de Messejana, refletidas pelo sol. Era como se o destino houvesse concedido a Castello, como um último capricho, sobrevoar os ares da própria infância.

De repente, quando o processo de aterrissagem já começava a ser iniciado, sentiu-se um baque e ouviu-se um grande estrondo. Não houve tempo sequer para se entender, de fato, o que estava acontecendo. Percebera-se apenas que algo veloz e muito pesado havia atingido a traseira do avião, deixando-o fora de controle. Desesperado, com a ajuda do filho Emílio, mestre Celso agarrava-se aos comandos do aparelho, que, contudo, não respondiam mais às suas ordens.

Com o estabilizador vertical e o leme arrancado pelo choque — e com a força centrípeta das duas hélices laterais girando em alta velocidade para a esquerda —, todo o avião começou a rodar e a perder altitude, caindo em violento parafuso rumo ao chão. Alguns metros acima, o tenente Alfredo Malan d'Angrogne olhou para trás, da cabine do caça-aéreo Lockheed T-33, e viu o pequeno PP-ETT despencando, descontrolado, em direção ao solo. Por omissão absoluta da torre de controle, uma esquadrilha de quatro jatos T-33 da FAB entrara em rota de colisão com o Piper Aztec.

"Faça qualquer coisa para nos salvar!", foram as últimas palavras de Castello, segundo o copiloto, Emílio Moura, que viria a ser o único sobrevivente do PP-ETT.

Foram 120 longos segundos de queda livre. O ronco do motor e o rodopio do avião em volta do próprio eixo faziam os passageiros entrar em estado de pânico ainda maior. Todos gritavam dentro da pequena cabine giratória e assistiam, impotentes, ao chão se aproximando numa velocidade de cerca de 180 quilômetros por hora. O aparelho espatifou-se no solo, com grande ruído. O impacto foi tão forte que as ferragens retorcidas ricochetearam, subindo cerca de dois metros de altura e caindo mais adiante.

A coluna cervical de Castello, que o atormentara durante toda a vida, partiu-se em vários pedaços, após o esmagamento das vértebras. Traumatismos cranianos comprimiram-lhe a massa encefálica, enquanto os ossos da perna foram estilhaçados em múltiplas fraturas expostas. Os órgãos internos ficaram esmagados. As principais veias e artérias haviam se rompido, provocando hemorragias generalizadas pelo corpo, que restara desfigurado. A morte foi instantânea.

Na fazenda Não-Me-Deixes, minutos depois, o rádio anunciava que um avião oficial, que seguira naquela manhã do interior do estado para Fortaleza, desaparecera em pleno voo. Logo depois, em novo flash, o locutor informava que a aeronave caíra em Mondubim, nas circunvizinhanças de Fortaleza, próximo a Messejana. Entre os mortos na tragédia, segundo a rádio, encontrava-se também Rachel de Queiroz. A escritora surpreendeu-se ao ouvir a notícia da própria morte, mas logo compreendeu os motivos de tal engano.

Em meio aos destroços do acidente, seria encontrado um embrulho retangular, em papel pardo, com o nome dela assinado à caneta. Era um raríssimo exemplar da primeira edição de *Iracema*, autografado pelo próprio José de Alencar, que ela pedira a Candinho para entregá-lo a um amigo no Rio de Janeiro. Rachel pensara em fazer de Castello Branco o portador da encomenda, mas desconfiara que o ex-presidente, contagiado por aquela viagem de reminiscências, resolvesse surrupiar a relíquia e incorporá-la a sua biblioteca particular.

O exemplar de *Iracema* seria achado bem próximo ao corpo de Castello. Em Messejana, os sinos da igreja preparavam-se para anunciar as dez horas da manhã.

As suspeitas de atentado permaneceriam para sempre. À época, o piloto do caça que se chocou com o Piper Aztec, o tenente Alfredo Malan D'Angrogne, foi submetido a oito horas de severo interrogatório. "Num primeiro momento, pensei que havia batido em um pássaro", diria depois Malan à imprensa. Só quando viu o outro avião caindo, teria percebido o que de fato ocorrera. "Deu logo para identificar, porque no aeroporto de Fortaleza só tinha esse Piper Aztec, meio cor de bordô, marrom", lembrou, sempre negando as suspeitas de que o acidente, na verdade, tenha sido uma espetacular emboscada aérea, preparada pela linha dura contra Castello.

Após o choque, Malan teria afastado o jato da formação original da esquadrilha e conferido as avarias do próprio equipamento. Foi quando constatou que, para ele, os estragos do impacto haviam sido de menor monta e, assim, conseguiria pousar sem maiores dificuldades. Perdera apenas o tanque ejetável da asa esquerda, após a brusca colisão contra o leme da outra aeronave, o que provocara a sua queda. No aeroporto, seria informado que acabara de matar Castello Branco, amigo de seu pai, o general Alfredo Souto Malan.

O inquérito que investigou o caso concluiu que a culpa pelo episódio recaía sobre o controle de tráfego aéreo de Fortaleza. Os registros oficiais indicam que, antes do acidente, os jatos fizeram um rasante paralelo à pista, já liberada para o pouso do PP-ETT. Segundo Malan, a esquadrilha procedeu a uma curva de 360 graus, manobra para redução de velocidade, que manteve os quatro jatos em posição perpendicular ao pequeno Piper Aztec. Em nenhum momento da manobra dos caças em treinamento, a torre de controle advertiu sobre a perigosa aproximação. Como passaram a voar em um ângulo reto horizontal, e na mesma altitude, o choque foi inevitável.

Os adeptos das teorias conspiratórias encontraram um terreno fértil para as mais variadas suposições. Por qual motivo a torre de controle não monitorou o voo das aeronaves, impedindo o choque entre elas? Se todos os aviões envolvidos no episódio voavam à mesma altura, como a esquadrilha de caças, obrigada a manter vigilância visual segundo o regulamento, não avistou a tempo o pequeno bimotor à frente? Eram as perguntas que muitos se faziam — e muitos até hoje ainda se fazem — sem querer aceitar a tese de falha humana, diagnosticada pelo inquérito oficial.

O leme e o estabilizador vertical, peças-chave da tragédia, nunca foram reunidos aos demais destroços do PP-ETT, que inclusive teve sua fuselagem cortada a machadadas, de forma imprevidente, para o transporte das ferragens retorcidas até Fortaleza. Com isso, foi impossível proceder a uma perícia mais apurada, alimentando mais especulações ao longo do tempo. Uma análise técnica minuciosa do estado original da fuselagem após a queda, bem como da condição em que ficaram o leme e o estabilizador vertical depois do choque, poderia esclarecer boa parte das dúvidas.

Feita em condições normais, a perícia poderia ter indicado, com precisão, o ângulo exato em que os dois aviões se chocaram, demonstrando se estavam em linha horizontal ou, do contrário, se uma ou outra aeronave voava em ângulo ascendente ou descendente. Nesse caso, é razoável imaginar que se aumentaria, de modo considerável, a dificuldade de uma possível visualização entre eles, o que acabaria reforçando a tese de que tudo não passou de uma fatalidade, agravada pela patente falha da torre de controle.

Após ter os destroços abandonados, por cerca de trinta anos, em um canto esquecido do Museu Histórico e Antropológico do Ceará, o pequeno bimotor foi restaurado e, desde 2002, passou a ficar exposto no pátio interno do 23º Batalhão de Caçadores, sediado em Fortaleza, sob a guarda definitiva do Exército. Sem o leme e sem o estabilizador vertical, diga-se, para sempre perdidos.

Dois dias após o acidente nos céus do Ceará, o caixão de Castello foi levado sobre um tanque de guerra, pelas ruas do Rio de Janeiro, até o Cemitério São João Batista. Uma multidão acompanhou o cortejo fúnebre e cerca de 10 mil soldados, enfileirados e em farda de gala, dispostos lado a lado da rua, fizeram a guarda do corpo durante todo o trajeto. O presidente que jurara entregar o país às mãos de um civil era sepultado com todas as honras militares a que tinha direito. Inclusive com salvas de tiros de canhões disparados pelo cruzador Barroso e rasantes de aviões da FAB sobre a cerimônia. Houve quem considerasse que a presença de esquadrilhas de caça sobrevoando o enterro equivalia a falar de corda em casa de enforcado.

Costa e Silva e Negrão de Lima, que sempre haviam estado em campos opostos, seguraram, juntos, as alças da frente do caixão até junto ao túmulo, vizinho ao local onde estava enterrada Argentina. No dia seguinte à morte do marechal, os principais jornais do país abriram espaços generosos para o obituário. Até Carlos Lacerda se disse chocado com a notícia. "O Brasil perdeu um dos grandes homens desta geração", chegou a declarar aquele que se tornara o arqui-inimigo de Castello.

A nota dissonante partiria da *Tribuna da Imprensa*. Assinado pelo jornalista Hélio Fernandes, o editorial de 19 de julho de 1967 afirmava: "A humanidade perdeu pouca coisa, ou melhor, não perdeu coisa alguma. Com o ex-presidente desapareceu um homem frio, impiedoso, vingativo, implacável, desumano, calculista, ressentido, cruel, frustrado, sem grandeza, sem nobreza, seco por dentro e por fora, com um coração que era um verdadeiro deserto do Saara".

Ao final, a *Tribuna da Imprensa* sugeria um epitáfio a ser gravado em mármore, no túmulo de Castello: "Aqui jaz quem tanto desprezou a humanidade e acabou desprezado por ela".

Epílogo

Filhos deste solo

Numa sexta-feira 13, em dezembro de 1968, Costa e Silva assinou o Ato Institucional nº 5. Era a radicalização definitiva do regime. A imprensa passou a sofrer ainda mais os efeitos da censura e o Congresso Nacional foi fechado. Juscelino Kubitschek e Carlos Lacerda foram presos. Logo depois, o governo decretou a suspensão dos direitos políticos de dezenas de senadores, deputados, vereadores e juízes. Parte da militância de esquerda engajou-se na luta armada contra a ditadura.

Por motivos de saúde, Costa e Silva foi afastado da presidência em 31 de agosto de 1969. Morreu em 17 de dezembro daquele mesmo ano, no Palácio Laranjeiras, vitimado por um ataque cardíaco. Em seu lugar, assumiu uma junta militar formada pelo almirante Augusto Rademaker, pelo general Lyra Tavares e pelo brigadeiro Márcio de Souza Mello, o "Melo Maluco".

No final de 1969, o general Emílio Garrastazu Médici, chefe do SNI durante o governo Costa e Silva, chegou à presidência da República. Era o tempo dos slogans ufanistas: "Brasil, ame-o ou deixe-o", "Ninguém segura este país", "Este é um país que vai pra frente". O auge do chamado "milagre brasileiro" conviveu com um dos momentos de maior repressão da história republicana brasileira.

Em 1974, os castellistas retornaram ao poder. O ex-chefe da Casa Militar de Castello Branco, general Ernesto Geisel, assumiu o governo e anunciou a abertura "lenta, gradual e segura" do regime, coordenada pelo general Golbery do Couto e Silva, chefe do SNI no governo Castello. Era a chamada "distensão", a prometida volta dos militares aos quartéis. Insatisfeita, a linha dura reagiu e lançou a ideia da pré-candidatura de um representante da ala radical, o general Sylvio Frota, ministro da Guerra, à sucessão presidencial. Geisel o exonerou do cargo.

Após os avanços e recuos do governo anterior, o general João Baptista de Oliveira Figueiredo, então chefe do SNI de Geisel, assumiu a presidência em 1979. Uma série de atentados terroristas contra bancas de jornal foi atribuída à linha dura. Figueiredo levou à frente o processo de abertura e decretou a anistia. Os exilados voltaram ao país. Os sindicatos, enfraquecidos desde o governo de Castello Branco, reorganizaram-se.

Em 15 de janeiro de 1985, depois da série de governos militares, um civil, Tancredo Neves, ex-primeiro-ministro do gabinete parlamentarista de Jango, foi escolhido presidente da República, por intermédio de uma eleição indireta, no Colégio Eleitoral. Não chegou, porém, a assumir o cargo. Morreu na véspera da data marcada para a posse. Em meio à comoção nacional, o vice de Tancredo, José Sarney, ex-arenista, político que em 1964 havia apoiado o golpe, envergou a faixa presidencial.

De 1964 a 1985, os generais ficaram 21 anos à frente do poder. Deixaram um saldo de cerca de 10 mil exilados, 7387 acusações formalizadas por subversão; 4682 cassados e cerca de 300 mortos e desaparecidos.

Os corpos de Castello e Argentina estão enterrados em Fortaleza. Em 1972, os restos mortais do casal foram transferidos do Rio de Janeiro para um mausoléu na capital cearense.

Agradecimentos

Esta nova edição de *Castello: A marcha para a ditadura* é fruto, em especial, da atenção e generosidade de meu editor, Luiz Schwarcz, da Companhia das Letras, a quem agradeço ter aceitado de imediato a proposta de publicá-la.

Ao publisher Otávio Marques da Costa, que tratou pessoalmente de cada etapa da produção gráfico-editorial do volume, à frente de uma equipe de imenso talento e profissionalismo: Lucila Lombardi, Camila Berto, Fábio Bonillo, Neto Gonçalves, Carmen T. S. Costa, Jane Pessoa e demais colegas.

Nunca é demais agradecer, mais uma vez, ao brasilianista John W. Foster Dulles (in memoriam), que gentilmente me cedeu os nove volumes encadernados, com mais de 2 mil páginas, contendo as notas das cerca de trezentas entrevistas que realizou para escrever seus dois livros sobre Castello Branco. São testemunhos vivos de uma época, depoimentos dos personagens que, a maioria hoje mortos, protagonizaram as tantas histórias contadas neste livro.

Também aos parentes de Argentina Vianna, mulher de Castello Branco, que me abriram o baú familiar para contar muitas histórias aqui incluídas. Minha gratidão especialmente a Henrique, Ivan e Marina Libânio Vianna, que me receberam carinhosamente em Belo Horizonte. Para Arthur Vianna Neto, no Rio de Janeiro, cabe também um obrigado especial, por ter me confiado uma cópia das memórias inéditas de seu pai, o historiador Arthur Vianna, cunhado de Castello.

Meus agradecimentos se estendem a todas as pessoas que contribuíram para a realização da obra original, em particular os colegas Karine Rodrigues, Karine Moura Vieira e Tiago Lethbridge, dedicados pesquisadores, que me ajudaram a garimpar informações em fases distintas desta reportagem histórica, mais especialmente sobre episódios da infância e juventude de Castello. Igualmente a Malena Monteiro, que me autorizou o acesso à documentação sobre a morte do coronel Alfeu de Alcântara Monteiro, uma das vítimas do movimento militar de 1964.

Muito obrigado ainda a Afonso Celso Machado Neto, Albanisa Lúcia Dummar, Alberto Dines, Ana Maria Xavier, Apolônio Aguiar, Caio Gracco, Camila Gurgel, Cândido Freire Vargas, Demócrito Dummar, Djane Nogueira, Domingos Meirelles, Edvaldo Filho, Fábio Campos, Fernando Costa, Fernando Morais, Floriano Martins, Gilmar de Carvalho, Jaime Pinsky, José Capelo, José Maria Arruda, Jota Pompílio, Jurandir Frutuoso, Kelsen Bravos, Leonardo Pinto, Lúcio Alcântara, Marco Antonio Villa, Marco Barrero, Marcos Tardin, Mário Mamede, Mauro Costa, Ney Vasconcelos, Nilton Almeida, Pablo Uchoa, Pádua Martins, Paulo Fraga, Ricardo Alcântara, Rodrigo de Almeida, Sérgio Ripardo, Vessillo Monte e Xico Sá.

Referências bibliográficas

ABREU, Hugo. *Tempo de crise*. Rio de Janeiro: Nova Fronteira, 1980.

AFFONSO, Almino. *Raízes do golpe: Da crise da legalidade ao parlamentarismo (1961/1963)*. São Paulo: Marco Zero, 1988.

ANDRADE, Auro Moura. *Um Congresso contra o arbítrio: Diários e memórias*. Rio de Janeiro: Nova Fronteira, 1985.

ANDRADE, Jéferson Ribeiro de. *Um jornal assassinado: A última batalha do* Correio da Manhã. Rio de Janeiro: José Olympio, 1991.

ANDRADE, Manuel Correia de. *1964 e o Nordeste: Golpe, revolução ou contrarrevolução?* São Paulo: Contexto, 1989.

ARAÚJO, Rubens Vidal. *A morte do Coronel*. Porto Alegre: Livraria do Globo, 1986.

ARNS, Dom Paulo Evaristo. *Brasil: Nunca mais — um relato para a história*. Petrópolis: Vozes, 1985.

ARRAES, Miguel. *Palavra de Arraes*. Rio de Janeiro: Civilização Brasileira, [s.d.].

BADARÓ, Murilo Paulino. *José Maria Alkmim: Uma biografia*. Rio de Janeiro: Nova Fronteira, 1996.

BANDEIRA, Luiz Alberto Moniz. *O governo João Goulart: As lutas sociais no Brasil (1961-1974)*. Rio de Janeiro: Revan; Brasília: UnB, 2001.

BARATA, Carlos Eduardo de Almeida; BUENO, Antônio Henrique da Cunha. *Dicionário das famílias brasileiras*. [S.l.]: Edição do autor, 2001.

BARROS, Edgard Luiz de. *O Brasil de 1945 a 1964*. São Paulo: Contexto, 1997.

BARROS, João Alberto Lins de. *Memórias de um revolucionário*. Rio de Janeiro: Civilização Brasileira, 1953.

BASBAUM, Leôncio. *História sincera da República*. 4 v. São Paulo: Alfa-Ômega, 1976.

BOJUNGA, Claudio. *O artista do impossível*. Rio de Janeiro: Objetiva, 2001.

BORGES, Mauro. *O golpe em Goiás: História de uma grande traição*. Rio de Janeiro: Civilização Brasileira, 1965.

BRAGA, Rubem. *Crônicas da guerra na Itália*. Rio de Janeiro: Record, 1985.

BRAYNER, Floriano de Lima. *A verdade sobre a FEB*. Rio de Janeiro: Civilização Brasileira, 1968.

CAMARGO, Aspásia; GÓES, Walder de. *O drama da sucessão e a crise do regime*. Rio de Janeiro: Nova Fronteira, 1984.

CAMPOS, Roberto. *Antologia do bom senso*. Rio de Janeiro: Topbooks, 1996.

CANTARINO, Geraldo. *1964, a revolução para inglês ver*. Rio de Janeiro: Mauad, 1999.

CARNEIRO, Glauco. *História das revoluções brasileiras*. 2 v. Rio de Janeiro: Edições O Cruzeiro, 1965.

_____. *O revolucionário Siqueira Campos*. 2 v. Rio de Janeiro: Record, 1966.

CARONE, Edgard. *O tenentismo*. São Paulo: Difel, 1975.

CASTELLO BRANCO, Carlos. *Introdução à revolução de 1964*. 2 v. Rio de Janeiro: Artenova, 1975.

_____. *Os militares no poder*. Rio de Janeiro: Nova Fronteira, 1977.

_____. *Retratos e fatos da história recente: Perfis*. Rio de Janeiro: Revan, 1994.

CASTELLO BRANCO, Thomaz. *O Brasil na II Grande Guerra*. Rio de Janeiro: Biblioteca do Exército, 1960.

CASTRO, Celso. *A invenção do Exército brasileiro*. Rio de Janeiro: Jorge Zahar, 2002.

_____. *O espírito militar*. Rio de Janeiro: Jorge Zahar, 1990.

CASTRO, Ruy. *A onda que se ergueu no mar*. São Paulo: Companhia das Letras, 2001.

CAVALCANTI, Themístocles Brandão; BRITO, Luiz Navarro de; BALEEIRO, Aliomar. *Constituições Brasileiras: 1967*. Brasília: Senado Federal e Ministério da Ciência e Tecnologia, 2001.

CHAGAS, Carlos. *A Guerra das Estrelas (1964/1984): Os bastidores das sucessões presidenciais*. Porto Alegre: L&PM, 1985.

_____. *O Brasil sem retoques — 1808-1964: A história contada por jornais e jornalistas*. 2 v. Rio de Janeiro: Record, 2001.

CHAGAS, Paulo Pinheiro. *O brigadeiro da libertação*. Rio de Janeiro: Ed. Zélio Valverde, 1945.

CONY, Carlos Heitor. *JK: Como nasce uma estrela*. Rio de Janeiro: Record, 2002.

_____. *O ato e o fato*. 2. ed. Rio de Janeiro: Civilização Brasileira, 1964.

CORRÊA, Anna Maria Martinez. *A rebelião de 1924 em São Paulo*. São Paulo: Hucitec, 1976.

CORRÊA, Villas-Bôas. *Conversa com a memória*. Rio de Janeiro: Objetiva, 2002.

COSTA, Joffre Gomes da. *Marechal Henrique Lott*. Rio de Janeiro: Edição do autor, 1960.

COUTINHO, Sérgio A. *Exercício do Comando: A chefia e a liderança militares*. Rio de Janeiro: Biblioteca do Exército, 1997.

COUTO, Ronaldo Costa. *História indiscreta da ditadura e da abertura: Brasil 1964-1985*. 3. ed. Rio de Janeiro: Record, 1999.

_____. *Memória viva do regime militar — Brasil: 1964-1985*. Rio de Janeiro: Record, 1989.

D'AGUIAR, Hernani. *A revolução por dentro*. Rio de Janeiro: Artenova, 1976.

D'ARAÚJO, Maria Celina Soares. *O segundo governo Vargas (1951-1954): Democracia, partidos e crise política*. Rio de Janeiro: Zahar, 1982.

_____; CASTRO, Celso. *Ernesto Geisel*. 4. ed. Rio de Janeiro: Fundação Getulio Vargas, 1997.

_____; SOARES, Gláucio Ary Dillon; CASTRO, Celso. *Visões do golpe: A memória militar sobre 1964*. Rio de Janeiro: Relume-Dumará, 1994.

DENYS, Odylio. *Ciclo revolucionário brasileiro*. Rio de Janeiro: Biblioteca do Exército, 1993.

DINES, Alberto et al. *Os idos de março e a queda em abril*. 2. ed. Rio de Janeiro: José Álvaro Editor, 1964.

DINES, Alberto; FERNANDES JR., Florestan; SALOMÃO, Nelma. *Histórias do poder. 100 anos de política no Brasil.* 3v. São Paulo: Editora 34, 2000.

DREIFUSS, René Armand. *1964: A conquista do Estado.* Petrópolis: Vozes, 1987.

DULLES, John W. F. *Carlos Lacerda: A vida de um lutador.* Rio de Janeiro: Nova Fronteira, 1992.

_____. *Castello Branco: O caminho para a presidência.* Rio de Janeiro: José Olympio, 1979.

_____. *Castello Branco: O presidente reformador.* Brasília: UnB, 1983.

ESTEFES, Diniz. *Documentos históricos do Estado-Maior do Exército.* Brasília: EME, 1996.

FALCÃO, Armando. *Tudo a declarar.* Rio de Janeiro: Nova Fronteira, 1989.

FARIAS, Osvaldo Cordeiro de. *Meio século de combate: Diálogo com Cordeiro de Farias.* Rio de Janeiro: Nova Fronteira, 1981.

FAUSTO, Boris. *A Revolução de 1930: Historiografia e história.* São Paulo: Companhia das Letras, 1997.

_____. *História do Brasil.* São Paulo: Edusp, 2001.

FERREIRA, Oliveiros S. *Vida e morte do partido fardado.* São Paulo: Senac, 2000.

FIECHTER, Georges-André. *O regime modernizador do Brasil: 1964/1972.* Rio de Janeiro: Fundação Getulio Vargas, 1974.

FRANCIS, Paulo. *Trinta anos esta noite: 1964, o que vi e vivi.* São Paulo: Companhia das Letras, 1994.

FREITAS, Décio. *O homem que inventou a ditadura no Brasil.* Porto Alegre: Sulina, 1999.

FRÓES, Hemílcio. *Véspera do primeiro de abril: Nacionalistas x entreguistas.* Rio de Janeiro: Imago, 1993.

GASPARI, Elio. *A ditadura derrotada.* São Paulo: Companhia das Letras, 2003.

_____. *A ditadura envergonhada.* São Paulo: Companhia das Letras, 2002.

_____. *A ditadura escancarada.* São Paulo: Companhia das Letras, 2002.

GUEDES, Carlos Luís. *Tinha que ser Minas.* Rio de Janeiro: Nova Fronteira, 1979.

GUEIROS, José Alberto. *O último tenente.* 3. ed. Rio de Janeiro: Record, 1996.

HAYES, Robert A. *Nação armada: A mística militar brasileira.* Rio de Janeiro: Biblioteca do Exército, 1991.

HUMBERTRO, Cláudio. *O poder sem pudor: Histórias de folclore, talento e veneno na política brasileira.* São Paulo: Geração Editorial, 2001.

JUREMA, Abelardo. *Sexta-Feira, 13: Os últimos dias do governo João Goulart.* Rio de Janeiro: Edições O Cruzeiro, 1964.

KEITH, Henry Hunt. *Soldados salvadores: As revoltas militares brasileiras de 1922 e 1924 em perspectiva histórica.* Rio de Janeiro: Biblioteca do Exército, 1989.

KOIFMAN, Fabio (Org.). *Presidentes do Brasil.* São Paulo: Cultura, 2002.

LABAKI, Amir. *1961: A crise da renúncia e a solução parlamentarista.* São Paulo: Brasiliense, 1986.

LACERDA, Carlos. *Brasil entre a verdade e a mentira.* Rio de Janeiro: Bloch, 1965.

_____. *Depoimento.* 3. ed. Rio de Janeiro: Nova Fronteira, 1987.

LACERDA, Cláudio. *Carlos Lacerda e os anos sessenta: Oposição.* Rio de Janeiro: Nova Fronteira, 1998.

LEITE, Mauro Renault; Novelli Júnior. *Marechal Eurico Gaspar Dutra: O dever da verdade.* Rio de Janeiro: Nova Fronteira, 1983.

LIMA, Lourenço Moreira. *A Coluna Prestes: Marchas e combates.* São Paulo: Alfa-Ômega, 1979.

LINHARES, Marcelo. *Governo Castello Branco: Isto é verdade.* Fortaleza: ABC Fortaleza, 1999.

MACAULAY, Neill. *A Coluna Prestes: Revolução no Brasil.* 2. ed. Rio de Janeiro/São Paulo: Difel, 1977.

MAGALHÃES, João Batista. *A evolução militar do Brasil.* Rio de Janeiro: Biblioteca do Exército, 1998.

MALAN, Alfredo Souto. *Missão militar francesa de instrução junto ao Exército brasileiro*. Rio de Janeiro: Biblioteca do Exército, 1988.

MALTA, Octavio. *Os tenentes na revolução brasileira*. Rio de Janeiro: Civilização Brasileira, 1969.

MARKUN, Paulo; HAMILTON, Duda. *1961: Que as armas não falem*. São Paulo: Senac, 2001.

MATTOS, Meira (Org.). *Castello Branco e a Revolução: Depoimentos de seus contemporâneos*. 2. ed. Rio de Janeiro: Biblioteca do Exército, 2000.

MEDEIROS, Laudelino T. *Escola Militar de Porto Alegre*. Porto Alegre: Editora da UFRGS, 1992.

MÉDICI, Roberto Nogueira. *O depoimento*. Rio de Janeiro: Mauad, 1995.

MEIRELLES, Domingos. *A noite das grandes fogueiras*. São Paulo: Record, 1995.

MELLO, Jayme Portella. *A revolução e o governo Costa e Silva*. Rio de Janeiro: Guavira, 1979.

MENDONÇA, Marina Gusmão de. *O demolidor de presidentes*. 2. ed. São Paulo: Códex, 2002.

MENEZES NETO, Pedro Paulo. *J'Accuse! O clamor de uma verdade*. Fortaleza: Edição do autor, 2003.

MERCADANTE, Luiz Fernando. *20 perfis e uma entrevista*. São Paulo: Siciliano, 1994.

MIRANDA, Nilmário de; TIBÚRCIO, Carlos. *Dos filhos deste solo — mortos e desaparecidos políticos durante a ditadura militar: A responsabilidade do Estado*. São Paulo: Editora Fundação Perseu Abramo; Boitempo, 1999.

MORAES, Dênis de. *A esquerda e o golpe de 64*. Rio de Janeiro: Espaço e Tempo, 1989.

MORAES, João Quartim de. *A esquerda militar no Brasil*. 2 v. São Paulo: Siciliano, 1994.

MORAIS, Fernando. *Chatô: O rei do Brasil*. 3. ed. São Paulo: Companhia das Letras, 2003.

MORAIS NETO, Geneton. *Dossiê Brasil: As histórias por trás das histórias recentes do país*. 9. ed. Rio de Janeiro: Objetiva, 1997.

MORAIS, J. B. Mascarenhas de. *A FEB pelo seu comandante*. 2. ed. Rio de Janeiro: [s.n.], 1960.

_____. *Memórias*. 2 v. Rio de Janeiro: Biblioteca do Exército, 1984.

MOREL, Edmar. *Histórias de um repórter*. Rio de Janeiro: Record, 1999.

MOURÃO FILHO, Olympio. *Memórias: A verdade de um revolucionário*. 4. ed. Porto Alegre: L&PM, 1978.

NASSER, David. *A revolução que se perdeu a si mesma: Diário de um repórter*. Rio de Janeiro: Edições O Cruzeiro, 1965.

NERY, Sebastião. *Folclore político*. São Paulo: Geração Editorial, 2002.

PAGE, Joseph A. *A revolução que nunca houve: O Nordeste do Brasil (1955-1964)*. Rio de Janeiro: Record, 1972.

PARKER, Phyllis R. *1964: O papel dos Estados Unidos no golpe de 31 de Março*. 2. ed. Rio de Janeiro: Civilização Brasileira, 1977.

PEDREIRA, Fernando. *Brasil política*. São Paulo: Difel, 1975.

PEIXOTO, Alzira Vargas do Amaral. *Getúlio Vargas, meu pai*. Porto Alegre: Globo, 1960.

PILLAGALO, Oscar. *O Brasil em sobressalto*. São Paulo: Publifolha, 2002.

PILLAR, Olyntho. *Os patronos das Forças Armadas*. Rio de Janeiro: Biblioteca do Exército, 1966.

PINHEIRO NETO, João. *Jango: Um depoimento pessoal*. Rio de Janeiro: Record, 1993.

PONTE PRETA, Stanislaw. *Festival de besteiras que assola o país*. Rio de Janeiro: Editora do Autor, 1966.

PORTO, Walter Costa. *O voto no Brasil*. Rio de Janeiro: Topbooks, 1989.

PRESTES, Anita Leocádia. *A Coluna Prestes*. São Paulo: Brasiliense, 1990.

_____. *Tenentismo pós-30: Continuidade ou ruptura?* São Paulo: Paz e Terra, 1999.

RIBEIRO, José Augusto. *A Era Vargas*. 3 v. Rio de Janeiro: Casa Jorge Editorial, 2001.

ROCHA, Munhoz da. *Radiografia de novembro*. Rio de Janeiro: Civilização Brasileira, 1960.

RODRIGUES, Agostinho José. *Terceiro Batalhão: O Lapa Azul*. Rio de Janeiro: Biblioteca do Exército, 1985.

SCHMIDT, Augusto Frederico. *Antologia política*. Rio de Janeiro: Topbooks, 2002.

SEITENFUS, Ricardo. *O Brasil vai à guerra*. 3. ed. Barueri: Manole, 2003.

SEVCENKO, Nicolau. *Orfeu extático na metrópole: São Paulo, sociedade e cultura nos frementes anos 20*. São Paulo: Companhia das Letras, 1992.

SILVA, Hélio. *1922: Sangue na areia de Copacabana*. 2. ed. Rio de Janeiro: Civilização Brasileira, 1971.

_____. *1930: A revolução traída*. Rio de Janeiro: Civilização Brasileira, 1966.

_____. *1964: Golpe ou contragolpe?* Rio de Janeiro: Civilização Brasileira, 1975.

_____. *A fuga de João Goulart 1962/1963*. São Paulo: Editora Três, 1998.

_____. *A vez e a voz dos vencidos*. Petrópolis: Vozes, 1988.

_____. *O poder militar*. Porto Alegre: L&PM, 1984.

SILVEIRA, Joel. *O generalíssimo e outros incidentes*. Rio de Janeiro: Espaço e Tempo, 1987.

_____. *Tempo de contar*. 3. ed. Rio de Janeiro: José Olympio, 1993.

SIMÕES, Raul Mattos. *A presença do Brasil na 2ª Guerra Mundial*. Rio de Janeiro: Biblioteca do Exército, 1966.

SKIDMORE, Thomas. *Brasil: De Castello a Tancredo*. Rio de Janeiro: Paz e Terra, 1988.

_____. *Brasil: De Getúlio a Castello*. Rio de Janeiro: Paz e Terra, 1982.

SODRÉ, Nelson Werneck. *História militar do Brasil*. Rio de Janeiro: Civilização Brasileira, 1965.

_____. *A Coluna Prestes: Análise e depoimentos*. Rio de Janeiro: Civilização Brasileira, 1978.

_____. *A fúria de Calibã: Memórias do golpe de 64*. Rio de Janeiro: Bertrand Brasil, 1994.

_____. *A ofensiva reacionária*. Rio de Janeiro: Bertrand Brasil, 1992.

_____. *Memórias de um soldado*. Rio de Janeiro: Civilização Brasileira, 1967.

_____. *O tenentismo*. Porto Alegre: Mercado Aberto, 1985.

_____. *Vida e morte da ditadura: 20 anos de autoritarismo no Brasil*. Petrópolis: Vozes, 1984.

STARLING, Heloisa Maria Murgel. *Os senhores das Gerais: Os novos inconfidentes e o golpe militar de 1964*. Petrópolis: Vozes, 1986.

STEPAN, Alfred. *Os militares na política*. Rio de Janeiro: Artenova, 1975.

TAVARES, Aurélio de Lyra. *O Brasil de minha geração*. Rio de Janeiro: Biblioteca do Exército, 1976.

TÁVORA, Araken. *Brasil, 1º de abril*. Rio de Janeiro: Bruno Buccini Editora, 1964.

TÁVORA, Juarez. *Uma vida e muitas lutas: Memórias*. 3 v. Rio de Janeiro: Biblioteca do Exército, 1977.

TORRES DE MELO, Artur de Freitas. *Marcas do destino e da revolução de 1964*. Fortaleza: ABC Fortaleza, 1999.

VIANA FILHO, Luís. *O governo Castello Branco*. Rio de Janeiro: José Olympio, 1975.

VIANA FILHO, Luiz (Org.). *Castello Branco: Testemunhas de uma época*. Brasília: UnB, 1986.

VIANNA, Marly de Almeida Gomes. *Revolucionários de 1935: Sonhos e realidades*. São Paulo: Companhia das Letras, 1992.

WAINER, Samuel. *Minha razão de viver: Memórias de um repórter*. 11. ed. Rio de Janeiro: Record, 1988.

WALTERS, Vernon. *Missões silenciosas*. Rio de Janeiro: Biblioteca do Exército, 1986.

WAMBERTO, José. *Castello Branco: Revolução e democracia*. Rio de Janeiro: Edição do autor, 1970.

REVISTAS

A Defesa Nacional
Edição Extra
Época
Fatos & Fotos
IstoÉ
Manchete
Nosso Século
O Cruzeiro
Realidade
Revista da Civilização Brasileira
Revista da Escola Superior de Guerra
Veja

JORNAIS

Correio da Manhã
Folha de S.Paulo
Jornal do Brasil
O Estado de S. Paulo
O Globo
O Povo

Créditos das imagens

CADERNO 1:

pp. 1, 2, 3, 4 (acima), 5, 6, 7, 8, 9, 10, 11, 12, 13 e 14 (abaixo): Arquivo Castello Branco

p. 4 (abaixo): Arquivo Família Vianna

p. 14 (acima): CPDOC FGV

p. 15 (abaixo): CPDOC JB

CADERNO 2:

pp. 1, 8 (acima) e 11: Estadão Conteúdo

pp. 3 (acima), 5, 9 e 12 (abaixo): Última Hora / Arquivo Público do Estado de São Paulo

p. 3 (abaixo): Iconographia

p. 6: Appe / Revista *O Cruzeiro*, 4 e 11 de julho de 1964

p. 7: Appe

pp. 8 (abaixo) e 12 (acima): Coleção Forte de Copacabana

pp. 10, 13 (abaixo) e 14 (acima): Arquivo Castello Branco

p. 13 (acima): CPDOC FGV

p. 14 (abaixo): Fortuna

p. 15 (abaixo): CPDOC JB

p. 16 (acima): Coleção ECEME

p. 16 (abaixo): Agência O Globo

Índice remissivo

1ª Zona Aérea (Belém), 202
3ª Divisão de Cavalaria (Bagé), 349
3ª Região Militar (Porto Alegre), 364
3º Regimento de Infantaria (Rio de Janeiro), 106
IV Região Militar (Juiz de Fora), 24, 254
IV Reunião Consultiva dos Chanceleres Americanos (Washington, 1951), 170
7ª Região Militar (Natal), 210
10º Batalhão de Caçadores (Goiânia), 322-5
10ª Divisão de Montanha (EUA), 145, 147, 150, 153; *ver também* Exército dos Estados Unidos
10º Grupo de Obuses (Fortaleza), 29
10ª Região Militar (Fortaleza), 172, 197-8, 209, 213, 419
10º Regimento de Infantaria (Juiz de Fora), 98-9
12º Regimento de Infantaria (Belo Horizonte), 66-7, 78, 98, 109
13º Regimento de Infantaria (Ponta Grossa), 105
15º Batalhão de Caçadores (Curitiba), 105-6
XV Grupo de Exércitos Aliados, 147
23º Batalhão de Caçadores (Fortaleza), 29, 425
59º Batalhão de Caçadores (Belo Horizonte), 59

Abreu, Antenor de Santa Cruz Pereira de, general, 75
Abreu, Leitão de, 395
Academia Brasileira de Letras, 286
"Ação e União" ("chapa pacificadora"), 166
Ação Integralista Brasileira (AIB), 105-7; *ver também* integralismo/integralistas
Ação Popular (AP, organização de esquerda), 388
Acarape (CE), 422
Accioly, Hildebrando, 127
Acordo MEC-USAID (1965), 383
Acordo Militar Brasil-Estados Unidos (1952--77), 170-1, 236
Acre, 101
açude do Cedro (CE), 420, 422
"adhemaretas" (títulos da dívida pública), 395
Adriático, mar, 137
Aero Willys (carro), 208, 283, 414
Aeronáutica, 132, 174, 177-8, 181, 200, 204, 207, 216, 226, 259, 263, 288, 335-6, 338, 340, 376, 400; *ver também* Força Aérea Brasileira (FAB)
Aeroporto de Orly (Paris), 290

Aeroporto do Galeão (Rio de Janeiro), 200, 321, 347, 375-6, 381, 418

Aeroporto Guararapes (Recife), 387

Aeroporto Pinto Martins (Fortaleza), 422

Aeroporto Santos Dumont (Rio de Janeiro), 27, 156-7, 263-4

Agnano (Nápoles), 126

Alagoas, 338

Alagoinhas (BA), 362

Alegrete (RS), 405

Aleixo, Pedro, 268, 304, 355, 366, 368-9, 390, 398

Alemanha, 52, 80, 113-4, 120, 299, 378

Alencar, d. Bárbara de, 40-1

Alencar, família, 40, 42, 417

Alencar, José de, 16, 42, 45, 61, 279, 424

Alencar, José Martiniano de (pai), 41-2

Alencar, Tristão Antunes de, coronel (bisavô materno de Castello), 39, 42-4, 418

Alencar, Tristão Gonçalves de, 41

Alencar Rego, Leonel Pereira de (tenente-coronel português), 40

Alexander, Harold, marechal, 142, 147, 152

Aliados, 120, 131, 147, 157, 163; *ver também* Segunda Guerra Mundial

Aliança Liberal, 98

Alkmin, José Maria, 268-9, 271-2

Almeida, Guilherme de, 122

Almeida, Hélio de, 345-6

Almeida, Sebastião de, 346

Almirante Tamandaré (navio cruzador), 186

Alpes, 128

Alto-Comando do Exército, 78, 120, 215, 228-9, 231-2; *ver também* Exército

Alves, Aluísio, 214, 219

Alves, Castro, 68, 332

Alves, Márcio Moreira, 311, 359

Amado, Jorge, 340

Amaral, Augusto Gurgel do (avô materno de Castello), 42

Amarante, Waldetrudes, coronel, 197-9, 216

Amazonas, 77, 297

Amazônia, 195-6, 198-200, 202-3, 207, 288

América do Norte, 145

América do Sul, 123, 320

American and Foreign Company (AMFORP), 316-7

analfabetos, direito de voto dos, 243, 299, 309

Anápolis (GO), 324

Âncora, Armando de Morais, general, 161-2, 234, 258-60

Andaraí (Rio de Janeiro), 95-6

Andrade, Auro de Moura, 30, 276-9, 305, 307, 403-4, 407

Andrade, Doutel de, 240, 297, 401

Andrade, Joaquim Pedro de, 359

Andrade, Raimundo de Carvalho, 397

Andreazza, Mário, tenente-coronel, 349-50, 369-70, 375-6, 390

"anfíbios" (presidenciáveis), 369

Angeles Times, Los (jornal), 227

anistia (1979), 428

ANL (Aliança Nacional Libertadora), 105-6, 165

anticomunismo/anticomunistas, 127, 164, 171, 207, 332

Apeninos, montes (Itália), 137, 148

Aquino, Sebastião Tomaz de, 387

Aragão, Augusto César Muniz de, general, 211, 257

Aragão, Cândido, contra-almirante (Almirante Vermelho), 251, 255, 258, 284, 312

Aragão, Dilma, 312

Aragão, Raimundo Muniz de, 397

Aragarças (GO), 200-3

Aranha, Luiz, 98

Aranha, Oswaldo, 98

Araújo, Paulo Cabral de, 172

ARENA (Aliança Renovadora Nacional), 367-8, 377-8, 381-2, 384, 387, 389-91, 395, 401, 419, 428

Argélia, 335

Argentina, 175, 201, 321

Arinos, Afonso, 204, 296, 304, 351, 354, 361, 404

Arminda (mulher de Anísio), 216

Arraes, Miguel, 205-8, 211, 240, 275, 313, 334-5

arrocho salarial, 289

Arsenal de Marinha, 241; *ver também* Marinha

Arthur Vianna Empresas Reunidas, 59

Arthur, rei da Inglaterra, 403

Artilharia, 57-8, 83, 126, 133-4, 142, 147-8, 153-4, 401

"Aspectos da sucessão presidencial" ("A Bíblia da Sucessão", memorando de Castello), 377-8, 380

Assembleia Geral da ONU, 319-20

Assembleia Legislativa da Guanabara, 363

Assembleia Legislativa de Pernambuco, 205, 208

Assembleia Legislativa de São Paulo, 386

Assembleia Legislativa do Rio Grande do Sul, 48

Assembleia Nacional Constituinte (1934), 103-5

Assembleia Nacional Constituinte (1966-7), 404

Assis, Machado de, 46

Assis, Manuel Nepomuceno de, major, 419, 421-2

Assis Brasil, general, 232-3, 255

Associação Brasileira de Imprensa (ABI), 410

Associação dos Ex-Combatentes do Brasil, 165-6

Associação dos Marinheiros e Fuzileiros Navais, 250

Associação dos Sargentos da Polícia Militar, 254

associações de classe, 237

Assunção (Paraguai), 202

Astrônia (vulcão italiano), 126

Ataíde, Tristão de (Alceu Amoroso Lima), 332

Athayde, Austregésilo de, 409

Ato Institucional nº 1 (1964), 108, 268-9, 271, 273-6, 290, 292, 297, 305, 343, 351

Ato Institucional nº 2 (1965), 63, 351, 354, 356-7, 360-1, 363, 367, 378, 388, 391, 395, 397, 401

Ato Institucional nº 3 (1966), 380-1, 391

Ato Institucional nº 4 (1966), 404

Ato Institucional nº 5 (1968), 427

Austin (EUA), 277

Áustria, 113-4

Automóvel Clube (Rio de Janeiro), 254-5, 294

autoritarismo, 47, 360, 404

Autran, Paulo, 331

Aviação Naval, 336

Azevedo, Asdrúbal Gwayer de, tenente, 75-6

Bach, Johann Sebastian, 344

bacharelismo, 51

Bagé (RS), 349-50, 362

Bahia, 88, 91, 101, 211-2, 362, 386

Baía de Guanabara, 122, 186

balança comercial, 218, 366

Baleeiro, Aliomar, 230, 243-4

bancas de jornal, atentados contra, 428

Banco do Brasil, 76

Banco Internacional de Reconstrução e Desenvolvimento (BIRD), 317

Banco Nacional, 254, 283

Banco Nacional da Habitação (BNH), 397

"Banda, A" (canção), 398

Bandeira, Manuel, 191, 332

Baptista, Ernesto de Mello, almirante, 288

Barata, Agildo, 93

Barbosa, Horta, general, 166

Barbosa, Raul, 172

Barbosa, Rui, 38, 47-8, 55-6, 63, 79, 278

Barcelos, Walter Peracchi, 366, 391

Bardot, Brigitte, 28

Barga (Itália), 135

Barros, Adhemar de, 31-2, 232, 245, 266-8, 287, 294, 302-3, 395

Barros, Leonor de, 245

Barros, Théo de, 398

Barroso (navio cruzador), 171, 426

Barroso, Gustavo, 107

Base Aérea de Canoas (RS), 262-3, 288

Base Aérea de Fortaleza (CE), 29

Base Aérea de Recife (PE), 213

Base Aérea de Santa Cruz (RJ), 157

Bastos, Justino Alves, general, 25-6, 192, 249, 381, 394

"Batalha das Toninhas" (1918), 52

Batalha de Monte Castello (Itália) *ver* Monte Castello

Beechcraff (avião), 201

Belém (PA), 120, 200-3

Bélgica, 113

Belgo Mineira (companhia), 283

Belo Horizonte (MG), 14, 58-64, 66-7, 69, 76-7, 79, 85, 87, 96, 98, 102, 109, 200-1, 256, 293, 305-6, 383, 392, 397

Belo Monte (BA), 51

Belo, Newton, 209

Beltrão, Hélio, 303

Berlim, 155

Bernardes, Arthur, 70-2, 76, 79, 83-4, 88, 90, 98, 166-7, 182

Bernardes, Manoel, padre, 63

Bevilácqua, Peri Constant, general, 232, 259

Bezerra, Gregório, 28

Biblioteca Lyndon Johnson (EUA), 277

Biblioteca Mário de Andrade (São Paulo), 333

Biblioteca Nacional (Rio de Janeiro), 102

Bilac, Olavo, 89-90

Bloco Parlamentar Revolucionário, 341-2, 351

Blum, Leon, 114

Boal, Augusto, 313

Bolívia, 201

Bolonha (Itália), 153

Bom Jesus da Lapa (BA), 91

Bonifácio, José (deputado), 367

Bontempo, Genaro, 255

Borges, Gustavo, 341

Borges, Mauro, 32, 267-8, 297, 323-6

Bosísio, Paulo, almirante, 337

bossa nova, 34, 313

Botafogo (Rio de Janeiro), 259, 261, 398

Braga, Ney, 267, 288, 366, 389

Braga, Rubem, 126, 128, 135

Brandi, Antonio, 182

Brás, Venceslau, 52, 308

Brasília, 23, 27-30, 214, 226, 261, 269, 275-6, 279, 284, 293-4, 301, 303, 307-8, 320-1, 324-5, 339, 350, 352, 367, 369, 376, 379, 388, 394, 397, 402, 407, 412

Braun, Eva, 155

Brayner, Floriano de Lima, major, 107-8, 123-4, 132-5, 138-40, 144-51, 155

Brigada Militar (RS), 48

Brito, Raimundo de, 287-8, 357

Brizola, Leonel, 26, 201, 218-20, 230, 240, 242-4, 250, 275, 279, 316, 391-2

Bronzeado, Luiz, 306

Brother Sam (operação norte-americana), 29

Buarque, Chico, 398

Bueno, Antônio da Silva Cunha, 245

Buenos Aires, 46, 79, 321-2

Bulhões, Octávio Gouveia de, 288-9, 315, 338, 407

burguesia brasileira, 290

Burnier, João Paulo Moreira, tenente-coronel, 200-1

Cabo Anselmo ver Santos, José Anselmo dos

"Caboré de Messejana" (apelido de Castello), 44

cadetes, 50-1, 53, 56-7, 65-7, 87, 93-4, 220

Café Bella Firenze (Porto Alegre), 46

Café Filho, 181, 184, 186

Caixa de Construções de Casas do Ministério da Guerra, 121

Calazans, Padre, 244

Callado, Antonio, 340, 359

Calógeras, Pandiá, 71

Camaiore (Itália), 135

Câmara de Vereadores de Goiânia, 310

Câmara dos Deputados, 28, 30, 181, 184, 240, 254, 267, 306-7, 326, 339, 341, 351, 367, 369, 382, 384, 401-2

Câmara, d. Hélder, 392-3

Cambeba, sítio (Messejana), 39, 42

Campanha da Mulher pela Democracia (CAM-DE), 265

Campos, Aguinaldo José Sena, major, 124

Campos, Francisco, 108, 274

Campos, Geir, 312

Campos, Milton, 286-7, 293, 339, 344-5, 351

Campos, Roberto, 237, 289, 293, 298, 300-1, 315-8, 338, 340, 366, 382, 395-7, 407

Campos, Antônio de Siqueira, 54-5, 58, 76-9, 87

"Canção do Expedicionário", 122-3

"Canção do infante", 58

Candelária (Rio de Janeiro), 251

Canoas (RS), 262-3, 288

Canudos, Guerra de (1897), 51

capitalismo, 163, 289

Cardoso, Adauto, 401-2

Cardoso, Ciro do Espírito Santo, general, 176

Cardoso, Fernando Henrique, 313

Cardoso, Waldemar Levy, general, 336

Cariri (CE), 40-1

Carmo, Aurélio do, 297

Carnaúba, Raul, 169

Carneiro, Levi, 404

Carneiro, Mário, 359

Carrero, Tônia, 314

"Carta Brandi", 182

Carvalho, Ferdinando de, coronel, 334, 362-3

Casa Branca (EUA), 360

Casa Civil, 213, 271, 286-7, 307, 323, 339, 351, 366

Casa de Repouso São José (Serra do Estevão, CE), 420-1

Casa Militar, 214, 232, 244, 255, 257, 286, 313, 325, 380, 413, 428

Casa Rosada (Argentina), 321

Casa-grande & senzala (Freyre), 288

Casarão do Campo da Várzea (Porto Alegre), 38; *ver também* Colégio Militar de Porto Alegre

cassações, 31, 273-4, 276, 284, 291-4, 384, 391, 393-4, 401-2, 404, 411, 413

Castellbranco / Castello-Branco (Beira Baixa, Portugal), 39

Castello Branco, Antonieta (Nieta, filha de Castello), 79, 83, 91, 112, 117-9, 128, 139, 148, 207, 216, 283, 285, 418

Castello Branco, Antonieta Alencar (mãe de Castello), 40, 42-4, 67, 76, 418

Castello Branco, Argentina (esposa de Castello), 14, 60-4, 66-70, 76, 79, 82-5, 91, 96, 100, 102, 108-13, 117-9, 126-30, 135-7, 139,

142, 148, 154, 156-7, 164, 170, 173-5, 177-8, 197-8, 210, 214-7, 221, 225, 235, 277, 283, 286, 406, 409, 414, 418, 426, 428

Castello Branco, Beatriz (irmã de Castello), 43, 56, 76, 105, 204, 418-9

Castello Branco, Cândido (Candinho, irmão de Castello), 43, 76, 418-9, 422, 424

Castello Branco, Cândido Borges, general (pai de Castello), 37-8, 40, 42-5, 48, 51, 56, 58-9, 69, 76, 79, 84-5, 96, 100, 105, 418

Castello Branco, Carlos (jornalista), 271, 285, 292, 304, 307-8, 350-2, 356, 361, 381, 412

Castello Branco, Francisco (irmão de Castello), 43

Castello Branco, Francisco Borges (avô paterno de Castello), 42

Castello Branco, Francisco da Cunha e Silva (capitão português), 39-40

Castello Branco, João (irmão de Castello), 43

Castello Branco, João Paulo (neto de Castello), 344, 406

Castello Branco, Lauro (irmão de Castello), 43, 60-1, 76, 386

Castello Branco, Lurdinha (irmã de Castello), 39, 43, 58-61, 63, 76

Castello Branco, Nina (irmã de Castello), 43, 56, 76, 277, 418-9

Castello Branco, Paulo (filho de Castello), 85, 91, 96, 112, 118, 148, 171, 216, 242, 253, 255, 260, 283, 289, 418

Castello Branco, sobrenome (origens), 39

Castellucio (Itália), 153

Castelnuovo di Garfagnana (Itália), 136, 150-1

Castelo, Plácido Aderaldo, 418

Castilhos, Júlio de, 47

Castro, Caiado de, coronel, 147

Castro, Fidel, 244

Castro, Fiúza de, general, 177-8, 185

Castro, José Fernandes Leite de, general, 101

catolicismo *ver* Igreja católica

Cavalaria, 48, 57, 67, 80, 99

Cavalcante, Tenório, 255

Cavalcanti, Costa, 266, 292, 334, 370, 392

Cavalcanti, Themístocles Brandão, 404

Cavalcanti Júnior, Francisco Boaventura, tenente-coronel, 362, 370

Caxias, Duque de, 95, 283

Ceará, 40-3, 48, 76, 122, 173, 198, 213, 368-9, 417-20, 422, 425-6

Cemitério do Caju (Rio de Janeiro), 180

Cemitério São João Batista (Rio de Janeiro), 283, 414, 426

Cendrars, Blaise, 83

censura, 39, 79, 82, 84, 90, 164, 232, 273, 290, 342, 427

Central do Brasil (Rio de Janeiro), 239-40, 242-4

Centro de Pesquisa e Documentação de História Contemporânea do Brasil (CPDOC), 94

Chagas, Emílio Moura, 421, 423

Chagas, Francisco Celso Tinoco ("mestre Celso"), 421-3

Chapa Amarela, 192

Chapa Azul, 192-3

Chateaubriand, Assis (Chatô), 294, 391, 412

Chaves, Anísio, capitão, 336

Chaves, Juca, 335

China, 204

CIA (Central Intelligence Agency), 207, 238, 362

Cinelândia (Rio de Janeiro), 353

cinema, 46

Civilização Brasileira (editora), 284

Clark, Mark, general, 128-9, 147-8, 151

classe média, 204, 218, 317, 340, 382

classe trabalhadora, 218, 228, 237, 340, 396, 413

Cleofas, João, 207

Clube de Regatas Flamengo (Rio de Janeiro), 141

Clube Militar, 72, 75, 77, 104, 166-71, 175, 177, 180, 192-3

Clube Naval, 337

Código Penal, 78, 140

Coelho, Plínio, 297

Coelho, Saladino, almirante, 177-8

Cohan, George M., 62

Colégio Aires Gama (Recife), 44

Colégio da Imaculada Conceição (Fortaleza), 44

colégio eleitoral, 271, 391, 428

Colégio Mackenzie (São Paulo), 244

Colégio Militar de Porto Alegre, 37-8, 45-9, 52, 54, 57, 82, 85, 121, 123, 171, 260

Colégio Militar do Rio de Janeiro, 76

Colônia Agrícola de Clevelândia (Oiapoque), 84

Coluna Prestes, 17, 88-93, 98, 106, 124; *ver também* Prestes, Luís Carlos

Com amor no coração (filme), 215

Comand and General Staff School (Kansas, EUA), 123

Comando Geral dos Trabalhadores (CGT), 27, 242, 246-8, 250-1, 259

Comando Militar da Amazônia, 195-6, 198-200, 202-3, 207, 288

"Comando Revolucionário", 29, 269-70, 273-6, 283-4, 288, 411; *ver também* golpe militar (1964); "Revolução"

Comício da Central (Rio de Janeiro, 1964), 239-44

Comissão Geral de Investigação (CGI), 291-3, 337

Comissão Militar Conjunta Brasil-Estados Unidos, 217

comunismo/comunistas, 24-8, 106, 109, 162-6, 168-9, 171, 174-5, 190, 204, 207, 209, 211-2, 231, 234-6, 239, 244-5, 247, 249, 260-1, 275, 290, 293, 296-7, 301, 323, 333, 347, 350, 352, 357, 363, 382-3, 388

Confederação do Equador (1824), 41

Conferência Nacional dos Bispos do Brasil (CNBB), 392

Congresso dos Estados Unidos, 236

Congresso Nacional, 30, 108, 207, 227-9, 231, 237, 240, 243-4, 247-8, 250, 268-70, 274-6, 278-9, 290, 296, 299, 301, 303-9, 311, 315, 325-6, 339-41, 345, 351-2, 367-8, 384, 392, 397-8, 400-2, 404-5, 407-10, 412, 427

Conselheiro, Antônio, 51

conservadorismo, 16, 64, 72, 163, 167, 172, 183, 203-4, 232, 277, 286-7, 300, 337, 392

"Considerações sobre a Guerra na Coreia" (artigo na *Revista do Clube Militar*), 169
Constellation (avião), 200
Constituição brasileira, 30-1, 47, 78, 101, 103, 108, 168, 179, 185, 188, 206, 209, 242, 262, 268, 271, 274, 278-9, 299, 345, 404, 407-8
Consuelo Leandro, 215
Consultec (empresa), 318
contas públicas, 340
Cony, Carlos Heitor, 28, 269, 279, 292, 297, 312, 359
Copa do Mundo (1966), 395-6
Copacabana (Rio de Janeiro), 28, 77-8, 80, 97, 174, 260-1, 341
Copacabana Palace (hotel), 321
Coreia, Guerra da (1950-3), 169-70, 320
Coronel Y (pseudônimo jornalístico de Castello), 100-7, 172, 365
Corrêa, Villas-Bôas, 358
correção monetária, 317
Correia, Otávio, 78
Correio da Manhã (jornal), 26, 28, 55, 63-4, 70-2, 80, 269-70, 275-6, 279, 291-2, 311-3, 380, 390, 397, 402, 404, 408-9, 411-3
Corrente, rio, 92
corrupção, 21, 183, 196-7, 203-4, 213, 292, 301, 362, 393, 395, 401, 403
Costa, Armando, 313
Costa, Canrobert Pereira da, general, 177, 180-1, 184
Costa, d. José Gonçalves da, 392
Costa, Fernando Correia da, 267
Costa, João Hipólito da, tenente-coronel, 59, 214
Costa, José Lélis da, 240
Costa, Miguel, major, 17, 80, 88
Costa, Octávio, general, 58, 206
Costa, Ribeiro da (presidente do STF), 334, 353
Costa, Roberto Hipólito da, tenente-coronel, 29, 60, 262-3, 288, 393
Costa, Thales Ribeiro da, tenente-coronel, 124
Costa, Zenóbio da, general, 78, 123-4, 127, 132-3, 135, 138, 145, 147-8, 176

Costa e Silva, Arthur da, general, 30-3, 46, 48-9, 54, 58, 66, 184, 191, 233, 235, 239-40, 243-4, 257-61, 264-5, 267-70, 272-4, 284, 288, 290, 292, 294-5, 303, 305, 310, 313, 323-6, 332-3, 335, 338, 340, 342, 347-51, 353-4, 356-7, 361-7, 369-71, 375-82, 384-90, 392, 394, 398-9, 403-4, 408, 411-3, 417, 420, 426-7
Couto, Zenóbio, 78
Couto e Silva, Golbery do, general, 17, 175, 233, 237, 254-5, 261, 299, 302, 346, 357, 386, 390, 395, 428
Covilhã, vila de (Portugal), 39
Crato (CE), 40-1
Cristo Redentor (Rio de Janeiro), 122
Crittenberger, Willis Dale, general, 132-3, 148
Cruzada Democrática (chapa), 171-2, 179, 192
Cruzeiro Novo (moeda), 410
Cruzeiro, O (revista), 227, 300, 326, 403, 409
Cuba, 186, 237, 301, 312
Cuiabá (navio-prisão), 81-3
cultura brasileira, 313
Cunha (SP), 81
Cunha, Danilo Darcy da, tenente-coronel, 322-4
Cunha, Olympio Falconière da, general, 123-4
Cunha, Vasco Leitão da, 288, 320, 395
Curi, Jorge, 33
Curitiba (PR), 26, 105-7, 397
"Curso da Alfafa", 57

D'Angrogne, Alfredo Malan, tenente, 423-4
Dantas, San Tiago, 106, 170, 187, 198-9, 277, 297
Davis, Natalie Zemon, 15
De Gaulle, Charles, 286, 290-1, 320-1, 418
Declaração dos Bispos do Nordeste, 392-3
Defesa Nacional, A (revista), 52-3
delação, institucionalização da, 292
Delfim Neto, 237
democracia, 19, 47, 109, 184, 190, 262, 305, 325, 327, 334, 339, 360, 380, 382, 399, 412
Denys, Odylio, general, 185, 192, 203, 233
Departamento de Defesa (EUA), 238
Departamento de Estado (EUA), 360

Departamento de Imprensa Propaganda do Estado Novo, 164

Departamento Federal de Segurança Pública, 394

desvalorização do cruzeiro em relação ao dólar, 289

"Dezoito do Forte" (Revolta do Forte de Copacabana, 1922), 78, 80, 97, 163, 337

Di Cavalcanti, 340

"Dia Nacional de Luta Contra a Ditadura" (22 de setembro de 1966), 396-7

Dia, O (jornal), 409

Diário Carioca (jornal), 126, 128

Diário de Notícias (jornal), 211

Diário Oficial, 47, 185, 411

Diários Associados, 126, 172, 211, 294, 391, 412

Dieguez, Adolfo Roca, 29

Dinamarca, 110

Dines, Alberto, 33

Diniz, Salvador, 207

diplomatas, 219, 237, 288

direita política, 17, 228, 335, 343, 403, 408

direitos políticos, 269, 275, 284, 297, 312, 356-7, 392, 411, 413, 427

disciplina militar, 52-3, 56-7, 71, 77, 93, 118, 122, 141, 179, 181, 187-8, 219, 255

"Disparada" (canção), 398

Distrito Federal, 166, 184, 189, 194, 345

ditadura do Estado Novo *ver* Estado Novo

ditadura militar (1964-85), 17-8, 21, 47, 63, 164, 284, 310, 333, 357, 360, 378, 380-1, 394, 396, 399, 408, 427-8

dívida externa, 218

Divisão de Polícia Política e Social (DPPS), 311

Domingues, Heron, 406

DOPS (Departamento de Ordem Política e Social), 245, 332-3, 359

Dória, Seixas, 240

Dosse, François, 22

Douglas C-47 (avião), 200-1

Dragões da Força Pública (São Paulo), 245

Drummond, Maria Amália, 64-5

Drumond, José Rubens, major, 202

Drummond de Andrade, Carlos, 70, 332

Dulles, John Walter Foster, 13-4, 78, 243, 261

Dutra, Elói, 221, 286

Dutra, Eurico Gaspar, general, 108-20, 124, 138-40, 149, 157, 163-5, 265, 270, 272, 276-7, 353

Edição Especial (revista), 270

Edifício Igrejinha (Rio de Janeiro), 260

Egito, 151

Eisenstein, Sergei, 250

Eixo, países do, 120, 122; *ver também* Segunda Guerra Mundial

Electra (Sófocles), 332

eleições diretas e livres, 63, 266, 271, 338-9, 388

eleições presidenciais, 31, 38, 108, 163, 167, 181, 198, 201, 242, 285, 299, 301, 315, 319-20, 356-7, 363, 378, 381

Eletrobras, 316

"Emendão" à Constituição, 299-301, 304

empresas multinacionais, 207, 243

Encouraçado Potemkin, O (filme), 250

energia elétrica, empresas de, 316

ensino gratuito, 383

Escobar, Décio Palmeiro de, general, 49, 261, 375-6, 379

Escola de Aperfeiçoamento de Oficiais (ESAO), 79, 85-6, 93, 97, 109-10, 236

Escola de Comando e Estado-Maior do Exército (ECEME), 14, 97-8, 100-1, 107-9, 119, 145, 161-3, 182-3, 185-7, 193, 206, 208, 229, 234-5, 245, 257, 259, 263, 310, 339

Escola Militar da Praia Vermelha (Rio de Janeiro), 51, 53

Escola Militar de Realengo (Rio de Janeiro), 38, 50-1, 53-8, 60-1, 64-6, 76-9, 81-2, 85, 87, 93-4, 99, 109, 121, 123-4, 202, 206, 220

Escola Naval (Rio de Janeiro), 118

Escola Superior de Guerra (ESG), 111, 113, 167, 175, 180, 184, 189, 210, 233, 238, 286, 288-9, 299, 302, 390, 411

Escola Superior de Guerra (Paris), 107

"esguianos" (militares), 233, 261

446

Espada de Ouro, cerimônia da entrega da, 188, 191, 198

Espanha, 52, 321-2

espionagem política, 299; *ver também* Serviço Nacional de Investigações (SNI)

Espírito Santo, 81, 260

Esplanada dos Ministérios (Brasília), 29

esquerda política, 17, 105, 164-8, 188, 201, 205, 207-9, 220, 228, 232, 236, 261, 270, 278, 286, 289-90, 296, 299, 326, 332, 347, 363, 382, 388, 396, 403, 408, 427

Estado de S. Paulo, O (jornal), 229, 233-4, 238, 318

estado de sítio, 47-8, 79, 84, 186, 201, 227-9, 356

Estado Novo, 108, 120, 157, 163-4, 241, 274, 408

Estado-Maior da Aeronáutica, 259; *ver também* Aeronáutica

Estado-Maior das Forças Armadas (EMFA), 172, 174, 176, 179-80, 185, 187, 232, 236; *ver também* Forças Armadas

Estado-Maior do Exército (EME), 54, 68, 108, 119, 124, 145, 161-2, 169-70, 182, 203, 206, 225-31, 233-5, 240, 243, 246, 248, 251, 257, 364, 375; *ver também* Exército

Estados Unidos, 29, 97, 120, 123, 128-9, 132, 134, 145, 148, 151, 163-4, 167, 169-71, 204, 217, 219, 236, 238, 241, 249-50, 263, 277, 289, 299, 316, 320-1, 336, 340, 345, 360, 382-3, 393

Estatuto da Terra, 340

Estillac Leal, Newton, general, 80, 166-9, 171, 176

Estimativa nº 2 (1964), 326

estudantes *ver* movimento estudantil; União Nacional do Estudantes (UNE)

Etchegoyen, Alcides, general, 46, 121, 171

Europa, 47, 110, 113-4, 124, 155, 163, 286, 290-1, 371, 375, 377-8, 385, 417-8

Executivo, Poder, 47, 71, 181, 269, 341, 351, 353, 356, 394, 410

Exército do Brasil, 17, 24-6, 28-9, 32, 38-9, 42, 48, 51-3, 59, 66-8, 70-2, 77-8, 80, 85, 88, 91, 93, 95-7, 100-4, 107, 110, 118, 120-1, 123, 127-9, 135, 137, 139, 142, 146-7, 149, 151, 153, 156, 167-8, 170-1, 175, 177, 181-3, 187-90, 192-4, 196-7, 199, 203-4, 206-7, 209-11, 214-5, 219-21, 225-34, 236-7, 241-3, 246, 248-9, 251, 258-9, 261-2, 264-5, 267, 270, 283, 288, 302, 306, 311-3, 324, 333-5, 337-8, 341, 349, 352-3, 364, 376-7, 379, 394, 397, 400, 403, 425; *ver também* Estado-Maior do Exército (EME)

Exército dos Estados Unidos, 120, 123, 126, 128, 132, 137, 145

exilados, retorno dos, 428

Expedito (soldado), 221

Externato São Rafael (Fortaleza), 44-5

Faculdade de Arquitetura do Rio de Janeiro, 360

Faculdade de Direito de Belo Horizonte, 67

Faculdade de Direito do Recife, 210

Faculdade de Filosofia da Universidade do Brasil (Rio de Janeiro), 384

Faculdade de Medicina de Porto Alegre, 48

Faculdade Nacional de Medicina (Rio de Janeiro), 397-8

Fadul, Wilson, 297

Fagundes, Miguel Seabra, 404

faixa presidencial, 199, 271, 278-9, 385, 411-2

Falcão, Armando, 29, 60, 172, 253-4, 293, 307, 319, 367, 420

Faraco, Daniel, 287

Faria, Caetano de, 53

Faria, Hugo, 213

Farias, Cordeiro de, general, 26, 87, 89, 123-4, 133, 137, 139, 145, 148, 155, 167, 175, 233, 238, 260, 288-9, 303, 341, 346, 351, 354-5, 368-9, 386, 389

fascismo/fascistas, 114, 122, 162-3, 247, 286; *ver também* nazismo/nazistas

Fazenda Não-Me-Deixes (Quixadá), 417-23

Febeapá, o Festival de Besteira que Assola o País (Stanislaw Ponte Preta), 332

febre tifoide, 77

Federação das Indústrias do Ceará (FIEC), 213

Federação Nacional dos Jornalistas (FENAJ), 410

Fernandes, Florestan, 313

Fernandes, Hélio, 426

Fernandes, Millôr, 332, 334

Fernandes, Nelson, vice-almirante, 387

Fernando de Noronha (PE), 334

Ferraz, José Cândido, 378-9

Ferraz, Luís Antônio, coronel, 42-3

Ferreira, Ivan Carpenter, brigadeiro, 177-8

Ferreira, Murilo Gomes, general, 238, 260

Ferreira, Pantaleão Teles, general, 89

ferro, jazidas de, 318

Festival de Música Popular Brasileira (1966), 398

Figueiredo, Édson de, general, 178, 334

Figueiredo, João Baptista, general, 184, 334, 428

Folha de S.Paulo (jornal), 126, 244-5

Fonseca, Deodoro da, marechal, 32

Fonseca, Hermes da, marechal, 38, 47, 52, 70, 72, 75, 77

Fontoura, João Neves da, 170

Força Aérea Brasileira (FAB), 29, 201, 336-7, 423, 426

Força Expedicionária Brasileira (FEB), 118, 123-9, 132-5, 137-42, 145-7, 149-51, 153, 155-6, 164, 167, 172, 176, 260; *ver também* pracinhas

Forças Armadas, 16-8, 51-2, 71-2, 77, 79, 97, 104, 107, 110, 120, 123, 168-71, 175-6, 178, 182-3, 189-90, 196, 201-2, 204, 211-2, 219, 226, 231-3, 237, 246-9, 251, 255, 259, 261-2, 265, 272, 275, 284, 296-7, 333, 338, 348, 364, 377, 379-80, 386

Fornaci (Itália), 135

Forrestal (porta-aviões), 29

Fort Leavenworth (Kansas, EUA), 123

Fortaleza (CE), 13, 15, 29, 39-40, 43-4, 172-3, 197, 209, 213, 304, 387-8, 417-20, 422-5, 428

Fortaleza de Quixadá (CE), 419

Fortaleza de Santa Cruz (RJ), 334

Forte de Copacabana (Rio de Janeiro), 77, 80, 97, 341

Fortunato, Gregório ("Anjo Negro"), 174

frades franciscanos, 392

França, 112, 114, 128, 290-1, 299, 384, 418; *ver também* Paris

France, Anatole, 126

Freire, Jerônimo Geraldo de Campos, 312

Freire, Vitorino, 297

Freitas, José Monteiro de, 106

Freixinho, Nilton, tenente-coronel, 201

Frente Ampla, 403

Frente de Novembro, 189-90

Frente de Recife, 206-7

Frente Nacionalista do Rio Grande do Norte, 218

Freyre, Gilberto, 288

Frota, Alba, 419, 422

Frota, Sylvio, general, 428

futebol, 395-6

funcionalismo público, 340

Fundação Getulio Vargas (FGV), 94

Fundo de Garantia por Tempo de Serviço (FGTS), 396-7

Fundo Monetário Internacional (FMI), 317

Furtado, Celso, 218, 275

Galhardo, Benjamin Rodrigues, general, 249

Galinha Choca, pedra da (CE), 421

Gallicano (Itália), 135

Gama, José Santos de Saldanha da, 336

Garcez Neto, Martinho, 363

Gayoso e Almendra, João Henrique, 206

Gazeta do Rio (jornal), 102, 104, 365

Geertz, Clifford, 22

Geisel, Ernesto, general, 29, 170, 175, 254-5, 257, 261, 263-5, 277, 286, 295-6, 303, 307, 309, 313, 325, 346, 357, 364-5, 380, 386, 390, 394, 428

Geisel, Orlando, general, 175, 263-4, 394

General W. A. Mann (navio), 118-9, 122, 124-6

Getúlio (Lira Neto), 17

Gibraltar, estreito de, 52

Ginásio Mineiro (Belo Horizonte), 63

Giovanna (jovem italiana), 140

448

Globo, O (jornal), 188, 211, 238, 265, 301, 326, 357, 409

Glória, aterro da (Rio de Janeiro), 235

Goiânia (GO), 310, 323-4, 397

Goiás, 17, 30, 32, 88-9, 92, 200, 232, 297, 322-6, 338, 370

Golpe em Goiás, O (Borges), 325

golpe militar (1964), 16, 18, 21, 25-7, 46, 63, 77, 89, 164, 175, 184, 230, 235, 246, 251, 258, 262, 264-5, 270, 279, 286, 300, 313, 320, 345, 392, 428; *ver também* "Revolução"

Gomes, Dias, 275, 312

Gomes, Eduardo, brigadeiro, 55, 76-9, 81, 98-9, 101, 163-4, 167, 177, 233, 337

Gomes, João, 107

Gonçalves (soldado), 221

Gordon, Lincoln, 219, 241, 249-50, 274-5, 360, 383

Górki, Maksim, 314

Goulart, João, 14, 18, 23-31, 52, 54, 60, 168, 175-6, 181-2, 184, 188, 192, 198-9, 204-6, 210-1, 213-5, 218-20, 225-30, 232-9, 241-5, 248-52, 254-5, 257-63, 269, 272, 275-6, 279, 286, 288-9, 291, 294, 297, 299, 302, 312, 316, 323, 338, 340, 345-6, 382, 391, 393-4, 401-3, 428

Goulart, Maria Thereza, 241

Governo Provisório (anos 1930), 103

Gracindo, Paulo, 275

Granja do Torto (Brasília), 28

greves, 23, 26, 47, 183, 208, 228, 230-1, 242-3, 249, 259, 293, 366, 411

gripe espanhola (1918), 57

Gros, João Carlos, major, 140-1, 161-2, 166, 234

Guanabara, 25, 27, 30-1, 63, 221, 227, 242, 258-9, 265, 267, 270, 285-8, 290-1, 298, 300-3, 305, 308, 310-1, 315-6, 318, 320, 332, 334, 338, 345-8, 362-3, 394, 403

Guarani, O (Alencar), 42

Guarda Nacional, 39

Guarda Presidencial, 324

Guarujá (SP), 273

Guedes, Carlos Luís, general, 72, 85, 93

Guedes, Luís Carlos, general, 233, 242, 256, 264

Gueiros, Eraldo, 363

Gueiros, Nehemias, 356

Guerra da Coreia (1950-3), 169-70, 320

Guerra do Paraguai, 94, 120

Guerra do Vietnã, 382-3

Guerra Fria, 163-4, 167, 217, 320

guerras mundiais *ver* Primeira Guerra Mundial; Segunda Guerra Mundial

guerrilha rural, 207

guerrilha urbana, 388

Guevara, Che, 204

Guiana Francesa, 84

guilhotina, 291, 331

Guimarães, Ulysses, 352

Gullar, Ferreira, 312, 405

Gurgel, família, 42

Gutko, Paulo, 323-4

Haifa (Palestina), 151

Hanna Mining Company (EUA), 318

Hart, Julian, 227

Havana, 288

Hayes, Georges, general, 153

Heck, Sílvio, almirante, 233

Herba, Charles, 200

Herculino, João, 398-9

hierarquia militar, 53, 71, 76, 79, 101-3, 123, 181, 184, 187, 219, 226, 251, 299, 362

Hino Nacional, 122, 276

História Militar, 119, 148, 199

Hitler, Adolf, 135, 152, 155

Holanda, 113

Holocausto, 127

Hospital dos Servidores do Estado (Rio de Janeiro), 27, 184, 248

Hospital Militar de Triagem (Rio de Janeiro), 311

Hospital São Lucas (Belo Horizonte), 293

Hotel Glória (Rio de Janeiro), 359

Hugo, Victor, 37

Hungria, 396

IBAD (Instituto Brasileiro de Ação Democrática), 207, 237, 265, 286

Iberia Airlines, 321

Ibiapina, Hélio, tenente-coronel, 230, 237, 406

Ibope (Instituto Brasileiro de Opinião Pública e Estatística), 204, 338

"ideologias subversivas", 292; ver também "subversivos"

Igreja católica, 218, 237, 244, 277-9, 392-3

Igreja de São José (Belo Horizonte), 384

Império do Brasil, 41

Império Romano, 39, 72

impopularidade do governo de Castello, 338-48, 395, 397, 409-10

Imposto de Renda, 300

imprensa, 16-7, 26-8, 33, 89-90, 109, 136, 169, 171, 177, 183, 189, 192-3, 207, 212, 219, 226, 229, 233-4, 238, 243, 245, 250, 255, 261-2, 265, 270, 272-3, 278, 285-6, 291-2, 294, 304, 313, 318, 322-3, 326, 333, 341, 347, 349, 353, 355, 357-8, 360, 362, 367, 370, 375, 377-8, 382, 384, 392-3, 398, 401, 409-10, 412-3, 419-20, 424, 427; ver também jornalistas

imunidades dos ex-governadores, 335

indisciplina nas Forças Armadas, 105, 182, 186, 209, 338, 379

indústria siderúrgica brasileira, 120

indústria siderúrgica norte-americana, 171

Inês, irmã (professora), 45

Infantaria, 39, 42, 49, 57-8, 93, 95, 147, 153, 170, 274, 361

inflação, 218, 228, 289, 300, 309, 315, 317, 332, 340, 366, 413

Inglaterra, 299, 335, 396

Inimigo do rei: Uma biografia de José de Alencar, O (Lira Neto), 16

Inquéritos Policiais Militares (IPMS), 78, 291, 293, 322-3, 325, 332, 334-5, 343, 347, 361-2, 386

Instituto Internacional de Imprensa (Zurique), 409-10

integralismo/integralistas, 106-7, 109, 114, 198

Interpretação das culturas, A (Geertz), 22

investidores internacionais, 289

Ipanema (Rio de Janeiro), 33, 117, 121-2, 235, 267

IPES (Instituto de Pesquisas e Estudos Sociais), 237, 265, 286-9, 299

Iracema (Alencar), 42, 424

Isaltino, coronel, 198

Itália, 113, 120, 122, 127-8, 137-40, 149-50, 152, 155-6, 161, 163, 165, 167, 235, 300

Itamaraty, 285, 321, 335; ver também Ministério das Relações Exteriores

Itapeva (SP), 353

Jangadeiros, rua dos (Rio de Janeiro), 283

Jango ver Goulart, João

Japão, 120

Jereissati, Carlos, 368

Jereissati, Tasso, 368

João Cândido (Almirante Negro), 250

João do Rego Castello Branco, tenente-coronel ("João, o Sanguinário"), 40

João Pessoa (PB), 29, 388

Johnson, Lyndon, 382-3

Jornal da Tarde, 410-1

Jornal do Brasil, 33, 191-3, 248, 265, 304, 356, 361-2, 370, 380, 408-9, 412

Jornal do Commercio, 54, 211, 215

Jornal dos Sports, 409

Jornal, O, 136

jornalistas, 33, 207, 233, 237, 245, 265, 273, 275, 278, 285, 290-1, 294, 301, 319, 322, 341, 348, 351, 353-7, 360, 370, 375, 377, 391, 401, 406, 409

José, são, 304

"jovens turcos" (instrutores brasileiros), 52-3, 55-6, 80

judeus, 109, 114, 127

Judiciário, Poder, 232, 334, 350

Juiz de Fora (MG), 24, 98-9, 254, 257

Julião, Francisco, 211

Jurema, Abelardo, 249, 255, 259, 263, 275

Justiça Militar, 326, 363

Kansas (EUA), 123
Kemal, Mustafá, 52
Klinger, Bertoldo, tenente, 52
Kossobudski, Simão, 322-3
Krieger, Daniel, 303, 306, 308-9, 355, 378-9
Kruel, Amaury, general, 24, 45, 48, 54, 67, 70, 82, 123-4, 127-9, 133-5, 138, 142, 144, 147, 149-50, 211-2, 219-21, 226, 232, 249, 251, 260-1, 270, 276, 371, 381, 394
Kruel, Riograndino, general, 82, 260, 323, 332, 394
Kubitschek, Juscelino, 14, 181-2, 184, 187, 194, 198-9, 201, 210, 242, 271-2, 277-8, 284-5, 293-7, 300-1, 303-4, 335, 338, 345-7, 352-3, 364, 401, 403, 427
Kusnet, Eugênio, 314

La Spezia (Itália), 137
Lacerda, Carlos, 25, 31-2, 55, 168, 174-5, 182, 186, 210, 227, 240, 242, 258-9, 262, 265, 267-8, 272, 285-6, 288, 290-1, 296, 298-9, 302-3, 305, 307, 310, 315, 318-20, 338-9, 341, 343, 347-8, 363, 368, 378, 395, 402-4, 409, 426-7
Lacerda, Flávio Suplicy de, 288, 322, 366
Lacerda, Maurício de, 55, 308
Lacombe, Américo Jacobina, 106
Lago, Mário, 275
Lampião (cangaceiro), 243
Laski, Harold, 162
latifúndios, 241, 340
Lavenère-Wanderley, Nélson Freire, brigadeiro, 262-3, 288, 336-7
Leal, João de Deus Pessoa, 97
Leão, Nara, 313-4, 331, 334, 398
Leblon (Rio de Janeiro), 253, 257
Legislativo, Poder, 47, 101, 232, 269, 274, 351, 382, 400, 402
Lei da Inatividade, 364-5
Lei de Imprensa, 409-11
Lei de Remessa de Lucros, 243
Lei de Reorganização do Exército (1908), 52
Lei de Segurança Nacional, 392, 411
Lei Suplicy (Lei 4464), 322, 366

Leite Filho, Barreto, 136
Lemos, Hélio, tenente-coronel, 29, 362
Liberdade, Liberdade (Millôr e Rangel), 331-3
Liceu do Maranhão (São Luís), 44
Liceu do Piauí (Teresina), 44-5
Liga Democrática Radical (organização de extrema direita), 335
Liga Eleitoral Católica, 173
Ligas Camponesas, 29, 207, 211
Ligúrico, mar, 128, 137
"Lili Marlene" (canção), 157
Lima, Alceu Amoroso, 340
Lima, Cirne, 391
Lima, Coelho, tenente-coronel, 198
Lima, Hermes, 296
Lima, Nilo Guerreiro, general, 369
Lima Sobrinho, Barbosa, 340
Lincoln, Abraham, 332
"linha dura" (militares), 210, 232, 261-2, 270-1, 292, 296-7, 302, 322-3, 325-7, 329, 332-5, 337-8, 341-5, 347-50, 353-4, 356, 360-4, 368, 377, 381, 386, 388, 394, 409, 428
Linha Gótica (Itália), 137
Lins, Etelvino, 389
Lins, Evandro, 296
Lins, José Luís de Magalhães, 254
Lisboa, 40, 403, 418
Livraria José Olympio (Rio de Janeiro), 360
Lobo, Haroldo, 168
Lockheed T-33 (caça-aéreo), 423
Loide Brasileiro, 43, 76, 260
Londres, 242
Lopes, Isidoro Dias, general, 80, 88
Lott, Henrique Teixeira, marechal, 50, 79, 85-6, 109-11, 113, 123-4, 138-40, 181, 184-94, 196-203, 206, 346, 376
Lustosa, d. Antônio de Almeida, 173
luta armada, 182, 388, 427
Luz, Carlos, 181, 184-6

Macedo, Oyama de, 417, 419-20
Machado, Expedito, 297
Machado, José Bina, coronel, 139

451

Macieira, Coelho, coronel, 213

Maciel, Olegário, 101

Madognanna (Itália), 140

Madri, 321

Madsen (metralhadoras automáticas), 110

Magalhães, Juracy, general, 56, 211, 268, 345, 351, 355, 357, 363, 366-9, 376, 389, 409

Magalhães, Raphael de Almeida, 286, 293-4, 302-3, 363

Maioridade (1840), 41

Malan, Alfredo Souto, general, 424

Malho, O (jornal), 78

Mamede, Jurandir Bizarria, general, 180-1, 184, 233, 246, 257, 263-4, 369

Manaus (AM), 198

Manchete (revista), 403, 409

manganês, 171

Manifesto dos Coronéis (1954), 175-6

Manifesto dos Generais (1954), 178-82, 185

"Manifesto dos Generais da Guanabara" (1964), 261-2

Maquiavel, Nicolau, 11

Maranhão, 40, 44, 93, 209, 338

Marcha da Família com Deus pela Liberdade (São Paulo, 1964), 244-5

Marinha, 17, 70-1, 170-1, 177-8, 204, 207, 226, 241, 250-1, 255, 288, 335-8, 376

Marinha britânica, 335

marinheiros, 52, 250-1

Marinho, família, 211

Marinho, Roberto, 238, 357

Mariz, Dinarte, 379

Martinelli, Osnelli, coronel, 335, 341, 362

Martins, Herivelto, 275

Martins, Paulo Egídio, 367

marxismo/marxistas, 106, 236, 312-3

"Massacre da Praia Vermelha, O" (1966), 398

Massarosa (Itália), 135

Mato Grosso, 17, 30, 79, 88-9, 338

Matos, Meira, coronel, 307, 400-2

Maurell Filho, Emílio, general, 235

Maysa: Só numa multidão de amores (Lira Neto), 16-7

Mazzilli, Paschoal Ranieri, 30-1, 267, 269, 279, 288, 325-6, 341

MDB (Movimento Democrático Brasileiro), 368, 370, 377, 381-2, 384, 391-2, 394, 397-8, 401

Medeiros, Borges de, 47-8

Médici, Emílio Garrastazu, general, 184, 364, 427

"Meios militares e a recuperação moral do país, Os" (paletras de Castello na palestra na ECEME), 182-3

Meirelles, Cecília, 332

Mello, Benedito Araújo, 89

Mello, Jayme Portella de, general, 244, 257, 261, 263-4, 270, 272, 295, 324, 326, 339-40, 342, 348-9, 354, 356-7, 364, 369-70, 375-6, 379, 385, 389, 413

Mello, Márcio de Souza, major-brigadeiro ("Melo Maluco"), 178, 284, 337, 427

Melo, Nelson de, general, 26, 171, 233

Memórias de um soldado (Sodré), 95, 165

Meneghetti, Ildo, 267

Menezes Neto, Pedro Paulo, 422

Mercadante, Luiz Fernando, 406

mercado financeiro mundial, 317

Mergulhão (motorista), 208

Mesquita, Júlio, 238

Mesquita Filho, Júlio de, 318

Messejana (CE), 39, 43-4, 58, 368-70, 418, 423-4

"milagre brasileiro" (anos 1970), 427

Milão, 155

Minas Gerais, 24-8, 30-2, 59-61, 64, 67, 69-72, 88, 98, 101-2, 233, 242, 251, 254, 256-7, 267-8, 279, 287, 293, 305, 318, 335-6, 338, 345-7, 377

Minas Gerais (jornal), 69

Minas Gerais (porta-aviões), 335

Mineração Trindade S.A., 283

minerais estratégicos, 171

Ministério da Agricultura, 287, 301

Ministério da Defesa, 338

Ministério da Educação e Cultura (MEC), 288, 292, 307, 366, 369, 383, 397-8

Ministério da Fazenda, 288-9

Ministério da Guerra, 30, 57, 71, 81, 91-2, 97, 107, 110, 120-1, 123, 138, 169, 171, 176, 184-5, 187, 193-4, 196, 199-203, 212-3, 220, 231, 233, 239-40, 246, 248, 257-8, 264-5, 267-8, 275, 288, 295, 324, 345, 369, 375-6

Ministério da Indústria e Comércio, 287, 367

Ministério da Justiça, 287, 351, 367, 391, 395

Ministério da Saúde, 287-8

Ministério da Viação e Obras Públicas, 289

Ministério das Minas e Energia, 287, 318

Ministério das Relações Exteriores, 288, 320, 367; *ver também* Itamaraty

Ministério do Planejamento e Coordenação Econômica, 289

Ministério do Trabalho e Previdência Social, 288

Ministério da Coordenação dos Organismos Regionais, 289

Miranda, Emídio da Costa, general, 78, 81, 87

Missão Indígena ("jovens turcos"), 80

Missão Militar Francesa (anos 1920), 79-80, 95, 97, 100, 107, 163

MODEBRA *ver* MDB (Movimento Democrático Brasileiro)

Monde, Le (jornal), 290-1

Mondubim (CE), 424

Montanhas Rochosas da América do Norte, 145

Monte Belvedere (Itália), 145

Monte Castello (Itália), 134-8, 144-50, 235, 348, 361

Monte Gorgolesco (Itália), 145

Monte Prano (Itália), 135

Monte Soprassano (Itália), 150

Monteiro, Alfeu de Alcântara, tenente-coronel, 262-3, 288

Monteiro, Dilermando, coronel, 353

Monteiro, Góis, general, 101, 104-5, 107-9, 162, 164

Montese (Itália), 153, 155

Montevidéu, 46, 79

Monumento aos Mortos da Segunda Guerra (Rio de Janeiro), 235

moradias populares, 397

Morais, Almeida de, general, 259

Morais, Fernando, 279

Morais, Mascarenhas de, general, 118-9, 123-4, 131-4, 137-9, 142, 144-8, 150, 153, 156-7, 172-3, 176-9, 277

Moreira, Delfim, 55

Morel, Edmar, 284

Morel, Marieta, 284

morte de Castello, 423-4

mortos e desaparecidos na ditadura, 428

Moscou, 247, 288

Mota, Sílvio, almirante, 250

Mourão, Américo, 386

Mourão Filho, Olympio, general, 24-6, 57, 66-7, 109, 233, 254, 256, 259, 264, 270, 306

Movey, Beuve, 290

movimento estudantil, 48, 207, 322, 383-4, 396-8; *ver também* União Nacional do Estudantes (UNE)

"Mulher rendeira" (canção), 344

Müller, Filinto, 303

Muricy, Antônio Carlos, general, 175, 210-1, 218-20, 230, 233, 243, 257, 259, 277, 296, 313

Museu Histórico e Antropológico do Ceará, 425

Mussolini, Benito, 155

nacionalismo, 166-72, 181, 189, 192, 237, 318

Nandi, Ítala, 314

Napoleão Bonaparte, 46-7

Nápoles, 122, 126-7

Nascimento Silva, rua (Rio de Janeiro), 33-4, 117-8, 121, 157, 174, 235, 237-8, 243, 250, 253, 255, 260, 266, 283, 414

Nasser, Alfredo, 310

Nasser, David, 227, 300, 326-7

Natal (RN), 106, 156, 210, 214, 219, 230, 362

Natel, Laudo, 395

National War College (EUA), 167

nazismo/nazistas, 120, 122, 127, 130, 142, 147,

453

162-3, 190, 333, 350; *ver também* fascismo/fascistas

Negrão, Anísio Alves, capitão, 205, 208, 215-7, 221

Negrão de Lima, Francisco, 63-4, 67, 70, 108-9, 194, 236-7, 271, 345-8, 362-4, 426

Negrão de Lima, d. Maria das Dores, 63, 67

Neiva Filho, Mário, 275

Neves, Conceição de Costa, 386

Neves, Tancredo, 28, 254, 272, 277, 408, 428

New York Times, The (jornal), 332

Ney, Nora, 275

Niemeyer, Ocar, 285

Nina (prostituta), 56

Nóbrega, Silvino, major, 161-2

Nonato, Orozimbo, 404

Nordeste, 25, 29, 41, 44-5, 104, 108, 206-9, 213, 217, 219, 229, 251, 313, 392-3

Norte do Brasil, 199

Nossa Senhora Aparecida, imagem de, 127

Notícia, A (jornal), 90

Notre-Dame de Paris (Victor Hugo), 37

Nova Floresta (Bernardes), 63

Nova York, 364

Oest, Henrique Cordeiro, 165

Ofensiva de Primavera (Itália, 1945), 152

Oiapoque (AP), 84

"Oito da Glória" (manifestantes), 359

oligarquias, 71, 101, 218

Olinda (PE), 392

Oliveira, Afrânio de, 404

Oliveira, José Edésio de, 144, 148, 150, 153-4

Oliveira, Manuel Alves de, sargento, 311

Olympio, José, 304

ONU (Organização das Nações Unidas), 319-20

Operação Formiga (1955), 185

Operação Limpeza (1964), 292

Operação Lituânia (1964), 323

Operação Popeye (1964), 24, 57, 109, 254

Operação Unitas (1964), 336

Opinião (grupo teatral), 405

Opinião (show), 313

opinião pública, 84, 88, 103, 166, 204, 230, 241, 286, 289, 300, 315, 325-6, 340, 390, 392

Organização dos Estados Americanos (OEA), 359-60

Oriole (avião biplano), 81

ORTN (Obrigações Reajustáveis do Tesouro Nacional), 317

"Over There" (canção), 62

Padre Cícero: Poder, fé e guerra no sertão (Lira Neto), 17

Paes, José Nogueira de, general, 324-5

Palácio da Alvorada (Brasília), 284-5, 295, 298, 307-8, 320, 344, 346, 354, 357, 399, 405-6, 412, 414

Palácio da Luz (Fortaleza), 43

Palácio das Princesas (Recife), 205, 208

Palácio do Catete (Rio de Janeiro), 81, 108, 176-7, 179, 184-6

Palácio do Planalto (Brasília), 242, 283-4, 286, 292-5, 299, 302, 306, 345, 350, 353, 355, 362, 382, 384-5, 408, 413

Palácio dos Campos Elíseos (Rio de Janeiro), 81

Palácio dos Leões (São Luís), 209

Palácio Laranjeiras (Rio de Janeiro), 23, 249, 258-9, 321, 334, 347-9, 360, 370, 376, 379, 383, 385, 406, 427

Palácio Monroe (Rio de Janeiro), 403

Palestina, 151

Pampas, região dos (RS), 90

PanAir, 200

Pará, 198, 297, 338

Paraguai, 94, 120, 201-2

Paraíba, 29, 98, 207, 338

Paraibuna, rio, 259

Paraná, 30, 79, 88, 105, 287-8, 338, 366, 390

PAREDE (Partido Renovador Democrático), 368

Paris, 107-12, 114, 119-20, 123, 144, 286, 290-1, 331, 380, 418-9

parlamentarismo, 206, 210

Partido Comunista Brasileiro (PCB), 136, 164, 169, 240, 243, 334, 362-3, 388

Passarinho, Jarbas, major, 183-4

454

patriotismo, 21, 327

"pau de arara", 312; *ver também* tortura

PDC (Partido Democrata Cristão), 172, 292

Pedro I, d., 41

Pedro II, d., 16, 41

Peixoto, Augusto do Amaral, capitão, 174-6, 271, 294-5, 303

Peixoto, Floriano, marechal, 32

Pelé (jogador), 367, 396

Pequenos burgueses, Os (Górki), 314

Pereira, Mário Brandi, 96

Pernambuco, 40, 43, 205-8, 215, 240, 337, 387, 389, 392

Perón, Juan Domingo, 175, 321

Peru, 263

Pessoa, Epitácio, 55, 71, 75-8

Petacci, Clara, 155

Petrobras, 187, 264, 369

petróleo, 166-7, 241, 256, 289, 300

Petrópolis (RJ), 26, 233

Philadelphia (navio cruzador), 171

Pia União das Filhas de Maria, 62, 70

Pimentel, Paulo, 390

Pinheiro, Israel, 345, 348

Pinheiro Neto, João, 233, 240, 275

Pinto, Bilac, 268, 304-5, 310, 319, 340-1, 369, 380, 384, 389, 418

Pinto, Magalhães, 31-2, 210, 233, 242-3, 254, 256, 264, 267-8, 287, 302-3, 305, 315, 318, 341, 349, 362, 366, 377-8, 395, 403

Pinto, Marino, 168

Pinto, Sobral, 325, 334-5, 352

Pinto, Teixeira, major, 200

Pio XII, papa, 127

Piper Aztec (PP-ETT, avião), 421-5

Pirapora (MG), 87, 90-1

Pires, Vasco, 39-40

Pisa (Itália), 135

Pitaluga, Plínio, coronel, 347

PL (Partido Libertador), 367

planificação da economia, 315

Plano Encore (FEB), 145-6, 150

Plano Trienal, 218

plebiscito (1963), 210-1, 213

Pó, rio, 153

Poder e a peste: A vida de Rodolfo Teófilo, O (Lira Neto), 15, 22

Polícia Federal, 323

Polícia Militar, 254, 275, 397

política econômica, 288-9, 315, 317, 382, 395, 410

Pompeia (Itália), 127

Ponta Grossa (PR), 105

Ponte Silla (Itália), 151-2

Pontes, Paulo, 313

Porretta Terme (Itália), 131-2, 140-2, 153

Porto Alegre (RS), 28, 37-8, 43, 45, 48, 52, 54, 66, 82, 85, 97, 201, 249, 263, 364, 394

Porto, Sérgio (Stanislaw Ponte Preta), 292, 332

Portugal, 39, 236, 299, 396

positivismo, 51

Pote de Ouro (plano de ocupação da costa brasileira pelos EUA), 120

Potiguara, Tertuliano, general, 75

Praça da Sé (São Paulo), 244

Praça dos Três Poderes (Brasília), 400-1

pracinhas, 125-6, 129, 131, 134-6, 140, 142, 146-7, 154-6, 165-6, 235; *ver também* Força Expedicionária Brasileira (FEB); soldados brasileiros

Prado Jr., Caio, 313

"praga dos jacarés" (doença tropical), 84

Presidência da República, 18, 25, 29-31, 38, 55-6, 71, 89, 98, 184, 203, 214, 270, 273, 278-9, 320, 325, 364, 375, 387-8, 398, 427

presidencialismo, 210-1, 213

presos políticos, 311

Prestes, Júlio, 98

Prestes, Luís Carlos, 55, 58, 77, 87-8, 90, 106, 164, 275; *ver também* Coluna Prestes

Primeira Guerra Mundial, 51-2, 62, 80, 97, 123

Primeira República, 101, 104, 167, 182

Príncipe, O (Maquiavel), 11

Programa de Ação Econômica do Governo (PAEG), 315-6, 366, 413

proprietários rurais, 232, 238, 340

prostíbulos, 56

PSB (Partido Socialista Brasileiro), 211

PSD (Partido Social Democrático), 163, 172, 174, 182, 188, 232, 270-2, 276, 287, 292, 294, 296, 303, 341, 346, 352, 366, 370, 377, 384

PTB (Partido Trabalhista Brasileiro), 167, 172, 182, 188, 240, 270-1, 276, 296, 309, 341, 346, 384

Quadros, Jânio, 186, 201-5, 272-3, 275, 302, 323, 403

quartéis, 18, 24, 38, 50-2, 67, 73, 77, 80, 82, 95, 97, 101, 105, 120, 168, 172, 175, 178, 182, 194, 199, 201, 206, 220-1, 226, 233, 245, 249-50, 261, 263, 270, 272, 289, 299, 333-5, 337, 343, 345-7, 350, 361, 364-5, 369-70, 379, 388, 428

Quasímodo (apelido de Castello), 37, 93, 343, 360

Queiroz, Adhemar de, general, 149, 190, 220, 233, 238, 244, 254, 261, 277, 369, 389, 394, 400, 402

Queiróz, Eça de, 46

Queiroz, Rachel de, 279, 399, 403, 417-20, 424

"Queremismo" (movimento getulista), 164

Quixadá (CE), 417-22

Rademaker, Augusto, almirante, 284, 340, 427

Rádio Globo, 259

Rádio Mayrink Veiga, 23, 27, 218

Rádio Nacional, 27, 226, 275

Ramos, Joaquim, 271

Ramos, Nereu, 186

"Rampa da Morte" (Escola Militar de Realengo), 50

Rangel, Flávio, 359

Rangel, Paulo, 332

Rao, Vicente, 351

Raul Soares (navio), 311

Reale, Miguel, 237

Realidade (revista), 406

Recife (PE), 25, 28, 41, 43-4, 48, 59, 106, 156, 175, 205-8, 210, 212-5, 217, 219-21, 237, 249, 275, 288, 312-3, 387-8, 392, 406, 418

Rede Ferroviária Federal, 419

refinarias, 241, 256, 268

reforma agrária, 207, 218, 234, 390

reforma universitária brasileira, 383

"Reformas de Base", 218, 220, 239, 243, 250, 289

regime militar *ver* ditadura militar (1964-85)

Regime Republicano Representativo, 276

Regimento de Reconhecimento Mecanizado (Vila Militar), 347

Régis, Edson, 387

Rego, Moraes, major, 221

Reis, Antônio José Coelho de (Toné), 64-7

Reis, Luís Leal Neto dos, brigadeiro, 174

Reis, Murilo de Sousa, 245

Reno, vale do (Itália), 137

Repórter Esso (programa de rádio), 284

Repórter Esso (telejornal), 406

República Dominicana, 340, 360, 383, 400

República Velha *ver* Primeira República

Resende, Sérgio de, 337

Resende Neto, Estevão Taurino de, general, 202, 257, 291, 337

restos mortais de Castello, 428

Retorno de Martin Guerre, O (Davis), 15

"Retrato do velho" (canção), 168

revisionismo histórico, 21

Revista do Clube Militar, 168-70

Revolta da Chibata (1910), 250

Revolta de Aragarças (1959), 200-3

Revolta do Forte de Copacabana (1922), 78, 80, 97, 101, 163, 337; *ver também* tenentistas

Revolta Paulista (1924), 82-4, 88, 101; *ver também* tenentistas

Revolução Constitucionalista (1932), 103, 192, 244

Revolução Cubana (1959), 237, 312

Revolução de 1930, 32, 101, 103

Revolução Francesa (1789), 291, 331

"Revolução", 256, 258, 262-5, 267, 270, 273-6, 279, 284, 286, 288, 290, 292, 294, 297, 300, 302, 305, 308-10, 318, 324, 326, 333, 335, 339, 341-2, 345, 347, 349-50, 356, 362, 378,

388, 393-5, 408; *ver também* golpe militar (1964)
Revolution (jornal alternativo), 357
Ribeiro, Agildo, 93
Ribeiro, Carlos Flexa, 347
Ribeiro, Jair Dantas, general, 27, 225-9, 231-2, 234, 239, 243, 248, 255, 258
Ribeiro, João Camarão Telles, coronel-aviador, 202
Rimini (Itália), 137
Rio de Janeiro, 14, 23-8, 30, 33, 38, 42-3, 46, 50-1, 54, 57, 63, 65-6, 68, 76-7, 79-81, 88, 96, 98-9, 102, 105-6, 112, 117-8, 120, 122, 140, 156-7, 170-3, 180, 182, 185, 187, 189, 197, 200, 202-3, 206, 211, 214-5, 220-1, 235, 243, 246, 251, 254, 256-7, 259, 261, 263-5, 283, 299, 303-4, 311, 313, 318, 320-1, 324, 332, 334, 336, 339, 342, 347, 353, 359-60, 367, 369-70, 376, 384, 394, 397, 403, 414, 418, 424, 426, 428
Rio Grande do Norte, 156, 213, 218-9, 338
Rio Grande do Sul, 26, 30, 45, 47-8, 57, 70, 88, 98, 251, 261-2, 287-8, 293, 336, 349, 362, 381, 391, 405
Rio Pardo (RS), 45
Rocha, Anísio, 370, 377, 398
Rocha, Glauber, 359
Rodrigues, Jair, 398
Rodrigues, Jayme Azevedo, 359
Rodrigues, Martins, 271, 380, 384, 407
Rodrigues, Paulo Mário Cunha, almirante, 251
Roma, 127
Rosa, Noel, 331
Roxo, João Batista de Medeiros Guimarães, contra-almirante, 178
Rússia, 250; *ver também* União Soviética
Ryff, Raul, 27

Sá, Mem de, 367, 378, 381, 386, 391
salário mínimo, 175-6
Saldanha, Miguel Carlos, padre, 41
Salgado, Plínio, 106
Salgado Filho, Joaquim Pedro, 132

Salvador (BA), 91, 156, 362, 418
samba, 125, 134, 136, 314, 331
Samira do Brasil (empresa), 201
Sampaio, Antônio, general, 94-5, 217
Santa Catarina, 271, 338
Santa Cruz Futebol Clube, 387
Santa Luzia (MG), 89-90
Santa Maria da Vitória (BA), 92
Santo Antônio do Surubim de Campo Maior (PI), 40
Santos (SP), 311
Santos, Adalberto Pereira dos, 249, 364
Santos, José Anselmo dos (Cabo Anselmo), 250-1, 255
Santos, José Lopes de Siqueira, 207
Santos, Moacir Amaral, 312
São Borja (RS), 251
São Francisco (MG), 91
São Francisco, rio, 62, 87, 91-3
São Luís (MA), 43-4, 209, 217
São Paulo, 24, 26, 30-1, 42, 80, 82-3, 88, 98, 103, 186, 198, 201, 232, 244-5, 251, 265, 270, 273, 277, 287, 294, 313, 332-3, 347, 353, 367, 381, 386, 393, 395, 397
São Romão (MG), 91
Sapé (PB), 207
Sarasate, Paulo, 172, 271, 288, 304, 349, 367-8, 389
sargentos, elegibilidade dos, 243, 299
Sarmento, Sizeno, general, 30
Sarney, José, 428
Schmidt, Augusto Frederico, 187, 271, 287, 301, 326
Se correr o bicho pega, se ficar o bicho come (Vianna Filho e Ferreira Gullar), 405
Seção de Informações da FEB, 133-4, 138
Seção de Logística da FEB, 132
Seção de Operações da FEB, 129, 133-4, 138, 149, 168
Segunda Guerra Mundial, 123, 155, 163, 211, 220, 235, 260, 277, 335, 418
Senado, 47-8, 83, 306, 326, 351, 354, 367, 403-4, 407

Senhor embaixador, O (Verissimo), 344

Sepetiba, baía de (Rio de Janeiro), 318

Serchio, vale do (Itália), 135-7

Sergipe, 240

Sermões (Vieira), 63

Serra do Estevão (CE), 420-1

Serra, José, 240

Serviço Nacional de Investigações (SNI), 299, 301-2, 326, 395-6, 427-8

Shakespeare, William, 46

Silva, Carlos Medeiros, 268, 391, 401, 404

Silva, Luís Mendes da, 94

Silva, Sylvio Ferreira da, tenente-coronel, 387

Silva, Zulmira R. da, 405-6

Silveira, Ênio, 284

Silveira, Joel, 126, 340

Simonsen, Mário Henrique, 237

sindicalismo, 23, 26, 175, 182, 189, 218, 259, 392, 396

Sindicato dos Metalúrgicos (Rio de Janeiro), 240, 250

Singer, Paul, 313

sistema educacional norte-americano, 383

Skidmore, Thomas, 408

Soares, Raul, 70-1

Soares, Ronan, 306

socialismo, 207, 289

Sociedade Cívica e Literária (Colégio Militar de Porto Alegre), 46-7

sociedade civil, 95, 340

Sociedade Interamericana de Imprensa, 410

Sócrates, 332

Sodré, Nelson Werneck, general, 95, 165, 192, 284

Sófocles, 332

soldados brasileiros, 52, 119, 122-4, 133, 135, 146, 149, 152, 340; *ver também* pracinhas

"Sorbonne brasileira" (ala moderada dos militares), 167, 233, 286, 364, 381, 386, 389, 411

Souto, Teodureto de Arruda, 312

Souza, Herbert de (Betinho), 388

Stanislaw Ponte Preta (Sérgio Porto), 292, 332

"subversivos", 166, 188, 269, 275, 284, 291-2, 296, 301, 311, 398, 428

Suíça, 113, 410

Sul do Brasil, 208

Superintendência de Planejamento da Reforma Agrária (SUPRA), 233-4, 240

Supremo Tribunal Eleitoral, 346

Supremo Tribunal Federal (STF), 296, 324-5, 333-4, 343, 353-4, 356

Supremo Tribunal Militar, 364

Sussekind, Arnaldo, 288, 366

tabelamentos de preços, 289

Tarquínia (Itália), 127

Tática Geral, Castelo como professor de, 108, 119, 145

Tavares, Lyra, general, 427

Taviano (Itália), 132-3

Távora, Joaquim, 84

Távora, Juarez, general, 30, 32, 54-5, 58, 76-7, 79, 81, 84, 87, 101, 167, 174, 176-7, 187, 277, 288

Távora, Virgílio, 172

Tchecoslováquia, 113

Teatro de Arena (Rio de Janeiro), 313

Teatro Maison de France (Rio de Janeiro), 314

Teatro Municipal (Rio de Janeiro), 46

Teatro Municipal (São Paulo), 332.

Teixeira, João Pedro, 207

telejornais, 406

Telesca, Edmar Eudóxio, 200

Telles Filho, Ladário Ferreira, general, 260

tenentistas, 17, 75, 78-80, 88, 97-8, 101, 103, 106, 167, 211

Teresina (PI), 43-5, 217

terrorismo, 387-8, 428

Tesouro dos Estados Unidos, 317

Tesouro Nacional, 317

Texas (EUA), 277

Theatro São Pedro (Porto Alegre), 46

Thibau, Mauro, 287, 318

Thompson, Oscar, 287, 301

Tijuca (Rio de Janeiro), 76, 79, 84, 105

Tinha que ser Minas (Guedes), 72, 85

títulos da dívida pública, 395
Tocantins, 92
Toledo (Espanha), 188
tortura, 218, 311-4, 322-4
"Tortura e insensibilidade" (editorial do *Correio da Manhã*), 313
totalitarismo, 183, 212, 315
Tramandaí (RS), 336
Três Rios (RJ), 26
Tribuna da Imprensa (jornal), 168, 182, 184, 242, 318, 403, 409, 426
Tribunal Superior Eleitoral (TSE), 209, 226
trigo, subsídios do, 289, 300
Trindade ("Ilha Maldita"), 81-2, 84, 99
Tríplice Aliança, Guerra da *ver* Guerra do Paraguai
Truscott, Lucian, general, 147
Tugúrio de Marte (esconderijo), 55, 77
tupis-guaranis, índios, 40
Turquia, 52
TV Itacolomy, 305
TV Tupi, 174, 406

UDN (União Democrática Nacional), 163, 167, 172, 187, 191, 204, 207, 230, 232, 238, 242-3, 266, 268, 270, 276, 285-7, 292, 300, 303-5, 310, 319-20, 337, 340, 347, 367, 377, 380, 382, 384, 395, 402
Última Hora (jornal), 27, 275, 409
União Cívica Feminina, 244
União Nacional dos Estudantes (UNE), 27, 240, 250, 301, 392; *ver também* movimento estudantil
União Soviética, 163-4, 204, 315, 320; *ver também* Rússia
Universidade Católica de Pernambuco, 337
Universidade de Brasília (UNB), 275, 366
Universidade de São Paulo (USP), 312
Universidade do Brasil (Universidade Federal do Rio de Janeiro), 384
Universidade Federal de Pernambuco, 392
urânio, 171
Uruaçu (GO), 232

Ururaí, Otacílio, general, 264, 364
USAID (United States Agency of International Development), 383
Usina Estreliana (PE), 207, 210

Vada (Itália), 128
vaias a Castello, 45, 359-60
Vale, João do, 313
Vandré, Geraldo, 398
Vargas, Alzira, 176
Vargas, Getúlio, 94, 98, 101, 103, 107-9, 118-20, 132, 149, 157, 163-4, 167-8, 171, 174-82, 204, 213, 239, 241, 256, 274, 278, 283-4, 295, 300, 393
Varig, 28-9
Vasconcelos, Ananias Frota, 173
VASP, 388
Vaticano, 127
Vaz, Rubens, major, 174
Veiga, Jorge, 275
Vengeance (porta-aviões), 335
Verdade sobre a FEB, A (Brayner), 139
Verissimo, Erico, 344
Vesúvio (vulcão), 126-7
Viana do Castelo (Portugal), 63
Viana Filho, Luís, 230, 271, 286-7, 307, 309, 339, 351-2, 356-7, 366, 380, 385-6
Viana, João Segadas, tenente, 78
Vianna, Arthurzinho, 113
Vianna, Celina, 96
Vianna, d. Cherubina (Bina, sogra de Castello), 59-60, 66-7, 76, 283
Vianna, dr. Arthur (sogro de Castello), 59, 61, 63-4, 66-9, 76, 82, 85, 96, 112-3, 121
Vianna, Edith, 198
Vianna, família, 59, 63, 67-8, 76
Vianna, Hélio, 102, 106-7, 112, 114, 170-1, 196, 198-9, 311
Vianna, Inês, 63, 70, 421
Vianna, Margarida, 113, 122
Vianna, Maria de Lourdes, 60, 66
Vianna, Oduvaldo, 275
Vianna Filho, Oduvaldo, 313, 333, 405

Viany, Alex, 312
Vieira, Antônio, padre, 63
Viena, 114
Vietnã, Guerra do, 382-3
Vila Militar (Rio de Janeiro), 83, 235-6, 238, 263, 347-9, 354, 364, 369
violência política, 17, 47, 388
"Visa à subversão e representa uma grave transgressão aos regulamentos militares" (carta aberta de Castello), 188
Visão (revista), 338
Você Faz o Show (programa de TV), 215
Volkswagen, 295, 321
Voz do Brasil, A (programa de rádio), 309

Wallinger, Geoffrey, 242
Walters, Wernon, major, 132, 142-3, 147, 151-4, 164, 238, 242, 249-50, 277, 284-5
Washington Luís, 98-9
Washington, D.C., 170, 238, 249, 275, 277, 317, 360, 362, 364, 393

xenofobia, 80

Zacariotti, João Batista, 323
Zé Kéti, 313
Zona Militar do Leste (Rio de Janeiro), 185
Zona Militar do Norte (Recife), 175
Zurique, 410

1ª EDIÇÃO [2019] 2 reimpressões

ESTA OBRA FOI COMPOSTA EM DANTE PELO ESTÚDIO O.L.M. / FLAVIO PERALTA
E IMPRESSA EM OFSETE PELA LIS GRÁFICA SOBRE PAPEL PÓLEN SOFT DA
SUZANO S.A. PARA A EDITORA SCHWARCZ EM ABRIL DE 2021

A marca FSC® é a garantia de que a madeira utilizada na fabricação do papel deste livro provém de florestas que foram gerenciadas de maneira ambientalmente correta, socialmente justa e economicamente viável, além de outras fontes de origem controlada.